昭通扶贫

昭通市脱贫攻坚大决战实录

民生扶贫卷

政协昭通市委员会 组编

中国文史出版社
CHINA CULTURAL AND HISTORICAL PRESS

图书在版编目（CIP）数据

昭通市脱贫攻坚大决战实录．民生扶贫卷 / 政协昭通市委员会组编．-- 北京：中国文史出版社，2021.12

ISBN 978-7-5205-3176-4

Ⅰ．①昭… Ⅱ．①政… Ⅲ．①扶贫－工作概况－昭通 Ⅳ．① F127.743

中国版本图书馆 CIP 数据核字 (2021) 第 187202 号

责任编辑：窦忠如　秦千里　方云虎
特约编辑：窦广利　张幼平　邓文华

出版发行：中国文史出版社
社　　址：北京市海淀区西八里庄路 69 号院　邮编：100142
电　　话：010－81136606　81136602　81136603（发行部）
传　　真：010－81136655
印　　装：廊坊市海涛印刷有限公司
经　　销：全国新华书店
开　　本：787 毫米 × 1092 毫米　1/16
印　　张：26.25
字　　数：363 千字
版　　次：2021 年 12 月北京第 1 版
印　　次：2021 年 12 月第 1 次印刷
定　　价：1980.00 元（全 19 册）

《昭通市脱贫攻坚大决战实录》丛书
编　委　会

《民生扶贫卷》

总　序

成联远

贫困是人类社会的顽疾，消除贫困是人类梦寐以求的理想，人类发展史就是与贫困不懈斗争的历史。

中国共产党从成立之日起，始终高度重视解决贫困问题，持续向贫困宣战。党的十八大以来，以习近平同志为核心的党中央，把脱贫攻坚摆在治国理政的突出位置，团结带领全党全国各族人民打响了人类历史上规模最大、力度最强、惠及人口最多的脱贫攻坚战。经过8年持续奋斗，如期完成了新时代脱贫攻坚目标任务，现行标准下近1亿农村贫困人口全部脱贫，贫困县全部摘帽，消除了绝对贫困和区域性整体贫困，脱贫地区处处呈现山乡巨变、山河锦绣的时代画卷！这是中国共产党团结带领全国各族人民艰苦奋斗所创造的又一个彪炳史册的人间奇迹，生动展示了中华民族摆脱贫困、走向复兴的强大力量。

昭通地处云、贵、川三省接合部的乌蒙山区腹地，是集革命老区、地震灾区、散居民族地区、生态敏感脆弱地区为一体的深度贫困地区，是全国贫困人口最多、贫困程度最深、脱贫任务最重、攻坚压力最大的地级市。全市11个县（市、区）中有国家级贫困县10个，1379个村（社区）中有贫困村1235个，629万人口中有贫困人口185.07万人，正可谓全国脱贫看云南、云南脱贫看昭通。

历史的洪流浩浩荡荡，精彩的答卷壮阔恢宏。近年来，特别是习近平总书记于2015年视察昭通以来，市委、市政府始终铭记习近平总书记的殷殷嘱托，感恩党中央的亲切关怀，始终把脱贫攻坚作为最大的政治任务，全面落实精准扶贫、精准脱贫方略，团结带领全市各族干部群众，攻坚克难、感恩奋进，发扬钉钉子精神，敢于啃硬骨头，奋力夺取了脱贫攻坚大决战全面胜利。全市现行标准下185.07万农村贫困人口、1235个贫困村、10个贫困县全部退出贫困序列，贫困群众人均收入由2015年的2703元增加到9899元，昭通千百年来的绝对贫困问题历史性地画上句号，全面建成小康社会取得历史性成就。昭通的奋力崛起、华丽转身，是云南乃至全国扶贫开发事业的一个缩影。

荆棘载途，玉汝于成。一切向前走，都不能忘记走过的路。在脱贫攻坚工作中，数万名扶贫干部倾力奉献、苦干实干，将最美的年华无私奉献给了脱贫事业，涌现出许多感人肺腑、可歌可泣的先进事迹。“感动南网”的彝良县牛街镇水田村第一书记吴长碧，用柔弱肩膀扛起扶贫重任；把病情报告单“藏”起来去扶贫的女干部金碧琼，一直坚守在扶贫第一线；特别是即将结婚却没有等到婚礼那一刻的“90后”扶贫干部王秋婷、积劳成疾牺牲在扶贫一线的驻村工作队队长李永春等25名扶贫干部，更是用生命诠释了共产党人的初心使命；还有216对“父子兵”、1284对“夫妻档”，572名干部“轻伤不下火线”，他们用身影、心血和汗水，交出了让党和人民满意的答卷。为全面记录新时代昭通艰苦卓绝、波澜壮阔的脱贫攻坚历史进程，客观反映乌蒙大地发生的翻天覆地历史性巨变，真实记录各级干部群众在脱贫攻坚中的感人故事，经市委同意，我们组织相关县市区、部门、专家对2015年至2020年我市开展脱贫攻坚的重大事件、典型故事进行搜集整理，编写《昭通市脱贫攻坚大决战实录》，旨在通过回望昭通脱贫攻坚的壮阔历程，探索总结蕴含其中的宝贵经验和深刻启示，赓续传承伟大的脱贫攻坚精神，从历史回望中照见未来，以更坚定的信心、更昂扬的斗志，继续走好新时代的长征路，奋力谱写昭通高质量跨越发展新篇章。

以昭通脱贫攻坚的壮阔历程资鉴后世。回望昭通脱贫攻坚的壮阔历程，市委、市政府团结带领全市各族人民披荆斩棘、栉风沐雨，攻克了一个又一个贫中之贫、坚中之坚，脱贫攻坚取得了重大历史性成就。昭通脱贫攻坚任务之艰前所未有，全市基础条件薄弱、致贫原因复杂、发展滞后明显，贫困面积大、贫困人口多、贫困程度深，贫困发生率高达34.8%，“大山大水大峡谷、天寒地冻不出种、人多地少矛盾多”是昭通最大的市情。昭通脱贫攻坚规模之大前所未有，全市11个县市区中有国家级贫困县10个，其中深度贫困县7个；1235个贫困村中，有深度贫困村691个；农村贫困人口高达185.07万人，占全省贫困人口的1/5以上，平均每天脱贫人数达到1000人以上。昭通脱贫攻坚成效之巨前所未有，全市累计投资1658亿元，规划的12条高速公路全部落地建设，打通了11个“出滇入川进黔”大通道，通车里程达750公里；累计新建或改造农村住房55.89万户；215.4万人饮水安全得到巩固提升，自来水普及率达94%；累计硬化农村公路1.86万公里，建成公路安全生命防护工程1.05万公里；因地制宜规划建设集中安置区23个，35.47万名搬迁群众全部搬入新居；全市生产总值5年连跨5个百亿级台阶，年均增长8%，达1289亿元。脱贫地区经济社会发展大踏步赶上来，整体面貌发生历史性巨变，极大增强了人民群众的获得感、幸福感、安全感。我们通过收集广大奋战在一线同志的真实故事，以“当事人”的亲身经历，将昭通脱贫攻坚艰苦卓绝、成效卓著的壮阔历程系统完整地记载下来，形成档案性的历史资料，以资后人，以鉴后世。

探索总结昭通打赢脱贫攻坚大决战的深层逻辑。习近平总书记强调：“办好中国的事情，关键在党。”有了党的坚强领导，脱贫攻坚就有了坐镇中军帐的“帅”，亿万人民就有了众志成城的“主心骨”。面对夺取脱贫攻坚大决战全面胜利的历史重任，市委、市政府始终坚持把党的领导贯穿各项工作全过程，坚持以脱贫攻坚统领经济社会发展全局、以党的建设统领推动各项工作落实“双统领”，强化铁的纪律和硬的作风“双保障”，努力实现党的建设和脱贫攻坚“双推进”。始终坚持以人民为中心的发展思想，提出“坚持以人民为中心、以群众工作为主线，抓住精准、统筹、务实三个关键，实现思想、工作和情感三个认同”的“133”工作思路，让人民群众真正成为脱贫攻坚这棵参天大树的主干。始终坚持精准扶贫、精准脱贫方略，围绕“扶持谁”“怎么扶”“怎么退”“退出后怎么办”四个重点，着力扣好精准识别、精准施策、精准退出、巩固提升“四粒扣子”，构建了一整套行之有效的政策体系、工作体系、制度体系，用发展的办法消除贫困根源。始终深入贯彻落实“五级书记抓扶贫”“党政同责促攻坚”的要求，坚持“一把手”负总责，切实强化市县抓落实机制，着力构建各级领导干部责任上肩、挂甲上任的组织体系。始终坚持集中精锐力量投向脱贫攻坚主战场，累计选派4592名驻村工作队队员、823名驻村督导员、6.37万名各级帮扶干部充实到扶贫一线，鲜红的党旗始终在脱贫攻坚主战场上高高飘扬。这些宝贵经验、深刻启示，我们通过编撰实录的形式如实记录，推动脱贫攻坚的认识和实践实现一个新的飞跃，为以后的改革发展提供重要的历史借鉴和方法指导。

赓续传承新时代脱贫攻坚昭通精神。伟大事业孕育伟大精神，伟大精神引领伟大事业。脱贫攻坚伟大斗争，锻造形成了“上下同心、尽锐出战、精准务实、开拓创新、攻坚克难、不负人民”的脱贫攻坚精神，这是中国精神、中国价值、中国力量的充分彰显。回望昭通脱贫攻坚大决战的壮阔历程，市委、市政府团结带领全市各族人民风雨同舟、携手与共、砥砺奋斗，努力闯出了一条以脱贫攻坚统领经济社会发展全局，倒逼产业形态、基础设施、城乡建设、生态文明等各个领域创新突破的“昭通路径”，奋力跑出了争先进位、赶超跨越的“昭通速度”，锻造锤炼了为民务实、实干求真的“昭通作风”，树立展示了“文明友善、开放包容”的“昭通形象”，淬炼形成了敢打善拼、坚韧求成、再硬的骨头也要嚼碎的脱贫攻坚“昭通精神”，这是一笔昭通当代脱贫攻坚人留给后世的宝贵精神财富。我们着力做好时代的忠实记录者，发挥文史资料“存史、资政、团结、育人”功能，赓续传承、大力弘扬新时代脱贫攻坚昭通精神，激励全市600多万名各族儿女在新征程上再鼓干劲、再聚合力、再立新功。

引领我们不断从胜利走向新的更大胜利。春江浩荡暂徘徊，又踏层峰望眼开。脱贫摘帽不是终点，而是新生活、新奋斗的起点。我们如期完成新时代脱贫攻坚目标任务，为实现两个百年奋斗目标以坚定信心、强劲动力，必将激励我们不断从胜利走向新的更大胜利。站在新的历史交汇点上，推动滇东北开发提速和崛起的奋斗史诗正在书写，我们必须从决战决胜脱贫攻坚的实践中汲取智慧和力量，进一步增强“四个意识”、坚定“四个自信”、做到“两个维护”，不断提升政治判断力、政治领悟力、政治执行力，在以习近平同志为核心的党中央的坚强领导下，永远保持慎终如始、戒骄戒躁的清醒头脑，永远保持不畏艰险、锐意进取的奋斗韧劲，永远保持永不懈怠、一往无前的精神状态，真抓实干、埋头苦干，脚踏实地、久久为功，在推动昭通高质量跨越发展的新征程上奋勇前进！

（作者时任中共昭通市政协党组书记、政协昭通市委员会主席）

本卷序言

王　琼

十八大以来，党中央把贫困人口脱贫作为全面建成小康社会的重要任务，在全国范围内全面打响了脱贫攻坚战。脱贫攻坚力度之大、规模之广、影响之深，前所未有。作为中国贫困人口最多的地级市，昭通经过日日夜夜的攻坚冲刺，奋力夺取了脱贫攻坚大决战决定性胜利，昭通千百年来的绝对贫困问题即将变成历史的记忆，数百万昭通各族人民梦寐以求的小康生活即将变成美好的现实。

根据昭通市委的安排，由市政协牵头，组织编撰了《昭通市脱贫攻坚大决战实录》。其目的是以文史资料的方式记录和留存昭通脱贫攻坚大决战的历史进程及其中的重大历史事件，充分发挥文史资料“存史、资政、团结、育人”的优势，留下真实历史，讴歌奋斗精神。

民生扶贫卷是《昭通市脱贫攻坚大决战实录》不可或缺的部分。本卷从概述、教育扶贫、文化扶贫、健康扶贫、兜守困难群众、感恩摘穷帽等六个方面记录昭通市委组织部、市教体局、市文旅局、市卫健委、市医疗保障局、市第一人民医院、市民政局、昭通市财政局、市总工会、各区县扶贫单位和各基层扶贫作战单位在昭通脱贫攻坚大决战中的具体作为。

第一部分：概述

在概述部分，市民政部门总结了昭通市民生扶贫的民生保障基本情况以及昭通市民生扶贫的主要做法及成效，市教体局概述了教育扶贫所作的努力，市文旅局总结了文化扶贫工作上的具体举措，市卫健委则概括了如何从医疗保障上推进昭通市的扶贫事业，市红十字会、市工会、市第一人民医院、市强制戒毒所、市社科联则分别概述了产业扶贫、医疗扶贫、驻村扶贫等各方面的举措。

概述部分从教育扶贫、文化扶贫、健康扶贫、各单位全面扶贫的具体举措等四个方面简单勾勒出昭通市民生扶贫的蓝图。由此，昭通市民生扶贫的举措与成效一目了然。

第二部分：扶智断穷根

教育扶贫部分详细记录了市教体局、东华大学、云南出版集团、昭通学院、昭通卫生职业学院、市职教中心、呈贡体育训练基地、东莞市茶山中学、大关县翠华中学、东莞市石碣中学、昭通银保监分局、市司法局、中共昭通市委宣传部等单位的工作人员下沉一线，致力于阻断贫困代际传递，用心用情帮扶的故事。

教育扶贫部分既囊括了教育扶贫方面的顶层设计，又留存了深入一线扶贫人员在基层扶志，支教，控辍保学，努力阻断贫困代际传递的身影。

第三部分：健康惠民生

健康扶贫部分详细记录了市计划生育协会、市防治艾滋病服务中心、市医疗保障局、市第一人民医院、市财政局、市卫生健康委员会、市政协、市民政局、大关县上高桥回族彝族苗族乡红旗村卫生室、东莞光明眼科医院、市交通运输局、市妇幼保健院、市精神卫生中心等单位的工作人员驻村健康扶贫的事迹。

健康扶贫部分通过讲述一个个驻村扶贫工作人员的健康扶贫故事，不仅向我们展示了国家层面对医疗保障问题的高度重视，更立体地描绘了基层健康扶贫人员不忘初心，浇灌生命之花的形象。

第四部分：文化促和谐

文化扶贫主要是帮助农村文化建设，详细记录了市文旅局、市文化艺术剧院有限公司、市博物馆、市纪委市监委、市图书馆、市非物质文化遗产保护中心、市文化馆、市博物馆等工作人员是如何推进乡村文化建设的，如图书进基层、守护乡村传统技艺、传承非物质文化遗产、打通公共文化服务，守护精神文化家园等。

无论是蹲守在送图书下乡活动摊位旁的老大爷，还是活跃在广场上跳广场舞的大妈们，无不展露出乡村焕然一新的精神面貌。

第五部分：兜底守底线

兜守困难群众部分详细记录了市民政局、市妇幼保健院、市民政局养老服务科等单位的相关工作人员驻村帮助特困群众易地搬迁，关爱农村特困人员，加强基层救助力量，具体落实国家相关帮扶措施，为困难群众排忧解难的温暖故事。

在阅读兜底守底线即兜底困难群众这部分内容时，编者跟着驻村人员的步伐，首先看到的是底层人民的贫苦生活，很难过，接着看到国家致力于扶贫事业，基层扶贫干部甘于奉献自己，深入一线，燃烧自己，为困难群众带去了希望，不禁心生钦佩。

第六部分：感恩摘穷帽

感恩摘穷帽部分详细记录了市委宣传部、市人民政府、共青团昭通市委、威信县委组织部、镇雄县委组织部、彝良县委组织部、水富市驻村办、市城市管理综合执法支队等单位的相关人员如何通过三讲三评、自强诚信感恩等活动深入开展基层党建以及党建活动中基层群众的反应。民生扶贫成效究竟如何，基层群众才有发言群，通过开展此类党建活动，让群众参与其中发表意见，可以直接检验民生扶贫成效。在此类活动中，基层群众争相表达自身对党的热爱和感激之情，民生扶贫成效如何不言自明。

总而言之，民生扶贫卷记录了基层扶贫干部在参与昭通市扶贫攻坚大决战这一史诗级事件中的亲历、亲见和亲闻，一个故事，一张面孔，一个人，成就了一个民族的记忆，它们展示了中华民族的奋斗精神，足以存史资政。

（作者系昭通学院教授）

目　录

第三编　健康惠民生

第四编　文化促和谐

第五编　兜底守底线

第六编　感恩摘穷帽

第一编　本卷概述

民生扶贫概述

丁洪涛

为全力助推打赢脱贫攻坚决战，如期实现脱贫摘帽目标任务，自新一轮脱贫攻坚启动以来，全市民政部门深入学习贯彻习近平总书记关于扶贫工作的重要论述和对民政工作的重要指示及全国全省的系列民政会议精神，积极主动融入全市脱贫攻坚大局，聚焦“两不愁、三保障”，紧扣“社会保障兜底一批”目标任务，充分发挥民政部门社会救助兜底保障重要作用，通过有力落实城乡低保、特困供养及孤儿保障、临时救助等政策措施，多措并举加大漏保排查，强化问题整改，切实保障困难群众特别是完全丧失劳动能力和部分丧失劳动能力且无法依靠产业就业帮扶脱贫的建档立卡贫困人口的基本生活，兜住兜牢民生底线，助力脱贫攻坚决战决胜。

一、民生保障基本情况

截至 2020 年 10 月底，全市有城乡低保对象 39.81 万户 69.62 万人（其中：城市低保 71385 户 134864 人；农村低保 326727 户 561332 人），特困供养 19432 户 20179 人，孤儿及事实无人抚养儿童 8973 人。2016—2020

年全市民政共支出社会救助各项补助补贴资金135.25亿元（社会救助资金131.92亿元，残疾人“两补”3.33亿元），其中：2016年21.25亿元、2017年23.82亿元、2018年26.04亿元，2019年29.46亿元，2020年将达到34.68亿元。

二、主要做法及成效

（一）完善社会救助体系，推进“两项制度”衔接，全力落实兜底保障任务。为切实贯彻中央、省、市关于脱贫攻坚战略决策部署，履好部门兜底保障职能，兜准、兜住、兜实、兜牢民生底线。一是积极推进抓好农村低保与扶贫开发两项制度在对象、标准、管理、政策方面有效衔接。

1. 加强制度衔接。先后制定印发了《关于做好农村低保制度与扶贫开发政策有效衔接的实施意见》《昭通市民政局关于农村低保精准识别精准施保专项行动方案》《昭通市民政局关于印发昭通市社会保障兜底脱贫工作方案的通知》《昭通市打赢脱贫攻坚战民政兜底保障三年行动计划》《昭通市民政兜底保障三年行动计划（2018—2020年）》等系列文件，明确了民政部门兜底保障的任务、目标、措施。

2. 加强标准衔接。按照“尽力而为、量力而行，既不降低标准，又不吊高胃口”的原则，逐年稳步提高各类救助保障标准，实现脱贫攻坚期农村低保保障标准动态略高于国家扶贫标准。2016年至今，昭通农村低保年保障标准依次分别为2716元、3175元、3504元、4200元、4500元；月人均补差分别为167元、175元、205元、246元、270元，其中：建档立卡兜底脱贫户（重点保障户A类）的月人均补差分别为204元、238元、282元、350元、375元，标准的有效衔接，有力兜牢脱贫底线。

3. 加强对象衔接。先后通过实施全市农村低保精准识别精准施保、农村低保专项治理、阳光低保专项行动及社会救助兜底保障“兜准、兜住、兜牢”等系列行动，进一步强化救助对象精准，即在精准识别建档立卡贫困人口基础上同步精准认定农村低保对象，把符合低保条件的建档立卡贫困户按程序及时纳入民政救助保障范围，并严格按照是否“无业可扶、无力脱贫”的标准将卡户中低保对象分别认定为兜底保障对象和一般保障对象；把符合建档立卡条件的农村低保家庭纳入建档立卡范围，根据致贫原因实施精准帮扶。有效防止“一兜了之”或“只扶不兜”的问题产生。同时紧扣“兜准、兜住、兜牢”六字要求，建立完善易反贫致贫群众监测预警机制，加大漏保排查。截至2020年10月底，全市1856610人的建档立卡对象中有民政对象418497人，民政对象与建档立卡贫困户的重合率为22.54%，民政对象中卡户人口占比达到57.70%，按照“无业可扶、无力脱贫”的认定标准，全市锁定长期兜底保障对象21293户34864人。民政对象与建档立卡贫困户的重合率较2016年的12.11%提高了10.43%。

4. 加强管理衔接。积极加强与扶贫部门对接，协同做好对象核查、动态管理、督查考核等相关工作，同时也加强与卫计、人社、住建等部门协同核查，在精准实施社会救助的基础上，配合完成健康扶贫，“四类重点对象”危房改造农村低保中分散供养特困对象身份认定，易地扶贫搬迁对象基本生活保障等相关工作，实现各类数据的闭环和工作推进。

二是以问题为导向，强化救助精准保障到位。为进一步落实好社会救助兜底保障，推进全市城乡低保规范化管理、制度化建设，根据中央、省、市各级巡视巡察调研反馈问题整改要求和民政部、民政厅关于开展农村低保专项治理的相关部署，昭通市民政局高度重视，及时组织召开整改工作专题会，成立整改工作领导组，印发《昭通市城乡低保专项治理工作方案》《昭通市阳光低保专项行动方案》及《关于中央第十二巡视组脱贫攻坚专项巡视“回头看”反馈意见和脱贫攻坚成效考核民政领域发现问题整改方案》等一系列文件，明确时间节点和责任人，并督促指导各县市区认真抓好城乡低保专项治理、阳光低保专项行动及相关问题的整改落实，以整改问题推进工作进一步落到实处。通过城乡低保专项治理和阳光低保专项行动保障对象进一步精准，规范了低保申请办理审核审批流程，设置开通市、县、乡三级社会救助投诉举报电话及设立投诉举报箱，畅通了群众举报诉求渠道，加强了救助领域形式主义、官僚主义等问题的监督举报督查力度，加速推进形式主义、官僚主义问题整治。

三是加强城乡医疗救助管理与医保制度衔接，推进健康扶贫措施落实。为充分发挥医疗救助制度作用，缓解困难群众医疗负担，积极探索完善医疗救助政策，在原资助参保参合、重点开展住院救助、二次救助基础上，相继出台了《关于进一步完善医疗救助制度加快推进重特大疾病医疗救助工作的实施意见（试行）》《昭通市民政局　昭通市财政局关于贯彻落实健康扶贫30条措施切实做好医疗救助工作的实施意见》等相关文件，形成了以资助参加城乡居民医保、住院医疗救助为主，重病救助及临时救助为补充的医疗救助格局。与人社、卫计部门紧密配合，全力做好健康扶贫“四重保障”工作，在取消医疗救助病种限制和起付线、提高救助比例和救助封顶线的基础上，实现了市、县、乡三级定点医疗机构“一站式”即时结算。筹集资金1858万元，建立了市级统筹的重病医疗救助基金，积极开展重特大疾病医疗救助，将儿童白血病和先天性心脏病、妇女宫颈癌、乳腺癌等36个病种纳入救助范围，提升医疗救助力度，切实缓解群众医疗负担。2016—2020年全市民政共投入医疗救助资金5.98亿元。

四是健全完善临时救助制度，充分发挥临时救助托底线、救急难作用。临时救助是政府对遭遇突发事件、意外伤害、重大疾病或其他特殊原因导致基本生活陷入困境，其他社会救助制度暂时无法覆盖或救助之后基本生活暂时仍有严重困难的家庭或个人给予救助的应急性、过渡性、托底性制度安排。为充分发挥临时救助“救急难”“补短板”作用，解决困难群众突发性、紧迫性、临时性生活困难。全市积极加大临时救助政策落实力度，从镇雄、鲁甸两县的试点探索到全市推行，再到临时救助申请、审核、审批程序的不断健全完善及临时救助备用金制度的建立，进一步加强了临时救助的规范化管理运行，全市临时救助在解决城乡困难群众因医疗、教育支出较大和各类突发事件而引起的生活困难问题等方面发挥了积极作用。全市临时救助对象人次、资金支出、次均救助水平从2016年的32983人次、1921.18万元、人次均救助539元，逐年增加和提高，截至今年10月底，全市已实施临时救助156195人，共计支出临时救助资金16174.54万元，人次均救助水平达1036元。其中救助建档立卡贫困对象88381人次，支出救助资金9097.44万元。2016—2020年全市共支出临时救助资金82426.89万元。

五是加快推进信息化建设，建立致贫返贫监测预警机制。

1. 加快推进建立市级民政数据库。市民政局通过进一步加强与市级相关部门对接，实现了与公安、住建、扶贫、卫健、残联、医保、金融等部门的数据共享，为下步并入省厅社会救助网，健全完善居民家庭经济状况核对机制，推进救助保障前置比对，实现救助对象精准识别、保障到位奠定了坚实基础，同时也为致贫返贫监测预警机制作用的充分发挥搭建了更好平台。

2. 大力推进"一部手机办低保"。为实现群众少跑路，我市将"一部手机办低保"的操作流程制作成视频资料，通过市民政局门户网站、市民政局微信公众号、微信群等新媒体进行了广泛宣传，并通过微信直播平台对市、县、乡、村四级民政干部、民政助理员、村级网格员共计1688人进行了培训，从2020年8月20日起，在全市范围内全面推广"一部手机办低保"的使用，对所有拟新纳入保障的对象，在自主或他人帮助下全部通过"一部手机办低保"实现线上申请受理和审核审批，提高救助及时性、快捷性。

（二）全力服务好易地搬迁，确保"搬得来、稳得住"。在服务易地扶贫搬迁工作中，市民政局认真贯彻落实市委亚林书记"兵马未动、粮草先行"的指示精神，重点关注易迁困难群众"两不愁"问题。一是完善政策制定。根据市委、市政府关于易地扶贫搬迁安置工作的决策部署，紧紧围绕易迁对象"搬得出、稳得住"，进行了提前谋划和安排部署，结合昭通实际，制定下发了《昭通市民政局关于做好跨县区易地扶贫搬迁安置区社区建设及民政救助保障工作的实施方案》《昭通市民政局关于服务易地扶贫搬迁安置工作的指导意见》《昭通市民政局关于保障易迁困难群众基本生活工作方案》《昭通市跨县区易迁对象申请社会救助政策办理规程》等系列文件，实现了救助政策的无缝衔接。二是主动排查，保障好易迁群众基本生活。我们依托全市民政干部力量，逐户开展排查、逐户评判，精准锁定需要落实民政保障的易迁困难群众。为确保各项救助政策不断档，创造性地提出“搬迁对象从农村搬迁进入城镇的，应按迁入地低保保障标准对符合条件的对象予以最低生活保障”，打破传统的城市低保认定模式，在户籍未改变的情况下，以迁入地为标准，对符合条件的困难群众提前落实城市低保，确保他们搬得出、稳得住，基本生活有保障。在全市 36.24 万易迁对象中，纳入民政保障对象共有 79625 人。其中：城市低保 53974 人（其中由农村低保转为城市低保 43923 人），农村低保 24304 人，特困供养 1135 人，孤儿保障 212 人。三是以“三社联动”推动做好社区治理。针对全市 9 个万人以上安置点，全力推进社区、社工和社会组织“三社联动”，筹资 235.2 万元向 15 家社工组织购买了 60 名专业社工服务易迁群众。在全市 29 个大中型安置点规划新设立易迁安置社区 38 个，其中正式成立居民委员会 15 个、设立过渡管理机构 21 个，配齐和储备社区干部 218 名。

（三）紧扣兜住薄弱环节，加强养老服务和儿童社会福利体系建设。十三五期间，一是落实好特困供养政策。通过精准认定特困对象并做好自理能力评估，全面落实特困供养待遇，加快敬老院建设，确保应养尽养，养老服务水平明显提升。特别是 2019 年，全市民政系统抓住特困人员保障标准大幅提高的机遇，市县乡村民政干部四级联动、责任上肩，全力推进生活不能自理人员集中供养工作。推进集中供养，不但解决了特困人员“两不愁”的难题，也完全解决了“三保障”问题。通过长期的努力，我市特困供养人员补助金从 2016 年的集中供养 500 元 / 月和分散供养 410 元 / 月，统一提高到 2020 年的 832 元 / 月；举力完善了 30 个敬老院的相关设施，新增床位 4300 余张，敬老院及养老床位增加至目前的 49 所 8711 张。截至今年10月底，全市有特困人员20179人，已集中供养4524人，其中生活不能自理的有3347人，生活不能自理集中供养率达41.62%，较全面动员开展集中供养初期的12.19%提高了29.43%。二是做好孤儿及事实无人抚养儿童排查保障工作。2019年，市民政局联合教体、公安、司法、财政等12部门印发了《昭通市事实无人抚养儿童保障实施方案》，并按照“掌握政策、比对数据、到村排查、入户核实”的方法步骤，以村为单位开展网格化排查，目前全市共有孤儿及事实无人抚养儿童8973人（其中集中养育293人），较2019年年底的5409人增加了3564人，每月享受1280—1980元的生活补助。政策的有效落实，有力兜住“一老一小”薄弱环节。十三五期间，保障“一老一小”生活共投入资金13.08亿元。

（四）抓好残疾人“两项补贴”政策落实。认真落实困难残疾人生活补贴和重度残疾人护理补贴制度，对低保家庭中的残疾人和符合条件的重度残疾人104106人及时发放生活补贴和护理补贴，1—10月累计支出资金是8469.96万元。期间残疾人生活补贴标准由原来的每人每月50元提高到70元；重度残疾人一级护理补贴标准由原来的每人每月70元提高到80元、二级护理补贴标准由原来的每人每月40元提高到70元。2016—2020年共发放困难残疾人“两补”资金33324.62万元。

（五）加强部门驻村扶贫工作管理推进，全面落实部门挂包责任。自开展“挂包帮，转走访”扶贫工作以来，市民政局根据市委组织部、市扶贫办的相关要求，积极派驻工作组认真开展挂包走访驻村工作，先后派出10人到威信县三桃乡的环房、新芬和扎西镇的河口村及镇雄县中屯镇的平坝村开展驻村帮扶工作，引导指导各村困难群众积极树立“自立更生”意识，通过自身就业、创业努力及国家和社会力量的救助帮扶等政策支持，切实解决“两不愁、三保障”，不断健全完善相关基础设施，如期实现脱贫目标任务。通过挂包驻村帮扶，各村均实现了户脱贫、村出列，共为困难群众办理实事356件，解决困难583个，支出帮扶资金342.22万元。

（六）紧扣“减负就是增收”，积极稳妥推进殡葬改革。昭通市认真贯彻落实《云南省人民政府办公厅关于进一步推动殡葬改革促进殡葬事业健康发展的通知》(云府办明电〔2020〕16号)、《云南省民政厅关于抓好殡葬领域有关问题整治事项的通知》(云民电〔2020〕37号)精神,制定印发《昭通市大墓豪华墓活人墓专项整治方案》(昭殡办发〔2020〕1号)和《昭通市殡葬改革工作领导小组办公室关于开展大墓豪华墓活人墓专项整治督导工作的通知》等文件,全力推进专项整治工作。目前全市已建成8个殡仪馆、1个骨灰堂、4个经营性公墓、32个农村公益性公墓。目前在建殡仪馆7个、骨灰堂5个、经营性公墓6个、农村公益性公墓13个。按照市级每个乡镇补助10万元建设农村公益性公墓的标准,已安排福彩公益金1460万元支持农村公益性公墓建设。随着近年殡葬政策的深入宣传、殡降设施的渐趋完善和殡改工作的高位推进,全市遗体火化逐年增多,火葬区火化率由2016年的42.6%大幅度提高到2019年的93.1%。今年1—10月,全市累计火化遗体5616具,较上年同比增长11.03%;节地生态安葬遗体2573具,同比增长24.78%。2016年以来,共减免(支出)4项基本费用惠民殡葬资金2506.05万元,发放特殊困难群众遗体火化补助313.3万元。在执行惠民殡葬政策的同时,积极探索奖补激励措施,共发放各类奖补资金1712.63万元。

(七)动员社会组织、慈善等广泛参与脱贫攻坚。积极引导和动员社会组织、慈善等通过引进扶贫项目、提供技术服务、组织医疗和灾害援助、开辟就业渠道、开展社会工作及志愿服务、开展定点帮扶和爱心捐助等方式积极参与脱贫攻坚。切实加强社会工作人才队伍建设,全市共有社会工作人才4100余名,有社会工作机构30家,持证社工162人,引导150余名专业社工积极参与“三社”联动,引导和动员中山市社会组织参与昭通脱贫攻坚工作,助力脱贫攻坚决战。

(作者系昭通市民政局社会救助科工作人员)

聚焦基本医疗　紧盯目标任务
坚决实现健康扶贫与脱贫攻坚同步同期

市卫健委

习近平总书记指出，没有全民健康，就没有全面小康。十三五以来，昭通市卫生健康委认真学习贯彻习近平总书记关于扶贫工作的重要论述以及党中央、国务院的决策部署和省委省政府、市委市政府的相关要求，始终把健康扶贫作为打赢脱贫攻坚战、巩固脱贫成果的重要内容。坚持解决因病致贫与防止因病返贫一起抓，提升建档立卡贫困人口医疗保障水平与提升基层服务能力一起上，治标与治本相结合，医疗救治与健康管理、健康教育相促进，从政策支持、资金投入、机制保障多个方面，聚焦精准，协同发力，坚决打赢健康扶贫攻坚战。健康扶贫工程实施以来，全市已累计减少因病致贫、因病返贫 4.29 万户 18.35 万人，与脱贫攻坚保持同步。主要做法及成效是：

一、对标目标标准，
建档立卡贫困人口基本医疗全面保障

截至 2019 年末，全市医疗卫生机构拥有床位数 28746 张（2014 年末 19498 张），每千人口拥有病床 4.57 张（2014 年末 3.25 张），全市有执业

（助理）医师 8907 人（2014 年末 6071 人），每千人拥有执业（助理）医师 1.42 人（2014 年末 1.01 人），注册护士 15957 人（2014 年末 8574 人），每千人拥有注册护士 2.54 人（2014 年末 1.43 人），医疗机构床位数和卫生专业人才实现大幅度增长，医疗机构服务能力得到较大提升，为保障农村贫困人口享有基本医疗卫生服务打下了坚实的基础。一是加强县、乡、村三级医疗机构建设。2015 年以来全市争取中央预算内投资建设项目 41 个，总投资 159603 万元；卫生补短板项目 13 个，扶贫规划总投资 431181.99 万元；东西部扶贫协作资金投入 1.04 亿元，用于 514 个贫困村卫生室新建、提升改造、设备购置等。截至目前，全市 11 县（市、区）县级综合公立医院均达二级综合医院以上标准；146 个乡镇和 1343 个村实现医疗设施标准化建设全覆盖。373 个易地搬迁安置点均有达标医疗机构提供服务。二是落实健康扶贫保障政策。严格落实参保定额补助政策，建档立卡贫困人口实现应保尽保，符合条件的享受医疗救助；全面落实县域内定点医疗机构实行先诊疗后付费、一站式结算和医疗保险报销倾斜等政策。

二、不断强化精准施治，建档立卡贫困患者得到有效救治

一是实施大病救治一批。按照“五定两加强”抓实大病救治工作，对建档立卡贫困人口大病患者做到“发现一例、建档一例、救治一例”。截至 2020 年 9 月底，全市 36 种大病建档立卡贫困患者 37660 人，已救治 37200 人，救治进度 98.78%。通过实施白内障复明手术，使 3477 名贫困患者重见了光明。二是实施慢病签约服务管理一批。对常住建档立卡贫困人口提供家庭医生签约服务，其中患有原发性高血压、2 型糖尿病、严重精神障碍、肺结核等 4 种慢性疾病的建档立卡贫困患者，做到“应签尽签”。通过

规范有效的管理，防止小病拖成大病、慢病演变成重病。截至2020年9月底，全市四类重点慢病卡户签约164040人，履约164014人，履约服务占比99.98%。三是实施重病兜底保障一批。全面落实重病兜底保障报销政策，有效降低卡户医疗负担。落实建档立卡贫困人口待遇倾斜政策，全市建档立卡贫困患者医疗费用实际报销比例从2016年的59.53%提高到2020年9月底的88.5%，人均自付费用从2016年的2058.56元下降到2020年9月底的452.28元。截至2020年9月底，全市建档立卡贫困人口符合转诊转院规范医疗费用报销比例达到90.57%。

三、坚持标本兼治，
贫困地区基层医疗卫生服务能力显著提升

一是加强县级公立医院提质达标建设。2019年度镇雄县人民医院申报三级医院并顺利通过省级验收，昭阳区、永善县、威信县、巧家县、绥江县人民医院顺利通过省级提质达标验收。2020年水富市、盐津县、大关县人民医院顺利通过省级提质达标验收，全市已实现县级公立综合医院提质达标全覆盖。全市共建成慢病管理中心84个、心脑血管救治站66个，2020年下半年省级又安排我市慢病管理中心4个、心脑血管救治站2个，目前项目基层医疗机构正在建设中。初步搭建了覆盖全市急性胸痛和脑卒中患者的一线快速救治网络，对提高救治成功率、降低死亡率和减少致残率起到积极作用。二是加强国家和省级重点专科建设。全市已建成国家级重点专科2个、省级重点专科13个；在建省级临床重点专科33个（含“补短板”重点专科培育项目13个）。三是加强乡镇卫生院服务能力提升。2019年，全市共采购彩色B超、全自动生化分析仪等设备157台、价值1405.186万元，使全市乡镇卫生院和社区卫生服务中心设备配置达到标准化及脱贫成果巩固要求。

完成26个乡镇卫生院心脑血管救治站建设和6个乡镇卫生院慢病管理中心建设项目。深入推进乡镇卫生院等级评审和社区医院试点建设工作，到年底100%的乡镇中心卫生院和50%的乡镇卫生院达到云南省甲级卫生院评审评价标准，每个县（市、区）有1—2家乡镇卫生院（社区卫生服务中心）达到国家推荐标准和申报社区医院建设试点。四是不断加大对贫困地区医疗卫生人才的培养力度。5年来，一共为贫困县区招录培养本（专）科订单定向免费医学生325人，招收住院医师规范化培训学员564人；实施乡村两级卫生人员学历提升工程，提升学历1519人，截至目前，全市所有在岗55周岁以下的乡村医生均达到中专以上学历或正在接受中专学历教育。五是推动三级医院对口帮扶责任落实、工作落实。10家省市三级医院对口帮扶12家县级医疗机构，支援医院累计派出93人，其中8家省级医院派出51人帮扶9家县级医疗机构，2家市级医院派出42人帮扶7家县级医疗机构。对口帮扶医疗工作队累计接诊患者69051人次，管理住院患者11075人次，会诊患者2825人次，开展手术操作3174人次，开展教学培训5407人次，远程医疗服务23例次。力争让建档立卡贫困患者就近就便享受到优质医疗服务。

四、抓牢帮扶机遇，医疗机构快速发展落到实处

一是东西部帮扶协作。东西部扶贫协作资金共投入1.04亿元，用于514个贫困村卫生室新建、提升改造、设备购置等，目前已全部完工并投入使用。深圳平安集团“村医”工程项目捐赠100个村卫生室的100台健康一体机、200万元医疗设备已到位，同时开展村医培训、义诊和体检等项目。目前全市已派出608名医务人员和17名县级医院院长到东莞、中山、深圳进修学习；东莞、中山两市已选派226名医疗专家到我市各县区挂职带教，通过“帮管理、传技术、带人才”，充分发挥引领示范作用，基层医疗机构

诊疗能力和综合管理水平得到有效提升；深圳市人民医院和深圳市中医医院与我市第一人民医院和市中医医院结成“一对一”帮扶关系。二是省卫健委帮扶昭通。制定出台了《云南省卫生健康委员会　昭通市人民政府关于建立共同推进机制坚决打赢昭通市健康扶贫攻坚战的实施方案（2019—2021年）》（云卫财务发〔2019〕6号），省卫健委从卫生健康人才队伍建设、县级公立医院服务能力提升、基层医疗卫生机构服务能力提升、妇幼健康服务能力提升、重点疾病防控建设等方面对昭通进行重点帮扶，进一步加大对昭通的指导和支持力度，项目优先安排、资金优先倾斜，助推昭通健康扶贫工作。三是昆明、玉溪帮扶昭通。昆明市、玉溪市与我市签订了帮扶协议书，选派30名医护人员帮助昭阳区靖安、鲁甸县卯家湾易地搬迁安置点医疗服务机构建设，提升服务保障能力。

五、建立防止因病致贫返贫长效机制，有效遏制因病致贫返贫

2019年6月，健康扶贫办牵头印发了《关于加强因病致贫返贫风险人群动态管理工作的通知》，率先走在全省前列，以医保报账系统和全国健康扶贫动态管理系统数据为参考，以村医和驻村工作队队员等信息来源较为真实全面的基层力量为主导，在核实患病情况和政策措施落实的基础上，结合家庭状况进行分析，对有因病致贫风险的非建档立卡贫困人口、有因病影响脱贫、因病返贫风险的建档立卡贫困人口进行排查。2020年8月，转发省健康扶贫办《建立监测预警机制，强化攻坚举措决战决胜健康扶贫的通知》，进一步明确部门职责，持续开展因病致贫返贫风险人群动态管理工作，逐步建立健全防止因病致贫返贫长效机制。先后对存在因病致贫风险的非建档立卡贫困人口、存在因病影响脱贫、因病返贫风险的建档立卡

贫困人口15万余人开展了数据比对和排查，建立完备的台账，落实“一事一议”医疗救助、纳入参保、农村低保补助、临时生活救助、慈善救助等等政策14万余人次。

六、坚持预防为主，有效提升贫困地区公共卫生服务水平

全市不断加大重点疾病防控工作力度；提高妇女儿童健康水平；大力开展环境卫生综合整治，改善人居环境；广泛开展健康促进与健康教育；推进农村中小学校保健室标准化建设。居民健康水平指标呈良性发展趋势。截至2019年年底，全市预防接种报告接种率以乡镇为单位达到99.53%，乙类传染病发病率249.06/10万，丙类传染病发病率152.75/10万。孕产妇死亡率16.86/10万、婴儿死亡率5.79‰，均控制在目标要求17/10万和7‰以内。10个贫困县全部通过消除疟疾考核评估，农村妇女“两癌”筛查、儿童营养改善、新生儿疾病筛查项目实现了10个贫困县全覆盖。

（昭通市卫生健康委员会供稿）

昭通文化扶贫概述

韩盛和

文化是民族的血脉，是人民的精神家园。扶贫先扶智，治穷先治愚。实施文化惠民工程，丰富文化产品供给，不断满足人民过上美好生活新期待，既是繁荣发展社会主义先进文化的基本要求，也是决战决胜脱贫攻坚、全面建成小康社会的要义所在。

昭通是深度贫困地区，受制于经济社会发展的制约，文化基础设施建设短板突出，公共文化单位无馆舍或馆舍不达标问题较为突出。近年来，昭通市紧抓“扩内需”“补短板”和“恢复重建”机遇，狠抓项目申报和资金争取，文化基础设施不断夯实，鲁甸、巧家、彝良 3 县文化馆、图书馆新馆相继建成并投入使用。到 2019 年年底，全市共有公共图书馆 9 个、文化馆 7 个、博物馆（纪念馆）3 个、乡镇综合文化站 131 个，建设文化惠民示范村 31 个、精神文化家园示范点 71 个，村级综合文化服务中心建成率达 99.17%，初步构建起覆盖城乡的市、县、乡、村 4 级公共文化服务网络。

在夯实基础设施的同时，各级文化部门和基层文化单位借助“三下乡”“文化进万家”“新春送温暖”“欢乐下基层”等服务平台，组织开展丰富多彩的群众文化活动。城市乡村，天天有演出，月月有活动，年年有特色。在城市，各种形式的演出、展览、培训、比赛层出不穷；在农村，插秧节、葡萄节、桃花节、李子节、油菜花节、乡村春晚、农民运动会别开生面；近年来，读书节、苹果节、翼装飞行、龙舟邀请赛、山地自行车赛、国际马拉松赛等一批富有地方特色的文旅节庆和品牌赛事正逐步兴起。

国家实施“三馆一站”免费开放后，昭通市各级公共图书馆、文化馆（站）的公共空间、设施设备、文化服务逐步健全并免费开放。仅2015年到2019年，全市“两馆一站”累计免费开放阅览室161个，举办展览4932个、讲座802个、培训5894次，组织文艺活动11847个，服务人群4882万余人次。市博物馆、罗炳辉纪念馆、扎西会议纪念馆等文博单位向社会长期免费开放各类临时、固定陈列展览，提供团队讲解服务。公共文化活动场所的免费开放，为人民群众提供了一个享受文化生活的好去处。

近年来，昭通市文化部门坚持政府主导、社会参与、重心下移、共建共享，充分发挥文化工作的主动性、积极性、创造性，大胆探索、勇于实践、总结提升，连续申报第二、三、四批国家公共文化服务体系示范项目，创建了以“送文化百千万工程”“西部贫困地区精神文化家园建设”“深度贫困地区基层文化能人培养”为代表的示范项目，为国家公共文化服务体系建设提供了一个可资借鉴的“昭通模式”。

自我市文化“百千万”工程实施以来，全市广大文艺工作者积极响应市委、市政府号召，纷纷组建演出队伍，精心编排文艺节目，按照3个“三分之一”工作要求，深入宣传党和政府的大政方针政策，深情讴歌社会主义新农村建设伟大实践，深入挖掘本土丰富的民族民间传统文化资源，以最嘹亮的歌声、最优美的舞蹈、最动人的故事，讲好昭通故事、传播党的声音，用社会主义先进文化占领了最基层的文化阵地，不仅把党和政府的温暖送到了千家万户，也使党和政府的各项方针政策更加深入人心。2015年，昭通市“送文化百千万工程”成功创建为第二批国家公共文化服务体系示范项目。在示范项目创建过程中，昭通市以“送戏下乡”为主，同时把“送图书下乡、送电影下乡、送培训下乡”结合起来，探索出了公共文化服务的“1+3”模式。到2019年年底，“百场演出进百乡”累计演出1551场，“千场演出进千村”累计演出7499场，“万场演出进万组”累计演出

106230场，参与观众5963万余人次，人民群众“看戏难”的问题得到切实解决。同时，昭通市还连续多年参加云南省“文化大篷车”招标演出，先后到版纳、楚雄、昆明、曲靖、文山5地开展了60场演出，为繁荣全省文化事业、加强州市人文交流、讲好昭通发展故事，作出了积极的贡献。

在示范项目的带动支持下，昭通文艺创作比赛也迎来了一个持续繁荣的黄金时代。2015年以来，文化部门连续举办新节目展演、民族民间文艺汇演、民族赛装文化节、戏剧小品小戏展演、农民工文化节等文艺赛事，发现新人才，展示新作品，促进专业演员和群众演员同台竞技，推动民族文化和传统文化传承发展，涌现出了《迁》《山灵》《宏图》《承诺》《静·净》《我的村庄》《超绰拉莫》《古嫫阿芝》《乌蒙鼓魂》《布依印象》《雄关倩影》《环卫状元》《一个红包》《特殊党课》《城管男孩》《听·那首歌》《咯咯咯……》《苦苦的荞麦·甜甜的心》《溪洛渡库区黄华古镇影像》等一批优秀的舞台文艺作品和文艺新人，摘下了“群星奖”“彩云奖”“国家艺术基金”等百余个文艺桂冠。2016年，大型廉政话剧《生死倒计时》成功创作并在全市巡演。2017年，昭通市群众文艺节目成功登录央视《群英汇》。疫情期间，文艺工作者创作了大量战“疫”作品，为坚决战胜新冠肺炎疫情不断加油鼓劲。

早在鲁甸“8·03”地震发生时，昭通市文体局便率先在灾民集中安置点设立抗震救灾免费图书阅读点，随后又升级服务内容打造文体活动示范点，在地震灾区创建了一个个精神家园的雏形阵地。2015年，在总结前期工作基础之上，昭通市提出了以建设“十个一”为基本内容的创建标准，将“西部贫困地区精神文化家园建设”成功申报为第三批国家公共文化服务体系示范项目。经过2年的集中创建，到2017年年底，昭通市“西部贫困地区精神文化家园建设”示范点由24个逐步扩大为71个，建设内容由“十个一”逐步拓展为“N个1”，建设制度也由最初下发的阶段性实施方案到制定发布《精神文化家园建设和服务规范》地方标准，涌现出大关县“背篼图书馆”、威信县“流动书包”等一批创新服务载体。至此，从文化部门一家设立抗震救灾免费图书阅读点，到整合资源提升打造文体活动示范点，到集中各部门力量规范建设灾区帐篷文化活动室，到全面创建第三批国家公共文化服务体系示范项目，再到制定发布云南首个公共文化服务类地方规范，昭通市“精神文化家园建设”的道路越走越宽，成为“打通公共文化服务最后一公里”的成功范例和制度参考。

众志成城，众行至远。2015 年 7 月，昭通市文体局在多方调研基础之上，蹚别人未过之河，走前人未走之路，将一群来自基层农村、非财政供养的业余文化爱好者，带进市级文化人才培训的课堂，举办了第一期“乡村文化能人培训班”，从此便打开了基层文化人才培养的一个崭新局面。从最初的“乡村文化能人培训”，到后来的“乡村文化体育能人培训”，到拓展为“农民工文化体育爱好者培训”，再到实施“乡村文化和旅游能人培养”，基层文化人才培训的内涵越来越丰富。2017 年，昭通市“深度贫困地区基层文化能人培养”成功申报为第四批国家公共文化服务体系示范项目。到 2020 年 9 月，已累计举办培训班 43 期，培训乡村文化能人、文体爱好者、农家乐业主、非遗传承人、抖音草根达人等 4300 多人。他们同“三区”文化人才服务、“春雨工程”“阳光工程”“圆梦工程”一道，为昭通文化发展留下了一支不走的生力军。

文化是民族的灯塔，历史是前进的坐标。昭通历史悠久、文光灿烂，1148 处不可移动文物、11573 件 / 套国有可移动文物、457 项非遗保护名录、293 名代表性传承人，见证了昭通历史文化的成就和辉煌，是激励一代代昭通人奋勇前行的宝贵精神源泉。

近年来，我市文化部门大力开展文化遗产保护项目提级申报，全国重点文物保护单位升至 5 处、三级以上文物增至 293 件、市级以上非遗项目增至 107 项，文化遗产保护级别不断迈上新台阶。大力加强文物保护，推动三大电站建设淹没区文物迁复建，开展重大工程建设文物调勘，先后对孟孝琚碑、霍承嗣壁画墓、龙氏家祠、恩波楼、清官亭、拖姑清真寺、扎西会议旧址、观斗山石雕群、铁炉红军标语、楼坝古渡、卢氏家祠、瓦石悬棺、刘家马店、成凤天主教堂、云南游击支队纪念碑、曾泽生故居、五尺道、厚房陶氏老宅、大龙洞龙神祠等20余处文物进行修缮和抢险排危。大力加强历史文化研究整理，开展水塘坝化石科考，编印《昭通文物古迹》《昭通市非物质文化遗产代表性传承人小传》《昭通苗族传统音乐》《昭通民族民间舞蹈集成》《水塘坝化石地研究论文集》，编辑《昭通市地方文献系列丛书》，出版《昭通简史》。大力推动柔性人才引进和文化建设，举办“水塘坝学术研讨会”，引进“周忠和院士工作站”“云南人类起源与环境演变联合研究中心”，实施“文化点亮昭通行动”，建设“昭通书院”，推进“昭通中心城市文化建设”。市文旅局组建后，我们大力推进文旅融合，开展“长征国家文化公园（昭通段）”建设，打造市博物馆、龙氏家祠、扎西会议会址、豆沙关、彝族六祖分支等一批3A级历史文化景区。大力开展传统文化宣传普及，国际博物馆日、文化和自然遗产日、非遗“六进”活动持续举办，“四有”工作更加完善，《滋味昭通》火热推出，优秀传统文化与百姓生活走得越来越近，开始飞入寻常百姓家。

文化产业是重要的国计民生产业。多年来，昭通市依托历史、人文、自然、民族等优势资源，构建“金、木、土、石、布”民族民间工艺品产业发展体系，初步形成了文化旅游、新闻传媒、包装印刷、节庆会展、休闲娱乐、歌舞演艺、创意设计、影视制作、民间工艺等较为完整的产业门类。据统计，到2019年年底，全市共有文化企业2097家，规模以上联网直报企业13家，文化产业增加值达13.97亿元，占GDP比重1.32%。文化产业增加值逐年增长，为地方经济发展和群众增收致富作出了积极贡献。

（作者系昭通市文化和旅游局主任科员）

脱贫攻坚的红十字力量

杜　雄

“红十字事业是中国特色社会主义事业的重要组成部分，红十字会是党和政府在人道领域联系群众的桥梁和纽带；红十字不仅是一种精神，更是一面旗帜”。习近平总书记的这些话时刻鼓舞和激励着我们，让红十字会人信心百倍，充满激情。脱贫攻坚战役打响以来，昭通市红十字会始终按照市委“133”工作思路和“双统领、双保障、双推进”的要求，紧扣“两不愁、三保障”，围绕“五个一批、六个精准”，严格落实“挂包帮、转走访”要求，积极发挥自身优势，以“项目引领、公益培训、人道救助、善行公益”为着力点，大力弘扬红十字精神，助力脱贫攻坚。

恢复重建促脱贫

鲁甸“8·03”地震，红十字会系统援建项目合计252项，其中：民房16个建设点1965户，学校21所，卫生院21个，卫生室103个，备灾仓库2个，基础设施9个，博爱家园项目75个，社区减灾项目5个，援助资金超过2.6亿元。其中：纳入市政府重建规划的项目153项（民房16个建设点 1965 户，惠及灾区困难群众 8200 余人；学校 19 所，惠及 20 余万人；卫生院 21 个，惠及 40 余万人；卫生室 100 个，惠及 27 余万人），已全部竣工并投入使用；未纳入市政府重建规划的项目 99 项（博爱家园项目 75 个，社区减灾项目 5 个，学校 2 个，卫生室 3 个，基础设施 9 个，备灾仓库 2 个），学校和卫生室已竣工并投入使用，博爱家园项目、社区减灾项目、基础设施、备灾仓库已建设完成并投入使用。通过项目建设，总计 100 余万灾区困难群众受益，直接帮助部分贫困群众脱贫，为灾区基础设施建设添砖加瓦，为灾区发展贡献力量。

博爱家园促脱贫

人道初心、爱传万家。博爱家园以“推动社区治理、提升社区能力、促进社区发展”为目标，以“防灾减灾、健康促进、生计发展、人道传播”为内容，实施 79 个博爱家园项目，建设资金 3571.65 万元，项目覆盖全市 11 县（市、区），受益群众达 7 万余人。

红十字博爱家园项目是助力精准扶贫、参与和推动社区治理及传播红十字精神为一体的红十字品牌项目，以实施防灾减灾、健康促进、生计发展和人道传播为主，开展硬件建设、软件建设、组织发展及生计发展，达到推动社区治理、提升社区能力、促进社区发展的目的。实施项目充分尊重群众意愿，根据当地实际情况，由群众集体讨论确定硬件建设和产业发展。在产业发展上，除了充分尊重群众意愿和因地制宜选择产业外，还根据实际帮助群众研究发展路子，产业发展农户可单干也可合作，主要模式有“公司 + 农户 + 专业合作社 + 基层党支部 + 红十字会”“农户 + 专业合作社 + 基层党支部 + 红十字会”“农户 + 农家乐 + 电商 + 红十字会”等多种发展模式，为有发展能力和发展意愿的贫困户，发放 0.5 万元至 2 万元不等的生计金，解决因缺资金不能发展的问题，生计资金使用2年为1个周期，周期满后归还生计金（产业资金由当地基层红十字小组或村级管理，红十字会不收回生计资金），由本村红十字基层组织再次选择其他贫困户进行扶持，让生计资金在项目实施点实行滚动支持，实现可持续发展。红十字博爱家园项目的实施不仅有效解决农户因缺少资金不能发展问题，也为肯动脑、有积极性、有思路、想干事的基层干部干事创业提供支持，除了能带动贫困户发展，更能有效地壮大集体经济组织，与《塘约道路》初期成立专业合作社，村干部或致富能人带动群众发展有相似之处。

医疗救助促脱贫

2015年以来，救助先心病儿童342人，救助资金555.78万元；救助白血病儿童115人，救助资金345万元；2017年9月30日，昭通市红十字会与北京轻松筹网络科技有限公司合作，联合市卫计委成立“昭通市医疗救助公益联盟”，成为云南省第二家医疗救助公益联盟，建立了稳定长期的贫困群众大病医疗筹资网络平台，截至目前，通过此平台帮助我市建档立卡贫困户233户，筹资合计324余万元，为昭通市建档立卡贫困户以及因病致贫的群众提供更加有力的帮助，让因病而无力筹资的贫困群众通过网络筹款的方式实现医疗救助，解决因病致贫和因病返贫的问题，为昭通的健康扶贫寻找新路。

人道救助促脱贫

2015年以来，通过多方筹资，积极参与健康扶贫和教育扶贫工作，救助131人，救助资金91.78万元，其中：救助建档立卡贫困大学生87人，救助资金77.70万元；救助因病导致的特殊困难群众44人，救助资金14.08万元。积极呼吁社会各界献爱心，让求助人员得到及时救助，解燃眉之急。

技能培训促脱贫

发挥红十字会优势，按照“五进”公益培训（进机关、进社区、进企业、进学校、进农村）的要求，对我市各红十字会援建项目点群众、机关干部职工、学生、新学机动车驾驶员、重点领域和重点企业等进行应急救护知识（心肺复苏、伤口包扎、伤员搬运等）、健康卫生知识、防灾减灾知识及技能知识培训。2015年以来，昭通市红十字会共计培训44万余人次（无偿公益培训20万余人，有偿培训24万余人），全面提升群众自救互救能力，为技能扶贫出一份力。

驻村帮扶促脱贫

按照市委、市政府的统一安排部署，昭通市红十字会成立了以党组书记、常务副会长为组长的扶贫工作领导小组，设立脱贫攻坚办公室，把扶贫工作作为核心工作，主要领导亲自研究部署脱贫攻坚相关工作，亲自协调解决工作中存在的困难和问题，高位推进脱贫攻坚工作。在彝良县奎香乡坪地村，全村有1324户6080人，通过按照“五看，五不录，六优先”工作原则和“五查五看”及“三评四定”的标准，目前，坪地村建档立卡贫困户590户2736人，其中市红会帮扶的199户830人已脱贫。一是抓实驻村扶贫工作队。按照市委、市政府“挂包帮”“转走访”驻村工作队管理办法要求，我单位先后派出驻村扶贫工作队队员7名（含2名督导员），扎根挂钩扶贫点。二是精心制定工作方案。为使精准扶贫工作有条不紊开展，领导班子通过深入坪地村调查了解村情，结合坪地村两委意见和村情实际，专题研究制定了《昭通市红十字会3年脱贫攻坚工作计划》，确保了精准扶贫工作有章可循。同时，每位干部职工还针对自己结对帮扶户的实际情况，拟订每户的帮扶脱贫计划。三是争取项目促扶贫。积极协调相关部门，争取各项扶贫资金共400多万元，其中，市红十字会直接帮助资金100多万元，为建设村级文化活动场所、发展集体经济、危房改造及道路建设增加力量，让坪地村1324户6080人受益，享受温暖关怀。四是严格落实包保责任。我单位按照市委要求包保奎香乡坪地村，单位班子成员及科级领导挂包村民小组，干部职工结对帮扶到户。根据人员变动情况及时调整帮扶人员，目前，22名干部职工全部一对一进行帮扶，共结对帮扶199户830人。五是落实相关帮扶措施。根据驻村工作队队员专访了解到的实际，想方设法帮助特殊困难群众解决新农合的保险费问题，帮助14户贫困老党员和困难群众代缴新农合保险费7950元，为防止因病返贫打下坚实基础。

脱贫摘帽不是终点，而是新生活、新奋斗的起点。昭通市红十字会继续立足实际，全力协调争取，尽心尽力地做好每一件小事、好事、善事。

（作者系昭通市红十字会宣传筹资科工作人员）

昭通大力发展体育事业助推脱贫攻坚

魏志望

没有全民健身就没有全民健康，没有全民健康就没有全面小康。贫困户的贫，不只是金钱上的贫，更是精神上的。体育扶贫不仅是扶贫，更是扶智、扶志。近年来，昭通市积极发挥体育在脱贫攻坚中的特殊作用，从举办体育赛事扶贫，到体育公共服务扶贫，再到体育产业扶贫，用体育活动、体育服务指导、体育精神激活村民的锻炼意识、团结协作意识，也培养和唤醒了不畏艰苦、战胜贫困、勇于争先和乐观向上的体育精神，切实让贫困群众共享体育发展带来的红利。

体育场地进村庄，农民健身有地方

“铜鼓敲起来耶诶，舞台搭起来诶；芦笙吹起来耶，摆舞跳起来……”每当山峦披上晚霞的彩衣，美妙动听的歌曲便回荡在大山深处的板栗镇罗坪村，婀娜多姿的苗族姑娘穿戴银光闪闪的银饰和身着黄黑相间背心的苗族男子欢歌笑语，来到村级文化体育广场，生起象征吉祥安康的篝火，跳起欢快的芦笙舞、竹竿舞……绥江县板栗镇罗坪村的苗族同胞们就相约来到村级文化体育广场跳起了自己的民族舞蹈。板栗镇罗坪村是绥江县少数民族比较集中的地方，脱贫攻坚以前，当地的苗族村民都世代散居在罗坪大山深处，一年四季除了在大山里种地养家糊口，一两月会偶尔用自家种的玉米等生产作物到集镇换一些油盐等生活用品外，很少与外界有过多的联系，更没有什么精神文化生活。自绥江县脱贫攻坚易迁工作启动以后，政府不但为少数民族同胞新建了崭新的安置房，还在安置点新建了具有民族特色文化体育广场，让易迁的少数民族同胞们茶余饭后有了丰富的精神文化生活和健身活动场所。动听的歌曲和欢快的舞蹈，展示了村级文化体育广场上少数民族同胞们脱贫易迁后愉悦的心情和幸福的生活。

全市脱贫攻坚工作全面开展后，昭通市为保障贫困村体育基础设施建设，满足农民群众的健身需求，体育部门在全市范围加快推进文化体育广场建设，这项惠民工程建设及时地解决了像板栗镇罗坪村这样急需文化体育广场的需求。目前全市建成公共体育基础设施项目 1442 个，其中：乡镇体育场地设施 73 个、村级体育场地设施 1115 个、健身步道 29 条（212.6 公里）、配置安装全民健身路径 215 套，实现县、乡、村三级公共体育健身设施全覆盖。

学校开齐开足体育课，学生体育梦扬帆起航

烈日当空的中午，炙热的阳光打在脸上，在学校的篮球场上，一群孩子用尽全力奔跑，他们追逐着抛起的篮球，头发、衣服已经被汗水浸湿，“哇！球进啦！耶耶耶耶……”一阵欢呼声从球场上传来——这里是永善务基中学的篮球场。这里的孩子们尤其喜欢一项运动——篮球。课余时间他们就抱着不知道从哪儿淘来的破旧篮球，穿着破旧的运动鞋在篮球场上肆意的欢笑和奔跑，愉快极了。

“扶贫更是扶志，在这方面，体育能发挥积极的作用，能锻炼学生们的体魄，能培养学生的团结精神和不畏艰苦、奋勇争先的品格。”关于体育与扶贫的关系，这是吴禄兵校长经常爱说的一句话。前几年的务基中学只有2名专业的体育教师，无可奈何，学校只能安排体格强健，体育好的其他学科老师暂代体育课。后来，县教体局又分配了2名专业体育教师到学校，为务基中学体育教育注入了新的血液，解决了学校体育教师紧缺的困难。目前务基中学有体育场地8600平方米，三个篮球场、一个水泥跑道、一个沙坑、单双杠配备齐全。有专业体育教师4名，每周每班开设开齐开足体育课。为了丰富学生的校园文化生活，提高学生的身体素质和积极性，全面推进素质教育，增进同学间的交流，学校组建了体育兴趣小组和校篮球队，早晨体育兴趣小组组织体能训练，傍晚校篮球队教练带领篮球队队员进行体能和技巧训练。还开展了各项校园体育活动，每年举行“夏季篮球赛”“冬季运动会”，孩子们在运动场上充满激情地展示着自己的优秀球技，在场上你争我夺，你攻我守，个个都雄姿英发，也显现了务基中学的体育精神。

近年来，我市不断努力加强学校体育教育基础设施的建设，加紧学校体育教育校本课程开发，加大对体育教育的宣传，促使家长、学生和社会共同重视学校体育教育，从而提升农村学校体育教育质量，促进农村学校教育事业均衡发展。用教育为扶贫助力，更好地巩固脱贫攻坚的胜利成果。

足球场落户小山村，山里娃圆了足球梦

盼望着，盼望着，终于要上足球课了。这几天天随人愿，难得的秋日阳光，同学们早已按捺不住内心的激动。下午的活动课，参加其他兴趣班的同学只能在教室里心神不定的望球场兴叹。其他同学已早早地聚在球场，三五成群，有在球场上打滚的，有追逐奔跑的，有围坐成圈看书、谈笑聊

天的……或坐或躺，或跑或闹，随心所欲、无拘无束，从此以后足球场就成为大家最喜欢的活动地方。

2014年11月，当八人制的人工草坪足球场在苏家院镇双河小学完工时，师生们很纳闷：这怎么使用啊？足球，不是只有在电视里、大城市里才能踢的吗？就我们这乡下条件，孩子们能踢球吗？何况还没有专业老师呢？在疑惑中，双河小学转岗了两位老师任教足球，动员家长让孩子们课后接受足球教育。逐渐孩子们开始习惯于在新足球场上训练、对抗。球场释放了孩子好动的天赋，发挥了农村孩子能吃苦的优势。慢慢的，整个学校变了：教室里，书声琅琅，球场上，生龙活虎，整个学校的精气神为之一振。孩子们的足球技术不断提高，成长的舞台不断拓展：校内对抗、镇内比赛、区级比赛、市级竞赛，2018年，孩子们进入了云南省校园足球四级联赛总决赛，并获得“萌芽杯”小学男子组的第八名，女队获得第六名，学校获得优秀组织奖的好成绩。自2014年组队以来，双河小学足球队共获得市级奖励13次，省级获奖5次。足球队的孩子，皮肤黝黑，眼睛炯炯有神，身体上充溢着朝气蓬勃，这和爱好电子游戏的城里孩子，气质上完全不一样。孩子们的成绩引来了大家的关注：有两名队员参加了云南省U15足球队，一人被云南省师大附中特招，一人被云南省昆陆俱乐部招收，其他被市区各级各类学校特招的，更是不计其数。看到孩子们因足球而发展，家长们心动了，纷纷要求孩子加入球队。学校也因足球特色，于2016年被评为“全国青少年校园足球特色学校”，于2020年被教育部评为全国首批“乡村温馨校园”。

在苏家院，像双河小学一样的学校还有迤那小学、示范小学、顺山小学，走进放学后的校园，你都能看到孩子们在场地上专心训练、全力比赛，校园生机勃勃、活力四射。足球正在改变着苏家院镇教育的办学理念，一批批的孩子，除了在教室里学习知识外，也在足球场上成长。除了学校足球的蓬勃发展，苏家院镇还得到各级各部门的支持，大力发展社会足球场建设，截至2020年5月，苏家院镇就有社会足球场共9块，其中双河村杨家大石桥足球场为人工草坪的标准足球场，球场大气、环境优美，吸引了很多人来此踢球，“走，到苏家院踢足球去。”每到周末，城里忙碌了一周的工薪族们，纷纷通过各自组建的微信群，约起到苏家院踢球，这块球场正在改变着人们的休闲方式。小乡村里的大足球场，正在快速带动乡村教育和社会的发展。

足球运动是全民健身的重要事业，也是国民经济的朝阳产业，更是民族精神和拼搏意识的重要载体，对于激励人们奋进新时代，健康运动生活，推动体育事业高质量发展，提升中华民族的凝聚力和自豪感都具有重要意义。近年来，我市下足功夫、花大力气，全面推进本地区足球场地设施建设任务落实到位，坚决打好打赢足球场地设施建设攻坚战，不断满足人民日益增长的体育需求。目前我市成功创建了35所全国足球特色学校，建设社会足球场地164块，圆了全市620多万群众的足球梦。

没有全民健康，就没有全面小康。在昭通，体育扶贫让全民健身与全民健康实现了深度融合。昭通走出了一条体育特色扶贫之路，为决战决胜脱贫攻坚、全面建成小康社会，贡献出了力量。

（作者系昭通市教体局工作人员）

工会助力脱贫攻坚

张作银　陶　东　许思义　李德任

昭通市总工会在中共昭通市委及云南省总工会领导下，以习近平新时代中国特色社会主义思想为指导，遵循习近平总书记关于工人阶级和工会工作重要论述精神，认真践行市委“133”工作思路，紧扣市委脱贫攻坚“四篇文章”，“增三性”“去四化”，以“绝对忠诚党的事业，竭诚服务职工群众”为工作出发点，积极融入扶贫大局，全力助推脱贫攻坚。

抓实挂钩扶贫点脱贫攻坚工作

挂钩帮扶镇雄县五德镇谷花村，昭通市总工会着力“三强三抓”，问计于民、问政于民、问需于民，聚民心、汇民智，带领谷花群众攻坚拔寨奔小康。

（一）强沟通，抓基础设施建设破瓶颈

2016年1月，在市人大常委会副主任、市总工会主席陶天蓉的带领下，市总工会班子一行深入谷花，听民声、把“脉象”，与镇雄县委政府共同召开“五德镇扶贫开发工作联席会议”，“问诊”谷花，就谷花基础设施建设

出“良方”、下“猛药”。

打通致富之路。“要致富，先修路”。谷花与镇凤二级公路隔河相望，但谷花却交通闭塞、出行难。经过争取，交通部门投入2044万元，于2017年年底建成五德到谷花至军备油路17.9公里，不仅结束谷花自古以来无油路历史，而且谷花还成为五德交通的“北大门”，成为目前五德、谷花、干沟通往四川、重庆最近的道路。谷花群众到五德镇赶集、办事，往返车费从80元变成了30元，往返路程时间由4个小时变成了50分钟。2018年年底，谷花又启动14个村民小组6.3万米串户路和27.71公里主干道硬化建设，串户路于2019年年底完成，主线道路硬化于2020年8月底竣工，全面打通了谷花群众的致富之路。

点亮光明之灯。“有了电，多方便”。因各种原因，谷花农网改造始终没有开展，谷花群众长叹电价高、电不稳，甚至有钱买电器也无法用。经过协调，电力部门投入1000余万元，全面启动了谷花电网改造大会战，不留死角、全覆盖，在2017年春节时，每家每户都用上农网电，稳定的电压增添了谷花群众节日气氛。现在，谷花多处村民自发安装了路灯，谷花的夜晚不再黑暗，谷花的路光明璀璨。

开启梦想之门。“再穷不能穷教育，再苦不能苦孩子”。2016年6月前，谷花小学校址有两处，相隔200米。一处是窗户破烂、楼顶漏雨、桌椅板凳高矮不齐的危房教室，孩子们不愿去，但又不得不去的老学校。一处是教学大楼修建多年，辅助设施却没有完善，孩子们想去，却又不能去的新学校。经过反映，教育部门投入75万元，历时2个月，全面完成了搁置多年的新修学校附属工程，就学孩子们在2016年5月前入住宽敞、明亮、安全的新教室，在好奇感受投影仪等多媒体教学中开启梦想之门，成为新时代的“追梦人”。2016年的“六一”儿童节，市总工会及县、镇党委政府领导与419名孩子们欢聚一堂，共庆谷花建校以来的第一个“六一”儿童节，并为他们送上了市总工会购买的书包、学习用品节日礼物。

筑牢堡垒之基。“基础不牢，地动山摇”。村级工作状况如何，直接影响党和政府在群众心中的形象。2017 年之前，村委会办公楼已成危房，外面下大雨，屋里下小雨。村“两委”同志们的办公室狭小阴暗，各项办公设备落后，不具备为谷花群众服务条件。经过沟通，县委组织部划拨专款 35 万元，市总工支持 30 万元，重新修建了谷花村委会办公楼。办公楼竣工后，市总工会又支持 4 万元，完善职工食堂设备，并每年划拨 6 万元，确保食堂正常运作；添置了 9 台电脑、1 台复印机、6 张办公桌等办公设备，安装了会议室 LED 显示屏等等，为村“两委”同志们营造了一个安心办公、舒心工作的环境。同时，市总工会援助资金 2 万元，整合县财政资金，修建了田坝、石旮旯两个村民活动场所，建立党员活动室，解决了党员群众文体娱乐活动场地需求，进一步发挥基层组织在服务群众中的战斗堡垒作用。

（二）强投入，抓扶贫扶智扶志激活力

党的十九大报告强调，“坚持大扶贫格局，注重扶贫同扶志、扶智相结合”。为确保谷花深度贫困村高质量脱贫，市总工会猛打“组合拳”，着力扶贫扶智和扶志，激发谷花群众内生动力，推动谷花扶贫攻坚有序开展。

突出产业抓扶贫。“发展产业是实现脱贫的根本之策”，习近平总书记指出，“乡村振兴靠产业，产业发展要有特色，要走出一条人无我有、科学发展、符合自身实际的道路”。市总工会挖掘谷花现有资源，发挥谷花特有优势，探索一条念好“山”字经、谱写“林”下曲、唱响“水”中歌的产业发展之路。2017 年，立足谷花辖区 1.7 万亩林地，市总工会投入 18 万余元，指导成立“镇雄谷花种养殖专业合作社”，专项经营野生猕猴桃和地方土蜂蜜，发动群众进山入林采摘原生态猕猴桃、利用林地养蜂蜜，产品按市场价卖给合作社，合作社再进行筛选、包装对外出售；充分利用谷花沈家沟临靠白水江，水源足、水质优，动员能人成立“镇雄升富养殖专业合作社”，投入 30 余万，经营本地细鳞河鱼养殖，为 6 户卡户提供稳定就业岗位，为创业群众当标杆、树形象。2019 年，借助退耕还林政策，引导村“两委”带领群众种植板栗 6530 亩，覆盖群众 1238 户 4854 人，其中卡户 404 户 1945

人。2020 年，利用惠农补贴政策，采取套种方式，引导群众在板栗地里推广辣椒种植 900 亩，覆盖群众 348 户 1392 人，其中卡户 168 户 672 人。

突出教育抓扶智。“落实教育扶贫，切断贫困代际传递”。市总工会树立“扶贫先扶智”“治贫先治愚”思想，全力助推谷花教育发展。实施“金秋助学”活动，每年对新录取大中专学生、高中生及在读大中专及以上学历学生进行资助，切实缓解贫困学生就学难的问题。2016 年至 2020 年间，共资助在档困难职工子女 661 名 156 万元，档外困难职工子女 39 人 21 万元。创造条件带领谷花学生、教师代表 11 人，于 2016 年参加上海“走进中国铁建”夏令营活动，让学生接受“自强”教育，走出大山，拓展见识。突出干群培训，提升干群技能水平。着力劳动技能培训，培训挖掘机工、电工、钢筋工等工种 249 人；着力操家理务等引导性培训，覆盖群众 2000 余人；带领村“两委”到大关、昭阳甚至四川等地，学业产业发展经验。

突出宣传抓扶志。“如果扶贫不扶志，扶贫的目的就难以达到，即使一度脱贫，也可能会再度返贫”。市总工会在开展“输血”扶贫时，更加突出“造血”扶贫，既送温暖，更送志气、送信心，实现扶贫与扶志有机结合。近年来，组织开展谷花村“好婆婆”“好儿媳”“卫生之家”等评选活动，评选先进 223 名，弘扬家风精神，激发见贤思齐。召开谷花新入大学学子座谈会，向他们讲述党史，发放《之江新语》《摆脱贫困》《钢铁是怎样炼成的》书籍，教导他们要牢记，今后的路无论走多远，也不要忘记自己的初衷和梦想；今后的路无论怎样艰辛，和革命前辈相比，我们算什么。援助 2 万元，建立“谷花文明实践超市”，定期不定期开展文明评选活动，营造群众脱贫攻坚比学赶帮超氛围。采取院坝会、座谈会等形式，组织群众 3000 余人次开展“自强、诚信、感恩”教育，教育群众树立正确世界观、人生观、价值观，摒弃“等靠要”思想，自己动手，丰衣足食。组织各村民组开展“三讲三评”活动，用身边的事、身边的人教育群众，学有榜样，赶有标兵。

（三）强管理，抓履职转作风促攻坚

市总工会响应党委政府号召，尽锐出战，强管理，抓履职，转作风，以“乌蒙铁军”精神打赢脱贫攻坚战役。

突出驻村工作队“尖刀兵”作用。选强人、强选人，严格落实“八必须、八严禁”要求，认真履职“七大员”，发挥驻村工作队在脱贫攻坚中的“尖刀兵”作用。当好思想政策“宣传员”。落实队员片区负责制，扎实开展群众会，传递党的声音，宣传党的政策，全面消除群众疑问，为脱贫攻坚凝民心、聚民智。当好矛盾纠纷“调解员”。积极消除潜在矛盾纠纷，为谷花发展营造良好环境，近年来，驻村工作队成功调解欠薪或工伤纠纷4起，帮助94名农民工追讨欠薪及工伤赔偿款33.93万元。当好村情民意“调研员”。扎实开展季度遍访工作，问计于民、问需于民、问政于民，及时向村脱贫攻坚指挥部反馈群众所思、所想、所盼。当好沟通协调“联络员”。发挥桥梁纽带作用，强化沟通协调力度，聚焦问题破难题，近年来，驻村工作队协调市总工会投入镇、村扶贫经费140余万元；当好产业发展“服务员”。组织村“两委”外出学习产业发展经验，引导建立镇雄谷花种养殖等农民专业合作社，探索性开展养蜂、种植辣椒等产业，竭力补齐谷花集体经济“短板”。当好党建工作“指导员”。严肃党内组织生活，积极开展“三会一课”“党员服务日”等活动，发挥党员、党支部在脱贫攻坚中的先锋模范和战斗堡垒作用。指导建立镇雄县第一家村级工会——五德镇谷花村工会委员会，党群共建助力脱贫攻坚。当好扶贫工作“战斗员”。带领大家干，做给大家看，遇见脱贫攻坚中的“硬骨头”，驻村队员冲锋在前，吃苦在前，带领干部群众“跟我上”。

转作风抓实干部帮扶责任。脱贫攻坚是最大的政治、最重要的任务。市总工会认真践行“133”工作思路，认真落实“力量向扶贫一线倾斜、问题在扶贫一线解决、感情在扶贫一线融合、干部在扶贫一线检验、形象在扶贫一线树立、政绩在扶贫一线创造”的扶贫一线工作法，坚持以扶贫攻坚统领工会工作开展，“两手抓、两不误”，组织干部职工全员下沉，扎实

开展每月入户走访、政策宣讲、解惑释疑、操家理务等活动，用脚步丈量脱贫工作深度，用心用情用力扶贫，履行挂包干部责任，助推谷花脱贫攻坚工作有序开展。

牵头全面推进城镇困难职工解困脱困工作

昭通市总工会认真贯彻落实党中央国务院、省委省政府、市委、市政府关于困难职工解困脱困工作的决策部署，按照“党委领导、政府主导、工会牵头、部门负责、社会参与”的原则，充分发挥工会组织“第一知情人、第一报告人、第一帮扶人”的职责，以高度的政治责任感和竭诚为职工服务的敬业精神，扎实推进困难职工解困脱困工作有效落实。一是通过统筹推进困难职工帮扶、常态化送温暖、金秋助学、困难职工技能培训促就业等工作，不断完善困难职工长效帮扶机制；通过完善救助措施，拓宽救助渠道，采取春送岗位、夏送清凉、金秋助学、冬送温暖的形式，全面开展困难职工帮扶救助工作。开展困难职工慰问和困难职工子女“金秋助学”等活动，帮助困难职工缓解生活压力。会同有关部门开展春风行动、民营企业招聘周、就业培训、“贷免扶补”等活动，帮助贫困群众和困难职工提供就业援助。几年来，慰问困难职工（农民工）46708 人次，发放慰问金 3705.77 万元；帮助困难职工（农民工）731 人办理“贷免扶补”和创业担保贷款；引导性培训农民工 54286 人，培训资金达 650.25 万元；“金秋助学”困难学生 2700 人，发放助学金 687.62 万元。二是通过扎实开展城市困难职工解困脱困工作，全市全国级建档困难职工从 2017 年的 6568 户，降至 2020 年“户户清”专项行动后在档 201 户，实现“两有五保障”困难职工 6367 户，脱困退出率达 96.94%。

以“八大举措”为抓手，助力易地扶贫搬迁

昭通市工会系统主动融入、精准谋划，成立工会助力易地扶贫搬迁工作领导小组，印发《昭通市总工会助力易地扶贫搬迁工作实施意见》，以“八大举措”助力易地扶贫搬迁工作，投入资金213.64万元，在万人以上易地扶贫搬迁安置点开展建会入会等服务职工群众专项行动，确保贫困户“搬得出、稳得住、能持续发展，群众较满意”。

一是建会入会。按照“能建则建、能进则进”的原则，突出“便于管理、做实服务”两条主线，在规模以上的易地扶贫安置点开展建会入会。万人以上易地扶贫安置点涉及6个县（区）9个点已经搬迁入住118233人，企业（扶贫车间）共有3个，现有职工23477人，会员10012人，已全部建立工会组织，建会率100%。二是思想引领。以“自强、诚信、感恩”教育活动为抓手，利用微信公众号、宣传册等宣传载体和“职工之家”“职工书屋”等职工阵地，全方位强化政治导向，引导职工群众感党恩、听党话、跟党走；大力弘扬劳模精神、劳动精神和工匠精神，通过开展劳动模范评选表彰、能工巧匠寻找选树、普通劳动者聚焦宣传等方式，引领职工群众在建设幸福美好生活中建功立业。三是阵地建设。依托党群服务中心、社区、警务室、企业等建立工会阵地和职工驿站23个，为群众、施工工人提供休闲、纳凉、饮水、医疗急救、商品兑换等服务。建设职工之家、爱心超市、幸福妈咪小屋和职工书屋等，配备应急医疗箱、饮水机等实用设备，为职工群众提供优质温馨的服务。在扶贫车间同步建设车间工会，在建筑工地建立工友驿站，提供饮水休息、充电等服务，切实为广大建设者做好服务工作。同时，根据云南省总工会《易地扶贫搬迁集中安置点职工服务阵地建设实施方案》，在7个万人以上易地扶贫安置点建设职工服务阵地。四是维权服务。组建维权服务队伍，开展法治宣传教育、法律讲座、法律咨询等活动20场，提供劳动维权服务和法律援助5000余人。联合司法部门

建设法律服务平台（社会治理服务中心），搬迁群众（农民工）提供法律援助。开展农民工就业维权宣传活动，围绕群众关注的务工政策、惠民政策等热点，现场答疑解惑。组织编印《易地扶贫搬迁安置群众服务手册》《农民工维权知识手册》《小强进城务工 40 问——农民工就业维权服务指南》等 2 万多册配发易地搬迁群众，帮助群众尽快适应新生活，融入新环境，顺利实现由农民向市民的转变，实现就近维权、便捷维权、有效维权，将法律维权送到群众的家门口。五是素质提升。深入开展调研，以需求为导向、以促进就业为目标，组织开展培训。在易地搬迁安置点开展家政服务、操家理屋、保安、竹编、缝纫、果蔬产品包装、养老护理服务等项目培训 200 余场，参加培训人员 25767 人次。在易地扶贫搬迁安置点举办"技能大比拼"活动和举办职工职业技能大赛 8 场，获得"技术状元"称号 8 人，获得"技术能手"称号 60 人，进一步增强了易迁群众稳定就业增收致富的能力。结合群众就业意愿和市场用工需求分类施策，开展"定向式""实战化"技能培训，万人以上易地扶贫搬迁安置点专项培训 3901 人。六是促进就业。与相关部门共同发出《致全市企业及职工们的倡议书》，帮助转移劳动力就业，发出倡议书 2 万余份。以市场需求为导向，工会为劳动力较弱的搬迁户提供就业门路，为零就业家庭提供公益性岗位，实现每户至少有 1 人就业。做实就业岗位信息推送、就业推荐、就业指导等服务，建立各级工会信息联动和资源共享机制，拓展就业岗位。开展春风行动，共协助参与组织招聘会 28 场，发放宣传资料 3.3 万份，提供免费就业服务咨询 8821 人次，组织易地扶贫搬迁安置点劳动者转移就业 3 万余人。七是困难帮扶。开展义诊活动 20 场次，为 10000 余人提供义诊和健康咨询，提高了搬迁群众的自我保护意识和健康水平，助力健康扶贫。开展困难帮扶活动，对易地扶贫搬迁安置点困难农民工、保安、环卫工人 488 人进行困难帮扶，投入资金 18.96 万元。八是人文关怀。开展心理咨询和心理健康咨询服务讲座，现场提供心理咨询服务 17608 人，开设心理咨询专栏，共推送心理咨询服务文章 30 余篇。成立工会志愿服务队 23 支 1049 人，开展心理疏导、大手牵小手、搬家、操家理屋等活动，累计开展各种活动200余场、服务49555人次。九是开展“春节送温暖”“夏送清凉”“欢送返岗农民工”等活动，在节假日对工地农民工开展慰问演出，表扬优秀班组和优秀农民工，送上慰问品。

广泛开展劳动和技能大赛

紧扣易地扶贫搬迁和基础设施建设，以“当好主人翁、建功新时代”为主题，在鲁甸县卯家湾易地扶贫搬迁安置区建设项目、成贵铁路云南段、都香高速项目、昭通中心城市文化体育新区项目等“五网”重点工程建设项目开展重点工程劳动竞赛，激发职工积极性、创造性，助推重点工程建设提质增效。紧扣产业培育，借助昭通市职工技术技能大赛平台，开展马铃薯高效栽培管理、苹果苗木嫁接、鲜天麻分级等工种比赛，营造比学赶超氛围，为昭通产业发展发现和培育技术人才。几年来，开展重点工程劳动竞赛项目34个，参赛职工约3.5万人；开展劳动技能竞赛工种82个，参赛职工约2.5万人。

关心关爱一线扶贫干部

2019年制定出台《昭通市乡镇（街道办事处）、村级脱贫攻坚一线工作人员意外伤害和重大疾病的慰问办法》，对脱贫攻坚中困难党员、遭受意外伤害和重大疾病的工作人员和镇村工作人员进行慰问。截至2020年8月，共慰问128人，发放慰问金153.5万元。其中，慰问因公身故人员6人，非因公身故人员 22 人，致残人员 47 人，重疾人员 31 人，意外住院人员 22 人；使用省级慰问资金 76.6 万元，市级慰问资金 47.5 万元，县级慰问资金 29.4 万元。

延伸工会触角服务农民工

紧扣劳动力转移就业，延伸工会触角，依托市政府驻重庆、成都、厦门、北京、杭州、深圳 6 个招商联络处，建立工会流动会员工作委员会及工会流动会员之家；与苏州市总工会、重庆市南岸区总工会、厦门市思明区总工会、成都市总工会、北京海淀区总工会签订农民工维权合作协议书；建立市总工会挂钩扶贫点村级工会，全方位、多渠道服务农民工，确保他们出得去、稳定住、能发展、可致富。几年来，帮助 114 名昭通籍农民工跨省追讨欠薪和工伤赔偿共 60.66 万元。

注重一线扶贫人才素质提升

推荐选派 39 名农村致富带头人参加云南省总工会组织的致富带头人培训班培训学习，助推农村产业发展；组织 125 名乡村教师到上海、昆明等地培训学习，提升综合素质；组织 147 名乡村医生到上海、昆明等地培训学习，提升基层医生服务能力。

加强先进典型培育和宣传

编排《扶贫路上有信仰》节目参加全省诵读活动，传颂扶贫干部——王秋婷扶贫精神，展现昭通困难群众和扶贫干部在党的领导下，将并肩作战不服输的扶贫精神如信仰一般继续传承，同时参加中华全国总工会主办的“网络正能量全国职工诵读活动”，浏览量、点赞量、分享量均位列全省第一，获全国最佳人气奖；组织扶贫队员开展“弘扬好家风，颂扬新时代——展示乌蒙巾帼风采，决战决胜脱贫攻坚”经典阅读活动，倡导良好家风，激励斗志，助推扶贫。借助电视台、报社等媒体，开展“劳动者风采”宣传报道等，用典型塑造旗帜，用旗帜引领方向，为脱贫攻坚营造干事创业氛围。

（作者张作银时任昭通市总工会办公室主任、驻村工作队队长和第一书记；陶东时任市总工会职工服务中心副主任；许思义时任市总工会办公室负责人；李德任系市总工会办公室工作人员、驻村工作队队员）

真帮实扶显担当　脱贫致富见真情

洪华坤

2015 年，根据市委、市政府统一安排，昭通市强制隔离戒毒所（下称市强戒所）挂钩帮扶镇雄县坡头镇笔花村，2017 年调整挂钩帮扶镇雄县泼机镇李官营村。自挂钩扶贫工作开展以来，市强戒所始终坚持以习近平新时代中国特色社会主义思想和脱贫攻坚的系列指示精神为指导，坚决贯彻落实党中央方针政策，严格按照省委、市委决策部署，遵从镇雄县脱贫工作安排，紧紧围绕“两不愁、三保障”目标，举全所之力，打好打赢脱贫攻坚战。

一、抓好组织领导，强化责任担当

脱贫攻坚战是绝对不能输的重大战役，接到市委安排的任务后，市强戒所高度重视，在“一所两地”（昭阳区和镇雄县）所内收治一千多名强制隔离戒毒人员，经费开支大、警力不足的情况下，讲政治顾大局，迅速成立了以党委书记、所长为组长，党委副书记、政委为副组长，其他班子成员为成员的脱贫攻坚领导机构和办事机构并由所主要领导分管扶贫工作。

先后在全所民警中抽调了10名业务精通、政治过硬的民警为驻村工作队队员，组建了驻村工作队。2019年10月，所党委根据挂钩的李官营村贫困面大、贫困程度深、驻村工作任务重的实际，在原有3名驻村工作队队员的基础上新增2名年轻队员，使驻村工作队队员达到5名，有力地推动李官营村驻村扶贫工作，得到了镇雄县委的高度赞扬；2020年3月，按照市委统一安排我所正处级干部张志勇同志又被安排到李官营村任脱贫攻坚督战小分队队长，使市强戒所驻村民警达到6名。又根据李官营村脱贫攻坚工作实际，聘请3名懂电脑，会业务的大学毕业生从事信息录入工作。全所119名民警职工结对帮扶1209户贫困户；每年制订脱贫攻坚实施计划，将任务分解到部门，把责任压实到个人，形成一级抓一级，层层抓落实的良好局面；适时召开脱贫攻坚大会，全面动员、全员参与，为脱贫攻坚工作奠定坚实的基础。另外，市强戒所按照市委组织部的安排派出3名处级领导、7名科级干部到各县区督战，派出1名干部支援巧家县脱贫攻坚，现市强制隔离戒毒所在一线从事脱贫攻坚工作人员达16人，占职工人数的13%。

二、摸家底定方案，强化精准设计

（一）精准对象。5年来，市强制隔离戒毒所始终聚焦“对象精准”，扎实抓好入户走访工作，各帮扶责任人走遍了笔花村和李官营村的家家户户，他们把最真挚的情感、最耐心的解答、最精准的政策宣传带给广大群众。2017年，10余名民警职工全程参与笔花村入户走访、调查登记、会商评议、信息录入、档案建设等工作，历时2个月时间，不漏一户一人，精准识别出227户1011人建档立卡户，并制定了相应的扶贫措施。2020年，一场突如其来的新冠肺炎疫情，打乱了强戒所工作节奏，所党委审时度势，专题研究，周密制订走访计划，既做到确保场所持续安全稳定，防范疫情进入，又坚决完成脱贫攻坚关键时期1286户6383人建档立卡户的走访任务。督战小分队和驻村工作队全程参与帮扶村入户走访、调查核实、会商研判、信息录入、档案建设等工作。

（二）精准施策。按照市委、市政府的统一部署，2018年市强戒所统筹镇工作组、村三委、驻村工作队力量对李官营村基础设施、人口信息、资源环境进行全覆盖摸排走访，对相关数据开展统计、审核、精准。所领导分批次带队到村专题调研、专项指导，驻村工作队积极与镇政府、县行业部门对接，邀请有关专家到村作专项指导，充分征求群众意愿、意见后，制定了《镇雄县泼机镇李官营村2018年至2020年脱贫攻坚施工图（实施方案）》和《昭通市强制隔离戒毒所打赢脱贫攻坚战三年行动计划》，为三年脱贫攻坚工作指明了方向。2020年市强戒所统筹帮扶干部、镇工作组、村三委、驻村工作队力量对李官营村基础设施、人口信息、资源环境进行全覆盖摸排走访，对相关数据再统计、再审核、再精准。所领导多次带队到村专题调研、专项指导，驻村工作队积极与镇政府、县行业部门对接，邀请有关专家到村作专项指导、专业培训，充分聚合群众意愿、意见，严格按照《镇雄县泼机镇李官营村2018年至2020年脱贫攻坚施工图（实施方案）》和《昭通市强制隔离戒毒所打赢脱贫攻坚战三年行动计划》补短板强弱项，决战、决胜收官之年的脱贫攻坚。

三、抓实抓细抓牢，做好群众工作

一是切实抓好劳务输出。5年来市强制隔离戒毒所始终把劳务输出作为贫困户脱贫的重要抓手，整合力量进村入户宣传劳务输出政策，统计精准劳动力信息，倾听群众就业意愿，解答劳务输出政策，开展劳动力培训，加强与用工企业的对接力度，组织贫困户劳动力外出务工。仅2020年就开展劳动力培训350人次，组织2763人贫困户劳动力外出务工，实现有劳动力的贫困户均至少有1人就业，历史性消除了贫困户“零就业”家庭。做实泼机镇“打工的事情交给你，家里的事情交给我”的劳务输出模式，得到了省、市、县、镇的高度认可。

二是切实抓好产业扶持。受自然环境的影响，产业发展成了李官营村最大的短板，市强戒所驻村工作队勇于担当，因地制宜，加大考察力度，加强请示汇报，积极与相关企业商谈，协助村委与信誉度高、资金雄厚、技术专业的力翔种植养殖专业合作社合作发展种植大蒜产业1050亩，带动受益贫困户529户2573人；与镇雄县瑞源农业开发有限公司合作发展养殖蛋鸡85000羽，带动受益贫困户86户377人；实施核桃提质增效1000亩，带动受益贫困户256户1203人；协调中西部协作扶贫资金50万元，与镇雄县鸿瑞有限公司合作，发展10万羽蛋鸡养殖项目，发展村集体经济，按效益分红。新型经营模式实现“卡户”全覆盖。仅2019—2020年收益就达42.36万元。

三是切实抓好社会保障工作。5年来，市强戒所驻村工作队积极参与农村低保动态管理，督促落实养老保险等保障政策，对90户187人无劳动力的贫困家庭整户施保，对36户36人实施特困供养、对20户39人孤儿扶持，对有残疾人、重病人和高中及以上学生的有劳动力家庭，落实低保585户1164人，确保特困家庭基本生活得到保障。

四是切实抓好住房保障工作。驻村工作进村入户宣传政府补贴政策，发动群众自筹资金，科学规划、精心组织、精准实施，全面完成73户346人的易地扶贫搬迁及后继工作。全面完成农村危房改造302户。下拨7万元资金帮助解决3户贫困户的住房遗留问题，现所有农危改对象全部搬入新居，群众实现住房有保障目标。

五是切实抓好饮水安全保障工作。加强与行业部门的沟通对接，寻求资金和技术支持，积极动员村民投工投劳，实施了2件安全饮水工程，修建水池11个、安装管道124.45千米，向市水利局协调68万元资金，实施深井取水工程，帮助解决朱家院、付家院村民组200余户村民饮水困难问题，单位投入6万元解决后继工程维护问题，现所有村民组全部建立用水管护机制，全村群众安全饮水得到有效保障。

六是切实抓好教育扶持工作。5年来，市强戒所多次召开专题会议研究部署，加大资金扶持力度，积极寻求社会力量，督促落实教育扶持政策，实现教育均衡发展。2015年、2016年连续两年扶持笔花村贫困大学生11人，每人每年补助生活费1万元，2年共计22万元，增强了贫困学生奋力拼搏的信心和决心，2017年笔花村大学生增加到27人。2020年协调昭通乔治白服装公司捐赠李官营小学500套校服，价值15万元。加大控辍保学力度，严格落实镇雄县“四步法”，共劝返失学辍学学生7人，2019年，落实卡户小学生补贴627人、初中补贴455人、雨露计划261人，高中各类补助297人，专科以上补贴126人。教育帮扶获得丰硕成果。

七是切实抓好医疗保障工作。积极参与村卫生室标准化建设，向卫健部门协调15万元资金修缮笔花村卫生室，积极动员贫困户参加医疗保险，现李官营村1286户6383名卡户已全部参保，参保率100%；非卡户参保5482人，参保比例72%。符合条件的贫困人口100%签约服务，并落实大病救助等其他健康扶贫措施，彻底消除因病致贫和返贫。

八是切实抓好人居环境整治工作。严格落实好每周“卫生日”制度，通过开展“三讲三评”“自强、诚信、感恩、教育”等活动，宣传发动群众持续抓好公路沿线、村庄周围、房前屋后环境卫生整治，压实管片干部分片包组和保洁员分片包段责任，指导群众做好操家理务。把付家院立为人居环境示范点，以点带面推动全村人居环境大幅度提升；大力推进农村闲置危旧房拆除和复垦复绿，全村共需拆除426户30996.086平方米，目前已全部拆除并已复垦复绿。

九是切实抓好疫情防控工作。严格按照司法部和省戒毒管理局的要求，立即启动疫情防控I级响应，实行战时执勤模式，执行全封闭管理。同时指导、督促驻村工作队抓好李官营村的疫情防控工作。驻村工作队通过村、村民组微信群、村广播、入户走访等多途径宣传疫情防控知识和政策；加大防控排查力度，严格管控境外返乡人员，及时制止村民聚集扎堆、操办红白事等，定期对工作队办公区、居住区和其他重点部位进行消毒处理，指导、帮助全村群众完成了“云南健康申报”二维码的扫描和申报工作，实现了所内和李官营村零感染。

十是切实抓好禁毒扶贫工作。充分发挥我所优势，建立李官营村戒毒后继延伸照管站，加大对 62 名吸毒人员出所后的延伸照管，积极争取帮助落实吸毒人员家庭成员就业、就医、就学，农村危房改造，农村低保，乡村公扶岗（保洁员）等扶贫政策，极大降低了复吸率，所有吸毒人员贫困户均全部达到户脱贫 5 条标准。投入 15 万元资金帮助泼机镇开展禁毒宣传工作，为脱贫攻坚创造平安、和谐、稳定的环境。

四、完善基础设施，补齐民生短板

所领导多次与市、县行业部门协调项目资金支持，驻村工作队积极参与动员群众投工投劳、化解矛盾纠纷，严控质量、资金安全关，高质量完成了全村村组路硬化 28 公里和连户路 92800 平方米建设。多方筹集资金，2016 年投入 10 万元支持坡头镇笔花村修缮村委会办公场所，4 万元修建村活动广场；投入 3 万元帮助李官营村改造村级公厕，向市民政局协调 10 万元资金建设村老年活动中心和儿童之家，投入 15 万元资金帮助朱家院修缮加固村民组活动场所，投入 10 万元资金帮助建设村活动场所，极大地改善了李官营村基础设施，提高了群众满意度、获得感，实现了工作、思想、情感三个认同。

五、抓党建促发展，强基固本聚合力

严格落实“三会一课”制度，扎实开展“两学一做”学习教育，向干部群众宣讲十九大及十九届一中、二中、三中、四中全会精神。每年从行政经费中划拨 8 万元，累计投入 24 万元，解决李官营村经费不足问题；利用中秋节、春节等节日开展送温暖活动，累计发放米、面、油等生活慰问品总价值约 5 万多元；为贫困户捐赠衣服 200 多套、衬衫 3000 多件，毛毯 75 床，价值 50 万元；每年划拨 7.2 万元经费，累计投入 21.6 万元；聘请 3 名大学毕业生从事信息录入工作，解决了 3 户贫困户收入问题；2020 年投入 12 万余元为 1286 户贫困户制作了镇雄县脱贫攻坚信息栏，进一步规范了“三卡上墙”，同时聘用 12 名贫困户大学生到村参与脱贫攻坚社会实践活动，给予一定报酬，进一步夯实教育帮扶工作基础；还募集 10 万元（单位筹资 5 万元）资金购买简易衣柜、橱柜、餐桌、被套等一批，为 350 余户贫困户添置必要的生活用品，消除“感官贫困。”5 名队员在省委下派工作队队员和市委督战队的指导、帮助下，驻村工作队充分借助“周例会”强化学习教育，提高理论、业务水平；严明纪律、严格考勤，吃住在村、工作在村，严格落实离村报备制度；进一步抓好内务管理，促进驻村工作规范化、精细化；强化纪律作风建设，严守党的政治纪律和政治规矩，清清白白做人、堂堂正正干事。驻村第一书记（工作队队长）刘尘 2018 年、2019 年连续两年被组织部门考核为“优秀公务员”，驻村工作队队员洪华坤被组织考察提拔为强戒所财务科副科长、郑祖金被组织考察提拔为强戒所政治处副主任。为李官营村营造了风清气正、干事创业的良好氛围。

截至 2020 年 10 月，李官营村 782 户 3859 人脱贫户无返贫风险，504 户 2524 人未脱贫户全部脱贫，户脱贫 5 条标准全部达标，贫困发生率降至零；贫困村出列 7 条标准全部达标。如今，一条条洁净的水泥路，一盏盏明亮的路灯，翠绿的青山，群众开心的笑容，表露的感恩之情，无不显现市强制隔离戒毒所收官之年认真践行群众路线，不忘初心、牢记使命，勇于担当攻坚克难的积极成果，也将昭示着李官营村脱贫攻坚之战必将大获全胜，为乡村振兴战略奠定了坚实基础。

（作者时任昭通市强制隔离戒毒所副科长）

昭通市社科联定点帮扶工作纪实

熊　琳

2015年9月，昭通市社科联正式承担对守望乡葫芦坪村实施定点帮扶工作。葫芦坪村，属于半山区，海拔2050米，国土面积11.9平方公里，年平均气温11℃，年降水量765.00毫米，适宜种植烤烟、玉米、马铃薯等农作物。全村虽已实现通电、通路、通电视、通电话，但依然有上千户饮用井水，5个自然村存在饮水水质未达标或饮水困难；村乡连接道路为土路，进村道路为土路面，村内主干道未硬化；距离车站13公里；没有集贸市场等情况。

作为群团部门的社科联无法有效调拨资源，加之全单位只有十人，人力财力都极其有限，但社科联没有气馁，选择了迎难而上去面对这样一个深度贫困村。

落实帮扶责任　确保精准发力

为了顺利完成帮扶任务，社科联首先成立了以主要领导为组长的扶贫工作领导小组，加强对扶贫工作的领导，压实扶贫工作责任，确保帮扶工作精准发力，帮扶任务精准落实。每年年初召开扶贫研究专题会议，研究扶贫规划和帮扶措施，制订帮扶计划，确保顺利完成脱贫攻坚帮扶工作各项任务。为进一步做好精准扶贫工作，挂包以来社科联干部职工，不管刮风下雨还是风吹日晒，分期分批进行遍访、回访、精准识别，深入走访贫困户了解情况。针对不同类型贫困户，制订帮扶计划和帮扶措施，制订脱贫任务清单和责任对象，“一家一户”调研摸底、“一家一户”一本台账、“一家一户”一个扶贫计划、“一家一户”结对帮扶、“一家一户”回头跟踪，实现“村村清”和“户户清”，让单位的扶贫工作更有针对性和实效性。

每年春节前夕，对葫芦坪村的贫困老党员进行慰问，为他们送去慰问金和慰问品。根据贫困户精准所掌握的情况，社科联邀请市农业局苹果种植专家到葫芦坪村进行苹果种植及病虫害防治培训。利用春节前后农闲和外出务工农民返乡过年的大好时机，向群众深入了解他们最急需解决的困难和问题，同时，大力宣传中央和省委省政府、市委、市政府决战决胜脱贫攻坚重大部署，牢牢把握“两不愁、三保障”基本标准，准确宣传阐释贫困县摘帽、贫困村出列、贫困户脱贫退出政策标准；大力宣传贫困地区人民群众艰苦奋斗的感人故事，营造勤劳致富、光荣脱贫氛围；大力宣传“励志、自强、感恩、诚信”的意义及重要性，引导贫困群众树立主体意识，持续培育贫困群众依靠自力更生实现脱贫致富意识，提高贫困地区和贫困群众自我发展能力，营造“自强不息，诚实守信，人人心存感恩、个个遵守公德、户户增收致富、家家和睦相处、村村倡导文明、处处体现和谐”的浓厚氛围，为决战脱贫攻坚、决胜全面小康提供强大的精神动力。

搞好脱贫攻坚宣传　营造浓厚社会氛围

为了加强脱贫攻坚政策宣传力度，扩大群众知晓度，营造全市人民群众关心、支持、参与脱贫攻坚的良好氛围。社科联组织全市广大哲学社会科学工作者，积极研究阐释习近平扶贫思想、党的扶贫政策以及在扶贫实践中总结出来的新鲜经验和做法，用老百姓耳熟能详的朴素语言和接地气的方式解读理论、分析问题、回答困惑，在《昭通社会科学》刊登脱贫攻坚理论文章20余篇，进一步加大了对脱贫攻坚政策法规、调研成果和工作成效的宣传力度，营造了全市人民群众关心、支持、参与脱贫攻坚的良好氛围。

通过省、市、县三级联动组成三级融合社科普及宣讲团，在全市11个县（市、区）以报告会、研讨会、讲座、论坛等形式，深入各县（市、区）、乡（镇）、田间地头、社区邻里、庭院农舍开展宣讲，向广大基层干部群众宣传习近平总书记关于脱贫攻坚的重要论述和中央、省委、市委关于脱贫攻坚的重大决策部署，认真总结昭通市脱贫攻坚的巨大成就及宝贵经验，讲好昭通脱贫攻坚生动故事，为实现昭通决战决胜脱贫攻坚圆满收官提供了精神动力和智力支持。与市科学技术局、市科协等单位共同举办全国科普日活动，活动现场共发放社科书籍、科普读物等共计3000余册，向广大群众宣传决战决胜脱贫攻坚等科普知识，在传播社会科学知识、宣传党的创新理论、培育和践行社会主义核心价值观、助力脱贫攻坚等方面发挥了重要作用。

召开了昭通市庆祝改革开放40周年社会科学学术年会和云南省第十三届社会科学学术年会昭通专场会议，激励和动员昭通全市广大哲学社会科学工作者不忘初心、牢记使命，围绕昭通坚决打好打赢“两不愁、三保障”突出问题歼灭战，易地扶贫搬迁“搬得出，稳得住”攻坚战，产业培育高质量发展突击战，人居环境整治提升人海战，强化党建引领，推动作风转变持久战等重大问题积极建言献策，评选出了42篇优秀论文，为坚决打赢脱贫攻坚战、实现昭通高质量跨越式发展提供理论支撑和智力支持。

开展课题研究　发挥职能作用

“认识世界、传承文明、创新理论、资政育人、服务社会”是哲学社会科学的重要功能。作为市委、市政府的“思想库”和“智囊团”，服务好全市经济社会发展全局，是市社科联义不容辞的责任。结合对扶贫工作的深入了解，积极发挥社科部门在扶贫工作的理论支撑作用，组织全市广大哲学社会科学工作者为打赢脱贫攻坚战积极建言献策，推出一批管用有效的理论研究阐释成果、对策建议，每年编辑一本课题成果选编，助力打赢脱贫攻坚战。

2016 年，市社科联积极组织专家学者围绕中共昭通市第四次代表大会报告提出：“今后五年，四届市委的执政使命就是打赢脱贫攻坚战，全面建成小康社会。”对昭通如何推进“六大战略”进行研究，结题验收后将《国家战略视角下昭通市精准扶贫对策研究》《昭通市扶贫开发模式创新研究》《昭通市义务教育均衡发展问题及对策研究》等 14 项课题编辑成《2016 年度昭通市第六届哲学社会科学课题成果选编》一书，分为“扶贫攻坚、交通先行、产业发展、新型城镇化、教育兴昭、反腐肃贪”六个栏目。

2017 年，市社科联组织社科专家围绕“十三五”发展的四大目标（经济发展目标、社会发展目标、民生改善目标、资源环保目标）开展社科课题研究，编辑成《2017 年度昭通市第七届哲学社会科学课题成果选编》一书。其中，《昭通市精准扶贫中的教育扶贫新视角研究》以国家、云南省、昭通市有关精准扶贫和教育扶贫的重要文件和领导讲话主要精神为指导，从基础教育扶贫、干部教育扶贫、农民教育扶贫三个视角，重点研究昭通市精准扶贫中教育扶贫的现状、存在的问题及路径，找准了问题实质，分析问题透彻，具有很强的操作性和实践指导意义，对于贯彻落实好中央脱贫攻坚决策部署，精准发力全力打好扶贫攻坚战提供了决策参考。

2018 年，市社科联紧紧围绕习近平总书记 2015 年 1 月考察云南讲话中提出的“一跨越、三定位、五着力”中的“五着力”为研究主要内容，坚持问题导向，坚持植根实践，聚焦时代考题，聚焦重点任务，聚焦群众关注，广泛发动全市哲学社科工作者积极为昭通发展提出建设性的意见和建议，编辑成《2018 年度昭通市第八届哲学社会科学课题成果选编》一书。其中，《昭通市民族示范团结示范点建设的困境与路径研究》《昭通深度贫困地区现代生态农业发展问题及对策研究》等课题对加快推进民族示范团结示范区建设、促进昭通市深度贫困地区社会经济发展，对打赢脱贫攻坚战、与全国同步全面建成小康社会具有重要的意义。

2019 年，市社科联围绕纪念改革开放 40 周年、庆祝新中国成立 70 周年和昭通市决战决胜脱贫攻坚、全面建成小康社会，开展了第九届、第十届课题研究。《精准扶贫促进昭通市整体脱贫对策研究》《昭通市乡村振兴战略中的农业科技引领支撑作用研究》等课题围绕全市脱贫攻坚和乡村振兴进行了研究，对精准扶贫和“乡村振兴战略”存在的主要问题和原因进行了分析，并提出相应对策建议，对推动乡村振兴发展、助力打赢脱贫攻坚具有重要的现实意义和理论价值；第十届课题紧紧围绕市委“133”工作思路、“做好易地扶贫搬迁、产业培育、劳动力转移就业、基础设施建设‘四篇文章’，统筹推进教育扶贫、健康扶贫、社会兜底保障等各项工作，坚决打好打赢脱贫攻坚大决战”这一主题展开研究，并将结题验收后的 12 项课题汇编成《2019 年度昭通市第十届哲学社会科学脱贫攻坚专项课题》一书，分为“党建脱贫‘双推进’、易地扶贫搬迁、产业培育、劳动力转移就业、基础设施建设、健康扶贫、乡村振兴与脱贫攻坚”等七个栏目，这些课题认真总结了昭通近年来脱贫攻坚中好的经验和做法，理论基础扎实，视野开阔，总体方向把握准确，提出的意见建议具有针对性和可操作性，为市委、市政府的脱贫攻坚工作科学决策提供了科学依据。

2020 年，为深入贯彻中共昭通市委四届六次全体（扩大）会议精神，聚焦提炼脱贫攻坚伟大精神这一核心任务，市社科联广泛动员和组织广大哲学社会科学工作者，系统总结和提炼市委、市政府团结带领全市人民在决战脱贫攻坚中体现出来的政治优势、制度优势、理论创新和实践经验。围绕“党建、易地搬迁、产业培育、劳动力转移就业、基础设施、文化教育卫生、乡村振兴”等开展脱贫攻坚实践经验课题研究，收到申报课题45项，立项19项，将于2020年11月底结题验收，将编辑为《2020年度第十一届哲学社会科学脱贫攻坚实践经验专项课题》一书，再次为市委、市政府提供理论支撑和应用价值的对策思路和政策建议。

选好驻村队员　助力脱贫攻坚

2015年9月定点帮扶工作开展以来,市社科联就选派了基层工作经验丰富且参加过龙头山地震灾后恢复重建的李峰同志到扶贫点开展工作，2016年又增派张园同志到扶贫点开展扶贫业务工作，2018年驻村开展扶贫工作近3年李峰同志调整，熊琳同志开展扶贫工作，2019年自今再次由李峰同志驻村开展工作。驻村期间三名扶贫队员认真学习脱贫攻坚相关政策文件，迅速了解掌握村情，协助驻村扶贫“第一书记”制订村脱贫计划和帮扶措施；走遍了守望乡葫芦坪村的每个角落，一次次的入户走访、台账资料的整理、网上资料的录入，顶着烈日、冒着大雨走村入户，通宵达旦录信息资料，夜以继日地对照国办扶贫系统对档案资料进行整理归顺。确保精准扶贫档案资料的齐全、完整、准确，使精准扶贫档案更好地为脱贫攻坚服务。

2019年4月按照市委统一安排，每个单位都需要选派脱贫摘帽督导员，到未脱贫的镇村开展脱贫摘帽督导工作。已57岁的调研员王银开同志到昭阳区靖安镇碧海村开展脱贫摘帽督导工作，围绕“571”脱贫出列标准，督促和指导碧海村脱贫攻坚各项工作。通过各项扶贫政策和措施的落实，碧海村顺利实现脱贫退出。2020年3月1日后，王银开同志又被选派到镇雄县以勒镇大山村任脱贫攻坚作战小分队队长，对以勒镇大山村脱贫攻坚开展驻点作战工作。驻村期间，王银开同志带领小分队同志按照市委对脱贫攻坚驻点作战的工作重点和要求，认真开展作战工作。坚持聚焦脱贫攻坚责任、政策、工作的落实，紧盯“两不愁、三保障”重点工作任务，以发现问题为导向，开展进村入户走访，与村“两委”、驻村工作队共同研判，对存在问题和工作弱项积极提出整改建议和意见并跟踪督促整改落实。在作战工作中，注重强化产业就业、消费扶贫、扶志扶智、易地扶贫搬迁后续帮扶等巩固提升长效机制，巡回深入各村民小组开展“感党恩、跟党走”群众会，宣传党的脱贫攻坚政策，努力提升群众对扶贫工作的满意度、认可度。

盘活单位资源　决胜脱贫攻坚

社科联定点帮扶葫芦坪村的时候，只有村委会所在地通了公路，而山背后的 3 个村民小组即 14 组、15 组、16 组还是泥巴毛路，普通车辆很难通行。社科联只能充分发挥联系社科专家及部门的优势，通过多次协调扶贫办、农业局、民政局、交通局等部门，在乡、村及社科联的共同努力下，14 组、15 组、16 组道路硬化工作已全部竣工。其余村组四级路也全部硬化，实现村组公路全硬化。山背后蓄水池建成，14 组、15 组、16 组多年饮水困难得到解决，村卫生室、四个村民小组活动场所都建成使用。

2015 年以来，从有限的工作经费中，共调剂资金 15 万余元，解决了村委办公条件简陋、办公经费不足等问题，新建了图书活动室、活动场所，购买了电脑等办公设备，对办公区域进行了绿化，改善了村委的人居环境，给群众办事提供了方便，不断提高了服务水平，提高了工作效率，提升了群众满意度。

没有产业支撑的脱贫是假脱贫，村“两委”和社科联始终把发展产业作为造血式脱贫攻坚的工作来抓，抓好养殖业，培育特色产业，积极引导贫困群众走上致富路。在这个过程中，社科联积极向相关单位争取资金支持，为贫困户出谋划策，因户施策。发展规模化种植，几年来规模化种植核桃 4000 亩、苹果 2000 亩，发展烤烟规模化种植，被昭阳区烟草公司定为烤烟种植示范区级样板；实现规模化养猪、养牛等产业，为农户脱贫增加收入。

如今，葫芦坪村不通公路的村民小组修通了硬化公路，村卫生室也焕然一新，村民活动场所更加漂亮了；新修的蓄水池和提灌站，解决了郑恒珠村民小组和老屋基村民小组村民多年的饮水困难。没有豪言壮语，真心实意帮扶，为挂钩村办实事。葫芦坪村贫困群众在社科联、村委、驻村工作队的带领下已脱贫出列，实现同步小康目标。

（作者时任昭通市社科联二级主任科员）

医者仁心战贫困

陈　华　杨礼聪

人间之爱，医者仁心，悬壶济世。作为医务工作者，以精湛的技术、高尚情操，对患者施以仁术以救人，施以仁心以救魂，将无愧于天地，无愧于内心，正所谓“大医精诚，医者仁心”。

大爱无疆，决战贫困。习近平总书记指出：“扶贫开发是全党全社会的共同责任，要动员和凝聚全社会的力量广泛参与，万夫一力，天下无敌。”

“要坚持专项扶贫、行业扶贫、社会扶贫等各方力量，多种举措有机结合和互为支撑的‘三位一体’大扶贫格局，健全东西部协作、党政机关定点扶贫机制，广泛调动社会各界参与扶贫开发积极性”。按照习总书记提出构建大扶贫格局的要求，根据省、市部署，在参与脱贫攻坚工作中，昭通市第一人民医院及时成立以时任党委书记刘雅芸、院长崔汝相为组长，党委副书记钟红萍为常务副组长，其他领导班子成员杨礼聪、吕燕玲、胡世荣、李文静、刘嫣、熊勇、牛兵为副组长，各科室负责人为成员的扶贫工作领导小组；选派精干人员组成扶贫工作队挂钩帮扶巧家县小河镇坝统村、山堡村；开通昭通市建档立卡贫困人口“四重保障”“一站式”即时结报工作，惠及昭通市180多万贫困人口；选派院党委副书记钟红萍到盐津县庙坝镇大坝村担任第一批脱贫摘帽督导员驻村开展工作；选派曹玉忠、刘增荣、杜正容、沈家顺、王新华、尹华6名脱贫摘帽督导员分别下沉到巧家县小河镇和鲁甸县梭山镇驻村开展工作；选派39名中层党员干部结对帮扶496户贫困户……

医者仁心战贫困。在世界减贫史上最伟大的事业中，昭通市第一人民医院全体医护人员用真情、真心、真诚奉献着自己的力量。

重任在肩，系统谋划，真情参与

昭通市地处全国14个连片特困地区之一的乌蒙山贫困片区腹地，生态环境脆弱、基础设施落后、产业发展滞后、教育资源匮乏，是云南省贫困面最大、贫困程度最深的地区。截至2014年末，全市11县市区中有10个县区为贫困县区，其中深度贫困县7个，全市629万人口中贫困人口高达184.37万人，其中“一方水土养不活一方人”、失去基本生产生活条件、需要实施易地搬迁的深度贫困人口高达36万多人，是云南省最难啃的“硬骨头”。

“帮扶措施做到近期和远期并举，投入资金加强短期见效的项目建设”；“要结合医院行业特点，加强健康帮扶的力度，在健康扶贫中发挥好作用。组织全镇乡村医生统一培训，现场带教和指导，规范流程和诊疗行为”……

系统谋划，真情参与。2018年7月31日上午，昭通市第一人民医院会议室内，召开第四次挂钩帮扶专项会议，院领导及职能科室36位帮扶责任人齐集一堂，专题研究医院挂钩帮扶巧家县小河镇坝统村、山堡村的帮扶措施。

按照昭通市定点挂钩要求，2018年上半年，医院已派出6批70多人次，到挂钩扶贫村巧家县小河镇坝统村、山堡村入户走访，这次扶贫专题会议，主要是对入户走访和实际调研工作作一个汇总。

会上，医院扶贫办对前期入户走访和实际调研的情况，分4类原因共梳理出因学致贫（高中以上）23户，因病致贫19户，因残致贫32户，缺劳动力致贫23户，辍学务农（初中以下）4人，在会上作了系统的汇报。针对坝统村、山堡村存在的致贫原因，院领导及职能科室36位帮扶责任人逐一发言，提出17条共性问题，并制定针对每个贫困户、每个村民小组的简要帮扶思路和办法，一些部门领导还制作PPT，他们认真分析贫困户的共同表现和存在问题，并对贫困户如何脱贫提出符合实际状况的帮扶措施。

建强班子，夯实基层基础，按照市、县、镇三级脱贫攻坚时间表、路线图扎实开展好帮扶工作；投入30万元资金帮助小河镇政府、坝统村、山堡村解决脱贫攻坚工作经费难问题；拨付资金改善山堡村“两委”办公、生活条件……自挂钩帮扶工作开展以来，昭通市第一人民医院党政班子坚决贯彻落实市委、市政府决策部署，把脱贫攻坚作为践行习近平新时代中国特色社会主义思想的新战场，多次召开专题会议集体讨论医院的帮扶方向，合理制定帮扶措施，让挂钩帮扶单位有限的力量发挥最大的作用。

精准脱贫贵在精准。根据帮扶干部全覆盖入户走访53个村民小组贫困户摸底调查和驻村工作队反馈情况，结合帮扶村的村情和贫情，围绕脱贫攻坚“571”标准，昭通市第一人民医院以补足挂钩村脱贫出列短板为目标，从发展产业、健康扶贫、助学帮扶、改善基础设施条件等方面制定《昭通市第一人民医院挂钩帮扶实施方案》，系统谋划山堡村、坝统村脱贫出列措施。

“制定了帮扶措施只是第一步，重要的是如何将措施落到实处。”为着力解决“户脱贫、村出列”的突出问题，医院派出的驻村脱贫攻坚工作队深入农户家中、田间地头，用心用情帮助贫困群众解决实际问题。他们中有留上山羊胡，戴着草帽，背上氧气袋坚持带领队员唐永红、黄再超走村串户与群众打成一片的山堡村第一书记李延洲；红白喜事爱帮忙，关心关爱留守儿童和老人，把阵地当岗位坚守的坝统村第一书记聂宗贵；入户开展安全住房App定位，摔伤腰部，轻伤不下火线坚持继续工作的驻村队员申家友；边走访边为贫困群众看病，把房前屋后当作“诊断室”的副院级领导李文静、吕燕玲、刘嫣、熊勇、胡世荣、牛兵；经常及时参加市、县、乡党委政府召开的脱贫攻坚会议，经常深入基层，扎实推进帮扶措施的分管领导杨礼聪……

在扶贫一线，医院派出的扶贫干部们踏遍贫困地区的山山水水，真情帮扶故事数不胜数，不管是在房前屋后还是田间地头，贫困群众反映问题他们都会顿足倾听，无理取闹的耐心解释，有实际困难的拿出小本记一下，向村委及时反馈共同协商解决。随着一系列挂钩帮扶项目和措施的不断推进落实，以及干部入户走访次数不断增加，久而久之很多群众开始接受，大家变成一家人。两年来，主要领导到村开展工作 22 人次 44 天，其他班子成员到村开展工作 70 人次 158 天，干部职工走访结对户 345 人次 1986 天。

制定措施，补上短板，全力推动

医院挂钩的巧家县小河镇山堡村地处乌蒙山最高峰巧家县大药山脚下，平均海拔 2100 米，气候温差大，地势落差大，自然条件恶劣，没有规模产业支撑，农作物以玉米、马铃薯、红薯为主，国土面积 30 平方公里，辖 15 个自然村 38 个村民小组，建档立卡户 298 户 1331 人，贫困面相对较大。坝统村平均海拔 940 米，盛产沙仁、核桃但不具规模，国土面积 7.11 平方公里，辖 7 个自然村 15 个村民小组，建档立卡户 198 户 787 人，人均耕地 0.588 亩，外出务工占家庭收入的 60%。

医院帮扶的巧家县小河镇坝统村、山堡村致贫的原因很多，但共同的都是交通基础设施落后，医疗教育资源匮乏，无产业发展支撑，群众内生发展动力不足，再加上复杂的地理环境和多变的气象条件，这些成为当地经济社会发展的“拦路虎”。

脱贫攻坚就像医生看病，只要找准了病根，开出的药方一定管用，才能“药到病除”。为帮助解决基层组织软弱涣散的状况，帮扶工作队与村党总支携手抓实支部共建。医院党委积极与结对帮扶村开展支部共建活动，投入资金 6 万元打造党员活动室，帮助农村党组织加强阵地建设和队伍建设。制定《昭通市第一人民医院推进挂钩帮扶点山堡村、坝统村党总支规范化建设达标创建的实施方案》，推动解决农村基层党组织开展党内政治生活不正常、不严肃，“三会一课”制度落得不实，基层党员缺乏党性锻炼，党组织凝心聚力的作用不充分等党建薄弱环节，不断强化作风建设。通过脱贫攻坚这场硬仗，有效改变了基层组织软弱涣散，组织管理缺失的状态，虽然过程很是艰辛，甚至是痛苦的，但情况得到明显改善，基层组织变得更有活力。

共产党人的初心和使命就是让全体人民群众过上好日子，脱贫攻坚就是要帮助贫困群众拔掉穷根，过上不愁吃、不愁穿、义务教育、基本医疗和住房安全有保障的“两不愁、三保障”生活。围绕这一目标，自挂钩帮扶以来，医院共向山堡村、坝统村直接投入资金 160 万元，其中 100 万元用于援建村组公路和老年活动广场，有效改善基础设施条件；30 万元用于高中学业阶段学生教育帮扶，助力高中及其以上贫困学子完成学业，有效缓解低收入家庭因学致贫难题；30 万元用于软籽石榴产业扶贫、村党员活动室打造、村委会装修改造、食堂建设、村卫生室标准化建设等项目。

在推进落实帮扶项目过程中，遇到群众不理解、不支持，甚至故意刁难的情况，党政领导和包保干部与镇村干部、驻村队员一起查法规、找政策、想办法，一起不厌其烦地向老百姓讲政策，讲项目实施的意义，讲长远红利。

产业是脱贫攻坚最有力的支撑，包保干部走访时了解到山堡村青壮年劳力外出务工后，有大量留守老人，他们中间有的还有劳动能力，希望通过自己的双手来解决温饱问题。山堡村坐落于巧家大药山脚下，非常适宜中药材种植，结合医院行业特点，在产业发展上，医院重点对接中药材种植项目，经过多次现场考察，发现半夏和玉米等农作物套种，既不耽误农作物种植，又不影响中药材质量，尤其高兴的是，山堡村群众对农作物套种中药材这一模式最感兴趣。

根据群众意愿，通过院领导多次带队到著名药企调研和牵线反搭桥，最终引进全国知名医药企业好医生集团到山堡村进行半夏种植。根据协议，由好医生集团提供种苗和技术支持，并按市场价进行收购，医院和村“两委”组织群众种植半夏，形成“企业＋支部＋农户”的产业发展模式。2020年，经检验和测产，山堡村种植的200亩半夏产量达到每亩500公斤，经权威部门认定，品质比国内其他地方种植得更好。目前，山堡村已将半夏作为该村巩固脱贫攻坚成果、接续乡村振兴的支柱产业来抓。

交通不便是制约山堡村贫困的又一重要因素。山堡村地处大山深处，道路崎岖险峻，38个村民小组22个未通公路，山高坡陡、寸步难行，贫困群众居住比较分散，入户走访总是晴天一身土，雨天一身泥，放眼望去漫山遍野都是土坯房。为方便群众出行和农危改项目的顺利实施，医院组织相关人员经过实地调研后，援建了山堡村4公里的村组公路，极大方便了附近10个村民小组群众的生产生活。该项目的筹建仅召开1次两个村民小组群众大会就获得一致通过，所有群众在项目意向书按上鲜红的手印，无偿提供项目规划占用的土地和山林。帮扶到老百姓心坎上的项目，不用动员，不用解释，他们心里边都有一杆秤。

援建坝统村老年活动广场同样受到村民们的一致欢迎，当村“两委”向各村民小组征求用地意见时，良子自然村村民顾永坤当即表示愿意无偿提供修建用地。大家都夸顾永坤觉悟高，他腼腆地说：“广场建成，农闲时是休闲场所，红白喜事左邻右舍都可以使用，可做农作物的晾晒场地，方便自己也方便大家，这件事情值得去做。”有了群众的大力支持项目推进非常顺利。

易地扶贫搬迁是解决“一方水土养不活一方人”的关键举措，在昭通市委的全盘谋划和统一领导下，坝统村、山堡村有46户贫困群众跨县易地搬迁到鲁甸县卯家湾安置区。2020年1月至4月，医院班子成员刘雅芸、崔汝相、杨礼聪、吕燕玲分6批次带领帮扶干部组织车辆全力帮助46户建档立卡贫困人口搬家。从搬出地的物资搬运、人员接送，到安置区基本生产生活物资的领用、熟悉管理服务部门等做到全程服务，包保干部尽最大努力帮助贫困群众解决搬迁过程遇到的困难和问题。同时，购买米、油、碗筷、福字等物资送到群众新家，严格落实保障易地搬迁群众基本生活条件的义务和责任，确保搬迁群众搬得出、稳得住。

温暖群众，疫情防控，对口帮扶

扶贫济困送温暖、疫情防控挑重担、在地震抢险救援中用行动守护群众安全，对口支援、健康扶贫见成效……在脱贫攻坚战中，无论是挂钩帮扶，还是对口支援，无论是产业发展，还是健康扶贫，无论是院领导，还是普通职工，昭通市第一人民医院都以医者仁心，全心全意投入脱贫攻坚这一伟大的事业。

在挂钩帮扶的山堡村、坝统村，每年春节，医院领导都亲自带队，看望慰问40至50户特困户，将全院干部职工的爱心送到他们家中。据不完全统计，仅2018年、2019年累计发放价值1.6万元慰问物资，向516户贫困户发放价值5.6万元电饭煲及调料盒，慰问因灾贫困户4户，发动帮扶科室职工捐款捐物，累计捐款1.5万元。

一家有难大家帮，爱心温暖受灾户。2018年8月16日，院党政办主任李庆包保的山堡村贫困户代堂万家中发生火灾，大火吞噬本就贫穷的家园，烧毁所有的生活物资，全家老小无家可归。院党政领导获悉灾情后，第一时间将捐款倡议书发给帮扶科室的每位职工，第一时间向村委了解具体情况，第一时间将捐赠物资送到受灾群众手中。第二天一早，扶贫办工作人员陈华及时带上援助的救灾物资及医院干部职工捐赠的3050.00元，冒雨送到受灾群众家中。看到医院爱心大使一行的到来，代堂万一家说着激动的话语，脸上写着燃眉之急被解决的感激之情。

疫情防控挑重担，白衣天使逆向行。2020年春节，新冠肺炎疫情突然爆发，疫情肆虐祖国大地。大年初二，脱贫摘帽督导员、驻村工作队队员们不顾年味正浓，“舍小家、顾大家”，纷纷放弃休息与家人团聚的时光，奔赴村级疫情防控一线，发挥医务工作的专业优势，和驻村“两委”班子一道制订疫情防控方案，组建疫情防控志愿服务队，每天顶风冒雪走村入户宣传，在重要路口设置疫情防控检测点测量体温，对过往车辆及人员逐一登记检查。利用移动宣传大喇叭、发放宣传单等方式宣传疫情防控知识，劝导群众少出门、戴口罩、不赶集、不聚会，减少人员流动和限制群众聚集，严防死守疫情传播，筑起疫情防控严密防线。

疫情防控初期“一罩难求”，参与疫情防控的村级一线人员没有专业防护工具，口罩也无法保障，防控工作面临巨大的考验。医院党委副书记、庙坝镇大坝村脱贫攻坚督导员钟红萍，除每天参与监测点检查登记、测体温、入户宣传、摸底排查等工作外，还自己买来材料，发动村干部和驻村工作队队员自制口罩，提供给一线防控工作人员和居家观察人员使用，解决口罩紧缺的燃眉之急。她说：“作为医务工作者，疫情就是命令，疫情防控就是我的责任，更是我的战场，在疫情面前，我决不会退缩。”

人民生命高于一切，危急关头用实际行动守护群众安全是每一位共产党员的责任和使命，也是医院挂钩帮扶干部们的行动准则。2020年5月18日，巧家县小河镇发生5.0级地震，山堡村是离震中最近的村庄之一。地震发生后，医院立即出动3车3批次13人医疗救援队到小河镇参与医疗救援，党委书记秦明丽、院长崔汝相连夜赶赴灾区前线靠前指挥。5月22日，派出10名包保干部赶到山堡村、坝统村，与镇村干部和驻村队员到村到组到户全覆盖开展查灾核灾工作，完成71户住房严重受损群众的危房拆除和过渡安置。

灾后余震不断，工作组坚持冒雨排危，早上7点出发徒步上山，到晚上10点在村委会汇总完成研判，连续高强度工作9天。后边两天帮扶干部们都疲惫不堪，提脚重若千斤。即便如此，大家心中只有一个念头，灾害面前，群众看着我们，需要我们，体力吃不消的时候，大家相互鼓励，咬牙坚持下来。

特别感人的事是灾害面前不退缩。2020年5月27日，队员们正在碉上村民小组丈量受灾群众唐正华受损房屋面积，刚完成测量离开就发生余震，看到屋顶不断掉落的瓦片，大家都惊出一身冷汗。虚惊之后没人退缩继续迈步向前，此刻只有一个信念，哪里有困难，哪里就必须有我们共产党员的身影。

健康扶贫是脱贫攻坚战中的一场重要战役，医院把充分利用医院的医疗资源和优势，从源头上解决因病致贫、因病返贫问题，努力实现贫困山区群众“小病不出村、大病不出县”的就医需求。在挂钩帮扶的两年里，医院为小河镇90名镇村干部免费进行健康体检，印制1000余册主题为“关注健康我们与您携手前行”的健康扶贫宣传手册进行发放。向坝统村、山堡村村卫生室捐赠电脑、打印机共3套，医疗床6张、床头柜6个、陪护椅3个及床上用品6套等设施设备，制作标识标牌和制度流程悬挂上墙，并派出专家现场指导流程布局，有效推进3个卫生室的标准化建设。

在国家统一部署的三级医院对口帮扶县级医院工作中，医院每年进行认真分析研判，不断调整帮扶的方向和重点，选优配强帮扶医疗队，有针对性选派医护人员，帮助受援医院提升医疗技术能力，提高医疗服务水平，不断满足群众就医需求。2020年，医院选派27名主治医师对昭通市昭阳区、镇雄、彝良、巧家、大关、永善、盐津7个县区县级综合医院开展对口帮扶工作。其中，大关、盐津、永善3个县区各选派1支医疗队，大关县医疗队13人，盐津县医疗队5人，永善县医疗队5人，昭阳区、镇雄、彝良、巧家4个县区各选派1名医护人员参与省级医院的组团式帮扶。

盐津县医疗队队长蒋仕淑，孩子未满周岁，她克服家庭困难，带上孩子和父母坚守帮扶一线岗位，坚持为病人服务。永善县医疗队队长罗洪才，带领医疗队员制订帮扶计划，根据各自学科特点开展帮扶工作，积极协调医院本部与县医院架设沟通联动桥梁，完善急危重症抢救流程制度，培养ICU合格团队。大关县医疗队队长申政，带领医疗队帮助大关县医院建立呼吸消化内科，新生儿科，特色专科；带领队员开展手术672例次，教学查房715次，手术示教518次，会诊及疑难病例讨论192次，培训1416人次，开展医疗下乡健康扶贫4次，免费义诊病人3110人次。开展新项目、新技术共42项，填补了大关县人民医院的空白。

为提高乡村医生队伍整体素质，满足农村医疗卫生服务需求，助力脱贫攻坚。2019年5月，医院党委副书记、纪委书记杨礼聪，带领孟世英、李蜀、曾忠萍、陈云武4名专家到巧家县小河镇对60多名乡村医生进行集中培训。由于培训内容考虑到了乡村医生的实际工作需要，提问环节大家发言都比较积极，地方常见病、多发病的常规处置是问得最多的问题，尽管培训班每天从早上8时到下午18时，高强度的培训没人缺席，没人睡觉，没人随意走动，现场鸦雀无声。

开展好大型义诊活动，把卫生健康知识送到老百姓家门口是医院的强项。2019年1月，医院党政主要领导刘雅芸、崔汝相亲自带领杨礼聪、吕燕玲、刘嫣、胡世荣、张玉宏、陈坤、王直强、曹华、郭正红、赵声波10名医疗专家，到挂钩帮扶的巧家县小河镇开展“参与志愿服务，共建文明小河，助力脱贫攻坚”为主题的脱贫攻坚志愿服务系列活动。整个义诊活动共义诊群众1000余人次，发放价值3600元药品，发放产科、儿科、艾滋病防治健康教育宣传册900余份。义诊现场，群众将服务台围得水泄不通，义诊专家耐心询问就诊群众的基本情况，认真登记，详细检查分析病情，告知注意事项，并为有需要的患者下一步的诊疗提出指导意见。耐心细致给群众讲解常见病预防、医保、卫生等知识，认真解答老人们关于常见病、多发病的预防诊治及愈后疑难问题。特别是神经内科主任陈坤，其他专家看完病人时她的面前还排着长队，她坚持耐心看完所有病人，坚守到最后一刻。

送医上门，送政策上门，在健康扶贫中，医院利用各种机会，组织人员宣传深入贯彻落实云南省健康扶贫30条措施，基本医疗保险、大病保险、医疗救助、医疗费用兜底保障相关费用医院先行垫付，实行一次性减免，个人只缴纳自付部分，保障贫困群众“病有所医”，打通政策落实的最后一公里，做群众健康的“守门人”。在宣传政策外，医院从2017年12月1日起设立建档立卡贫困人口“四重保障”“一站式”即时结算服务窗口，大大方便贫困群众就医。服务窗口开通以来，对符合转诊转院标准的就诊群众一次性减免费用达90%。开通中医专科门诊报销通道，报销比例50%，建档立卡贫困人口年度每人最高支付限额为420元。建档立卡贫困人口个人年度支付的符合转诊转院规范的医疗费用不超过当地农村居民人均可支配收入8675元，建档立卡贫困人口年度每人大病保险最高支付限额为45万元，9类15种大病的建档立卡贫困人口住院患者救治实行按病种付费。同时，加强对建档立卡贫困人口医疗费用的审核和监管，严格使用目录内安全有效、经济适宜的技术、药品和耗材，减少建档立卡贫困人口自付费用。经统计，2017年12月至2018年12月建档立卡贫困人口住院患者9964人次，医疗总费用16215.794096万元；2019年1月至12月建档立卡贫困人口住院患者9360人次，医疗总费用14772.569275万元；2020年1月至6月建档立卡贫困人口住院患者4468人次，医疗总费用7681.357654万元。

“脱贫攻坚有我参与”，这是医院干部职工的心声。在昭通市委“133”工作思路的统领下，全市广大党员干部群众齐努力，乌蒙大地换新颜。昭通市第一人民医院党员干部职工和扶贫工作人员对脱贫攻坚的伟大意义理解日渐深刻，目标任务逐渐清晰，工作开展越来越务实，用大量艰苦细致的工作赢得了群众认可。贫困群众的思想观念不断转变，内生动力得到激发，扶贫工作和贫困群众的期待落差逐渐变小。一路艰辛，一路汗水，同时也收获一路感动，一路喜悦。

天道酬勤，2020年，医院挂钩扶贫的巧家县小河镇坝统村、山堡村脱贫攻坚目标任务如期完成，健康扶贫硕果累累，如今两个村发生了巨大变化：山坡上牛羊成群，沿途绿树成荫，道路清洁，天高云淡。家家户户告别土房住进新居，广播电视、电力、安全饮水实现全覆盖，教育医疗有保障，不愁吃、不愁穿，奋斗出幸福新生活，绘就一幅美丽乡村新画卷，蜕变出斑斓的色彩，美丽淳朴令人心驰神往。村村寨寨、田间地头，人来车往的村级主干道，一路走过都有群众热情的招呼声，问问现在日子咋样，他们重复着一句话："感谢党的好政策！"用真情播种的一颗颗希望的种子生根发芽，在绵延大山开花结果。

展望未来，随着国家战略的不断推进，在昭通市委、市政府的坚强领导下，贫困群众的日子将会越过越好，作为这项伟大事业的参与者、贡献者、见证者，将初心不改，发挥好行业优势，锻造一支不走的工作队，把脱贫摘帽作为新的起点，巩固好脱贫攻坚成果同乡村振兴有效衔接，开启乡村振兴奔小康的新篇章，用润物无声的付出，点亮贫困群众致富奔小康的美好希望。

（作者陈华时任昭通市第一人民医院后勤服务中心副主任、扶贫办工作人员，杨礼聪时任市第一人民医院党委副书记、纪委书记）

第二编　扶智断穷根

教育阻断贫困代际传递　科技构建生态新型农村

余思宏

东华大学自2012年起，定点扶贫云南省盐津县。学校深入学习贯彻习近平总书记关于脱贫攻坚系列重要讲话精神，按照教育部的工作部署，充分发挥学校学科优势、人才资源和社会力量，开展了教育、科技、智力、党建、消费、就业等全方位扶贫工作。多年来，学校针对盐津县实际需求，探索了具有“东华—盐津”特色的精准脱贫路径。围绕“中小学生、大学生、终身教育”三个梯度，以多维度教育扶贫阻断贫困代际传递。与盐津共同绘制“绿水青山＋金山银山”的“两山”蓝图，开拓“生态＋”全域旅游和农副产品的脱贫之路，取得了阶段性成果。截至2019年年底，全县累计减贫10万余人，贫困发生率降至1.02%。今年5月17日，经州市审核、省级核查和第三方实地评估检查，盐津县正式退出贫困县序列。

2020年是全面建成小康社会收官之年，也是脱贫攻坚决战决胜之年。学校把定点扶贫工作与“不忘初心，牢记使命”主题教育紧密结合，坚持“不摘责任、不摘政策、不摘帮扶、不摘监管”，进一步巩固深化脱贫攻坚成果，推进脱贫攻坚与乡村振兴的有效衔接，以全心全意做好定点帮扶工作的初心和使命，以咬定青山不放松的定力，切实担负起高质量打赢脱贫攻坚战的政治责任，努力交出一份让党中央放心、让人民群众满意的答卷。

一、组织领导

学校高度重视定点扶贫工作，认真学习贯彻习近平总书记关于扶贫开发的系列重要讲话精神，聚焦盐津县“两不愁、三保障”问题，深入调研，谋划部署，稳抓落实，推动定点扶贫各项工作扎实落地。

（一）谋划部署

定点扶贫工作开展以来，学校成立校党委书记、校长任组长的定点扶贫工作领导小组，学校会议 40 余次专题讨论、审议、部署定点扶贫工作。汇编多期专题学习材料，组织开展 20 余次学习活动，进一步提升全体干部党员对习近平新时代中国特色社会主义思想的深刻认识和投身扶贫工作的政治责任感和历史使命感。

（二）调研互访

学校主要领导每年都亲自带队赴盐津调研推进定点扶贫工作。多次邀请盐津县县长郑磊来访，与邱高副校长和扶贫工作组同志沟通交流，协商推进扶贫工作。2020 年 4 月，学校组织召开“东华大学·云南省盐津县 2020 年度定点扶贫工作推进视频会”，校地双方总结交流工作经验，协商定点扶贫工作重点，协调解决困难问题，安排部署 2020 年脱贫攻坚收官工作。

（三）选派挂职干部

学校已选派了 6 名挂职干部，先后选派卢洪伟、范金辉 2 位同志挂职盐津县副县长；选派陶康乐、陶俊清、张强、董晓光 4 位同志挂职黄草社区第一书记。

（四）《责任书》六项指标落实情况

根据国务院扶贫办的部署和要求，学校从2018年至今已连续3年与国务院扶贫办和教育部签署《中央单位定点扶贫责任书》。直接投入和引进帮扶资金近1500万元，消费扶贫总计1300余万元，培训基层干部和技术人员累计7000余人次。

表1　2018年至今定点扶贫责任书6项指标完成情况表

责任书完成	2018年	2019年	2020年上半年	总　计
对定点扶贫县投入帮扶资金（万元）	229.588	263.5524	268.35	761.4904
为定点扶贫县引进帮扶资金（万元）	231.86	247	246.44	725.3
培训基层干部人数（人）	965	2077	1882	4924
培训技术人员人数（人）	307	566	865	1738
购买定点扶贫县农产品（万元）	200	222.55	230	652.55
帮助销售定点扶贫县农产品（万元）	200	241.44	223.3	664.74

二、以“教育”的初心，阻断贫困的代际传递

学校深刻领会坚决贯彻习近平总书记“教育是阻断贫困代际传递的治本之策”，把落实教育扶贫攻坚作为首要任务，围绕“中小学生、大学生、终身教育”3个梯度，完善教育扶贫长效机制，采用“请进来、走出去”的

形式，扩大教育培训覆盖面，落实教育扶贫系列举措。

（一）全方位开展多形式、多层次培训

定点扶贫工作开展以来，学校邀请专家赴盐津，组织当地干部、教师来上海开展多形式培训，包含基层干部赴我校参加“乡村振兴骨干人才培训班”，盐津教师赴东华附校参加为期半个月的跟岗学习，“不忘初心，牢记使命”主题教育宣讲团等系列培训活动，累计培训基层干部5000余人次，中小学教师2000余人次。在全国防控新冠疫情形势下，依托继续教育学院搭建“云端”学习平台，开设“乡村振兴骨干人才培训班”和“盐津中小学骨干教师培训”，积极整合东华大学、附属实验学校以及东部沿海地区优质培训资源，覆盖了农业经济、农村电子商务、心理咨询与疏导、中小学教学课程资源等42门类135节精彩纷呈的线上教学课程，确保疫情防控期间不断线、高质量的教育培训落地。

（二）持续开展贫困中小学生赴沪“行走教育”活动

学校已连续3年依托东华大学附属实验学校开展“行走教育”青少年教育实践活动，投入近30万元用于活动所有费用，累计组织近百名盐津籍品学兼优的中小学贫困生走入附校课堂、上海学生家庭，参观大学校园及市容市貌等活动，激励学生立志高远、勤奋求学。在全国疫情防控允许的情况下，今年的活动将在下半年继续开展。

（三）“培养一个大学生，脱贫一户人”

学校高度重视贫困地区招生培养，贯彻落实国家面向农村地区的招生政策，实施国家专项计划和高校专项计划，覆盖全国20余个省份和特殊贫困连片地区。2013年以来，总计招收贫困生1953人，目前，在读贫困生1387人得到学校各类资助总计600余万元。学校关心关爱贫困生学习成长，通过社会实践和志愿服务，教育和引导他们感恩社会、反哺家乡，做到物质

和精神的双脱贫。学校高度关注贫困生就业，与往年同期相比，贫困生就业情况稳步推进，就业率均高于全校平均就业率 7%，教育部和市领导对我校多项举措将疫情影响降到最低，就业工作总体推进平稳良好表示肯定。

近 5 年来，东华大学努力把国家“高校专项计划”落实到定点扶贫县，每年赴盐津开展政策宣讲，发挥挂职干部、在读盐津籍学生的作用，多渠道做好招生宣传工作，鼓励盐津地区优质生源积极报考我校。2019 年报考学校人数再创新高，有 18 名盐津籍学生考入我校。学校总计招收培养盐津籍贫困生 43 人，资助总额 34 万余元。2019 年第一届盐津籍毕业贫困生 4 名在学校帮助下到知名企业就业，平均月薪近万元，实现了“培养一个大学生，脱贫一个家庭”的目标，受到地方政府及群众一致好评。

阳明艳同学是东华大学 2019 年毕业的四名盐津籍学生之一，目前在上海一家会计师事务所工作。她来自盐津县柿子镇一个普通的建档立卡贫困户家庭，通过“高校专项计划”考入东华大学，就读的于旭日工商管理学院金融专业。学校“三个梯度”教育扶贫模式中“大学生梯度”不仅对贫困学生全过程帮扶，同时对学生开展励志培养。在学校里，她担任阳光服务队志愿者，是一名大学生公益使者，在家乡，她组织返乡社会实践开展家乡中小学支教和宣讲等活动，教育让这个从未出过大山的女孩有了改变命运的机会，也让她主动承担起帮助和鼓励其他贫困孩子励志成长的使命。

（四）助力城乡教育一体化发展

习近平总书记强调，要推进城乡义务教育一体化发展，缩小城乡教育资源差距，促进教育公平，切断贫困代际传递。学校多年来高度关注盐津县“两不愁、三保障”中“义务教育有保障”，从教育信息化、改善基础设施建设等角度，落实了系列帮扶举措。今年 6 月，云南省委书记陈豪会见了东华大学校长、中国工程院院士俞建勇一行。双方进行了深入交流，陈豪对学校教育扶贫等方面工作给予高度肯定。

援助教育信息化。近 3 年，学校累计捐赠和帮助引进信息化教学设备及软件600余套，总价值400余万元。其中，水田新区第二小学是典型的易地搬迁安置点贫困户子女集中就读的学校，存在教学设备缺乏、教学资源不足等瓶颈。学校向该小学捐赠了100台电脑和24台交互一体机；联动社会及校友资源，引进了现代化“云智能”教学系统及设备，让当地学生共享电子教学资源和智能大数据教学服务。

东华大学校长俞建勇在调研盐津期间，专程赴该小学考察帮扶举措推进情况。在学校捐赠的计算机教室，鼓励学生们抓住长知识、长身体的阶段，树立远大志向，努力学习，增长才干，增强体魄，做一名德智体美劳全面发展的社会主义建设者和接班人。

改善基础设施建设。学校深入了解盐津教育事业的困难情况之后，迅速启动了相关工作，多个渠道向校友、社会企业发布援助倡议，近3年累计动员社会企业提供引进帮扶资金（物资）近1000万元。先后帮助盐津县五个乡镇的万古、黄葛槽、豆沙、流场、保宁等小学改善教学基础设施建设，营造安定祥和的育人环境。其中，流场小学由于没有挡土墙、围墙、场地及道路硬化等，导致学校近10年无法开展体育教学及活动，东华大学不仅援建了基础设施，还通过校友企业募捐了体育运动设施和用品，帮助该校顺利恢复体育教学。

在东华大学校长俞建勇考察流场小学操场建设情况的时候，该小学校长满怀激情地说道：“有了东华大学的爱心捐助，我们的孩子终于可以上体育课了。”

三、助力盐津践行“绿水青山就是金山银山”的“两山”理论，构建生态文明新农村

伴随着农村生活方式的改变和贫困人口异地搬迁逐步出现的生活垃圾及污水处理难问题，以及当地山区农户散居等客观因素制约，让盐津县在

生态环境治理上面临着诸多瓶颈问题。学校认真贯彻习近平总书记“绿水青山就是金山银山”的重要论述，积极发挥科研、人才等优势，助力盐津脱贫攻坚，努力构建生态文明新农村。

（一）深入调研，做好顶层设计

东华大学校领导先后 8 次带队赴盐津调研，多次召开专题研讨，提出了生态治理的规划建设思路，为项目开展提供“科学指导，组织保障、资金支持”。学校设立科研专项，组织环境科学与技术学院陈泉源教授团队深入定点扶贫第一线，为盐津农村生活垃圾和污水处理开展规划设计工作。

（二）因地制宜，研发生态治污技术

从 2015 年至今，陈泉源教授团队先后 10 余次赴盐津考察调研，通过详细的技术方案比对、论证，根据村镇和扶贫安置点的功能、人口、地形地貌、地质特点、气候、排放要求和经济水平，因地制宜地选择多种处理方式，研发运行维护管理简便、经济有效的处理技术，突破技术瓶颈，减少工艺环节，形成具有地方特色的技术方案，为农村“两污”治理提供智力支持。

（三）“绿水青山”保护成效明显

“两污”治理科技示范工程的长期目标是帮助盐津打造一个“绿水青山”，具有代表性的是在盐津县首个乡村旅游示范区——牛寨乡敦厚村建设的污水治理工程，覆盖 21 个村社区，帮助当地 3000 余人解决了部分生活垃圾及污水排放问题。

在此项目中，学校科研团队研发的农村生活污水微动力处理系统、生态浮床技术和微生物—植物复合技术使污水中各种污染物高效同步去除，污水处理后各项指标达到《城镇污水处理厂污染物排放标准》一级标准，可用于农作物灌溉，2017 年至今帮助节约灌溉用水 4000 余吨。该项目统筹

生态效益和环境美学效应，真正实现污水处理设施“建得起、用得起、管得好”目标，赢得地方好评。

近期，学校在推广这种适合山地散居居民的低成本、高能效、易推广的两污生态治理方案的基础上，结合“六大产业”发展，正在加快制定盐津县、乡、村振兴环境治理规划，提升当地生态文明建设水平。5月，学校教师向当地捐赠3吨自主研发的“环保增效”化肥助剂，该助剂已在安徽、广西、宁夏、河南等多地试点推广，可实现增产10%以上，每亩主粮增收150元以上、经济作物增收200元以上。

学校科技帮扶盐津县产业发展，针对盐津县提出中药材发展的需求，学校投入15万元设立中药材研究专项，联系上海中医药大学专家提供科研帮扶，完成了天麻素含量检测等，4个天麻新产品即将上市，帮助提升当地特色中药材在市场中的竞争力。2020年多次与中国中医科学院专家座谈，协商帮助盐津对接引进有较高药用价值和较好的市场前景的新品种蒲公英种植和产业开发事宜。联系玖雍民族文化创意产品有限公司在当地推广火草相关产业，并组织校内专家，设立“火草绒纤维材料及其纺纱关键技术研究”专项，提供科研支撑，积极促进项目投资落地，提升当地产业发展水平。

此外，学校多方促进就业扶贫，为盐津县寻求就业机会和就业岗位，提供有效举措帮助定点扶贫县贫困人口就业。积极联系上海市中小企业技术人才引进服务中心，探讨帮助盐津对接劳务输。向盐津县发布了27个薪资待遇优厚的岗位，与盐津县签订了《扶贫盐津推进就业扶贫工作协议》，同等情况下优先招收当地建档立卡贫困户并提供多项困难补助，落实精准扶贫。通过校友联系嘉兴南湖区14家企业，向盐津提供了2270个工作岗位，帮助一批盐津籍人员顺利就业。

四、党建引领助推精准扶贫，以挂职干部为组带开展基层党建工作

（一）理论学习提升总攻意识，党建引领扶贫工作

学校党委常委会专题学习贯彻习近平总书记在决战决胜脱贫攻坚座谈会上重要讲话精神和教育部《打赢教育脱贫攻坚收官战总攻方案》，进一步加强决战决胜紧迫感，强化政治担当。组织召开党委理论学习中心组专题学习，邀请国务院扶贫开发领导小组专家咨询委员会委员王小林教授做“学习习近平总书记关于脱贫攻坚重要讲话精神——加强疫情中的贫困治理，夺取脱贫攻坚战的全面胜利”的辅导报告，研究讨论扶贫工作中的难点问题。学校汇编了三期《深入开展习近平总书记关于扶贫工作重要论述专题学习材料》，通过二级单位党组织布置全校师生党员紧密结合日常“三会一课”、主题党日等开展深入学习。

党委发出《致东华大学各级党组织和广大党员以实际行动助力全面打赢脱贫攻坚战的倡议书》，号召党员干部把思想和行动统一到习近平总书记的重要讲话精神上来，积极带领全校师生投身脱贫攻坚总攻战中去，全校形成了干部带领、党员带头、全校师生人人重视、积极参与脱贫攻坚的良好氛围。

（二）发挥挂职干部桥梁纽带作用，推动基层党支部共建

从2015年起，我校已先后选派了6名挂职干部，其中两名挂职盐津县副县长、四名先后挂职黄草社区驻村第一书记。

学校通过挂职干部搭建了盐津县与东华大学在基层党组织中的党建扶贫桥梁，黄草社区党总支与我校计算机学院和纺织学院基层党组织多次开展学习交流活动。党建结对共建丰富了基层党组织活动的内容，促进了党建扶贫工作的有效开展。

挂职干部驻村第一书记依托黄草社区新时代讲习所为基层干部开展培训培训，主要面向村干部、帮扶干部和农村党员骨干，累计培训基层干部1500余人次。培训内容聚焦精准扶贫精准脱贫政策、习近平总书记扶贫开发重要战略思想、农村集体经济发展、精神扶贫与村规民约、脱贫攻坚与乡村振兴等。

（三）开展支部结对

在东华大学驻村挂职干部所在的黄草社区，多年来立足党建引领，开展了“1+1”教工党支部结对帮扶建档立卡贫困学生，目前已有14个党支部结对。教职工党支部结合自身特色和资源，通过自发捐资捐物、远程辅导、关心关怀等举措，鼓励学生发奋图强、励志成才。

2020年6月，校长俞建勇一行在盐津调研期间考察了黄草小学，学生们热情地为俞建勇一行佩戴红领巾，以表达感恩之情。调研组还受部分党支部委托，带去了自发筹集的慰问金。作为对接支部成员之一，俞建勇亲自将慰问金给了所在支部对接的学生。

五、打好“消费”扶贫组合拳，促进地方提升“造血能力”

（一）多渠道拓展消费扶贫途径

学校抓住盐津“好山，好水，好空气，好食品”的“生态+”农副产品特点，通过特有的经营之路，在产品线中体现“生态+”的概念，充分发挥产品中的生态价值。帮助筹建了“东华大学扶贫盐津农产品展示专区”和线上“微店”，现场展出了竹笋、蜂蜜、茶叶、食用油、大米、天麻等6个品类40余种农特土产。此外，拓展了与中国农业银行的合作，在农行电子银行掌银上创建了东华大学扶贫盐津专区，上架了当地 30 余种农产品，上线首月已销售 21.3 万元。

（二）全员“三带”助力产品销售，广泛宣传营造消费氛围

习近平总书记在决战决胜脱贫攻坚座谈会上的讲话中指出，脱贫攻坚工作要努力克服疫情影响，要切实解决扶贫农畜牧产品滞销问题，组织好产销对接，开展消费扶贫行动，利用互联网拓宽销售渠道，多渠道解决农产品卖难问题。学校充分利用上海市五五购物节的有利时机，线上线下联动，推动消费扶贫行动加动力，购物热情再升温。组织策划了“院长代言，教师带货，学生带热度”消费扶贫系列活动。通过新媒体平台广泛发动师生、家长购买扶贫产品，同时号召党员干部带头购买和宣传推介贫困地区农产品。其中，外语学院杨丹老师采用扶贫带货与双语教学相结合，将“带货”融入英语教学的直播方式吸引众多学生，再从学生以点带面覆盖到学生家庭及社会群体中，形成全校师生、校友及社会企业共同参与的消费热潮。通过校宣传部、学生处、校友会的官微发布，获得了 2.5 万次的点击量，以流量带动销量，至今已累计在“e 帮扶”平台上已完成帮助销售 100 余万元。在 e 帮扶平台的 70 多家中央单位销售量排位前列。《青年报》整版报道了我校青年教师带货扶贫的新闻。

（作者系东华大学校长办公室主任科员）

真心真情真扶贫　爱如清泉汩汩流

尹博林　张　勇

序　言

走在一起是缘分，一起在走则是幸福，在路上遇到有困难的扶一把帮一手，是一种缘分。云南出版集团与阳堡村的缘分始于2015年的金秋。2015年9月云南省“挂包帮”“转走访”工作启动，云南出版集团就与昭通市永善县细沙乡阳堡村结成了对子。5年间，云南出版集团用心用情，举全集团之力，全面助力阳堡村脱贫致富，真正做到了动真情、扶真贫、真扶贫。

我们很幸运，亲身参与了脱贫攻坚这场没有硝烟的战役、亲眼看见了5年来阳堡村发生的巨大转变、亲耳听到了村民们对我们集团扶贫工作的认可，人生有此幸事，足矣。我们内心很幸福，因为没有什么工作比为群众办实事，让贫困群众幸福富裕起来更有荣誉感，人生有此骄傲之事，心中已满是幸福。

坐落于乌蒙山深处的昭通市永善县细沙乡阳堡村，有4个特困自然村22个村民小组871户3109人。2015年，有建档立卡贫困户388户1508人，村里既无产业，也无集体经济，基础设施严重落后，村组道路基本还是土路，“山高坡陡路难行，冷热不定难熬人”，各家各户基本只能靠年轻人外出打工讨生活，整体发展严重滞后，贫困状况十分复杂。

时光流转，今非昔比。5年后的今天再看阳堡，已是旧貌换新颜：干净平坦的村组公路代替了昔日泥泞不堪、危机四伏的乡村土路，建档立卡贫困户盖起了新房子，宽敞明亮的安居房代替了原先墙体开裂、逢雨必漏的土墙老危房，还有那焕然一新的村卫生室、功能齐全的党支部活动场所、设施设备完善的阳堡小学、家家户户新增的养殖种植设施……

短短5年，阳堡村何以发生如此巨变？这里的村民最有发言权。他们都说，这一切的变化，不仅得益于国家精准扶贫的好政策，更得益于云南出版集团这个远方“亲戚”的倾力帮扶。阳堡4组的村民小组长魏希林开玩笑地说道：“出版集团这四个字在咱阳堡村就是一副金字招牌，但凡提到这四个字，人人都要竖大拇指咧。”

倾情帮扶，心系群众

从2015年9月全省“挂包帮”“转走访”工作启动至今，我们集团党委一直高度重视阳堡村脱贫攻坚工作，通过扶贫工作领导小组，继续巩固上下联动、协调推进的工作机制，持续把脱贫攻坚纳入集团工作总体目标，列入重要议事日程，将“领导挂点、部门包村、干部帮户”的职责和任务层层传导，落到实处。截至2020年6月，我们集团党委领导分47批次对阳堡村进行了“转走访”调研，其中厅级领导54人次、处级领导283人次，为期156天共计356人次。我们集团党委书记、董事长李维更是以身作则、率先垂范，亲力亲为入户座谈，为阳堡村和帮扶户脱贫致富出谋划策，也为集团扶贫工作营造了良好的氛围。贫困户李安贵每每提及李维书记都难掩激动之情：“2019年，李书记才到我家，第一时间就发现了我家娃儿被砸伤的手，一次又一次地交代工作队队员一定要带娃儿去医院看看，不能留下后遗症，李书记心里挂着咱儿呢。”

5年间，我们集团用心用情，举全集团之力，真正做到了动真情、扶真贫、真扶贫。截至2020年6月30日，集团已在永善县细沙乡阳堡村共计投入资金和物资共计1772.71万元，阳堡村贫困发生率由2014年的52.1%降至1.29%，全村农民人均纯收入从5年前的2740元增加到了现在的6820元（截至2019年），让这里的群众逐步走上了幸福富足的康庄大道。

立足长远，创新模式，挖掘培育特色产业

我们集团党委始终将发展产业作为帮扶阳堡村脱贫的重要举措，2016年投资300万元注册成立的永善阳保绿色农业发展公司，按照集团党委书记、董事长李维提出的“公司＋基地＋农户”的思路，创新产业发展模式，制定了“订单式销售、集团式订购、抱团式发展、精准式脱贫、开心式幸福”的产业帮扶思路，对产业发展实行集中化、规模化、产业化管理。积极利用集团员工对生态农产品的旺盛需求，通过淘宝企业店、微店等互联网平台对社会销售，力争将村里的生态农产品源源不断向社会供应，形成村民脱贫奔小康的持续动力。近年来，林下养鸡产业正稳步推进发展，仍然持续不断为集团职工提供新鲜乌骨鸡；生猪养殖补助资金55.25万元，已按照所识别的贫困户每户补助1000元和非贫困户每户补助500元分类发放，部分农户已与阳保公司共同发展生猪养殖，已向集团职工试销；养蜂带头人和中草药种植带头人也与阳保公司积极合作，已对周边农户起到示范作用；20名阳堡村贫困户村民以阳保公司为平台，协助公司发展阳堡村产业，不仅获得劳动力转移就业机会，还为他们增加收入近28万元；2019年出版集团投入资金50万元购买挖掘机，助力村集体经济持续发展，今年将再投入资金50万元，建盖竹笋初加工厂，为村集体经济的发展打牢基础。阳堡村无支柱产业，无集体经济，扶贫开发缺支撑的状况逐步改善，农户种植养

殖积极性日益提高。截至 2019 年为全县各乡镇村民销售农产品 150 万元左右，增加了当地农民收入，激发了其发展产业的信心。

扶贫更要“扶志”“扶智”

“老师，老师，看到了，看到了，这就是真正的天安门啊，好漂亮啊！”2019 年 1 月，由我们集团资助的阳堡小学 6 名师生走出阳堡村，来到了北京城开始游学之旅，开阔学生的眼界。这只是我们集团教育扶贫的一个掠影。挂钩阳堡村以来，我们集团认真贯彻国家“发展教育脱贫一批”的要求，立足自身优势和资源，把扶贫和“扶志”“扶智”结合起来，在教育扶贫的征途上，下好一招又一招惠及群众的“实棋”。物质上的贫困并不可怕，真正可怕的是思想和精神的贫困。正是因为看到了这一点，我们集团进一步加强了对阳堡村教育文化帮扶的力度，从源头上解决群众的“精神贫困”，持续加大教育帮扶投入力度，积极主动与永善县签订教育帮扶合作协议，集团所属云南出版传媒技工学校按照教育帮扶合作协议，充分发挥职业教育在精准扶贫中的重要作用，从 2017—2020 年，4 年来一直对永善籍学生，就读减免其学杂费、住宿费、交纳学生平安保险费、体检费等，并提供就学 10 个月的每人每月 210 元伙食补贴。学生就读 1 至 2 年后可视情况到集团所属企业或安排到其他一线城市优秀企业实习，二年后由学校优先推荐实习就业，解决了学生就业的后顾之忧。阳堡村有几名学生在杭州等一线城市就业后，学到了先进的技术，一些陈旧落后的思想观念也有所转变，月薪基本稳在了 5000 元以上，为今后自己独立生活打下了良好基础。每每看到这些学生自信地向村里的小伙伴介绍在外的所见所闻，我们心里感到阵阵的欣慰。

2019 年按照省属企业助力脱贫攻坚帮扶要求，我们集团加大教育扶贫帮扶力度，向永善县投入教育帮扶资金50万元，同时与永善县共同设立贫困学生奖学金，解决贫困家庭子女教育问题，对细沙乡297名困难大中专、高中和义务教育阶段的困难学生进行资助，

为履行企业的社会责任，支持云南贫困地区教育事业的发展，向“建设优质数字教育资源，全方位服务教育信息化”的理念迈进，扎实做好教育脱贫攻坚工作，为如期全面打赢脱贫攻坚战、如期全面建成小康社会作出新的更大贡献，2019年年底，我们集团所属云南教育信息化科技有限责任公司在昭通永善县开展“人教数字教材”实验区的帮扶建设，与永善县教体局签订了合作共建“人教数字教材”实验区的合作协议，向当地3225名义务教育阶段的教师提供免费的人教智慧教学平台应用账号，价值金额共计50万余元，应用范围覆盖永善县共34所义教阶段的中小学校全学科、全学段，免费建立样板校、示范校及实验区，将人教数字教材应用到义务教育阶段，共同探索教育信息化2.0时代指向学生核心素养培养的“教”“学”方式的变革，推进义务教育均衡发展，进一步缩小区域、城乡、校际之间的差距。公司开设“滇教云”教育云人教智慧教学平台自主研修网，提供在线培训视频和资料，供永善县义教阶段全学科全体教研员和教师在线学习。截至今日，这些受到帮扶的学校教师在教育信息化素养上有了明显提升，学生的学习能力也有显著加强。

5年间，我们集团多次向阳堡小学捐赠价值累计约50万元的图书，这些被阳堡村孩子们称为“呵护小草成长的阳光”，进一步培养他们爱读书、爱学习、读好书的情操。阳堡小学校长吕金涛感慨地说：“以前阳堡小学的环境条件是全乡最差的，而现在不仅是乡里最好，在整个永善县的同类学校中也排在前列，激发了师生办好教育的热情，也为迎接国家级验收打下了坚实的基础。”送孩子来读书的家长也常常感慨地说：“现在的孩子享福，享你们云南出版集团的福了，感谢你们出版集团给了学生这么好的上学条件，我们都叫自己的娃要好好念书，今后出息了才对得住你们。”

2020年是全面建成小康社会收官之年，是脱贫攻坚决战决胜之年。我

们集团党委将进一步增强责任感、使命感、紧迫感，多措并举巩固提升脱贫成果，确保高质量打赢脱贫攻坚战，接续推进脱贫攻坚与乡村振兴有机衔接，让脱贫群众过上更加美好的生活。

（作者均系云南出版集团驻阳堡村工作队队员）

帮扶路上　砥砺前行

王　勇

昭通学院的定点帮扶对象是镇雄县牛场镇沙沟村。沙沟村共有 14 个村民组，总人口 1674 户 6089 人，全村有建档立卡贫困人口 557 户 2650 人。

一、聚焦依托教育资源优势，助力脱贫攻坚，阻隔贫困代际传递

扶贫与“扶志”和“扶智”相结合，学校紧紧依托教育资源优势，激发建档立卡贫困户内生动力，阻隔贫困代际传递。

（一）精心组织干部师生参加昭通市精准扶贫工作。学校以服务地方经济社会发展为责任，充分发挥高校在服务地方经济社会发展的职能，积极配合昭通市委、市政府对全市所有农户进行全面摸底调查走访工作。一是 2017 年选派 740 名学生参与昭通市 1 区 10 县的大数据录入工作，安排 96 名领导干部深入 11 个县区调研指导，切实摸清家底，夯实贫困人口精准识别基础。二是 2017 年 3 月 17 日至 8 月 31 日，驻镇雄县牛场镇沙沟村 10 名驻村工作队队员通过逐户走访、核查信息，对昭通学院扶贫点沙沟村农村

人口进行了逐一走访，完成了整村农村基本信息调查公示表，推动了精准识别工作上新的台阶。三是组织大学生到易地扶贫搬迁安置区开展志愿服务活动。2020 年 1 月 11 日，昭通学院 200 余名师生走进全国最大的跨县易地扶贫搬迁安置区靖安安置区，为来自昭阳、大关、永善、彝良、盐津、镇雄等 6 个县的搬迁群众写福字、赠春联、送 Logo、演节目、做宣讲、讲常识，为易地搬迁安置点的群众送去新春的祝福，为营造靖安安置区的温馨氛围贡献力量，为服务地方经济社会发展助力尽责。四是为助推昭通市脱贫攻坚工作，更好地服务地方经济社会发展需要，彰显学校服务地方社会的水平。五是 7 月 11 日至 23 日，我校艺术学院美术学专业师生发挥自身专业优势，到牛场镇石笋村委会王家寨村民小组，开展了为期 13 天的墙体美化亮化工作，共同绘制了近 500 平方米 20 余幅墙面。

（二）深入开展自强诚信感恩主题实践活动，激发群众的内生动力。2018 年 3 月 15 日，学校向牛场镇沙沟村沙沟小学、沙坝小学捐赠“爱心包”活动仪式在沙沟小学举行。学校捐出 327 个“爱心书包”，共计价值 64419 元（其中个人捐款 20296 元 103 个；单位捐款 44123 元 224 个），定向捐赠给牛场镇沙沟村沙坝小学、沙沟小学；2018 年昭通学院开展了“手牵手、心连心”结对帮扶活动，援助沙沟村沙坝小学、沙沟小学两所小学篮球、足球、排球、呼啦圈等 10 余种体育器材共计价值 8000 元。2019 年学校捐出 105 个“爱心书包”，共计价值 20685 元。

（三）围绕精准识别落实资助政策，严格落实求职创业补贴政策，构建资助育人格局。学校高度重视云南省高校学生资助工作，每年发放毕业生求职创业补贴、家庭经济困难学生资助、特别困难学生资助、困难学生资助，一般困难学生资助，免费师范生生活补助费等学生资助工作中，凡是涉及牛场镇沙沟村在校学生，一个也不例外，确保牛场镇沙沟村在昭通学院就读任何一个学生不因家庭经济困难而辍学。

（四）组织开展师生暑期“三下乡”活动、激发农民内生动力。学校依托教育资源优势组织开展师生暑期“三下乡”、博士送教下乡、教授传递政治理论入户宣讲活动，驻村工作队队长（第一书记）及驻村队员开展“不忘初心、牢记使命”主题教育宣讲活动等形式，深入群众宣讲惠农政策与党的十九大精神，激发农民内生动力，激励一线干部在脱贫攻坚一线担当作为，带领和教育群众“勤奋斗、创幸福、奔小康——听党话、跟党走、感党恩”，帮助镇雄县解决基础教育师资不足的相关问题，阻断建档立卡贫困户贫困代际传递。其中2019年学校师生暑期“三下乡”到牛场开展活动人数是54人，开展活动达7场次。2020年学校师生暑期“三下乡”到牛场开展活动人数是74人，开展活动达9场次。

（五）派出优秀团队进行指导，并投入资金助推产业发展。为了推进红玫瑰葡萄、板栗、核桃优质水果种植产业项目落地，2018年学校邀请西南林业大学熊忠平、和润喜2位教授为扶贫点沙沟村的火别嘎、九股水、新店子公路边4个村民小组280户1300人开展红玫瑰葡萄、板栗和核桃剪枝修枝现场示范和病虫害防治培训，提供技术指导，并投入10万元帮扶贫困户发展大球盖菇项目，投入15万元支持红玫瑰葡萄产业扩大发展；2018年通过培训的280户农户利用剪枝修枝技术对2006年所种植的红玫瑰葡萄20余亩、板栗1000余亩、核桃1200余亩进行修枝剪枝作业，2019年和2020年进一步加强管理，实现年终红玫瑰葡萄亩产增收10000元、板栗亩产增收1800元、核桃亩产增收1200元的目标。

（六）发挥智力优势，研发“昭通市农村扶贫信息化平台”，强化全市脱贫攻坚管理工作。学校驻村工作队队员李尧同志发挥计算机专业优势，历时8个月，研发和调试由行政单位管理系统、扶贫单位管理系统、昭通精准扶贫App、扶贫攻坚作战4个核心模块组成的“昭通市农村扶贫信息化平台”。系统由管理员后台数据库、扶贫工作人员PC管理平台和使用方便的App端口3个部分组成，将助推精准扶贫管理实现身份精准、措施精准、评价精准。结合建档立卡工作要求，把贫困家庭数据录入系统，实现信息和人的精确对应，为精准决策、措施调整提供参考和依据。系统还能自行对这些数据进行动态管理，实现扶贫对象有进有出，确保扶贫信息数据的真实客观、可靠可用。

二、聚焦文化扶贫，以文化扶贫助力牛场镇沙沟村脱贫攻坚

“治贫”必先“治愚”，大力发展农村文化事业，提高农民的思想文化素质和科学技术水平，是促进农村经济发展从根本上斩断穷根，避免贫困隔代传递的关键所在。自2015年学校挂钩帮扶镇雄县牛场镇沙沟村以来，为助力牛场镇沙沟村脱贫致富，打赢脱贫攻坚仗，学校以文化扶贫为抓手，以文艺演出、墙体美化、政策宣讲为载体，引导群众转变观念、提振信心，依靠辛勤劳动脱贫致富，用全国道德模范先进事迹激发群众内生动力和贫困户自我脱贫的信心；用文化艺术服务团队文艺演出，引导广大贫困群众听党话、感党恩，跟党走。通过改革沙沟村公共文化服务模式，延伸文化产业融合发展链条，大力实施“党建引领”、感恩教育、文艺惠民，强化文化支撑作用，让广大村民在富口袋的同时，富脑袋、丰内涵，为老百姓营造了有认同感、归属感的精神家园，在乡间田野奏响了一曲乡风文明之歌。

突出“党建引领”根本，为脱贫攻坚明方向。加强乡村文化建设，丰富群众文化生活，树立文明乡风，是乡村振兴的重要内容和有力保障。昭通学院紧紧围绕“举旗帜、聚民心、兴文化、展形象”的使命任务，不断加强乡村文化基础设施建设，挖掘打造传统文化和特色文化，并积极创新产业发展，让广大村民强在富口袋的同时，富脑袋、丰内涵，为老百姓营造了有认同感、归属感的精神家园。坚持把选优配强驻村工作队临时党支部发展乡村文化建设的首要任务，强化党在各类文化活动中的领导核心地位，将党的思想理念贯穿各项文化活动之中，将乡村文化建设与脱贫攻坚紧密结合，作为一项重要工作，责任到人。

扭住“阵地建设”抓手，为乡村振兴蓄能攒劲。文化活动场所是农村思想文化活动的重要阵地，是老百姓精神文化活动综合平台，也是实现文

化助推乡村振兴的根本途径。为丰富群众精神文化生活，增添美丽乡村文化元素，学校筹措资金100余万元，强化文化扶贫基础设施建设，筹措资金30余万元，建设新店子五人制足球场，将四周墙体做成文化墙。投资32余万元建设火别嘎活动广场，活动广场内修建了篮球场和乒乓球桌，捐赠健身器材一套在活动广场安装投入使用。增设帮扶资金10万元，对部分建设时间较早，简陋陈旧的村民住房进行室内室外墙体美化粉刷，强化感官脱贫氛围。投入8万元的基层党建示范点建设经费，提升改造了沙沟村委会基层党建示范点，增设了便民服务中心，添置了社会主义核心价值观24字标语，增添了宪法、党章党规等方面的文化元素。投资了20余万元帮扶资金建设了火别嘎和大屋基2个党员活动室，并购置了党章党规方面的图书存于党员活动室，为农村基层党员开展党建活动提供了活动阵地。通过强化文化扶贫基础设施建设，沙沟村文化阵地从弱到强、从内容单一到丰富多元，村民无文化活动场所和内容的面貌已发生根本性的变化，篮球、足球、健身、广场舞等健康的文化活动氛围在深度贫困的沙沟村逐渐形成，健康的文化活动给沙沟村群众带来了不尽的欢歌笑语，村民的精神风貌得到了有效的提升。

培育文化启智感恩工程，增强贫困群众自我脱贫意愿。按照“扶贫先扶志、要富口袋先富脑袋”的工作思路，强化精神引领，精心编排小品《扶贫“对象”》《云南美》《腾飞的镇雄》等励志文艺节目，引导贫困户树立“用辛勤劳动创造美好生活”的信心。学校连续两年组织学生到牛场镇开展理论普及宣讲、科技支农帮扶和文化艺术服务等社会实践活动。理论普及宣讲团围绕习近平新时代中国特色社会主义思想、党的十九大精神和感恩教育，为整个牛场镇基层干部和群众以及建档立卡户进行了政策理论宣讲。学校把政策讲解、科普展示、文艺演出等惠民服务送到困难群众家门口，沙沟村的文化阵地建设从若到强、从内容单一到丰富多次，已发生本质的变化，村民的业余生活从打麻将、看电视变成了广场舞等健康的文化活动，给群众带来了不尽的欢歌笑语。

握住牛场“红色文化”牌，弘扬红色文化助老区脱贫攻坚。1935 年 2 月，毛泽东、张闻天、周恩来、朱德、王稼祥等率领中国工农红军一方面军一、三、五、九军团经过镇雄县境的雨河、大湾、坡头等地 106 个村寨。同年五月，徐策、余泽鸿、叶少奎、刘复初等率中国工农红军川滇黔边区游击纵队在镇雄开展游击斗争。1936 年 2 月至 3 月，红军第二次经过镇雄，贺龙、任弼时、关向应、肖克、王震等率领红二方面军二、六军团，经过县境的牛场、坪上、五德、以萨等区 126 个村寨，与国民党中央军、川、滇军进行了著名的乌蒙回旋战。

红军长征精神薪火相传，历久弥新，凝心聚力，成为牛场镇巨大而永恒的精神财富。红军长征过牛场留下的“坚定信念、不惧艰苦、勇往直前、团结奋进”的革命老区精神，激励着一代代老区人民提振精气神，不断创造幸福新生活。学校充分发挥革命老区红色文化优势，深入挖掘红色资源，在研究开发红色文化、培育建设红色文化基地、传承发扬红色文化和推进社会主义核心价值观建设上做文章，全力打造黄土地上的精神高地，开创红色文化与脱贫致富融合发展、竞相发展的新格局、新局面。牛场镇人民正在昂扬奋战在全面小康、乡村振兴的新长征路上谱写新篇章，创造新辉煌。

三、落实资助政策，严格落实求职创业补贴政策，构建资助育人格局

学校高度重视云南省高校毕业生求职创业补贴发放工作，2018 年共 1305 人通过审核，发放求职创业补贴 1305000 元，有效促进了毕业生就业工作。2018 学年家庭经济困难学生人数共计 5708 名，其中特别困难 3055 名，困难学生 1255 人，一般困难学生 1428 人，截至 2018 年 7 月，已安排

发放免费师范生生活补助费 169.92 万元。

2018年度完成镇雄籍学生国家生源地助学贷款575人次，合计268.45万元。2018 年春季学期发放镇雄籍国家、省政府教助学金 698 人次，合计 115.9 万元；2018 年秋季学期发放镇雄籍国家、省政府教助学金 1006 人次，合计206.95万元；针对镇雄籍学生提供勤工助学岗位59人次，合计金额5.6384 万元。2018 年度，合计资助镇雄籍学生 1763 人次，共计 328.4884 万元。

2019 年共 2889 人获得求职创业补贴，其中 2019 届毕业生 1316 人，2020 届毕业生 1573 人，发放求职创业补贴 288.9 万元，有效促进了毕业生就业工作。

2019—2020 学年家庭经济困难学生人数共计 5805 名，其中特别困难 3906 名，困难学生 1068 人，一般困难学生 831 人。2019 年度完成镇雄籍学生国家生源地助学贷款 613 人次，合计 446.79 万元。2019 年春季学期发放镇雄籍国家助学金 905 人次，合计 158.375 万元；2019 年秋季学期发放镇雄籍国家、省政府教助学金 1592 人次，合计 313.225 万元；针对镇雄籍学生提供勤工助学岗位 78 人次，合计金额 6.338 万元。2019 年度，合计资助镇雄籍学生 2575 人次，共计 477.938 万元。

2020 年共 2704 人通过审核，发放求职创业补贴 1573000 元，有效促进了毕业生就业工作。2020—2021 学年家庭经济困难学生人数共计 6067 名，其中特别困难 3703 名，困难学生 1561 人，一般困难学生 803 人。2020 年度完成镇雄籍学生国家生源地助学贷款 602 人次，合计 448.17 万元。2020 年春季学期发放镇雄籍国家助学金 1517 人次，合计 277.93 万元；针对镇雄籍学生提供勤工助学岗位 53 人次，合计金额 2.964 万元。截至 10 月 28 日 2020 年度，合计资助镇雄籍学生 1570 人次，共计 280.894 万元。

四、教育精准扶贫层面，落实扶贫扶智的帮扶措施，实施“两个项目”，为基础教育培养师资人才，为实施“教育兴昭”战略精准发力

一是免费师范生项目。昭通市教育资源缺乏，普通高中办学能力尤其不足，一直是困扰我市基础教育发展的一个瓶颈。昭通市教育局和昭通学院在深入分析和广泛调研的基础上，提出了《昭通市定向培养免费师范生实施方案》。标志着昭通学院成为云南省第一个实施免费师范生教育的地方本科院校，免费师范生项目主要是招收昭通市户籍的优秀学子。2018 年我校免费师范生共录取 70 人，大关县录取人数 6 人，威信县录取 33 人，盐津县录取 9 人，彝良县录取 13 人，永善县录取 9 人，为昭通市基础教育定向人才培养，为昭通市基础教育提供了优良的师资。2019 年我校免费师范生共录取 12 人，盐津县录取 4 人，永善县录取 8 人，为昭通市基础教育定向人才培养，7 年累计招收免费师范生 1345 人，为昭通市基础教育提供了优良的师资。

二是实施“国培计划”项目。2015 年 11 月申报大关县“国培计划项目置换研修”项目，培训大关县优秀教师 50 人团队，通过培训团队达到送教下乡的目的，每生计划投资 2.3 万元，云南省财政厅拨款 115 万元，2018 年完成大关县培训。2016 年 11 月申报鲁甸县“国培计划项目置换研修”项目，培训鲁甸县优秀教师 65 人团队，每生计划投资 1 万元，投资金额 65 万，2019 年完成鲁甸县培训。

三是顶岗支教项目。学校高度重视顶岗实习支教项目，成立领导组，联合教务处和脱贫攻坚领导小组，协调配合，召开部署会，积极组织和动员学生参与顶岗支教。主要的做法有两点：一是免费师范生回生源地学校进行一年的顶岗实习支教，实习岗位由生源地教育局统筹安排。二是根据昭通市各县区教育局和学校签署的战略合作框架协议，每年 6 月，各县区

教育局提供实习岗位需求，学校非免费师范生进行自主选择。

2008年8月至2009年6月，选派1000人赴镇雄、巧家、彝良、盐津5县区240所学校开展顶岗支教实习（其中，镇雄500人，彝良200人，盐津50人，永善150人，巧家100人）本次为期一年的顶岗实习支教，为上述4县中小学校提供了强有力的师资，4县在2009年顺利通过普九验收，提供了强大的智力支持，也是地方高校服务地方经济社会发展的有力证明。

2013年9月至2014年1月，选派214人赴彝良县29所学校开展顶岗支教实习（其中，中学111人，小学103人）彝良“9·7”地震后，灾区极需师资，我校师范生的到来，极大支持了彝良县中小学校的教育教学工作，缓解了师资的严重紧缺状况，也是对抗震救灾工作的强有力支持。

2014年3月至2014年7月，选派55人赴永善区县22所学校开展顶岗支教实习（其中，中学34人，小学16人，县电视台5人）极大支持了永善县中小学校的教育教学工作，缓解了师资的严重紧缺状况。

2014年9月至2015年7月，选派493人赴昭通市镇雄、巧家、大关、永善、绥江、水富6个区县153所学校开展顶岗支教实习（其中，镇雄225人，巧家107人，大关81人，永善62人，绥江14人，水富4人）极大了支持了6县中小学校的教育教学工作，缓解了师资的严重紧缺状况。

2015—2016年，选派476人赴昭通市11个区县50所学校开展顶岗支教实习（其中，2013级免费师范生200人，非免费师范生276人；镇雄安排28名免费师范生和158名非免费是师范生），200名免费师范生对11个区县的高、初中教育提供了“用得上，留得住”的人才；免费师范生政策的实施，对师范生而言，也是惠己、惠民、惠社会的“精准扶贫”的好政策；其他276名非免费师范生，则分别前往镇雄、巧家、绥江、昭阳区乐居一中、鲁甸县龙头山镇中心小学下属的5所小学进行了顶岗实习支教，为实习学校带去了生机、活力与希望，为实习学校的教育教学尽了应尽的责任。

2016年9月至2017年9月，我校共派出1442名学生到十一县区的341所学校进行实习。

2018年，学校选派2016级、2017级邱辽等189名同学赴镇雄县21个镇、7个乡的69所学校开展顶岗教育实习，深入推进教育精准扶贫。

2019年，学校选派2018级1233人学生赴昭通市11个区县263所学校开展顶岗支教实践教学。

2020年，学校选派2019级1317人学生赴昭通市11个区县84所学校开展顶岗支教实践教学。

自昭通学院2015年9月定点帮扶镇雄县牛场镇沙沟村以来，通过昭通学院与牛场镇、沙沟村镇村组三级干部的通力合作，学校定点扶贫的沙沟村2015年到2020年贫困发生率大幅度下降。其中，2015年贫困发生率为45.8%，2018年年底下降为32.36%，2019年年底下降为1.067%，2020年6月已降至0。学校派有驻村队员参与扶贫工作的牛场村和田坝村，同样于2020年6月将贫困发生率降至0，3个贫困村均实现了整村脱贫出列的目标任务。

（作者时任昭通学院党委组织部扶贫科科长、人才科科长）

打造职教航母　决战脱贫攻坚

陈国富　何　花　蒋　梅

治贫先治愚、扶贫先扶智，“治愚”和“扶智”的根本手段是发展教育。在决战脱贫攻坚、决胜全面小康的进程中，教育扶贫被赋予了“阻断贫困代际传递”的使命，而大力兴办职业教育是最直接、最有效、最精准的脱贫举措，是贫困家庭摆脱贫困的“直通车”和“金钥匙”。昭通职业教育为昭通社会经济发展培养了大量的实用技能人才，得到了各级党委政府、用人单位及社会各界的充分肯定和积极评价。一路走来，充满艰辛坎坷、机遇与挑战，在改革中迎来了发展的大好机遇，成为助力昭通脱贫攻坚的有生力量，取得了较好的成绩。

曾经贫弱的昭通职业教育

昭通市内几家职业学校的发展历程，可以用大起大落来形容，经历过的师生无不感慨万千。在统招统分的年代，招生的老师每到一处都极受欢迎，学校优中选优挑选学生。学生进入职业学校后，通过几年学习，毕业后金饭碗在手，转眼间成为国家干部，成为人人羡慕的对象。20 世纪末，统招统分的日子一去不复返，国家招生就业政策转变，公务员、事业单位凡进必考，职业学校措手不及。职业教育对还未适应社会变革的学生及其家长失去了吸引力，职业教育一下子跌落谷底。

基于高校扩招和国家就业政策的改变，职业学校的办学也每况愈下。首先就是投入不足，职业教育资金来源完全依靠财政资金，因各级财政困难造成投入职业教育经费不足，学校设施设备陈旧，办学条件差，无法适应现代职业教育及人才培养的要求。其次是招生难，多年来，受轻视职业教育观念等诸多因素的影响，许多家长和学生都把接受中职教育作为一种无奈的选择，有的宁愿打工也不愿就读职业学校。再次是教师队伍建设滞后，教师年龄普遍老龄化，中青年专业学科教师数量严重不足，双师型教师严重不足，教师普遍缺乏企业实践，专业技能和实践能力不强。再者职业教育体系没有建立起来，高职教育起步晚、专业单一、贫困覆盖率低。职业教育技能培训供给平台功能未得到发挥，职业学校在针对社会劳动力的技能培训上存在参与度低、缺乏长效规划等问题。这些，都成为制约昭通职业教育发展的因素。

整合办学迎来发展机遇

随着我国社会经济的快速发展，特别是制造业的发展，职业教育又一次迎来了大好的发展机遇。昭通市委、市政府顺势而上，以较强的政治敏锐性结合昭通实际，从昭通职业教育发展的需要出发，决心发展职业教育，为昭通社会经济发展提供人才保障。

2010 年 1 月 31 日，昭通市政府第 37 次常务会议及 2010 年 2 月 21 日昭通市委第 40 次常委会议，提出了整合财校、卫校、农校、职校四所学校资源，打造昭通市职业教育中心，提出按照长远规划、分步实施的原则，按照2000亩的建设用地规划，逐步推进职教中心建设，打造“职教航母”，加快助推脱贫攻坚进程。

2011年，昭通市职业教育中心启动建设，项目占地405亩，投入资金8.2亿，建成校舍11幢14.87万平方米。2016年9月10日，一期建设顺利完工，昭通职业教育“一院四校”入驻职教中心办学，成立职教中心管委会负责管理，昭通职业教育实现了第一次融合。2018年4月，四届市委常委会第34次会议通过了《昭通市市属职业院校改革方案》，根据方案精神，昭通财校、农校、职校、体校合并成立昭通市职业教育中心，撤销职教中心管委会，其职能并入市职教中心。同年9月，中心党政领导新班子上任履职，标志着昭通市职教中心正式成立。职教中心的成立是昭通教育事业发展史上具有里程碑意义的一件大事。

职教中心成立后，实行一套班子8块牌子的管理方式，设党委办公室、校办、招生就业处等14个党政管理机构，设机电工程系、数控应用技术系、汽车工程系、商贸旅游系、金融财会系、教育艺术系、农林牧渔系等11个教学机构（9系2部），设信息中心、图书馆2个教辅机构，团委、工会、妇联等组织健全。

通过整合四校资源，职教中心办学实力得到极大的增强，现有教职员工535人，专职教师481人，其中高级讲师187人，讲师140人，本科及以上学历教师占总人数的90%，硕士19人；双师型教师130人，市级学科带头人19人；外聘教师96人。现有154个教学班，全日制在校学生10698人，云南省开放大学在校生2395人，成人教育学生702人，非学历教育培训年均保持800人以上。

职教中心现开设了26个专业，覆盖了一、二、三产业，其中有省、市级骨干专业14个和5个优势特色专业，涉及普通中专、技工、职业中专和五年制大专四个不同层次的招生类别。

职教中心现有各级各类考点3个、8个培训中心、成人教育函授培训站、1个鉴定机构，承担着全市财经、农业、林业、技工等类别20多个专业工种的继续教育和培训鉴定工作，是昭通市从业人员继续教育、职业资格培训鉴定和上岗培训规模最大、工种最多、师资力量最强的成人教育培训和鉴定机构。

职教中心实训实验设备有了很大的改观，中心设置的财会、学前教育、汽修、机电、建筑等主要专业的实训设施得到充实，现有实训设施设备已经可以满足各专业学生校内实训和面向社会培训的需要。

职教改革成效卓著

昭通市职业教育中心合并整合近 2 年来，学校发生了翻天覆地的变化，在各方面都体现出改革融合发展的成效。

通过整合，内设机构由合并前的 45 个减少至 34 个（其中系部 11 个），减少 11 个，减少率 25%；校级领导由合并前的 14 人减少至 8 人，减少 6 人，减少率 43%；中层干部由合并前的 82 人减少至 34 人，减少 48 人，减少率 58%。通过改革大大减少了机构和管理人员，办事效益明显提高。

市职教中心合并整合后，实行了 9 系 2 部的管理模式，所有教师根据所学专业，全部进行了统一调配，归属 9 系 2 部中，通过调整彻底改变了原专任教师少、办学质量差的状况。中心师生参加云南省职业院校技能大赛成绩逐年提升，2018 年获得奖牌 28 枚（其中一等奖 3 枚、二等奖 5 枚、三等奖 20 枚），2019 年获得奖牌 37 枚（其中一等奖 3 枚、二等奖 9 枚、三等奖 25 枚），较 2018 年提升了 32 个百分点；2020 年获得奖牌 41 枚（其中一等奖 4 枚、二等奖 22 枚、三等奖 15 枚），较 2018 年提升了 46 个百分点，全面提升了学校的办学质量，凸显了职业教育中心改革融合发展的成效。

原四校开办的专业存在重复和交叉现象，相同专业均购置了部分实训设施设备，合并整合后，按系部和专业相对集中的原则对所有校舍进行了划分，对相同相近的实训设施设备进行了统一规划和调整，通过调整充实了实训设施设备，让学生有了更多的机会参与实习，学生的实习动手能力得到了很大的提高；学校秉持学生“进校即进厂，进厂即就业”的办学理念，就业质量明显提高，学生的人均工资每月达4000元以上，部分学生可达1万余元。

职教中心成立后建立了专业建设机制，结合地方经济建设和社会发展的需求，特别是昭通市“六大高原特色产业”对人才的需求，加强专业结构调整管理，统筹规划、合理布局，积极创造条件开发、增设新专业，拓宽、改造老专业。目前学校有7个大类33个专业，其中省市级骨干专业18个，优势特色专业5个。2020年增设了森林消防、安全技术管理、应急管理与减灾技术、建筑测量、小学教育、幼儿保育、精细化工7个专业；淘汰了中专学前教育专业。

2018年4校招生经费146.15万元，合并后2019年招生经费93.15万元，减少了56个百分点，且招生成效显著。2019年仅用两天时间就超额完成了市教体局下达的3450人的招生任务，入学的学生达4111人。

职教中心整合原4校资源后，在办学中积极倡导“播种一种行为，收获一种习惯；播种一种习惯，收获一种性格；播种一种性格，收获一种命运”；推行准军事化管理，学生的生活、行为习惯得到了明显的改变，校园干净，宿舍整洁，学生有礼貌，师生的精神面貌有了很大的改变。

推进二期建设，昭通职教提速发展

在实现职教资源整合办学的路上，职教中心已经迈出了艰难又可喜的第一步，为了进一步发挥职教中心的辐射带动作用，扩大办学规模，职教中心目前正加速推进职教中心二期建设，计划投资23.4亿元新建校舍及设备购置，总建筑面积将达到 67.33 万平方米，其中教学及辅助用房、学生宿舍、图书阅览室、食堂、会堂及活动用房、生活及附属用房等 54.25 万平方米，实训基地 13.08 万平方米。配套建设路网、供排水、强弱电、绿化、景观、照明、围墙、大门及其它附属工程，配备教学和实训设备设施等硬件保障。项目完成后，在校生规模将达到 35000 人，其中高职在校生 12000 人，中职在校生 23000 人。

随着二期建设的顺利实施，在职教中心创建一所高职院校事宜已提上日程，计划 3 年后组建成立昭通职业技术学院，在此基础上筹建昭通职业教育集团。不远的将来，以昭通职教中心的为龙头引领带动，组建由职业学校、行业组织、企业等参与的集学生培养、职工培训、技能鉴定为一体的职业教育集团，将形成中、高职衔接，教学链、产业链和效益链“三链”合一的融合体，以崭新的面貌展示在昭通人民的面前。

助力脱贫攻坚的力量逐渐增强

昭通市职业教育中心经过近年来的建设和改革发展，办学实力明显增强，招生规模不断扩大，助力脱贫攻坚的作用越来越明显。2019 年末在校生 10409 人，其中卡户学生 3645 人，占在校生比例的 35%；2020 年在校生 8573 人，卡户学生 2859 人，占在校生比例的 33%。这些年来，中心毕业的学生就业率稳定在 94% 以上，学生的待遇普遍在 4000 元 / 月以上，真正实现了“职教一人、就业一人、脱贫一家”的目标。

昭通职教中心的建设发展之路，是一条历尽千辛万苦、用汗水浇筑的路，也是一条摆脱农村贫困、通往全面小康的幸福之路。“路漫漫其修远兮，吾将上下而求索。”在职业教育发展的新征程中，学校乘着市委、市政府“教育兴昭”战略的东风，将以更加成熟、更加坚强和“不忘初心、继续前进”的姿态，加快发展职业教育，助力精准扶贫，为广大青年提供更多人生出彩的机会。

（作者陈国富时任昭通市职业教育中心宣传统战部副部长,何花、蒋梅系昭通市职业教育中心教师）

加强基础教育　助力脱贫攻坚

赵仕祥

“锁钥南滇，咽喉西蜀”，自古就是出滇入川重要通道的昭通，文墨渊源深厚，是云南文化的三大发祥地之一，近现代以来，曾诞生和哺育了一大批杰出人才。然而，脚下这片厚重的土地，却是全国贫困人口最多、贫困程度最深、脱贫任务最重、攻坚压力最大的地级市，在脱贫攻坚的征程中，教体系统积极落实脱贫攻坚任务，加强教育改革，助力脱贫攻坚，以实际行动谱写着治贫先治愚，扶贫先扶智的新篇章。

学前教育，托起孩子们幸福的明天

“太阳当空照，鸟儿对我笑，小鸟说，早早早，你为什么背上小书包……”隆冬时节的乌蒙大地阳光普照，绥江县新滩镇银厂村五福幼儿园里歌声嘹亮，孩子们在老师的带领下做着游戏，他们的笑脸像阳光一样灿烂。孩子们身后的教室窗明几净，教室里课桌椅、玩具、图书、多媒体设备一应俱全，摆放整齐，墙面布置清新，教室宽敞明亮，简直就是一个温馨而又舒适的童话世界。几年前，村民们哪能想到自己的孩子在家门口就可以享受到城里孩子们的学前教育，该园的贺成珍老师深有感触地说，“以前村里没有幼儿园，本村的孩子到了接受学前教育年龄，只能送到县城读，房租加生活一年得花两三万，现在幼儿园就在家门口，家长们可以把孩子送来了再回家干活，孩子有我们来教育看管，乡亲们节省了大量的人力物力开支，可以撸起袖子加油干了。”

近年来，昭通市把学前教育发展重心向农村地区倾斜，以“提质量，广覆盖，保基本”为发展目标，积极推进“一村一幼”“班改幼”政策。绥江县在 2018 年就首先完成了全县 32 个行政村 34 所幼儿园（班）的建设，实现了幼儿园全覆盖，补齐了学前教育短板，绥江县五福幼儿园就是在“一村一幼”的政策带动下，于 2019 年秋建成招生，目前，全村所有适龄幼儿都已入园。

绥江县五福幼儿园的变化是昭通市实施教育精准扶贫以来的一个缩影。脱贫攻坚以来，昭通市始终把教育扶贫作为扶贫的治本之策，全市学前教育基本形成了“一县一示范”“一乡一公办”“一村一幼”的学前教育发展良好格局。

脱贫攻坚，阻断贫困代际传递，不能让孩子们输在起跑线上，仅 2020 年以来，昭通市充分利用省教育厅学前教育专项资金，实施了 13 个入园率较低、人口密集且学前教育资源不足的乡镇园，增加学位 3334 个。加大城镇小区配套幼儿园治理工作及督查，按照“一园一案”治理要求，狠抓工作落实，列出问题详细清单、倒排工期、逐项整改落实销号，治理完成率 93.6%。同时加大对无证园排查治理力度，治理完成近百所民办幼儿园，全面规范了办园行为，扩大了学前教育资源。

截至 2020 年，昭通市幼儿园数量从 2015 年的 262 个增加至 1350 个，学前三年毛入园率达 75%，比 2015 年提升了 46.81 个百分点，全市学前教育发生了翻天覆地的变化。

课改，放飞孩子们的梦想

这里，一场大山深处的课改正在发生。

这里的老师，凭着他们的执着，硬是闯出了一条课改的康庄大道；

这里的学生，在蛙鸣鸟叫声中长大，从没见识过山外的世界，但凭着课改，他们的思维能力、表达能力以及呈现出的精神状态堪比一流名校；

这里，宁静，创新的海潮却澎湃汹涌；

这里，偏僻，课改的声音却响彻群山；

这里，贫穷，老师和学生的心里却怀揣着富有的求知欲望。

这是2014年6月6日，中国教育学会副会长周满生、国家关工委教育发展中心主席冯恩洪、副主席杜金山、万玉霞、田汝华在市教育局平锦局长、陈必贵副局长的陪同下到威信县的村级小学水田小学进行课改经验考察时对水田小学课改的评价。长期以来，威信县水田小学教育处在信息闭塞、设施贫乏、师资薄弱、观念落后，基本靠生硬灌输来维持局面，要改变传统的教学习惯，谈何容易。

扶贫先扶智，要改变教育落后现状，打造公平而有质量的教育，放飞孩子们的梦想，助力脱贫，教育必须改革。2013年，昭通市教体局与上海方略教育集团在全市377所中小学推行学校内涵发展项目，水田小学正是乘着改革的东风，全体教师上下一心，以一种大无畏的勇气和魄力，大胆探索，以课堂改革为突破口，以“着眼学生未来发展”为课改目标，以“两步八环节”这一适合山区教育的课堂教学模式，追逐教育梦想，用青春和汗水谱写课改之歌。课改以来，水田小学教学质量稳步提升，孩子们个个阳光自信，人人活泼可爱，学校成了孩子们最喜欢的乐园，以前不敢说话的孩子们现在在课堂上滔滔不绝。2014年以来，学校先后获昭通市教育局学校内涵发展工作“优秀奖”，云南省教育厅颁发的“身边最美丽学校”等多个奖项。

昭阳区苏家院镇双河小学也是在大胆课改、砥砺前行中成长起来的优秀乡村小学，双河小学在不断的实践和总结中探索出了“三步六环节”课堂教学模式，以小组合作学习为载体，以自主、合作、探究学习方式为主，让学生在课堂上充分张扬个性，释放潜能，着力打造着灵动、温馨的课堂。2014年至2016年多次成功接待了昭通各县（市区）内涵发展项目学校的参观学习；2015年学校的办学经验被刊登于《未来教育家》杂志上，并多次受到省市教育主管部门的表彰，2020年，学校被教育部评为“美丽乡村学校”。

这样的例子还有很多很多，“凤凰涅槃”的凤凰中学，其“分层、分组、分类”教育模式，让学生发挥特长，全员发展，“十年磨一剑”，近年来，凤凰中学初中学业水平测试成绩已经居于昭阳区初中学校第二名，彭泽刚校长如今仍承担着“昭通市名校长工作室”“云南省名校长工作坊”坊主工作任务。被山东省齐鲁师范学院徐洁教授评价为“北有杜郎口，南有巧三中”的巧家县的完全中学巧家县第三中学，在梁余才校长的带领下，课改路上砥砺前行，山东省教科院陈培瑞教授评价：“课堂这么精彩，德育这么出彩，令人震撼！悲壮！”近年来，“巧三中”中高考成绩综合排名一直全市前茅。2019年，梁余才校长被评为“全国‘中华魂’主题教育活动优秀辅导员”应邀到人民大会堂接受表彰。

学校的课改一直在持续推进，课改只有起点，没有终点，课改通过“自主、合作、探究”的教学方式，为社会创造更多的面向未来的全新人才，扶贫先扶智，只有培养出更多的优秀人才，才能为社会高质量发展注入强劲的内生动力。

特殊孩子，一个也不能少

“她现在不会时时刻刻站在我的身边，回家的时候还会单独在家附近玩耍和做点简单的家务，我心里一万个感谢老师，感谢学校……”香香的母亲激动地在巧家县小河镇六合九年一贯制学校教师办公室里说道，双手不停地擦拭着眼角。香香是该校初二年级85班学生，先天智力存在缺陷，已经15岁的她除了待在母亲身边外，根本不能与其他孩子一起相处。香香家是建档立卡户，她母亲一边干农活，一边照顾她，家庭经济十分困难。学校在了解她家情况后，包保老师谢老师主动找上门对她母亲说："您若是把香香同学送到学校，到放假时不会再像以前一样时时刻刻都要待在身边让您操心，您要注意的就是香香同学每天放学到家您都和老师及时联系，避免路上出意外就行。"根据香香学籍情况，2019年4月12日，学校校长办公会经过慎重讨论安排在初中85班随班就读，经过班主任刘作皇等几位老师近两个学期的关心帮助，引导、教育、心理辅导等终于让香香同学克服和同龄人交流障碍、胆小恐惧、对除母亲以外的人不信任、性格孤僻的情况，在学校里已经能和同学们一起到食堂打饭、洗碗，并进行简单的交流，很好地融入课堂、融入班级、融入学生群体之中。

教育扶贫，不只是建档立卡户，对非卡户的需求也一个不能少。远在温州打工的镇雄籍王先生，其长女小王，今年13岁，左眼失明，右眼接近失明，市教体局主动给他联系了昭通市特殊教育学校。据了解，小王已经适应了学校生活，在校表现很好。近日，王先生向市教体局打来电话："我虽然不是卡户，我女儿这种情况，如果不是国家有这个政策，如果不是你们教体局的工作到位，我女儿就只能待在家里，我就不能外出务工，收入减少了，我和女儿就有可能是未来的贫困户。"

教育扶贫工作以来，昭通11个县市区都相继成立了残疾儿童少年教育专家委员会，并积极开展评估安置工作，让残疾儿童少年都接受适合的康复和教育。如盐津县在2020年7月14日召开了全县残疾儿童少年入学安置评估会，县残疾儿童少年教育专家委员会现场对报名的31名残疾儿童少年进行了分类精准安置。

为了推动特殊教育和普通教育共同发展，让残疾儿童少年接受平等的适合的教育，助力脱贫攻坚，昭通市各级教育主管部门牵头，在各级政府和相关部门的支持下，一直本着“全覆盖、零拒绝”的原则，在科学评估的基础上，应随尽随，尊重差异，因材施教，普教融合，提高残疾儿童少年的义务教育普及率，目前，全市残疾儿童少年安置率达到教育部要求。

昭通市落实教育扶贫政策以来，学前三年毛入园率、义务教育巩固率、高中毛入学率等基础教育主要指标迅速增长，教育教学质量稳步提升，昭通教育将继续秉承“昭通精神”“昭通速度”，为培养更多的未来新型适用性人才而努力。

（作者系昭通市教体局基础教育科工作人员）

求学路上一个都不能少

刘　冰

“治贫先治愚，扶贫先扶智。”让每个孩子都接受义务教育，事关千家万户，事关昭通未来的发展。全市县、乡、村干部及全体教师积极响应市委、市政府的号召，把求学路上“一个都不少”的理念达成共识，坚持政府、学校、家庭、社会多方联动，全面发力，驰而不息，久久为功，在全市打响了一场没有硝烟的“控辍保学”大决战。

高位统筹，做好控辍保学的组织工作

2018 年 4 月，昭通市成立了以市委副书记、市长郭大进任组长、分管教育副市长吴静、市政府秘书长郭晓东任副组长，同时由市教体局、市公安局、市发改委、市民政局、市财政局等 20 个部门负责人担任成员的全市义务教育控辍保学工作领导小组，领导组下设办公室在教体局，负责全市控辍保学的日常工作，领导组成立后，先后制定了《昭通市 2019 义务教育阶段控辍保学工作的实施方案》等一系列文件，汇编整理了《昭通市控辍保学工作手册》，进一步明确控辍保学工作重点，压实工作责任。市委、市政府每月均组织召开 1 次“控辍保学”专题动态研判会，及时调度全市“控辍保学”工作开展情况，加强督促指导，确保存在问题及时整改落实到位。

精准识别，上下一心摸清情况

义务教育阶段“控辍保学”被列为教育领域 3 个最难啃的“硬骨头”之一，为打好控辍保学攻坚战，打赢脱贫攻坚战，确保农村建档立卡贫困家庭的孩子“零辍学”，让义务教育“一个都不能少”，市教育体育局紧紧围绕“发展教育脱贫一批”工作目标，全面贯彻市委“133”工作思路和市委四届五次全体（扩大）会议把控辍保学工作作为“两不愁、三保障”突出问题歼灭战”的要求，坚持以查户籍对学籍、查学籍对学生、以实际对系统、以系统对责任“两查四对”为抓手，组织县、乡、村组干部、公安干警和广大教师，自 2018 年 4 月起，集中半年时间，以信息系统比对和逐村逐户逐人走访核查相结合，筛查比对出全市 6 至 15 周岁适龄儿童少年 98 万 4984 人，锁定失学辍学需劝返对象 6514 人（其中卡户子女 2315 人）。

消存量、遏增量，全市大力开展劝返工作

盘清家底后，全市按照摸清家底、依法处置、规范责任、动态管理“四步走”的方法，多措并举全力抓好 6514 名学生的劝返安置工作。

依法处置，形成震慑。昭阳、巧家、镇雄、盐津、永善等县区对拒不送子女入学复学的监护人依法提起诉讼。9 月以来，全市下达责令改正通知书 6541 份、行政处罚决定书 1720 份、申请人民法院强制执行 342 件、提起诉

讼44件，开庭审理控辍保学方面的案件20件，起到了很好的震慑作用，形成依法控辍的良好局面。

督查跟进，确保真实。自2019年9月起，市教体局派出10个督导组40人到11县（市区）93所义务教育学校开展督促指导；17—23日，由市教体局班子成员带队，组成5个暗访组，对除威信、绥江、水富3县市外的8个县区进行随机暗访，进一步核实各地上报在校生人数和辍失学人数。10月10—15日，市教体局又抽调86人组成10个专项检查小组，到11县（市区）乡镇学校和部分村级校点，对各县（市区）10月8日上报的各项数据和相应名册真实性、完整性开展专项检查，共检查145所乡镇中学12所小学，对在国网学籍的131646名学生进行了到校点名，现场对“人籍不一致”的情况进行逐一佐证说明。

截至2019年年底，全市有辍学学生1360人，其中卡户辍学学生399人，全市继续攻坚，向399名卡户学生清零目标发起百日攻坚行动。

落实责任，全力劝返，控辍保学工作取得阶段性成效

全市百日攻坚号角吹响后，市委、市政府高度重视剩余1360名学生的劝返工作，尤其是399名卡户学生的返校工作，市里先后召开了5次视频调度会，要求各县区继续压实“双线四级”责任，明确任务、责任到人，严防死守控增量，对在校生，实行校长包校、班主任包班、科任教师包学生，实行一对一的包保思想工作，严禁在校生辍学。多措并举去存量，卡户辍学生由挂包帮干部、镇村干部和教师包保到人，非卡户辍学生由镇村干部和教师包保。全县哪里有辍学生，哪里就有镇村干部和教师劝返的身影。

截至2020年5月25日，全市辍学学生由1360人减至41人，其中399名卡户辍学学生全部清零。各县区县委政府高度重视控辍保学工作，按照

情感劝返、关爱劝返的原则多次组织劝返，按照依法劝返原则已将41人全部起诉至县人民法院，走完“四步法”，并经县级扶贫工作领导小组核实同意，认定为达到“义务教育有保障”贫困退出条件，准许其先办理休学手续，截至9月13日，尚存的41名非卡辍学学生中，已成功劝返9人，九年级学籍毕业8人，剩余24人正在办理休学手续，截至2020年8月31日，全市已有6481名辍学失学儿童少年返校就读，剩余33名走完四步法的孩子办理了休学手续，全市6514名辍学学生全部实现动态清零。

劝得来、留得住、学得好，要在高质量保学上下功夫

劝返回校，只是“控辍保学”的第一步，复学学生能否“留得住、学得好”，更是检验全市控辍保学攻坚战是否取得胜利的关键，我市多措并举切实采取行之有效的方法狠抓落实。一是合理安排编班，对辍学一年以内劝返复学的学生，原则上进入原来的辍学班级随班就读。辍学一年以上的，根据学生和家长的意愿，及学校条件单独编班。二是依托县职业高级中学和市职教中心开办普职融合班，全市除水富外，各个县区均依托当地职中开设了职初班，接收返校学业困难学生就读，截至2020年9月，全市规范了普职融合学校的办学点，指定全市设立镇雄普职融合学校和昭通市职教中心普职融合学校，其中镇雄县招收学生268名，昭通市职教中心招收学生1085名。三是因材施教管理，对随班就读的复学学生采取分层次教学，复学学生成绩不纳入教师业绩考核；对单独编班的学生，注重教授知识与培养特长相结合。四是落实资助保学，积极解决劝返复学学生在校就读所需资金，以充足的经费为劝返复学的学生提供在学校学习和生活的保障，防止再次离校造成辍学。五是压实责任保学，各校均制订了详细的教学帮扶计划和控辍保学方案，建立保学动态监测机制，落实保学教师责任。六

是积极探索职普融合的安置方式，即返校年龄偏大的学生和失学时间较长的学生有意愿接受职业教育、学习一技之长的学生，有意向到其他职业技术学校学习的学生，学籍仍保留在原义务教育阶段学校。遵循基础知识与实用技能相结合原则，选择到中职学校学习，培训结束后由职业学校发放培训证书，学籍所在学校发放九年义务教育证书。

真情劝返，求学路上一个也不能少

自2019年以来，全市上下围绕“一个也不能少”的目标，切实把劝返工作作为教育脱贫工作的“头等大事”，把控辍保学作为“普九”达标后巩固提高工作的二次攻坚，积极创新工作方法，用真心和真情去帮扶辍学学生，使全市适龄少年儿童“进得来、留得住、学得好”，确保脱贫路上“一个都不能少”，劝返过程中涌现出了许多感人肺腑事迹。

省教育厅四次督战昭通，在实地核查中，教育厅的领导多次与辍学学生进行交心谈心活动，在得知一辍学孩子是单亲家庭且经济困难时，教育厅工委委员徐立当下拿出1万元对这个孩子进行结对帮扶，并承诺只要孩子能留得住，他可以帮扶她上大学，这样的结对帮扶还有县级的领导、乡村的挂包干部等，大家都用爱心去对待一个个辍学孩子，给予他们亲人般的关爱。

家住永善县码口镇烟坪村的李月月，六年级还没读完，就辍学在家，最初跟熟人在昭通打工半年后，就毅然前往浙江打工。在走访过程中，其班主任刘再素老师和她先后打了10多次电话，最终小女孩被老师的真情所打动，放弃了在浙江每月4000元的打工生涯，毅然回归校园。

这样的案例在各个县区都在真情上演，为了劝返这些外出务工的孩子，县、乡、村及学校想尽一切办法，目的就是为了把他们劝回学校继续读书，在镇雄，挂包干部和学校老师拿出自己的工资，凑齐了路费，乘飞机前往浙江，把在浙江打工的王倩倩硬是接回了镇雄，其家长感慨万千，说党的政策太好了，如果不是这些领导和干部的关心，他自己都管不住的小孩从此就流入了社会，别说连初中都没读完，就是以后成家立业也不会有好的发展，全力以赴，真情帮扶，全市上下的干部职工都把控辍保学作为脱贫攻坚中最重的担子来扛，哪里有辍学生，哪里就有挂包干部和学校老师的身影，在求学路上，一个也不能少。

（作者系昭通市教体局工作人员）

精准资助　消除因贫失学

邓成勇

家住昭阳区高寒边远山区炎山镇大沱村的张兴文，是昭阳区第一中学2019年高三民21班应届毕业生。父亲56岁，于2018年3月查出肝硬化，母亲57岁，身体不好常年吃药，哥哥在家务农，收入微薄，家庭极为困难，属建档立卡贫困户学生。2019年7月，张文兴以优异的成绩被电子科技大学录取，但上大学的费用使他犯了愁。这时，老师告诉他可以申请有关的政策资助。8月9日，他顺利申请到了“新生入学资助”路费钱1000元，同时又向学校提交了“云南省普通高校建档立卡贫困户家庭经济困难学生学费奖励申请表”，并领到了5000元的学费奖励。8月17日，他再次到阳区教育体育局签订了生源地信用助学贷款合同，获得生源地助学贷款8000元。三项资助资金基本解决了他的路费、学费和生活费用，张文兴的燃眉之急迎刃而解。

彩虹赢过风雨，资助战胜困难。实施脱贫攻坚以来，全市落实各项资助资金65亿元。每年受资助贫困学生逾100万人次，学生营养改善计划资金每年惠及学生73万人以上，其中每年受助的建档立卡贫困家庭学生达35万余人。全市生源地信用助学贷款累计13.75万人次，贷款金额达10.27亿元，居全省首位。成千上万个像张文兴一样的建档立卡贫困家庭学生不再因贫失学，因贫失学已经成为历史。

构建消除“因贫失学”的屏障

脱贫攻坚以来，市委、市政府更加高度重视家庭经济困难学生入学问题，积极争取中央、省对我市的大力扶持，广泛动员社会力量，拓宽学生资助渠道，积极引导和鼓励企业、社会团体及个人等捐资助学，建立了从学前教育到普通高等教育的资助体系，学前教育有“困难补助”，义务教育阶段的学生则普遍享有“两免一补一计划”，普通高中家庭经济困难学生则有“一助一免一补”，中职教育可以得到“一免一助一奖一计划”，高等教育“奖免扶补贷”应有尽有。细数下来从学前到高校资助项目有 20 多项。全市的学生资助政策体系已经实现了“三个覆盖”，即学前教育到高等教育各学段全覆盖、公办民办学校全覆盖、家庭经济困难学生全覆盖，构建起了“不让一个学生因家庭经济困难而失学”的屏障。

不要说张文兴考大学有资助，就连家庭经济困难就读幼儿园的娃娃也能享受到每年 300 元的资助。义务教育阶段寄宿的学生实现了上学不交费，吃饭不要钱。城乡义务教育阶段所有学生的学杂费和教科书费则全部免除。家庭经济困难的寄宿学生全部享受生活费补助，小学生每生每年 1000 元、特殊教育学生每生每年 1250 元、初中生每生每年 1250 元。所有农村义务教育阶段的学生人人享受 800 元每生每年的营养改善计划。算下来，一个农村寄宿的初中学生每天有 10.25 元的生活费，小学生有 9 元钱的生活费，全市每天有 73 万农村义务教育学生免费享受营养餐，其中 21 万义务教育阶段的寄宿学生一日三餐全免费。2020 年春季学期，全市 1942 所学校实施学生营养改善计划（初中 200 所，小学 1742 所），73 万 2190 名学生（小学 48 万零 912 人，初中 25 万 1278 人）每天享受营养餐。

从 2019 年秋季学期起，义务教育阶段除建档立卡学生外，非建档立卡的家庭经济困难残疾学生、农村低保家庭学生、农村特困救助供养学生等家庭经济困难非寄宿学生全部纳入生活补助范围，补助标准为寄宿学生的一半。义务教育阶段资助的对象更全面、更精准了。

普通高中建档立卡家庭经济困难学生因为有了“一助一免一补”，实现了不交学费还有生活费的梦想。就读普通高中的建档立卡贫困家庭的学生，免学费按照学校经批准的收费标准执行。每年还有 2500 元的国家助学金，2500 元的生活费补助，建档立卡贫困家庭学生每人每年得到的资助资金至少在 5300 元以上，相当于每个月有 530 元的“工资”。

如此算来，就读中职教育的建档立卡贫困家庭学生的“工资”就更高了。他可以得到“一免一助一奖一计划”。“一免”2000 元 / 生 / 年，“一助”2000 元 / 生 / 年，“一奖”国家奖学金标准为每人每年 6000 元、省政府奖学金奖励标准为每人每年 4000 元。“一计划”就是雨露计划，资助标准为每生每年 3000 元。几项合计即使不获奖，每年也有 7000 元，相当于每个月有 700 元的“工资”。

高等教育阶段的实施的“奖免扶补贷”（即国家奖学金、省政府奖学金、国家励志奖学金、省政府励志奖学金、国家助学金、国家助学贷款、师范生免费教育、新生入学资助项目、“绿色通道”、优秀贫困学子奖学金、校内资助、勤工助学、学费奖励减免、学费补偿贷款代偿）等多种方式的混合资助体系，则为每一位家庭经济困难的大学生解决了学费之忧、生活之忧。特别是从 2017 年开始，在镇雄、彝良、永善等贷款人数较多的县开设了 34 个乡镇办理点，方便学生就近办理，应贷尽贷。

把资助政策送进千家万户

如何让所有的资助政策家喻户晓、生生明白？让更多的贫困家庭放心送孩子就学？全市组织开展了全方位的资助政策宣传。以资助政策宣传“乡村行”活动为抓手，利用赶集天、院坝会以及马路上拉标语，围墙上刷广告，电杆上贴传单等群众喜闻乐见的方式开展学生资助政策宣传；通过新闻发布会、电视专访、大家说法、金色热线、微昭通、昭通新闻网等广泛利用媒体报道宣传，做到了电视有声音，媒体有文字；给每户建档立卡贫困户制作发放一份《资助政策明白卡》，张贴到学生家中墙上，并由村小学教师和挂包干部逐户上门宣传讲解；开设学生资助微信公众号，在市教育体育局机关大厅、昭通市政务服务大厅滚动播出资助政策；学校在醒目位置设立永久的学生助政策宣传和资助信息公示专栏，公告学生资助政策，定期公示学生受助信息；组织开展主题班会、校会、教职工会、家长会等宣传学生资助政策，通过开设微信公众号、建立 QQ 群、微信群等发布学生资助政策信息；抓住关键时间节点推进学生资助政策入校宣讲活动，要求各县市区学生资助管理中心在高、中考前夕，到辖区内学校开展毕业年级学生资助政策宣讲和诚信感恩教育活动，及时印发《致初高中毕业生的一封信》，切实加大生源地贷款入校宣传，及时发布教育部学生资助预警。

扣好精准资助的“第一颗扣子”

学生资助要精准，除了政策宣传要到位，最关键的是建立资助对象精准识别的机制，扣好精准资助的第一个扣子。怎么办？那就是制定了《昭通市家庭经济困难学生认定实施办法》，坚持上下结合的方式，通过系统比对、调查走访、大数据分析、同学评议等手段，建立和完善家庭经济困难学生识别认定机制。实现学籍系统、资助系统与扶贫、民政、残联等部门数据库的有效对接。严格规范五级评审的程序，科学合理客观的进行困难生认定，为精准分配资助资金打好基础。各学校每月开展一次数据比对，每学期开展一次受助情况核查。县市区教育体育局每学期开展一次比对核查，核查发现问题的，形成问题清单，实行销号管理，督促和指导学校及时整改，确保本县市区在校建档立卡贫困家庭学生资助无遗漏。

“六个一”规范管理保障“应助尽助”

建立“六个一”（一员、一栏、一卡、一表、一查、一档）工作机制，推进学生精准资助，保障家庭经济困难学生特别是建档立卡贫困家庭户学生不因贫失学。

落实学生资助专员。明确各县（市、区）教育局局长、各级各类学校校长是学生资助管理第一责任人，落实稳定的学生精准资助专员，专门负责学生精准资助工作。

设立资助政策公告栏。各级各类学校在学校醒目位置设立永久的学生助政策宣传和资助信息公示专栏，公告学生资助政策，按要求定期公示学生受助信息。

制作学生资助明白卡。将《建档立卡贫困家庭学生资助明白卡》送到每一位建档立卡贫困学生家庭，粘贴在家中最醒目的墙上，让学生家人能回答得清楚学生受助情况。

建立学生资助明细表。资金发放完毕后，各级各类学校建立完整的建档立卡贫困学生受助明细表，建立与乡镇、村社扶贫部门的信息反馈联系机制，及时将受助学生明细表提供有关部门以备检查。同时，组织开展县（市、区）内自查、学校间互查、教育局资助中心督查，逐户逐人核查各项资助政策落实情况，确保学生资助工作精准到位，政策落实“不漏一人、不漏一项”。

持续开展专项检查。持续实施学生资助3年专项治理工作，以资金安全为重点，按照“六看两比两核”进行检查。六看即：一看学生资助档案，二看政策宣传和信息公示情况，三看卡户学生名册，四看受助学生签字名册，五看银行回执，六看会计凭证；两比即：一是比对卡户生是否全覆盖，二是比对标准是否足额；两核即：一是抽班核查班级人数，二是抽生核查学生受助情况。特别加强对辖区内民办学校（幼儿园、高中、中职联合办学）资助工作的检查。切实把学生营养改善计划“完善一个系统、健全三个台账、强化四个公示、落实五个记录”的学生营养改善计划“1345”过程管理落到实处。开展学生营养改善计划食材集中采购专项整治，切实强化学生营养改善计划内控制度建设，积极推进学校食堂食材集中采购，全面推进学校食堂“六T”管理和明厨亮灶工程，全市学生营养改善计划安全平稳有序。

规范学生资助管理档案。档案管理做到材料有封面、整理有顺序、归集有装订、分装有专盒、保存有专柜。各阶段学生资助档案至少做到“六有”：有资金下达文件，有学校管理办法，有公示资料，有学生申请表册、证明材料，有卡户生名册，有享受学生签字名册（通过银行卡发放的还要必须有银行发放回执）。

脱贫有时限，资助无穷期，精准资助永远在路上！

（作者时任昭通市教体局学生资助管理中心主任）

乡村学校脱贫攻坚结硕果

晋　健

乡村学校的华丽蜕变

山连着山，树挨着树，站在高处放眼望去，巧家县苞谷垴乡云遮雾绕，群山环抱。红箐小学坐落于巧家县苞谷垴乡红箐村老寨社，距巧家县城120公里，地处两地三县交接处，东与会泽县纸厂乡山水相连，北与鲁甸县火德红乡隔牛栏江相望。该校始建于1964年7月，占地面积5043平方米，现有学生403人。经过几年的建设发展，崭新的校舍，舒适美丽的校园环境让红箐小学俨然成为村里的地标性建筑。

2010年2月28日，刚通过补员考试被录取到红箐小学任教的沈祥炜骑上心爱的旧摩托，载着行李高兴地从家里出发，赶往这所梦寐以求的新岗位，“我当时满心期待，期待见到我理想起步的地方”沈祥炜老师回忆说，驱车赶了4个多小时的山路才到苞谷垴乡街子上，找附近的村民仔细一打听，从街子上到红箐小学还要走13公里的泥巴路，坎坷遥远的路程，越走越落后的光景不禁让沈祥炜有些失望，平复心情后继续前行，“泥泞的乡村道路，坑坑洼洼、又稀又烂，摩托车左右摇晃，叮当作响，排开两只脚辅助支撑才能勉强前行”这段仅13公里的乡村土路，沈祥炜整整花了一个半小时，终于到达红箐小学。

走进破旧的大门，眼前的一幕当即泼了沈祥炜一盆冷水“孩子们在三排破旧的矮瓦房内上课，操场是一块不到60平方米坑洼不平的水泥地板，两侧歪歪斜斜地摆着两副没有球板的篮球架”。破旧不堪的学校让沈祥炜心情跌落谷底，“这就是我梦想起航的地方？”沈祥炜感慨说，“黑黢黢的教室里就一块不平整的黑板、几张废旧的木桌椅、几把扫帚，没有其他教学仪器。”由于学校教学环境的艰苦，再加上校舍破旧、教育教学设施的不完善等各种原因，学校发展面临很大困难。2014年，受鲁甸“8·03”地震影响，红箐小学原本就破旧校舍在地震中严重受损，学校搭建起了几间临时活动板房，冬天冷、夏天热，学校办学变得更加艰难。

为全面改善学校办学条件，实现义务教育均衡发展的目标，2014年至2018年期间，全市狠抓国家全面改善义务教育学校基本办学条件的窗口期，按照“统筹规划、分步实施，突出重点、整体推进”的总体思路，规划实施了全面改善贫困地区义务教育薄弱学校基本办学条件项目（简称“全面改薄”项目），从最需要的地方做起，最薄弱的环节入手，着力补齐教学楼、学生宿舍、食堂、操场、教学仪器设备短板。4年来共新建、改扩建校园校舍建设面积391.8万平方米（其中：校舍建设面积208.2平方米，运动场建设面积182.73万平方米），投入资金56.4亿元（设备购置资金8.8亿元）。

乘着“全面改薄”和义务教育均衡发展的东风，全市义务教育学校办学条件得到极大改善，生均校舍面积大幅度提升，设施设备配置率明显提高，2015年水富市率先通过基本均衡督导评估验收，2016年绥江县，2017年盐津县、大关县、鲁甸县、威信县，2018年昭阳区、巧家县、永善县，2019年镇雄县、彝良县也相继通过了国家义务教育发展基本均衡督导评估验收。

如今的红箐小学面貌已发生翻天覆地的变化，当年破旧的矮小的瓦房、破烂不堪的操场已不复存在，排列整齐的教学楼、学生宿舍和标准化食堂，硬化后的操场、宽敞明亮的教室、设施完善的功能教室让整个学校呈现焕然一新的面貌，“学校办学条件改善了，教学质量和城里小学的差距也越来越小，虽然现在老师的担子更重了，但我们也更有信心、更有底气做好教学工作，不让乡村孩子输在起跑线上”说起学校的巨大变化，沈祥炜老师脸上洋溢着幸福的笑容。

镇雄县塘房中学现有在校生 4709 人，是镇雄县办学规模最大的初级中学，昔日校舍和教育仪器设备严重不足、大班额问题突出的塘房中学，如今不仅新修了校舍、添置了教学仪器设备，还争取资金增建了塘房中学白鸟校区。崭新如初的学校校园，新教学楼恢宏大气，走廊的墙壁上，师生优秀的绘画、书法、摄影作品制作成精致的画框相间悬挂，教室里，千字文、古诗词、名人名言、学生作文构成了丰富多彩的班级文化，操场上同学们追逐嬉戏、欢声笑语……

惟其艰难，方显勇毅；惟其磨砺，始得玉成。几年的不懈努力，让塘坊中学真正实现了从办学规模最大到优秀学生最多的华丽蜕变。

保障易迁群众子女就学

薛显芬老人是永善县大兴镇梨园村凉山社村民，全家于今年 3 月随着易地扶贫搬迁的队伍搬入鲁甸县卯家湾易地扶贫安置区居住。距离梨园村 7 公里外，海拔 2380 米，常年平均气温 16℃的凉山社，自然环境恶劣、交通条件闭塞、经济发展滞后，闭塞的交通成了阻碍孩子们正常上学的“绊脚石”。“天不亮就要出门，打着手电筒走 2—3 小时的泥巴路才到学校”回忆起大孙子读小学时候的场景，老人眼里满是无奈。凌晨 6 点时分，凉山到梨园小学的山路上总闪烁着星星点点的手电筒灯光，凭借着微弱的手电筒光亮，孩子们踩着溜滑的泥巴路，顺着绵绵的山路翻山越岭、几经周折才能在 8 点前赶到学校正常上课。

“孩子上学走的都是山高路陡的山路，下雨天路面湿滑，孩子经常摔伤手脚，我们家长一万个不放心。”巧家县茂租镇白卡村 43 岁的村民叶顺学说。"家长都忙着干农活，没时间接送孩子，孩子自己走路去上学，早上天不亮就要出发，天黑了才到家。"山高路陡、交通闭塞的白卡村到了夏季，连续的暴雨天气极易引发滑坡、泥石流等自然灾害，长期被雨水冲刷过的道路更加崎岖坎坷泥泞，冬季低温冰冻天气极易造成道路结冰，极端的天气条件加上坎坷、湿滑的道路更让孩子们上学之路"雪上加霜"，一天时间，孩子们一半以上的时间要在上学山路上度过，众多不安全因素让家长们的心都提到"嗓子眼"了。

"村子里的学校人很少，办学条件也很简陋，学习成绩跟不上，部分家长宁愿花钱在外面租房子带孩子读书，也不愿意回到本村读。"随着城镇化的不断加深和群众对孩子教育的重视，越来越多的家长带着孩子走出大山，让孩子接受更好的教育。全市类似大关县上高桥乡团结村因办学条件简陋、教学质量不高，在校学生急剧减少成为小规模学校或者空壳学校这样的乡村学校还有很多。让易地扶贫安置点群众子女都能就近入学接受良好的教育，真正让易迁群众"搬得进、留得住"，做好易迁安置点学校配建工作成为当下最紧迫的任务。

2019年，全市同步启动了44所易迁扶贫搬迁安置点学校配建工作，通过精准掌握搬迁群众学生就学需求和安置点教育资源供给情况，科学做好学校规划和布局。按照"7月底前封顶断水、10月底前工程建设完工、12月底前投入使用"的既定时限要求，采取倒排工期、挂图作战的工作措施，加快项目建设进度，确保配建学校与安置房同步启动、同步投入使用，确保2020年春季学期搬迁群众子女就近就读，做到"全覆盖、零门槛、无障碍、不落一人"顺利入学。

昭阳区靖安新区是全国最大的跨县扶贫安置点，承接昭通市昭阳、大关、永善、彝良、盐津、镇雄等6个县区的9256户40549名易地扶贫搬迁群众，安置区建设有幼儿园2所、小学2所、完全中学1所10.3万平方米。今年9月，从大关县吉利镇黄金坝搬往靖安易地扶贫安置点村民雷应强带着双胞胎孙子雷兴华和雷兴欣高高兴兴地来到位于小区不远处的长寨小学报名，“没搬过来之前一直担心找不到学校给孩子读书，搬过来后才知道以前的担心都是多余的，现在学校就在家门口，孩子读书不用再走泥巴路了，远一点的还有校车接送.”雷应强笑着说，“这是我们子子孙孙都要待的地方，学校修好了、变美了，教学质量也提高了，娃儿们读书方便了就是我们最放心、最幸福的事。”

建设安全美丽新校园

受自然条件差、历史欠账大、经济发展滞后等因素的制约，我市 2009 年以前修建的中小学校舍，相当一部分达不到抗震设防和其他防震减灾的要求，2009 年全国启动校安工程项目排查鉴定 D 级危房全市总面积达 238.86 万平方米，校舍安全保障工作面临严峻形势。为彻底排除 D 级危房这颗严重威胁师生生命财产安全的定时炸弹，一场全面消除全市中小学校 D 级危房的战役全面打响。在市委、市政府的坚强领导下，全市坚持实事求是的工作作风，在确保师生安全的前提之下围绕“清”“鉴”“拆”“交”4 个方面进一步对各类 D 级危房进行全面清理、鉴定、拆除、移交，截至 2016 年全市共完成 2871 所学校 D 级危房拆除工作。

为进一步消除校园校舍不安全因素，全市于 2018 年 6 月启动了中小学幼儿园 C 级不安全校舍加固改造工作。截至 2019 年 8 月，全市排查锁定 11.54 万平方米 C 级不安全校舍，已拆除面积 4.49 万平方米，已重建面积 4.49 万平方米，加固改造面积 7.05 万平方米，投入资金 6094 万元。全市中小学幼儿园校舍均达到安全等级。

按照习近平总书记坚持不懈推进“厕所革命”，努力补齐影响群众生活品质短板的指示精神，全面改善学校办学环境，深化文明校园创建工作，2019 年全市启动实施“厕所革命”项目，按照“四净三无两通一明”的要求和相关技术标准，截至目前，累计改造学校旱厕 1027 座 69379 平方米，投入资金 9601 万元。

通过各类项目的实施，一所所安全、美丽的新学校相继竣工投入使用，美观大气的校大门、景色宜人的校园、功能齐全的校舍、干净卫生的厕所、标准化的运动场为昭通教育事业的发展插上腾飞的翅膀。

走进今天的昭阳区苏家院镇迤那小学，鸟语花香，书声琅琅，七人制人工草坪足球场上朝气蓬勃的小球员们成为学校的特色和焦点。“十年磨一剑”迤那小学充分利用优质的办学条件，积极开展足球特色教育，于 2016 年成功申报成为“全国青少年足球示范学校”，从此，校足球队成了学校的特色名片，足球特色教育的开展，正在改变着迤那孩子的成长之路。2020 年 10 月 17 日，由昭通市足球协会举办的“隽逸天成健身抗疫杯”赛上，迤那小学校队首战以 13 ： 0 的战绩取得开门红，赛后校队队员迟尚粒自豪地说：“我的理想是进入省队、国家队。”

一枝独放不是春，百花盛开春满园，看到温柔的阳光扫向“小运动员”们灿烂的笑脸上，你会深深地感觉到孩子全面发展的“春天”真正来临。

（作者系昭通市教体局工作人员）

用心帮扶　用情济困

王　宏

风岩村地处林口乡东部，村委会驻地距乡政府驻地11公里，主要有汉族、彝族、苗族三个民族组成。全村辖23个村民小组，国土面积24.3平方公里，主要种植玉米、马铃薯、荞麦等农作物及实施生猪养殖为主的农业产业，村民主要经济来源为种养殖和务工。全村有常住人口2049户9163人，劳动力3965人。其中，建档立卡贫困户609户2605人。全村辖4个支部，党员110人，其中在家党员101人，外出党员9人，贫困户党员5人，村三委成员12人。

云南省呈贡体育训练基地自2018年挂钩帮扶风岩村以来，始终把扶贫和扶志紧密结合，通过提认识、转思想，不断提高农户自身脱贫的内生动力。充分发挥单位行业的优势，抓体育健身、抓教育发展，改善基础设施，确保帮扶工作做到实处，截至2019年年底，已脱贫567户2456人，未脱贫41户149人，贫困发生率1.63%，减贫成效明显。风岩村已于2019年脱贫出列，经过今年上半年的查缺补漏，41户未脱贫户全部达到脱贫标准。

用实开展驻村扶贫工作

云南省呈贡体育训练基地自2018年3月挂钩扶贫以来，选优派强两名工作人员长期在风岩村驻村扶贫（昭通市住建局增派一名），驻村工作队认真执行县驻村办关于工作纪律等各方面的制度要求，吃住在村，工作留痕，深入了解村情民情，与村民打成一片，深受村民爱戴。对群众反映强烈的问题，驻村工作队勇于担当，主动作为，积极会同乡村干部研究解决。对辖区23个村民小组实现全覆盖遍访，在遍访过程中发现的问题，及时做好记录，一个一个的销号解决。配合村“三委”开展各项工作，主动参与全村劳动力转移就业、农危改、易地搬迁、控辍保学、大病慢病医疗救助、饮水安全、建档立卡户动态管理、基层党建、人居环境提升、群众满意度提升等各项工作，为风岩村脱贫出列夯实基础。

用心开展结对帮扶工作

根据实际情况，基地组织96名干部职工参与贫困户结对帮扶，处科级干部每人挂包8户，一般职工每人挂包6户，实现了贫困户全覆盖。基地领导高度重视结对帮扶工作并把它当作“践行群众路线转变机关作风”的一个有效形式，明确了单位职工每季度都要有人到扶贫点走访挂包的贫困户，并且来往所有费用自理，不给报销出差费。2019年，基地正职领导到点调研3次，分管扶贫领导到点调研2次，科级干部累计到点调研10人次，先后有96名帮扶干部到点走访贫困户611户，现场自发捐款6000余元，送出床单被套、茶叶、衣服、大米、油等生活物品。挂钩单位领导带领有关人员深入贫困户家中送去关怀和温暖。2020年4月，基地书记和省体育局领导先后到风岩村调研，6月，基地主任又率队到村进行走访调研，着力解决风岩村脱贫攻坚中存在的问题和短板，有力地促进了风岩村高质量脱贫达标。

用情开展健康扶贫工作

通过调研发现，农村地区老百姓因干活造成躯体劳伤现象十分普遍，但基层卫生院偏偏又缺乏相应的医疗条件。因此，依托基地运动创伤门诊部在劳伤、骨伤方面的诊治优势，基地于2018年7月4日至7日派出一名骨干医生到风岩村卫生室开展健康义诊活动，医药品投入1.1万元，累计坐诊230人次、发放喷雾药品200瓶、拔火罐20人次、包药30人次、扎银针20人次、正骨复位80人次。医生还在现场教授老百姓及卫生室医务人员“全身骨科疾病自我康复操”，从头到脚地为大家详细讲解了身体每一个部位怎样进行自我按摩以达到预防和康复疾病的效果，把平时仅仅运用在专业运动员损伤康复方面的医疗技术向农村基层地区进行了有效推广。2019年9月5日至7日又派出两名骨干医生到风岩村卫生室开展了第二期健康义诊活动。通过3天的治疗，两名医生累计坐诊近300人，为老百姓发放创伤药酒200瓶，包药100人次，药品投入合计约1万元。今年8月18—19日，基地再次派出4名骨干医生到风岩村卫生室开展了第三期健康义诊活动，累计坐诊380人次，为老百姓免费发放创伤药酒60瓶，胃药、感冒药等药品累计折合人民币4万余元，通过三期的免费义诊活动，确实为全村家庭贫困的老百姓解决了一些医疗上的困难，深得当地村民的好评。

用力开展补齐短板工作

在了解到风岩村无一个村级活动场所后，基地主动作为，在财政比较困难的情况下，想方设法协调资金为风岩村修建村级活动场所。其中，2018年基地帮建风岩村灯光篮球场项目累计投入16万元，篮球场选址在风岩村集镇，人员集中、交通便利。球场长29.2米，宽16米，占地面积467.2平方米，场地上有篮球架2架、灯杆6根，地面采用悬浮拼装式地板，具有良好的滤水性，建设过程中，由驻村工作队、村干部全程监督，确保工程质量。球场建成后，受到了老百姓的欢迎，球场上每天都能看到群众打篮球的身影，填补了风岩村村级全民健身活动场所为零的空白，能够使周边4个村民小组405户1411人受益。2019年，帮助田坝小学、发掩小学建设篮球场、排羽场、乒乓球桌等体育设施经费5.5万元，捐赠篮球、足球、羽毛球、乒乓球拍、跳绳、拔河绳体育用品价值8万元，极大地改善了两所学校近600多名师生体育教学的状况，和周边7个村民小组群众的全民健身需求。捐赠校服607套价值7.5万元，捐赠T恤衫1425件价值11.4万元。协调争取省体育局专项资金10万元帮助建设2个村民小组活动场所，极大地方便了群众的健身休闲活动。

用策开展扶智扶志工作

习近平总书记关于脱贫攻坚工作提出的“扶贫先扶志”“扶贫必扶智”“精准扶贫”等扶贫方面的要求。基地结合实际，2018年10月24日在镇雄启动全省“体育冠军校园行·青春扶志我当先”体育公益扶志活动，呈贡基地亚运会冠军马皓作为运动员代表参加了活动，向镇雄的中小学生分享了奋斗历程，勉励大家刻苦学习、成就自我。2019 年 7 月 9 日协调昭通市体校 3 名教练员到风岩村三所学校开展体育人才选拔，最终挑选了四名学生利用暑期到昭通市体校开展试训，所有试训吃住费用由基地承担，此举是十多年来首次有市级专业队到镇雄地区开展体育人才选拔。9 月 2 日开展开学第一课活动，由基地组成体育冠军宣讲团到辖区内学校进行体育扶质宣讲活动，冠军运动员用自己的亲身奋斗经历给贫困山区的学生上了一堂生动的思想启蒙课，极大地鼓舞了贫困学生好好学习改变家庭命运，受到了师生家长们的热烈欢迎。针对少数贫困户不思进取，等着政府来脱贫的情况，驻村工作队充分发挥政策宣讲员的作用，在各个村民组召开“三讲三评”和“自强、诚信、感恩”主题教育，切实加强贫困对象的自强意识、诚信意识以及对党的感恩意识，着力破除脱贫攻坚工作中部分群众存在的“等靠要”思想，特别是解决少数群众存在的，对党委、政府举全乡之物力、财力实施的脱贫攻坚各项工作，对全体干部职工、驻村工作队队员和村干部不分白天黑夜的辛苦付出和帮扶，表现出来的不是感激，而是不讲诚信、自私自利、以贫穷为荣，争当贫困户，无理由、无根据地污蔑等等令人如鲠在喉的问题。重点围绕社会主义核心价值观内容，着力通过广泛深入的宣传、教育活动，在全村形成“自强不息，诚实守信，人人心存感恩、个个遵守公德、户户增收致富、家家和睦相处、村村倡导文明、处处体现和谐”的浓厚氛围。

云南省呈贡体育训练基地立足自身优势，把体育行业优势同脱贫攻坚有机结合起来，将“没有全民健康就没有全面小康”这一全民健身理念向基层群众广泛普及，是体育部门贯彻落实习近平总书记“健康中国”战略部署的有效举措。

2018 年至今，累计投入扶贫资金 80 余万元，真正担负起挂钩帮扶部门的责任，有力地促进了风岩村的脱贫摘帽。

脱贫攻坚既有豪言壮语的激励，更靠脚踏实地的耕耘，云南省呈贡体育训练基地和 96 名帮扶干部心系风岩，与全村广大群众携手，共同绘就了党员群众齐心上、脱贫致富奔小康的生动历史画卷，帮助风岩村实现由穷困落后到逐步富裕的华丽蜕变。

我们坚信，有各级党委的高度重视和统筹推进，有各个部门、各级干部带着感情、情系百姓，真正把群众冷暖放心间、把脱贫攻坚记心田，咬定目标，坚持不懈，攻城拔寨，全国脱贫攻坚战一定能够大获全胜，全面小康必将顺利实现。

（作者时任云南省呈贡体育训练基地派驻镇雄县林口乡风岩村工作队队长、第一书记）

风雨同舟　爱洒昭阳

温卫军

“山川异域，风月同天。”“岂曰无衣，与子同袍。”疫情的到来，并没有阻止东西部交流的步伐，东莞和昭阳之间的对口扶贫工作依然有序进行……

温卫军老师是来自东莞市茶山中学的地理老师，2018 年 9 月到云南昭阳区凤凰中学支教，挂任昭阳区田坝乡中学副校长、昭阳区苏甲乡中学副校长，他离开家乡和亲人，到千里之外的云南昭通开展“扶志和扶智”工作，投身当地教育事业。2019 年 9 月，支教期已满的温卫军主动申请继续留学，他说：“女儿刚参加工作，家里人也十分支持扶贫工作，自己没有任何后顾之忧。在两年的扶贫工作中，温老师心系贫困学生，只想为他们做更多事情，让贫困学生感受到社会的关爱。温老师希望通过自己的努力，让贫困学生能重建信心，真正融入社会。

故事一：岳父过世，未能尽孝

2020 年 3 月 10 日，我国还受新冠疫情影响下，按扶贫工作组的要求，温老师回到云南的工作岗位上。但是 3 月 12 日，老丈人突发疾病，病情发展得太快，第二天就进入重症室，重症科医生判断老人家可能熬不了多长时间了，让子女们做好思想准备。夫人 3 月 13 日打电话给他能否回去看看老人？他心急如焚，百般纠结。他很想回家探望老人。但是当时受新冠肺炎疫情影响，他又担心来回路上感染疫情，最终，温老师选择了留下。他只能在昭通默默为老人家祝福，希望老人早日康复。可就在 15 日下午接到老人家归天的不幸消息，温老师万般悲痛，他很想回东莞送老人最后一程，单考虑回到昭通要居家隔离 14 天。而这时刚好是开学期间，如果隔离势必影响教学进度，影响学生的成绩。扶贫先扶志，扶贫必扶智，想到这一点，温老师毅然决定不回去送别老人。面对悲伤的妻子，温老师感到既心疼又愧疚，只能在电话里安慰她及其他亲人。作为女婿，不能回去送别老人，他万般无奈，但是作为支教教师，温老师无悔无憾，他希望在以后的扶贫路上能做更多实事来奉献昭阳，填补心中的遗憾。

故事二：与时俱进，化身“主播”

初三年级开学已经 10 多天了，早上 6 点就醒了，室内温度有点低。疫情期间，学校每天轮流安排老师在校门口测量入校学生的。今天早上是温老师和另外 3 个老师值班。简单洗漱、整理好着装后，他就匆匆赶往学校，路上车辆稀少，行人更是无几，所见到的都是学生的身影。不到半小时，温老师就到了学校大门口。迅速穿戴好防疫装备后，温老师和其他老师一起检查了临时医学观察室。一切准备就绪后，他们安静地站在门口等学生。“老师好……”7 点钟，背着书包的学生逐渐出现在他们的视野。看到孩子们灿烂的笑容，听着跟他们打招呼的声音，温老师感觉春天离他们近了，温老师默默地祈祷着疫情快结束。温老师拿着测温计逐一给他们测体温，有摄氏 36.2℃的、有摄氏 36.3℃的，都是正常体温。经过一个多小时的检测，

600 多个学生全部进入学校。

听到久违的琅琅读书声、校园里小鸟的鸣叫声，那么动听，那么悦耳，温老师感受颇多，也十分激动。这段时间很多地区的人们还是居家隔离期间，学生确能回到学校上课，是多么幸福！现在虽然只有初三、高三学生已经返校上课，其他年级的学生都还在家里。为了不耽误学生的学习进度，温老师除了配合学校做好防控工作外，还每天要给初一、初二的学生上网课。学生没有上网课的习惯，很多学生不能准时进入直播间上课。发现学生没有及时进来学习，温老师就一个个打电话督促他们上好网课。

从教几十年，说实话，温老师从没上过网课、没做过网络老师，这次疫情让温老师开启了时下流行的网课模式。为了避免线上课程过于枯燥，温老师至少提前一个礼拜开始备课，认真研究，仔细准备，并且保障内容要比面授课程更加丰富和有趣。有了网课，做了“主播”，虽然忙碌，但能让学生学习更多的知识是值得的，也让他的生活也变得更加充实了。

故事三：自筹口罩，捐赠学校

来云南昭通市支教将近两年，温老师也得到学校领导和老师给予了关心和关爱，学生对温老师也非常热情，温老师看到了一批又一批学生毕业，感触颇多。时间越久，感情越深厚，他把这里当成了自己的家乡，觉得要尽已所能回馈帮助学校。

受到新冠肺炎疫情影响，学校各类医用防护物资告急。3 月 10 日，回到昭通后，温老师发现当地特别缺乏防疫物资。于是，温老师跟同在这里支教的东莞市石碣中学陈老师商量决定，主动自筹口罩捐赠给他们所在工作的学校及挂职学校，保障所有教职工及学生的安全，让学校能顺利的开学。

通过发动亲朋好友捐赠和社会资源等渠道寻找和自费购买，他和陈老师筹备到了21000多个口罩。经过讨论，他们俩决定，捐赠8000个口罩给凤凰中学，6000个口罩给昭阳二中，3000个给龙头山中学，2000个口罩给苏甲乡中学，2000个口罩给炎山中学等等。

在昭阳二中举行了一个简单的防疫物资捐赠仪式（参加会议的有昭通市教体局领导、扶贫办领导）。他和陈老师分别代表茶山中学、石碣中学给凤凰中学、昭阳二中等5所学校捐赠口罩。“多谢东莞市政府及扶贫办的干部、更加多谢支教的两位老师实实在在地解决了学校的需要”，凤凰中学的校长握着他们的手十分激动地说。温老师想，一定要尽己所能去帮助更多学校，希望云南昭通能尽快脱贫，走上小康的道路！

今天，他们冒着雨天开车一个多小时送口罩到鲁甸县龙头山镇龙泉中学。龙头山镇是一个贫困乡镇，龙泉中学的校舍在2014年时遭遇6.5级地震，严重损毁。他们了解到龙泉中学现有3000多个学生，108名教职工，口罩、消毒水等防疫物资都非常紧缺，在新冠肺炎的影响下学校能否正常开学牵动着温老师的心。虽然30000个口罩只能解决学校当前的燃眉之急，但看到龙泉中学老师领到口罩开心的样子，温老师倍感欣慰。

温老师说：“他们虽然不能改变世界，但可以用微薄之力为支教事业添砖加瓦，有一分热发一分光。”是的，只要人人都献出一点爱，世界将变成美好的人间。

凛冬再长再寒也终散去，春光再远再难也将到来。东西协作莞昭携手，就一定能战胜困难，夺取扶贫攻坚和支教事业的最后胜利。

故事四：协调企业，帮助学校

昭阳区苏甲乡位于昭阳区北端，距昭阳区城区48公里，东连洒渔，南接鲁甸，北与永善接壤，总面积212.98平方公里，最高海拔2998米，全乡辖 12 个村民委员会（174 个村民小组），居住着汉、彝、苗等民族，总人口 30300 人。苏甲乡山峦起伏，箐沟交错，自然条件差，主产洋芋、玉米等作物，经济基础薄弱。全乡贫困面大，贫困程度深。全乡有中学 1 所，在校学生 723 人，其中建档立卡户学生 445 人，教师 40 人，教学班级 13 个，属高寒山区农村初级中学。

温老师多次到学校交流和检查工作，去年 12 月支教老师走基层活动中，他带着支教老师来到苏甲中学上了公开课和讲座。同时和校长交流组工作时了解学校校园广播系统坏了，无法正常使用，严重影响师生的正常作息时间。因缺乏资金，学校无力维修出现破损的桌子椅子，也没资金购买新的学生桌子。温老师看在眼里，急在心里，为帮助学校，他联系茶山镇扶贫部门，发动茶山镇的爱心企业进行捐赠。在东莞市玩乐童话婴儿用品有限公司的支持和帮助下，给该校购买了一套新的校园广播系统和 80 套学生桌子，解决学校的燃眉之急。广播系统工程已经完成，校园里又充满了欢乐的歌声。扶贫济困，你我同行。

温老师播下了一粒爱的种子，希望这粒种子能生根发芽，结出希望之花，开遍昭阳。温老师表示，愿意尽其所能，为莞昭架起一座沟通之桥，携手并进，共创美好的明天！

（作者系广东省第五协作工作组驻昭阳区教师）

我在云南昭通支教的日子

陈国志

那个冬天并不冷

2018年12月29日，昭通下了一场大雪，纷纷扬扬，漫天飞舞，真有点像银装素裹的北国风光。我到昭通支教已经有几个月的时间了，那天晚上，我刚好结束了在鲁甸县元旦晚会的排练工作，独自驾车回昭通。由于天气原因，道路湿滑，已形成冰雪路面，车辆打滑，非常危险。而我在广东从未经历过这样的极端天气，没有防滑链，没有冰雪路面的驾驶经历，我只能小心翼翼地慢慢行驶。当来到环市东路的上坡路段时，车辆一直在打滑，不但不能前进，反而往后溜，在这千钧一发之际，我看到几个中学生模样的男孩子，迅速来到我的车后边，几人齐声呐喊，一起用力，帮我把车推了上来。我打开车窗，正想感谢他们时，却见他们又活跃在风雪中，继续推着一辆又一辆车渡过险关……

雪还在纷纷扬扬地下着，望着他们还很瘦弱的身躯，我心头一热，油然生出了一股滚烫的感觉。爱，其实就在我们身边，这一幕幕更加坚定了做好支教工作的决心与信心。没错，这个冬天并不冷。

教学相长结硕果

来到昭通后，组织安排我前往昭阳区第二中学支教，并挂职任昭阳区炎山镇中学副校长。第一天来到昭阳区二中，我非常欣喜地看到二中还有艺术班，这正是我在东莞的教学强项。于是，我主动承担了音乐生的声乐和钢琴两门专业课程，与同事和同学们一起共同探究，教学相长。

在昭通，有个别家庭经济条件比较好的艺术特长生学生，会利用假期到外地求学，花费巨大，收效不尽如人意，而一些家庭条件不太好的边远山区的孩子们只能空有梦想却难于实现。看到这种情况，我便毫不犹豫地每逢假期都会舍弃自己的探亲与休息时间，义务为学生们补课，不计报酬，乐在其中。孩子们也万分珍惜这难得的机会，刻苦学习努力拼搏。

赠人玫瑰，手留余香。在我耐心的教学指导下，在孩子们的努力下，我们获得了令人欣慰的回报：今年的艺术科目高考成绩得到实质与飞跃性的提升，10 多名学生个个都取得了好成绩。我带的 6 个音乐高考生，专业课全部超过本科线，文化课成绩有 4 个超过本科线，他们都能够顺利地进入理想大学，与此同时也大幅度地提升了二中的高考升学率，为学校的教育及公众形象增光添彩。

情系龙泉献爱心

曾几何时，鲁甸龙头山的名字闻名遐迩，但却因为 2014 年 8 月 3 日发生的一场 6.5 级地震而让这里变得满目疮痍，破败不堪。6 年过去了，在党中央国务院的关怀下，在省、市党委政府和社会各界的鼎力帮助下，如今的龙头山已经凤凰涅槃，浴火重生，震中位置现在已就地改建成了鲁甸地震纪念馆。

2020年4月9日上午11时许，我同东莞的几位支教老师，在龙泉中学邵校长的陪同下，来到了鲁甸地震纪念馆。望着那伤痕累累的震后废墟，不禁让人触目伤怀。镇政府的残垣断壁，支撑着时间的节点；几辆隐约看得出车型的汽车，似乎还在整装待发；更有龙泉中学的状元桥，虽已斑驳陆离，却仍屹立不倒，默默地诉说着过往的辉煌……我触景生情，心情久久不能平静。

沧海桑田，变化万千。沧海横流，方显出英雄本色。来到灾后重建的龙泉中学，映入眼帘的又是一番焕然一新的景象。新建的办公楼、教学楼和学生宿舍鳞次栉比，苍松翠柏绿树成荫，宽阔的运动场现代感十足，先进的塑胶跑道环绕其中，操场上人头攒动，好不热闹。

举重队员力擎千钧，射箭队员稳扎稳打，拳击队员生龙活虎。崭新的龙泉中学在废墟中毅然崛起，在新时代号角声中奋发跃进。我们到来时，正赶上初三年级举行"致敬英雄中考加油"的冲刺动员活动。恰逢此时，我们带着一份爱心，带着一份敬意，将几千只防疫口罩捐赠给了龙泉中学。当我走上主席台亲手将口罩交给邵校长的那一刻，台上台下响起了雷鸣般的掌声。看到师生们喜悦的笑脸，看到莘莘学子自强不息的精神面貌，看到龙泉中学蓬勃向上的景象，我的内心顿时感到无限的欣慰。

是的，只要人人都献出一点爱，世界将变成美好的人间。期间，我走上台，为师生们高歌一曲《向天再借五百年》，并鼓励师生们不畏艰险、勇往直前。台上引吭高歌，台下群情激昂。"沉舟侧畔千帆过，病树前头万木春。"整个龙泉中学呈现出一派自强不息奋发向上的喜人景象。

会后，邵校长又带领我们参观了学校的校史及地震展厅。邵校长为我们详细介绍了龙泉中学的悠久校史，并重点讲述了地震前后学校所发生的几个重大事件。使在场的每一个人都体会到了什么是自强不息，百折不挠，什么是钢铁意志，民族脊梁。

支教之路任重道远，我们坚信，龙泉中学的明天会更好！

“传经送宝”到山区

2020 年 5 月 25 日，我受邀跟随市人大少数民族教育工作调研团队，下到边远山区及乡镇，进行实地调研。我们驱车几百公里，翻山越岭，来到素有“红色扎西，胜利起点”之称的威信县，期间走访了好几所民族学校，了解少数民族教育工作情况。我们一行人来到丁家坝民族小学时，这里正在开展一系列少年宫活动，有芦笙舞、书法、绘画、月琴等项目，丰富多彩，引人入胜。当来到乐器表演室的时候，我看到一个苗族女孩正在弹钢琴，但是指法与方法都是错的，出于职业关系，我马上走过去，认真地对她进行指点，并为她示范演奏，小女孩非常高兴，一双水灵灵的大眼睛闪烁着求知的欲望。紧接着我又现场为大家弹唱了一首《我爱你中国》，顿时，教室内外响起来了雷鸣般的掌声。

这时我才真正感受到这里的孩子们真的需要科学的方法和先进的知识，老师们也需要呼吸外面的新鲜空气。于是在威信县有关领导的盛情邀请下，于下午两点在威信二中上了一堂教学公开课，吸引了几百名老师和学生前来听课，为他们展示了语文与音乐相结合的新型课堂，收效极佳。

告别威信，我们又继续前往永善县进行调研。无论是搬迁安置点男女老少脸上幸福的笑容，还是民族小学里孩子们琅琅的读书声，都在诉说着扶贫攻坚的伟大奇迹，诠释着百年大计教育为本的治国理念，同时也提醒着我肩负的责任。

一路上风雨无阻，一路上收获颇丰。5 月 28 日，我随调研组来到了具有山城之称的盐津县。盐津县是昭通市的下辖县，有秦开“五尺道”“僰人悬棺”等遗迹，是一个偏僻的山区小城。我们先后到滩头乡基村完小和柿子镇第二小学进行调研。走进山区，走进乡村，我感受到了纯朴的民风，同时也感受到了大山的桎梏。

在这里，我又应盐津县有关领导的盛情邀请，在盐津三中成功地上了一堂巡回教学公开课。这次活动得到了盐津县委、县政府的大力支持与重视，他们召集了全县的几百名初中语文和音乐老师来听课，当时，报告厅座无虚席，大家都在翘首以盼。

我是具有语文和音乐双文凭的老师，我的课堂教学自然是与众不同的。《语文课程标准》中课程的基本理念是这样描述的："语文课程应拓宽语文学习和运用的领域，注重跨学科的学习和现代科技手段的运用，使学生在不同内容和方法的相互交叉、渗透和整合中开阔视野，提高学习效率，初步获得现代社会所需要的语文实践能力。"这堂课，我借鉴央视《经典咏流传》的节目形式，把作家端木蕻良描写"九一八"事变的散文《土地的誓言》做主题框架赏析，紧密结合歌曲《松花江上》《保卫黄河》的现场演绎，运用新的教学理念和教学方法，让文字在音乐中激荡，让音乐在文字中飞扬，让琅琅的读书声和嘹亮的歌声响彻课堂。课堂上同学们兴致勃勃争先恐后地回答问题，在我的范读与循循善诱的启发下，同学们的朗读水平有了质的飞跃，明显的提升。尤其是一名看似弱小的男同学，从一开始的害羞与胆怯，到最后的踊跃举手发言和抑扬顿挫富有激情的朗诵，感动了台下无数听课的观众。"哇，语文课还可以这样上啊！"不知不觉中，下课的铃声响了，可同学们仍然不肯离去，问这问那；老师们也激动地走过来向我请教，大家都深深感受到武装自己完善自我的重要性；盐津县委的几位主要领导观摩了公开课后，无限感慨地说："这是多么精致优秀而又感人至深的一节课啊""老师就应该像陈国志老师一样，我们就需要这种复合型人才，就像五颜六色的一桶水，才能浇灌出德才兼备多才多艺的新时代的学生。"

这一堂以爱国主义教育情怀为基调的公开课反响强烈，大家从我身上看到了自己与众不同的教学理念与授课方式。课后我陆续收到各方邀请，昭阳区的一些学校，甚至是其他地区的一些学校都在争相邀请我去讲课，希望我能将公开课及讲座带到更远更多的地方，促进当地的教育教学科研活动，让更多的老师开阔眼界，完善自我，不断创新，让教育之花竞相开放。

为山区学校“传经送宝”，让不仅我看到了山区教育存在的短板，也让我感受到了自己肩负的支教重任，对未来，我充满了信心，也看到了希望。

炎山走访践初心

教师的初心和使命是什么？我想，作为教师，为党育人，为国育才，培养担当民族复兴大任的时代新人，这应该是我们的初心，也是我们的责任。

我挂职的炎山中学是一所建在半山腰的学校，在两年前才完成基础建设，当时有很多硬件及软件设施亟待完善。2020 年 7 月 21 日，我跟随市总工会工作组再次来到炎山中学进行调研，对这里的学生进行了走访。

走进学校，宽敞的校门矗立在眼前，依山而建的教学楼巍峨挺拔，教室里书声琅琅，学生饭堂卫生明亮，宿舍楼里整洁干净，各个功能室配备齐全，与两年前大不相同，整个校园呈现出一片生机勃勃的景象。

调研会上，我们认真听取了冯应斌校长及几位行政领导关于控辍保学、扶优补差、教学教研、生活学习等方面的情况汇报，并就炎山中学的实际情况给予了合理化的建议，大家为炎山中学的未来畅所欲言，共同期待炎山中学的美好明天。

会后，我又跟随校领导翻山越岭，长途跋涉，来到十几户品学兼优而家境困难的学生家中进行家访，并献上我的爱心。几位家长对我们的到来感到由衷的喜悦，不断嘱咐自己的孩子一定要好好学习，争取更大的进步。看到他们经济拮据家徒四壁的状况，我的心中感慨万分，既为他们的孩子感到骄傲，也为他们的处境感到心酸。期盼着他们的孩子能够刻苦学习，拼搏进取，成为国家的有用之才，用知识改变命运。

走进卯家湾，同唱幸福歌

鲁甸县卯家湾作为昭通市易地扶贫搬迁安置区的示范标杆，目前已安置入住了4万多人。为确保“搬得出、稳得住、有事做、能致富”目标的实施，由云南省总工会联合昭通市总工会及鲁甸县总工会举办的“走进卯家湾，同唱幸福歌”活动将在9月底拉开帷幕。为了这次活动能够顺利高效的开展，我应邀跟随市总工会的领导于8月24日来到了卯家湾。

走进卯家湾，首先映入眼帘的是鳞次栉比的高楼大厦，由东莞捐赠的公交车穿梭在宽敞的马路上，大街小巷男女老少沐浴在灿烂的阳光下，一片幸福祥和的景象。这时，我的一个念头油然而生，如果在这里成立一个农民工合唱团，既让他们体会到了合唱的魅力，也让社会各界见识了卯家湾的风采，岂不是两全其美的事情？于是，我马上和同行的各位领导说出我的想法，得到了他们一致的赞同。说干就干，雷厉风行，第二天，就有上百名群众前来报名参加合唱团。有耄耋之年的老人，有风华正茂的青年，有年富力强的农民工，还有拖家带口的妇女，场面蔚为壮观。本来是想挑选一下的，但是看到他们积极热情的样子，我真的无从选择。我走到一对夫妇面前，问他们为什么要参加合唱队，他们兴奋地说：“从前我们在大山里是对着群山在唱歌，现在我们搬到新居，我们要把这幸福的生活唱给全国人民听。”看着他们满脸幸福的样子，听着他们发自肺腑的心声，我心潮澎湃，久久不能平静。于是，我便立刻进行了大规模的合唱培训。

几天下来，他们已经学会了《思乡曲》《祖国不会忘记》以及我作曲的《云南志愿者之歌》等歌曲，每个人在歌唱的时候都能够声情并茂，用心演唱，表达着他们无限的喜悦之情和真诚的感恩之心。因此，我们的合唱团就取名为“卯家湾农民工幸福家园合唱团”。我将带着这支具有特殊意义的合唱团，大步走向明天。

后 记

2019年年底本来是我支教结束的时间，但因为音乐生的课程与学业的关系，我的教学实践至少需要两到三年才能见成效。加之一年多来的支教生活，我和这里的孩子们已建立了深厚的情谊。于是我又提出申请再多支教一年，得到了东莞校方的鼓励和支持，签约到2020年12月底。

爱在支教路上，甘把他乡作故乡。在云南，在昭通，我会一如既往，义无反顾把自己的教学经验传授给这里的广大师生。还有3年我就要从教师岗位上退下来了，但我将和昭通继续签约，奉献山区教育，为我的支教生涯画上一个圆满的句号。

（作者系广东省第五协作工作组驻昭阳区教师）

我的驻村往事

杨廷均

金秋时节，牛栏江畔，迤西卡村。

昔日迤西卡，坡陡缺水、路烂民穷。今朝迤西卡，如铭曰：

牛栏江畔，秋烟袅袅；群山环绕，点绿成苍。
万树掩映，核桃叠翠；百鸟争鸣，花椒醇香。
村风淳朴，邻睦如宾；六个精准，四篇文章。
多策攻坚，致富在望；两个不愁，四个保障。

2018 年 4 月，按照市委组织部和昭通银保监分局安排，我到巧家县老店镇迤西卡村开展脱贫攻坚工作。驻村以来，我积极投入脱贫攻坚、新冠肺炎疫情防控、脱贫攻坚普查、人口普查等工作中。

真帮实扶拉近干群关系

雨天遍访。扶贫工作从遍访开始。那天，天下着大雨，为了不耽误群众生产，我特意选择这天开始入户遍访。我步行来到郭孝学家。“杨师，你怎么冒着这么大的雨来？看你满身是泥，你走路来的吧？”见到郭孝学的第一眼，他深情地问道。火塘旁，我和老郭攀谈起来，“我一路到头的看了，你们这儿的花椒、核桃长得不错……”“只是这条泥路不好走……”“是啊，由于路烂，修房子的二次搬运成本太高。前些年我们这儿拉砖拉水泥都用独轮车，有个人用摩托车拉水泥不小心冲到竹林里，小命都差点丢了……”就这样，在一片笑声中，我以喜闻乐见的方式宣传党的脱贫攻坚政策主张，解释村“三委”和驻村工作队的帮扶计划，争取群众的思想、工作和情感认同。

帮助安埋兰兴普。杜家梁子小组兰兴普家共 3 人，户主兰兴普老人 80 多岁，儿子死亡，儿媳不知去向，兰兴普独自抚养年幼的孙女兰美会和孙子兰美勇，生活异常艰辛。天有不测风云。2018 年年底，兰兴普去世，留下孙子孙女孤苦伶仃。听到消息后，我立刻从驻村工作经费中拿出一部分钱买米买油，夜晚和村干部用两辆摩托车摸黑沿着土路送到兰美会家。到兰美会家后，我赶紧帮忙拉电线、接灯泡，摆桌子，安慰兰美会和兰美勇。事后，“杨师，你一来就帮忙拉电线、接灯泡，我们老百姓都看在眼里，你是一个帮助群众干实事的扶贫干部……”杜家梁子的群众常对我说。

“喂猪干部”提猪食喂猪。宋明正老党员家共 3 人，宋明正夫妻 70 多岁、儿子 39 岁，一家人均长期疾病缠身、宋明正两夫妻行动不便。2019 年 12 月 25 日，我到宋明正家走访，发现只有宋明正两夫妻在，宋贤勇外出，火堆上的猪食煮了许久但就是无法提去几百米外的猪圈。于是，我就将猪食提去喂猪。宋明正两夫妻的感激之情溢于言表。从此，我获得一个称号：“喂猪干部”。

教育帮扶斩断穷根

教育扶贫是拔除穷根、阻断贫困代际传递的治本之策。党的十八大以来，在习总书记治贫先治愚、扶贫必扶智等有关扶贫重要论述的指导下，我严格贯彻落实教育扶贫理念和控辍保学要求，为迤西卡村教育有保障工作作出扎实工作。

据反馈数据，截至2019年6月末，迤西卡村还有辍学学生。于是，我配合村干部摸排辍学学生信息，开“院坝会”，向辍学学生及其家长宣讲教育扶贫政策。然后，逐户发放劝返通知书，告知监护人如果不将孩子送入学校完成义务教育将面临司法诉讼。截至9月末，全村辍学学生均返校就读。

辍学学生中，阿蓉是最难啃的“硬骨头”。阿君家共2人，户主阿君残疾，是村里有名的上访户。其女阿蓉2019年时15岁。据了解，阿蓉没有完成义务教育就到外地打工。经各方多次劝导，阿蓉明确表达不愿回校继续学业，不愿返校原因在于其父想她早点出门挣钱。2019年9月11日，我到阿君家开展控辍保学工作，发现阿君没有在家而是在贵州卖山歌磁盘。于是，我打电话给阿君劝说他让其女到学校读书。刚开始，阿君不同意其女返校就读。后来，我根据阿君的特殊情况，对其动之以情、晓之以理，最后他终于同意。

住房建设保障安居

据不完全统计，自“8·03”地震以来，全村有90%以上的老百姓享受过灾后恢复重建、拆除重建、易地扶贫搬迁等住房安全保障政策。一到迤西卡村，我就投入抓住房安全保障政策落实工作中。

督促群众加快农危改实施。按照暗访组要求，每隔2天要督促一次建房进度。于是，我按照要求，按时入户督促群众按照进度计划施工。同时，针对群众在房屋建设中存在的技术问题，及时根据自己的从业经历提供技术指导。

督促群众及时搬迁入住。经过摸底排查，入户人员发现还有极少数农户仍旧未搬迁入住，未入住原因主要是老年人恋旧、家庭不和睦和未完成门窗安装等。因此，我配合挂村工作组和村干部根据各家各户未入住原因劝说、动员历年来实施过建房项目但未搬迁入住的群众尤其是老年人搬迁到安全住房房子里。对因门窗未安装而无法入住且家庭确实困难的，协助解决困难，帮助群众早日入住。

稳步推进危旧房拆除复耕复绿工作。根据政策要求，享受过住房政策的群众要把危旧房拆除掉且将原址复耕复绿。于是，我配合各方入户宣传危旧房拆除复耕复绿政策，丈量拟拆危旧房面积，与群众签订危旧房拆除申请、安全承诺、面积认定表书等协议。反复入户检查危旧房拆除情况，对拆除不达标的要求按标准拆除，对进度缓慢的要求加快拆除进度。截至2020年6月末，全村住房有保障工作基本完成。

饮水工程奠基发展

做好饮水工程前期工作。云南省村出列标准之一是饮水安全有保障，“两不愁、三保障”中不愁吃的关键是吃水不愁。根据饮水安全核实结果，全村饮水不达标人口占总人口的71.4%，不达标原因主要是水量和供水保障率不达标。2019年4月底，保利集团同意在迤西卡投资318万元用以修建饮水工程。5月中旬，我配合村干部在全村召开“一事一议”会议，宣传相关政策，争取群众在用地、出劳力等方面的支持，做好工程正式开工前期基础工作。

加强施工质量监督。2019年6月12日，饮水工程开工建设。工作队配合村“三委”成立饮水工程施工质量监督小组，监督小组成员包括村组干部和驻村工作动员。工程实施期间，我在监督小组的领导下积极参与工程各个环节施工质量监督。

工程验收。2019年9月末，饮水工程基本完工，验收工作陆续展开。我积极配合有关单位开展验收工作,对施工中存在的问题对施工方和监理方提出相关意见建议,在职能范围内要求施工方及时整改施工中出现的问题。

坚决打赢疫情阻击战

庚子伊始，荆楚大疫。大年正月初四，我忍着双肺疼痛及时赶到迤西卡村，全面投入疫情防控各项工作。

加强疫情宣传和舆论引导。通过入户讲解、发放手册、广播、横幅标语、微信群等方式，广泛宣传疫情防控知识和防护措施，不断增强广大人民群众的防控意识和自我防护能力。同时，引导群众正确认识新冠肺炎疫情，不信谣、不传谣、不造谣。用高音喇叭巡回在全村播放防疫知识，入组入户发放防疫科普手册1000余份，入户向从武汉归来的大学生宣传抗疫政策，冒着雨雪天气入户宣讲居家观察要求。

强化疫情监控排查和入户喷洒消毒剂。入户对返村入村人员以及疑似、确诊患者密切接触者进行网格化排查，排查本村市外返村人员在外务工、就学情况。建立包保责任制，每日过问包保户是否有感冒、发烧、咳嗽、乏力等状况发生，每3日入户查看一次。入户过程中，兑好消毒药水，背上喷壶，为群众喷洒消毒药水。

引导群众有序复工复种。引导群众合理有序的复工复学，及时做好有外出务工意向人员的联系协调服务工作。建立微信群，宣传到外地务工乘坐免费车的条件，动员群众积极外出务工，组织居家隔离期已满的群众及时体检、领取健康证以便及时复工复业。

能够参与脱贫攻坚这一具有里程碑意义的历史事件，是我的光荣；能够投身这场疫情防控阻击战，是我人生中难得的经历。通过这两场“战役”，我既为迤西卡村脱贫攻坚和疫情防控作出扎实工作，又在帮扶群众的过程中提升政治思想修养，在基层的“大熔炉”里不断锤炼，反复锻造“百炼成钢”。

（作者系昭通银保监分局工作人员）

扶贫助学　我们在路上

吴朝晶

习近平总书记在十九大的报告中庄严承诺“小康路上一个也不能掉队”，这是党和国家对人民的慷慨誓言，这是党和人民对全国人民的勇敢担当，这是沉甸甸责任背后的炽热情怀。精准扶贫是国家的一项重要举措，是实现全民小康路上的先锋保障。这项措施犹如暖人的春风，抚慰贫者；犹如绵绵的细雨，沐浴困者。

作为一名普通的人民教师，我们有责任担当，有使命肩负。在全民共奔小康的路上，我们责无旁贷。在教育的战线上，攻坚扶贫，不让每一个学生掉队，不让每一个学子失学，就是我们教师的神圣而光荣的使命。每一个学生就是一棵幼小的禾苗，他需要阳光的普照，雨露的滋润，需要风雨的洗礼，苦难的磨炼，更需要成长路上教师们爱的陪伴，那是孜孜不倦地引导与真挚深切地关爱。

教育扶贫的重点，应该是“志智双扶”。教育扶贫，首先要保障所有的贫困家庭的孩子都能够上得起学，能够安心地学。这是前提，是必要条件，否则教育扶贫工作就无从谈起了。所以落实国家的教育政策、资金补助政策等，都是义不容辞、丝毫不能马虎的。当下我们身边的大多数贫困儿童都能够上学，即使有个别的家庭实在困难，也有党和政府、社会公益人士相助。所以，教育扶贫的重点，是让每个进入学校的孩子能够立下高远志向，能够学有所成，能够掌握知识，发展智力。党提出了精准扶贫，做好教育精准扶贫工作。

2016 年春季学期，学校分配六个扶贫挂钩的学生给我，这六个学生都是上高桥乡特别偏远的农村孩子，家庭经济条件都很糟糕，但是学生都很乖巧勤奋，我经常性地关心着学生们的学习、生活，每个月都集中他们座谈一次，了解他们的状况，多方面鼓励他们。每个学期开学的时候都帮他们买一些学习用具。在我们师生的共同努力下，2017 年高考，六个学生都考上了大专。

2017 年春季学期，我又有一个控辍保学的任务，学生家住兴隆一个偏远村，我仍然是边走边问用了半天时间找到学生家，又是大门紧闭，问到电话联系家长，全家在地里干活，听说是劝导学生读书，马上挂断电话，我们只好等家长收工，做了多久的工作，学生就是不读书！很无奈，无功而返！ 2018 年春季学期，学校又分配控辍保学二个学生的任务给我，没有学生家电话，必须亲自进村入户。学生凯凯家住老城翠屏村，我周末骑摩托车边走边问，到老城公路尽头，然后步行近一个小时才到学生家，大门紧闭，通过邻居得到家长电话，学生已经到深圳打工，坚决不回来读书了！辛苦一整天，还是无功而返！学生龙龙家在肖家坪，通公路，我利用周末找到学生家，学生的奶奶一人带学生，学生母亲已故，父亲外出打工，学生严重厌学，做了一个多小时的劝导，学生同意星期天六点到学校上课，我满心欢喜地回了家，星期天下午五点半就在学校门口等他，可是一直到晚上八点都没来！好失望！第二天早上又去学生家，学生还没起床，又做工作，答应晚上到学校，可是又是空话一句。后来我又去了二次，直接拒绝读书！

2018 年的冬天的一个星期天晚上，217 班学生瑞瑞没来上晚自习，我和班主任老师一起去她家看是什么情况，到了了解到为了孩子上学方便，他的父亲在县医院旁边的村子租了一间简易的民房。屋内有些潮湿，光线也比较暗，简陋的几件东西仅可供生活必须之用。两张低矮狭窄的小床放在靠墙两侧，被褥也很单薄，衣物也只是凌乱地堆积在一角，连一个收纳的简易衣柜也没有。父母都穿着极旧的早过了时节的衣服，衣服洗得发白，也显得短小，看到这些我瞬间有泪在眼眶打转。现在就在我身边还有这般贫困的家庭，平日总想着现在人们的生活都好了许多，认为贫穷的生活早已不再，没想到我的学生一家现在就生活在贫困线上。他的父母四十多岁，淳朴善良，勤劳节俭，脸上的道道皱纹写着生活的艰辛与不易。在谈话中我们了解到他的父亲在县医院做保洁工作，每天工作任务重，时间长，收入也较低。看着其父有些弯曲的脊背，我清楚地知道那是生活的重压所累。母亲因长期身体有病，仅能自理，而无能力出门打工挣钱，最多身体稍好时给孩子做点饭，其他大部分时间都得由其父或孩子来做。

在家访回来的路上，秋风瑟瑟地刮着，卷起的枯叶在风中不停地打着转儿，翻转飘荡，继而又折转跌落在坚硬的地面，这一如我此时的心情，起伏波动，跌至低谷，心酸难过而又悲伤沉重，看来平日对学生的关注还是不够，对他们的帮扶还过于肤浅，要让这孩子开朗快乐起来，我需要多想办法，好好努力。

身在教育第一线的我用自己的实际行动为教育精准扶贫始终如一地作出自己最大的努力，我从事教育教学工作以来，就下决心要当一名党和人民满意的合格的人民教师，忠诚于党的教育事业，教书育人，诲人不倦。在工作中我时时以一个优秀教师的标准要求自己，工作勤勤恳恳、兢兢业业、坚持出满勤，干满点，从不迟到早退。以校为家，热爱学生、团结同志，在平凡的岗位上作出了不平凡的业绩。在多年的教育教学中，为了不断提高自己的政治业务素养，提高自己的教学水平，适应新形势下的教育工作要求，在教学中我不错过任何一个可以提升自身业务素质的机会，积极参加各种政治学习和政治活动，积极参加师德师风建设活动，向优秀教师、先进教育工作者学习，并认真写心得体会。工作期间，我既教书又育人，经常对学生进行思想品德教育，教育学生做人要自立自强，诚实守信，为人正直；在学习上要积极进取，开拓创新，待人宽厚，做事有责任心；在生活上要勤劳节俭，生活俭朴。经常教育学生热爱祖国，热爱人民，热爱集体，做一个社会主义合格的接班人。无论工作再忙，再累，我总是要挤出时间加强学习。我不断给自己“充电”，自觉加强专业知识及理论知识的学习，提高教学水平和管理水平。为了洞察最新的教改动态，关注教学改革实践和研究成果。我还借助网络这一快捷的信息资源，从专家和同行的优秀经验中去深深体会基础教育课程改革的必要性和重要性，使我快速转变观念、转换角色、转变教学方式，不断提高自身的综合素养。良好的学习习惯，使我拥有了先进的教育教学理念，树立了正确的教育教学观。在教育教学过程中，我大力推进素质教育，注重加强对学生综合素质的培养，使每一个学生都得到了较全面的发展。我注重因材施教，根据不同学生的特点有针对性地开展教育教学活动。对每一个学生，我都会认真制定不同的施教方案，发现有不足之处，就及时加以修正。并及时发现学生的闪光点，用激励的方法让学生感受成功的喜悦，从而增强学生的学习兴趣。

我热爱教育事业，作为一个共产党员，我将对党和人民的热爱融入了自己的事业之中。认真学习邓小平理论、“三个代表”重要思想，科学发展观，习近平新时代中国特色社会主义思想，坚决贯彻执行党的路线方针政策，始终在思想上、行动上与党中央保持高度一致，时刻按照教师职业道德规范和共产党员的标准来严格要求自己，自觉服从教体局及学校分配，将自己的大量时间留给了学生。除了致力于教学教研工作外，我还注重做学生的思想工作，对学生做到“爱、严、细、实”相结合，对后进生动之以情，晓之以理，注重理想与前途教育，培养学生团结拼搏友爱互助。要让学生成才，身心健康成长，就必须关心爱护他们，做他们的知心人，我把“动之以情、导之以行、晓之以理、持之以恒”作为关心学生的座右铭。在我细致、耐心地工作下，他们都能自强、愉快地生活、学习。我相信每一位学生都有自己的创造强项，每个学生都有一定的长处和闪光点，要善于发现学生的长项，抓住每一个教育良机，适时表扬、鼓励。体贴后进生，培养他们的自信心、自尊心、自强心，不让后进生成为掉队的孤雁。另外，我积极组织开展读书活动、知识竞赛、演讲比赛、文娱表演等形式的主题队会，展示学生各方面的才能，发展个性。让学生自己组织、自己管理、自己发展，逐步形成一个健康向上、团结协作的班集体。通过开展丰富多彩的班级活动，优化了班级文化环境，丰富了学生精神生活，促进了学生综合素质的全面发展。我坚持以理解、信任、关心为基础，对学生循循善诱，做细个别学生思想。经常主动找学生谈心，指出他们的不足又肯定其长处，并指导他们制订科学的学习计划。在教育教学过程中，我大力推进素质教育，注重加强对学生综合素质的培养，使每一个学生都得到了较全面的发展。我注重因材施教，根据不同学生的特点有针对性地开展教育教学活动。本着“学生的每一点成绩都给予肯定，每一点进步都给予鼓励”的教育原则，对每一个学生，我都会认真制定不同的施教方案，发现有不足之处，就及时加以修正。并及时发现学生的闪光点，用激励的方法使每一个学生都能尝到成功的喜悦，学生的每一点进步、每一项爱好特长都能得到尊重，并能得到及时的鼓励，极大地增强了他们的自信心，个性得到了充分展现。在课程的评价上，由过去强调考试、比赛获奖选拔的评价方式，转向着眼于提高每个学生的能力、尊重学生个性差异与程度差异的评价方式，注重学生的纵向比较，让每个学生都有成功感。随着课改的深入，学生得到了前所未有的全面发展，在获得知识、增加技能的同时，思维活跃了，发现问题、解决问题的能力都得到了相应的发展。在教育教学工作中，我不因循守旧、墨守成规，而是大胆创新，积极探索教育教学规律，追求更高层次。撰写的教研论文《班主任管理的降龙十八掌》获得县级二等奖。多次获得优秀教师，学生最喜欢的教师等光荣称号。在教育扶贫中我没有多少轰轰烈烈的大事，但我始终保持对教育的热情与爱，我将通过我的努力让孩子树立远大的理想，培养正确的价值观，让孩子在学习上不断上进，增强自信，扬帆远航！

（作者系昭通市大关县翠华中学教师、时任政协昭通市第四届委员会委员）

修学校　强师资　教育架起爱心桥

岳世伟

“这群老师真的了不起！我孩子以前只考几分十多分的，现在都能考六七十分了，要是早点搬来就好了！”这是发界安置点搬迁安置群众刘德全、翟常友、柯曾银、张顺华等家长发出的同样感叹，“你们这些老师在哪儿，我们的孩子就要在哪儿读书。”这是赵德国、刘启军、颜昌伦、舒火荣等家长对老师们的辛苦付出表示朴实的赞誉，安置点群众用他们口中最质朴的话儿表达着自己的心声，以及内心深处对老师们的赞誉，这样的话让长房九年一贯制学校老师们感觉到无尚的荣誉，像一枚勋章闪闪发光，折射出那辛苦耕耘时汗珠的光芒。

发界安置点是彝良县最大的安置点，也是昭通市 9 个万人以上集中安置区之一，这里聚集了数万搬迁户汇集学生数千人，长房九年一贯制学校就是这里 5 个“教育保障”阵地之一，这所学校投入资金 11671.6 万元，于 2020 年 9 月建成投入使用，办学规模达 81 个班 3810 人，保障了小学 48 个班 2158 人、中学 33 个班 1652 人接受义务教育的权利。新建的长房九年一贯制学校活动场地宽敞，音乐、体育、美术等专用教室及专用器材配备更加完备，图书室、阅览室、实验室等各种功能室一应俱全，明厨亮灶的食堂为易迁群众学生提供热乎乎的饭菜，为他们开启良好的学习体验提供“营养保驾”。优秀教师团队、学习时间的保障，以及优质的图书资源、整洁优美的校园环境、丰富多彩的校园生活、多样形式的帮扶为孩子们撑起一片爱的花园，在这座花园里孩子们幸福得像花一样，他们吸收着学校的营养正悄然成长，像原来只能考十多分的小赵、小陈、小普、小车、小闵等，他们在这里找到了学习的乐趣，成绩得到了较大提升，正如那毛毛虫开始破茧将蜕变成蝴蝶在花园中振翅。那在上下学时段为易地搬迁的孩子护航，让易迁学生们平平安安上学、安安全全回家的社区民警也是最辛勤的园丁，他们共同为实现搬迁群众子女“就学有保障”贡献力量，为开办优质教育添砖加瓦。

这样的转变得益于“精准扶贫”的提出实施，在未实施易地扶贫搬迁政策之前，威信县高田乡凤阳村的小芳在凤阳小学上三年级，在这座海拔高、气温低、交通不便的大山上，她每天要花一个多小时从家里走到学校，迟到于她来说似乎并不是意外。随着易地扶贫搬迁成为重要脱贫措施和方式，高田乡在距集镇 1 公里的地方规划修建康城新区安置点，安置群众 266 户 1017 人，凤阳村几十名易地搬迁户的子女将全部转入新的学校就读。但小芳家长开始担心新的环境影响学习开始犹豫，经学校老师多次入户动员，小芳家长开始明白好的教育条件是孩子良好发展的重要条件，全家终于高高兴兴地搬到康城新居，现在他们住的房屋漂亮了、交通方便了、上街也近了，小芳也已经在康城新居小学读五年级了，并且成绩还不错。同村杨庆的父母也担心孩子小，不愿让他到新的学校上学，准备将他寄养在亲戚家在原学校继续上学，所幸他后来也转入康城新居小学，试想当时小杨庆如果没有转学，那他仍然是寄养在亲戚家的一个“留守儿童”，在那下雨后泥泞的路上不知还要摔多少跟斗，身上不知还要沾上多少泥浆。

为消除像小芳和杨庆父母一样不想搬、不敢搬的思想疑虑，2019 年昭通市遴选宣讲工作人员开展易地扶贫搬迁“小手拉大手”政策宣讲活动 16862 场次，以让学生弄懂易地扶贫搬迁的背景意义、政策要点影响动员父母为切入点，利用微信、QQ 等发放了《致家长的一封信》60.53 万份、宣传手册 39.90 万份。孩子是每一个家庭的希望，是家庭最重要的资产和财富，通过多样的形式宣讲易地扶贫搬迁政策，易迁家长们更加明白孩子对家庭的将来有至关重要的决定作用。

昭通地处全国 14 个连片特困地区之一的乌蒙山贫困片区腹地，全境 96.3% 的地域是石漠化严重的山区，山高坡陡上学路远不只是杜德芳一个人的特例，而是不少易迁家庭的孩子都面临的问题。2016—2019 年昭通市锁定需要从自然条件严酷、环境恶劣、边远高寒、基本公共服务薄弱贫困山区的搬迁对象为 8 万 4500 户 36 万 2400 人，市委、市政府为帮助大山深处的生存困难群众走出大山进入城市，统一规划建设万人以上集中安置区达 9 个，随着当中全国搬迁规模最大的昭阳区靖安易地扶贫搬迁安置区建成，9000 多户 4 万多名群众从山高坡陡、地势偏僻、条件恶劣地方搬到地势更平坦、交通更便利的靖安集镇开始新的生活，位列全市第二的卯家湾易地扶贫搬迁安置区位于鲁甸县城北部，8000 多户 3 万多名群众从鲁甸、巧家、彝良、永善、盐津的偏远的山区搬来这里，集聚在新县城开始幸福新生活。

“两不愁、三保障”是幸福新生活的门槛，实现搬迁群众“稳得住”教育有保障是其中重要一环，对于易迁学生的父母来说，他们除了考虑能够进城入镇上楼获得更多发展机会之外，最关心的问题自然还是搬来之后孩子能不能上学读书、能不能接受好的教育这个问题。

怎样保障搬迁群众适龄子女有学上、上好学？首先当然是完善公共教育服务，保障易地扶贫搬迁群众适龄子女全覆盖、零门槛、无障碍就学，为此全市 15 个易地扶贫搬迁安置点规划建设 32 所学校，包括 12 所幼儿园、9 所小学、3 所初中、7 所九年一贯制学校和 1 所高中，其中靖安和卯家湾安置区规划保障学位约 1.68 万个。其次让搬迁群众子女能上好学、接受更优质的教育，打消他们的教育后顾之忧，昭通市立足于打造优质教育，重点做好昭阳靖安、鲁甸卯家湾两个跨县区安置点学校教师配置工作，为两个安置点核定了教师编制数 833 名，已通过公开选调选拔集聚 100 名精英优秀教师充实教师队伍中坚力量，已公开招聘遴选 224 名教师作为新鲜血液补充教师队伍新生力量，已结合迁出、入适龄少年儿童数比例实际调剂 290 余名教师保障队伍总体力量，为开办优质教育奠定了坚实的人才基础。

易地扶贫搬迁后续帮扶是今年昭通教育挂牌督战的四个重点之一，镇雄县是昭通市脱贫攻坚的最难啃的“硬骨头”，万人以上的易地扶贫搬迁安置区就有呢噜坪、高山大地、鲁家院子3个，适龄学生达5810名。昭通市紧盯各县市区易地扶贫搬迁集中安置点必备的教育配套设施、人员配备工作及提升安置区学校公共服务能力，配合省教育厅重点对纳入省级挂钩督战的7个万人以上易地扶贫搬迁安置点实地督战，按照安置人口规模800人以上、800至1万人、1万人以上三个类别梳理全市11县市区易地扶贫搬迁教育有保障情况，通过加强师资、完善设施设备、分批保障等措施确保易迁户适龄儿童少年有书可读、有校可进。

目前，全市易地扶贫搬迁学校已基本投入使用，老师们开始辛勤努力打理新的花园，把热情与精力抛洒给这群孩子，帮助孩子寻找学习乐趣、享受成长快乐。像彝良县的刘兴静老师，利用周末的时间去陪孩子看书、教孩子做作业、引导孩子做家务、指引孩子搞好个人卫生、让一个处于辍学边缘的孩子“杨潇”爱上了学习。在全市易地扶贫搬迁的阵地上这样的老师应该还有很多，只是他们的方式有所不同，有的是情系贫困学子捐资助学帮助学生家庭解决经济困难，有的是进社区、进农户家动之以情、晓之以理帮助学生认识学习的重要性，有的是为学生送衣物、购买学习用品等送温暖献爱心，他们把爱当作浇灌孩子们的养料，让渴望的孩子在通往知识海洋的路上架起了一座座桥梁，让那些单亲、重组等原因变得暴躁、厌学的孩子们也能多一棵爱的支柱。这样的老师难以一一列举，在劝返的路上和各个小区里，他们是一个个不停穿梭的背影，背后承载着一个个辛酸的故事；在学校里他们是最亮丽的风景线，承载着对祖国花朵的呵护；在清晨琅琅书声的教室里，他们是一个个引路人。

一个个充满朝气的孩子披着朝霞一路奔向学校，乘着那暖暖的教育之光储蓄燃料以飞翔更广阔的未来，以情滋养、以爱浇灌，只为不放弃每一个孩子成长的机会，愿这花园里开出满园馥郁芬芳的花朵。

（作者系昭通市教体局工作人员）

一个学院与一条江的相遇

李　兴

参与学院扶贫工作之前，我们对金沙江的印象停留在“金沙江”香烟上一条浊浪滚滚的河流。参与学院扶贫工作之后，亲身感悟到金沙江澄碧的静水深流所蕴含的雄浑和倔强。在金沙江畔巧家县白鹤滩镇迤博社区，一座学院与一条江相遇，他们的碰撞会擦出怎样亮丽的火花？一群医学教育讲台上的白面书生与挂钩帮扶户之间，会演绎什么样的故事？

一、走出象牙塔，相遇一条江

2018 年 4 月 16 日，一个烈日炎炎的夏日。金沙江畔，迤博社区居委会，昭通卫生职业学院党委书记贺飞握住原居委会党总支书记熊辉的手说：“市委有召唤，我们有行动。我们选派了三位同志到你们社区驻村扶贫，他们虽然有干劲，能吃苦，但他们之前的学习和工作场所都在学校，没有相关工作经验，你们要多指导。”简单的报到仪式结束后，这些平时在高职教育象牙塔里辛勤耕耘的白面书生，开启了学院驻村扶贫工作和挂钩帮扶工作。3 名驻村队员来不及回味昭鲁坝子的凉风徐徐就一头扎进巧家河谷的暑热，与金沙江相遇，与脱贫攻坚的大决战相遇。

二、党旗亮江畔，足迹遍驻村

“迤博社区辖迤博和跃进2个自然村共12个居民小组，面积3.35平方公里，最低海拔920米，最高海拔1650米；有耕地1307亩，林地3037亩。截至目前，社区有建档立卡户134户404人，其中，已脱贫93户268人，未脱贫39户127人，贫困率3.56%……”十天，仅仅十天，学院驻村扶贫工作队队长、云南民族大学文艺学研究生、学院公共课教师聂家伟，这位来自湖北秭归的腼腆男子，在学院领导面前，如数家珍，娓娓道来，把驻村扶贫精准识别情况介绍得一清二楚。

成绩来自汗水。负责迤博扶贫工作的高守华主任说：“驻村扶贫队员迅速从高校教师转变为扶贫战线‘迤博通’，他们靠的是‘四个一’；一双不知疲倦的脚、一张不懂就问的嘴、一只不断记录的笔，一颗热爱工作的心。”“工作中也有惊险！”聂家伟聊起和村委的同志骑摩托到跃进一组开展工作时说，由于雨天路滑，差点翻下山沟的事，他神色平静，仿佛那是别人的故事。范文静，人如其名，一位刚走出书斋的中文系研究生，文静内敛，低调谦和。聊起扶贫，她看了看墙角的四双球鞋说：“没什么，只是走烂了三双鞋而已！”她说，参加驻村扶贫之前，她的足迹和身影，只属于城市；现在，驻村扶贫将她锻造成一位不折不扣的女汉子。谈起和社区三委同志翻山越岭进村入户，谈起巧家高温下他们彻夜录数据，谈起她坐在摩托车上折腾一天回来满面尘灰，她微微一笑，云淡风轻。孙继松，转业安置军人，发扬部队特别能吃苦、特别能战斗精神，担起驻村工作队“老大哥”责任，全力以赴做好扶贫工作的同时，多用一份心统筹工作队的生活。队长聂家伟的普通话和巧家方言交流不畅，孙继松就当翻译；队员范文静单独外出或晚上外出开展工作不方便，孙继松说："妹妹，让我来！"驻村工作队三个人，既每人独当一面又精诚团结，把学院党员干部求真务实、敬业奉献的作风留在金沙江边。

一场驻村帮扶，三任长跑接力。自开展驻村扶贫和挂钩帮扶以来，学院驻村工作队队员因学历提升、身体状况、岗位变动等原因，队长队员数易其人，但每一次队长队员的更换都是一次责任的传递，拼搏的接力，每一位驻村扶贫队员都靠扎实的作风和一腔真情让党旗增色。

三、江流无尽时，帮扶长久远

堂琅大地，雨热同季；白鹤滩镇，风光秀美；迤博社区，以白鹤滩电站建设为契机，脱贫攻坚蓝图一步步实现；昭通卫生职业学院携手迤博，助力迤博，助推迤博全面脱贫。一座学院与一个社区的挂钩帮扶情谊，随金沙江川流不息，恒久长远。

2018 年 5 月 28 日，初夏一场透雨让迤博社区弥漫着湿漉漉的闷热。学院党委书记贺飞，党委副书记、纪委书记潘艳到挂钩帮扶户家里开展帮扶工作。在卡户阿祥家，贺飞与阿祥进行亲切交谈。当得知阿祥的儿子即将高中毕业时，贺飞建议根据孩子的学习实力正确引导孩子为阻断贫困代际传播作努力。在建档立卡户阿仁家里，看着庭院里干净整洁的家居环境，贺飞对阿仁有"智"更有"志"的自我脱贫精神十分肯定，鼓励阿仁再接再厉，在国家好政策下迎接更美好的未来。下午，雨脚如麻，大雨滂沱。潘艳卷起裤脚，来到挂钩帮扶户阿蒙家。潘艳和阿蒙相互存了电话，结为好亲戚好姐妹，并就阿蒙的孩子读书及就业等方面进行了友好的交谈。在驻村队员的带领下，贺飞、潘艳冒着大雨继续走访了兰绍金、杨清富、冉茂垚、谢定刚、周永生等卡户。

时序更替，帮扶依然。2019 年 7 月 31 日，学院党委副书记、院长余清海带领挂钩帮扶干部一行，再次到挂钩联系点开展挂钩帮扶工作。余清海给群众宣传脱贫政策，帮助贫困群众打扫卫生，清理场院，对贫困群众进行耐心的思想引导。余清海边劳动边要求学员帮扶干部职工要聚焦目标，围绕“两不愁、三保障”，精准把握包保户动态信息，切实宣传好政策，落实好相应措施，助力群众早日脱贫致富。

学院中层干部的挂钩帮扶动真心、动真格。2019 年 12 月 18 日，学院第八轮入户走访工作展开。在迤博二组廖荣芬老人的家里，包保干部李兴给 80 多岁的廖荣芬带了糕点和两瓶钙片，并细心叮嘱老人适量活动，补补钙，缓解其骨质增生疼痛。在跃进二组阮金富家里，包保干部陈进松和阮金富签下协议，鼓励他把 30 多只小鸡喂好，年底回访时一次性给他买了。然后陈进松忙着给同事给亲戚打电话推销巧家土鸡，他说：“在哪里买也是买，买我包保的农户的吧，大家帮他一把！”迤博二组 80 岁的黎明荣老人住四楼，年高力迈，腿脚不便，子女在外务工。包保干部黄妮妮为其送去米、油，把她搀扶下楼边和她唠嗑边给她梳头、按摩。黎明荣老人眯着苍老的眼睛享受着包保干部的呵护，微笑着说：“今天的阳光真好！”

四、立足特色，精准发力

2019 年 12 月 13 日，迤博社区居委会会议室，学院康复 1801 班杨佰城、康复 1802 班邓家维等数名同学从学院领导手里接过学院为社区建档立卡贫困户子女发放的生活困难补助（在校期间给予每人每年 1000 元）。这是昭通卫生职业学院立足特色，精准发力做好职业教育扶贫的豹之一斑。据统计，截至目前，学院选派脱贫摘帽督导员 4 人（副处级 2 人，科级副科级 2 人）深入巧家县、镇雄县督导脱贫出列摘帽。学院党政领导及中层干部挂包保开展10轮400余人次。2016年至今，学院投入社区办公经费、改善人居环境、资助建档立卡学生等扶贫资金24.1万元。发放各级各类奖、助学金4204人次841.8272万元。2018年、2019年两年，1350名寒门学子通过“绿色通道”实现了大学梦，学医梦。

就业一人，脱贫一户。让学生能就业，是一所有责任、有担当的学院在全面脱贫攻坚大业中的具体行动。昭通卫生职业学院通过做实就业促进区域脱贫。我校2019年毕业生527人（含巧家籍4人），在贫困地区就业149人，在国家级贫困县就业72人，就业率95.26%；2020年毕业生883人，就业率为86.79%，直接就业389人，占毕业生总数的44.05%；342人升入高一级学校，占毕业生总数的38.73%。这样的就业率，对区域卫生健康事业发展和全面脱贫，意义重大。

金沙江，一条英雄的江，一条红色的江，一条默默前行势不可当的江。我们在金沙江畔，流下汗水，留下足迹和记忆，留下一座学院与一条江一个社区的情谊。即使个人的功绩在时代巨潮中只是浪花一滴，堂琅大地作证，金沙江作证，一所学院与一条江的相遇，曾碰撞出脱贫攻坚最洪亮、最优美的共鸣之音和谐之音。

（作者系昭通卫生职业学院副教授）

你是我的牵挂

陈　盛

彝良县牛街镇小干溪村委会，清晨的时光一如既往地安静。门外几只游荡的看家犬，“汪汪汪”地叫唤着，惊醒了沉睡中的我，睁开蒙眬的双眼，一看时间才 5：40 分。近来接连不断的走村入户，让我变得特别嗜睡，真想再来一个回笼觉，可全身的肋骨一阵阵酸痛，让我再也难以入眠。昨天去季家湾入户不小心摔的那跤，一夜后反应好强烈，下乡摔跤已成常态，要不是这明显的痛感，还真以为自己是钢筋铁骨呢！

躺在床上，慢慢回味，这已经是自己扶贫工作的第二站了。一年前，我被市委下派到盐津县高桥村开展脱贫攻坚督导工作，该村如期出列后，今年 4 月又转战到了此地。看着一个个村即将脱贫摘帽，内心洋溢着激动、充满了成就感。能够在“第一个百年”目标的历史交汇点上，参与脱贫攻坚大决战这样的伟大征程中，这不仅是一种责任、一种挑战，更是一种幸运。

回首初到小干溪村时的情景，那是一个偏远、闭塞、多民族杂居的深度贫困山村，蚊蝇满天飞，粪水遍地流就是它的真实写照。全村有 20 个村民小组 444 户人家 2156 人，其中苗族群众占全村总人口的一半。由于生态脆弱，土地承载能力严重不足，村民除外出务工外，几乎没有其他经济收入。2017 年年底，全村贫困发生率高达 38%。

贫困是一切苦难的根源。由于穷，村民们过着艰苦的生活，很多适龄男子找不到媳妇；一些好不容易找到媳妇的人家，女主人因为穷和苦抛家弃口的也不在少数。全村适龄未婚男子和没了双亲、跑了媳妇的家庭就有 64 户，占总户数的 14.4%。

家是孩子成长最好的庇护所，然而对这里的许多孩子而言，这是一种奢侈的愿望。村里的很多孩子，不是处于留守状态，就是生活在支离破碎的家庭。未来的生活或许很美好，但是因为贫穷的生活，他们没有走到那一天的信心和勇气。缺乏关心关爱的他们，厌学情绪异常严重，只想快点进入社会，让艰难的生活现状能够得到暂时的缓解。

为了攻克这座深度贫困堡垒，让村民们过上好日子，转战到这里后，我迅速转变角色，以“行百里者半九十”的标的意识，带领小干溪村一班人马群策群力，强班子、带队伍、整作风，第一时间成立村级脱贫攻坚指挥部、组建“党员先锋突击队”，围绕“两不愁、三保障”硬性指标，风风火火地投入危房改造、社会保障、人居环境整治等脱贫攻坚工作中，让群众提升了对国家扶贫政策的支持和拥护，增进了与村两委、扶贫工作队队员的思想、工作、情感认同。

经过一段时间的努力，在干部帮、党员带、群众干的良好战斗环境中，我们取得了一些可喜成绩，在全镇率先解决了农村“四类对象”危房清零和安全饮水问题。同时，以“党支部+公司+贫困户”的模式，创办了牛街镇第一家由村民集资筹办的矿泉水厂，探索出一条村集体公司增收创收的路子。还通过搭载体、建平台、扶志气等形式，激发群众内生动力，成立了“新时代文明实践站”，在全县率先开办“爱心超市”“儿童之家”，让“自强、诚信、感恩”成为一种风尚。回想起这一幕幕、一帧帧的画面，让人不禁感慨万分。

不经意间时针已指向 8 点，忍住疼痛的我，匆忙洗漱完毕，因为今天还有一件重大的事情等着我。近些天来，为了“不让一个孩子因贫困辍学失学”，我们村党员干部通过“围追堵截，软硬兼施”的方法，已成功劝返适龄辍学孩子 17 名。今天，我们要将最后一个，也是劝返难度最大的一个问题孩子劝返，实现我村控辍保学任务全部清零。说起这个孩子，我曾深入了解过，她叫小翠，是一个15岁的女孩子，从小父母多病，兄妹3人与奶奶、外公以及怀孕的嫂子和侄儿一起生活，一家9口人，全家唯一的劳动力就是外出打工的哥哥，此前包保人员多次劝返都没能成功。

按照头天的安排部署，我们的先遣人员早上八点半准时发来信息，说是目标此时在家。我急忙带着专为她家侄儿准备的漂亮玩具、丰盛的零食，和其他人员迅速朝她家奔去。到了她家，只见一个穿白色T恤，扎马尾辫的清秀小姑娘正忙进忙出做着家务，一个中年男人双眼通红、满嘴酒气的坐在屋檐下唠唠叨叨。小姑娘一见我们，便躲进了里屋，不论怎么劝说都不肯出来。那个酗酒男人是她的父亲根本无法交流，百般无奈之下，我们从地里找来了她正在做农活的母亲，在她母亲的配合和引导下，经过3个多小时苦口婆心的劝说，小姑娘总算愿意见我们了。

随着交流的不断深入，她哽咽着对我倾诉，身为一个女孩，她也想象其他人一样，每天穿得漂漂亮亮的，好好学习。可是她不能选择出身，生活在这样一个家庭里，父母身体不好，奶奶外公更是需要人照顾，家里负担太重，根本不能安心读书。她不读书不但能为家里省一笔开支，还能帮家人分担点家务，实在不想给家人增添麻烦，让哥嫂为难了。在农村，有谁不知道教育是唯一出路呢？可她真的没办法坚持下去。

听着她的话，看着她委屈的样子，这么小小年纪，就有这样深切的感受，多么懂事的孩子，多么让人心酸，农村孩子早当家，这背后不知道她经历了多少苦难。我的眼眶湿润了，在我的反复劝导下，小姑娘弃学的决心开始动摇，但结果如何还得获得家里面的顶梁柱——哥哥的支持。于是我拨通了她哥哥的电话，经过一番沟通，她哥哥也认同了我们的想法，并与我们一起给她鼓励，动情地对妹妹说：翠儿，你要听这些叔叔孃孃的话，别东想西想了，好好去读书，你不知道哥哥在外面，因为没有文化有多难，好点的工厂人家不要，好点的工作自己又干不了，只能做些苦力活，不管怎样，争取多读点书总是好事，再苦再难一个月200块钱的生活费我想办法给你凑，家里的事大家辛苦点总能熬过去的。

电话那头，哥哥在哭，电话这头妹妹也在哭。作为工作人员的我也不禁泪眼婆娑，毅然站起身从口袋中掏出身上仅有的200元现金，硬塞到小姑娘的手中，并郑重地告诉她：小翠，你放心去上学，钱的事你们就不要考虑了，你初三每月所需的200元生活费我全包了。

望着小姑娘背着书包重返校园的阳光背影，我内心感到无比的舒坦，这是我一生中花的最有意义的200元。

一腔热血勤珍重，洒去犹能化碧涛。脱贫攻坚督导工作，就是由这样涓涓细小琐事组成，给我骨子里心灵上留下了深刻的烙印，人民需要我们，群众需要我们，不论何时、不论何地，我时刻感到身上那份沉甸甸的责任，总让自己放不下对小干溪一切人和事的牵挂！

（作者时任中共昭通市委宣传部副部长）

第三编　健康惠民生

小项目汇集大能量　真帮扶铺就幸福路

雷贤慧　孟显新

“上善若水，厚德载物”。时代在变，不变的是计划生育协会对计生家庭的关怀，对计生群众的牵挂。

昭通市计划生育协会作为市委领导下的群众团体，始终坚持正确的政治方向，围绕市委、市政府中心工作大局，发挥联系计生家庭和育龄群众的积极作用，把助力脱贫攻坚作为压倒一切的政治任务，以“群团优势＋地方特色＋项目扶持”的模式，坚持眼睛向下、面向基层，重点支持计生困难群众发展种植养殖等传统产业。坚持对计生群众实行精准帮扶，把广大计生群众对美好生活的追求汇聚成全面建成小康社会的强大动力，积极融入脱贫攻坚主战场，千方百计为百姓谋幸福。一个个项目的落地见效，一户户群众受益脱贫，计划生育协会用不起眼的小项目汇集成助力脱贫攻坚的涓涓细流，为促进昭通人口长期均衡发展与家庭和谐幸福作持久贡献。

幸福工程救助贫困母亲，为高原贫困母亲汇集爱的力量

彝良县奎香彝族苗族乡仙马村，一个古老淳朴的村庄，地处偏远，交通不便，环境恶劣，距县城99.7公里，生活在这里的人们常年守着仅有的一点土地，自耕自食。这里的女人们，文化低、社会地位低。全村有农户688户，人口2800人，其中农业人口2800人，劳动力1824人，从事第一产业人数1322人，有耕地面积4300亩，人均耕地1.57亩，属深度贫困村，农民收入主要以种植业、养殖业和外出务工为主。

仙马村是幸运的，中国福利基金会“幸福工程—救助贫困母亲”项目却落户这里。2017年3月14日，仙马村委会广场上却人头攒动，热闹非凡。原来是昭通市计划生育协会。

为21户贫困母亲们发放42万元救助款。中国人口福利基金会项目主管王倩、云南省计生协常务副会长易会安、昭通市人民政府副市长沈文海、昭通市计生协领导及县委、县政府有关领导到现场参加了此次发放仪式，现场热烈浓厚的气氛感染着到场的每一个母亲，她们纷纷表示：“以前她们大部分人都是背井离乡去外地打工谋生路，现在有了计划生育协会免息无偿提供的产业帮扶基金，能在家门口做事，既能照顾家里老人小孩，又能管理田地，她们很满足，感谢党和政府的好政策，表示一定会树立信心，坚定信念把日子越过越好。”此后，仙马村的贫困母亲们有了致富的希望，她们拿着这一笔善款，争先恐后地跑到市场上购买黄牛和猪崽，带着希望用心致富。彝良县计划生育协会先后两次对奎香乡仙马村幸福工程贫困母亲救助对象的情况进行工作回访，21户贫困母亲均将救助款项全部用于购买牲畜（牛、猪）发展经济脱贫致富。共计购买牛40头、仔猪32头、马一匹。项目实施3年的时间里，购买的母牛已产下小牛12头，母猪产崽500余头，贫困母亲脱贫信心十足。受助的贫困母亲家庭经济收益逐年增长，部分家庭

将牲畜卖了又买，实行滚动循环发展，取得了较好的经济效益和社会效益。

这只是昭通市计划生育协会实施的“幸福工程——救助贫困母亲”项目扶助贫困母亲的一个缩影。作为以贫困母亲为救助对象的公益项目，幸福工程确立了“小额资助、直接到人、滚动运作、劳动脱贫”的救助模式，为贫困地区农村妇女和家庭提供经济支持、技能培训、健康检查，旨在帮助贫困母亲转变思想观念、提升生产技能，发展家庭经济，实现脱贫致富。自2009年落户昭通以来，我市共争取中国人口福利基金会“幸福工程——救助贫困母亲”项目基金220.7万元，滚动帮扶了全市7个县区11个乡镇207位贫困母亲，滚动救助819人。2009年第一个中国人口福利基金会幸福工程项目在我市昭阳区大山包乡实施，投入资金5.7万元。市区两级计划生育协会没有因资金规模小就掉以轻心，而是把这个项目作为突破口，高度重视，切实加强指导管理，不断积累项目经验，大山包镇党委政府通过“幸福工程·贫困母亲救助”项目的实施，带动周边200多户群众发展畜牧业、旅游业，辐射面逐步扩大，使受助贫困母亲不仅经济上得到了发展，摆脱了贫困，而且掌握了生产经营技能，在身体素质和自我保健能力方面得到提升，生活质量、家庭和社会地位得到了提高，在2015年得到中央电视台“小丫跑两会”栏目的专题报道。市区两级计划生育协会认真负责、扎实有效的工作，得到了“幸福工程——救助贫困母亲行动”项目的认可。2016年，中国福利基金会一次性在我市巧家县东坪镇树叶村投入50万元开展花椒种植项目，2017年，中国人口福利基金会投入资金43万元，在彝良奎山乡组织贫困母亲发展黄牛养殖项目。中国人口福利基金会投入资金100万元，在威信县高田镇凤阳村发展养殖项目，帮助50位计生贫困母亲发展黄牛养殖。这些项目的实施让计生贫困母亲特别是少数民族计生贫困母亲进一步掌握了种植和养殖技术，提升了劳动技能，增加了家庭收入，大大改善了家庭生活条件，促进了民族团结，在加快了脱贫致富的步伐的同时，有力支持了精准脱贫战略的实施，有效促进了社会的和谐。项目规模虽小，但意义重大。

幸福微笑救助唇腭裂儿童，为折翼的天使重装翱翔的翅膀

记得那是10年前的五月初八，在彝良县的一个山洞里传来一阵阵刚出生不久婴儿的啼哭声，山洞对面是一座石桥，走过石桥是一个有百十来人的山村。孩子的哭声引来了路过的村民，村民看到孩子光溜溜的身子被一条破烂的毯子裹着，因啼哭而张大的嘴巴上面有一条大大的裂缝，这个可爱的小天使就因为这微小的生理瑕疵被亲生父母遗弃了。当年村里62岁的任爷爷不顾几个儿子的反对，把孩子抱回了家，取名任梦梦。从那天起，梦梦有了家，有了疼爱他的爷爷，两爷孙相依为命。任爷爷家庭贫困，自己生活都异常艰难，但总把最好的留给梦梦，尽自己最大的努力抚养他。尽管如此，梦梦看起来比同龄的孩子还要瘦弱，任爷爷也没有足够的经济能力为孩子做唇腭裂手术，去医治他嘴巴上裂痕。或许是因为自己特殊的经历，小小年纪的梦梦很懂事，总是帮爷爷做一些力所能及的事，上山割猪草、在家做家务……可因为唇腭裂，梦梦还是会常常难过，因为他经常遭到周围人异样的眼光，甚至小朋友的取笑和疏离。除此之外，生理上的缺陷也会给梦梦在生活上带来很多不便，如说话不清，饭菜会从嘴唇裂缝中掉出来等。这些爷爷看在眼里，急在心里，却无能为力。

梦梦是不幸的，但也是幸运的。2018年3月，由昭通市计划生育协会承办的首届中国人口福利基金会“幸福微笑——救助唇腭裂儿童”公益项目在昭通仁安医院启动。公益项目为包括梦梦在内的113名唇腭裂儿童做了免费筛查，为符合条件的65名唇腭裂儿童免费做了修复手术。原全国政协副主席、中国人口福利基金会会长李金华、云南省人民政府李玛琳副省长、云南省政协副主席何波、云南省计划生育协会常务副会长易会安、中共昭通市委杨亚林书记等国家、省、市各级领导人和市县两级计划生育协会相关人员参加启动仪式，并看望慰问唇腭裂患者。第一次出远门的梦梦

经过 120 公里的山路来到项目医院，通过了验血、胸透、B 超、外科、儿科等一系列的检查后，梦梦接受了来自美国的国际医疗志愿者 Gerald Cho 医生的手术治疗。虽然梦梦唇裂较大，增加了手术的难度，经过近 4 个小时的成功手术，回家后的他和爷爷开启了一段崭新的生活。

通过昭通市、县、乡、村四级计划生育协会的共同努力，截至目前，“幸福微笑——救助唇腭裂儿童”公益项目在全市免费筛查 350 名唇腭裂儿童，为符合条件的 175 名唇腭裂儿童进行了免费修复手术，使唇腭裂儿童得到了及时有效的治疗，帮助他们走出心里阴影，为今后漫长而美好的人生，开启一道幸福之门。

计划生育保险为群众提高保险保障

哪里有需要，计划生育协会就出现在哪里。2019 年 9 月 5 日凌晨 4 时 40 分许，受强降雨影响，昭通市巧家县小河镇马鞍村烂泥箐村民小组发生滑坡泥石流自然灾害，导致 2 户 9 人遇难。灾害发生后，市计划生育协会常务副会长雷贤慧、副会长陈明乾和中国人寿保险公司总经理助理张萍等人第一时间赶到小河镇马鞍村村民委员会受灾人员临时安置点看望慰问安置点群众，为遇难者家属进行了现场理赔，以最快的速度将 25.2 万元理赔款和 0.9 万元贫困人员建档立卡户保险送达遇难者家属手中，对灾后恢复重建起到了积极的作用。

这起保险理赔案例只是无数起计生保险理赔中的其中一起……昭通境内山高坡陡、群峰叠嶂，山区、半山区占全市总国土面积的 96.4%。山高坡陡，气候恶劣，自然灾害频繁，地震灾害不断，滑坡、泥石流频发，单点暴雨更会引发洪灾，群众出行发生意外的概率较高，加之经济发展滞后、社会保障体系还不完善、贫困面较大、抵御风险的能力不强，农村家庭遭遇变故后会给整个家庭带来心理和经济两方面的沉重打击，这样的生活和工作环境，更需保险加以保障。据统计，昭通市的计生保险从2010年承保6万2400人到2019年承保21万1100人，保费规模持续增长，覆盖面不断扩大。10年来，累计承保人数126万8000人，保费收入1992.32万元，理赔金额913万元，理赔人次5000人，简单赔付率45.83%。在启动和实施的一年半时间里，计生特殊家庭住院护理保险为全市392名计生特殊家庭提供住院护理保险保障，出险理赔39件9.36万元，充分发挥了计生家庭保险为政府分忧，为群众解难的重要作用。意外和明天，我们永远不知道哪一个先到来，但在灾难面前，计划生育协会用专业和温情关爱投保群众，发挥保险的保障作用，让理赔变得有温度，帮助困难群众早日走出灾难的阴霾。

生育关怀基金为计生贫困群众铺就致富路

“问渠那得清如许？为有源头活水来。”根据昭通市委、市政府精准脱贫的战略部署，我们把生育关怀工作与扶贫工作紧密结合，按照“因地制宜选项目、科学选点保成效、多措并举惠群众”的思路，经市人民政府批准，自2010年设立了昭通市生育关怀基金，由昭通市计划生育协会组织实施。近年来，昭通市各级计划生育协会根据帮扶对象的家庭、经济、能力、当地资源、市场等情况，认真筛选帮扶计生贫困家庭，每户投入3000—2万元生育关怀基金，帮扶计生贫困群众实施不同的项目，从而有效地提高帮扶的精准性和成功率。累计投入资金210万元，滚动帮扶计生困难家庭232户，基本实现了“群众脱贫致富、掌握致富本领”的目标，打造了助力计生贫困家庭精准脱贫的服务平台。

水富县云富街道办事处新寿村太坪二组贫困残疾人罗荣强是市生育关

怀基金项目的帮扶对象。那年他外出务工在矿山挖煤时发生意外事故，双腿落下了残疾，但为了家人，他坚定了活下去的勇气和信心。认识到，要想活下去，就必须要掌握一门技术。开始学习养石蛙，刚开始没有资金，只是用竹子、塑料搭简易棚，最后石蛙全部跑了，首次尝试以失败告终。2016年10月，卫计局扶贫工作组入户详细了解他家基本情况，向计划生育协会申请了生育关怀基金1万元，帮助罗荣强修建了石蛙养殖场，购买种蛙100只。在卫计局扶贫工作组的帮助下，罗荣强吃苦耐劳，深入钻研，尝试自己培殖石蛙所需饲料，最终成功繁殖成蛙4000余只，小蛙近万只，2017年成蛙收入达1.6万元。

鲁甸县水磨镇营地村村民杨昌兴一家，共有5口人。除夫妻两人外，还有80多岁的母亲和两个年幼的孩子，夫妻双方因为文化程度低，只能在家务农和照顾老人、小孩，生活来源就靠杨昌兴在村子里买卖牲畜支撑整个家庭。2014年，杨昌兴家年人均纯收入1650元，被纳入建档立卡户，因为缺少资金，无法扩大生产经营。2017年11月，“生育关怀基金”项目落地，杨昌兴获得了8000元的救助资金，他及时利用这笔资金精挑细选购买了品种优良的母牛进行饲养，并在次年成功繁殖小牛，此次救助让她每年增收近6000元。随着家庭收入的提高，杨昌兴扩大了养殖规模，现如今杨昌兴一家已脱贫出列，摘掉了贫困户的帽子。他还带动6户村民养殖黄牛，种植辣椒270亩，产生经济效益共计10万余元，吸纳当地劳动力50余人。

幸福是靠自己奋斗出来的。扶贫政策好，自己也要拼，我们要靠自己的双手让自己富起来！贫困不可怕，怕的是我们失去了志气，总想向党和国家要扶持、要补贴。市基金的帮扶政策历来都是扶贫不扶懒，勤劳才能致富，勤劳才能真正摆脱贫困，打赢精准脱贫攻坚战不是终点，而是新生活、新奋斗的起点。当前，昭通市计划生育协会结合实际，在认真总结前期运行的经验基础上，修订完善了《昭通市人口和计划生育“生育关怀”基金管理使用办法〈试行〉》，建立生育关怀基金运行长效机制，全力推进全面脱贫与乡村振兴有效衔接，把广大群众和贫困户牢牢吸附在产业链当中，激发贫困群众内生动力，全面提高贫困人口的“造血”能力和增收能力，实现稳定脱贫、长效脱贫。

（作者雷贤慧时任昭通市计划生育协会常务副会长，孟显新时任市计划生育协会副科长）

不忘初心　昂首阔步勇走脱贫路

陈学鸿

陈学鸿，中共党员，2011年参加工作，2015年10月至2017年10月担任盐津县庙坝镇民政村驻村扶贫工作队队员，2017年10月起从事健康扶贫及相关工作至今。

自脱贫攻坚工作开展以来，陈学鸿便全身心扑到驻村扶贫和健康扶贫中去，即便妻子身怀六甲（且两地分居）、幼儿无人照管、小妹重病入院，他始终以一颗赤诚之心、敬畏之心、为民之心，努力克服一个又一个困难，舍小家顾大家，昂首奋走在脱贫攻坚道路上，帮助单位挂包村和系统行业扶贫理思路、谋发展，为贫困群众脱贫致富和持续发展倾注了心血、付出了真情。

一、身临其境结“穷亲”，做贫困群众知心人

（一）临危受命显英雄本色。2015年10月7日晚上7点多领导一个电话，第二天一大早他就来到庙坝镇民政村，成为昭通市委组织部第一批选拔驻村扶贫工作队队员。作为原昭通市计生委派到民政村驻村第一名驻

村干部，陈学鸿从市里面到完全陌生的农村开展工作，面对的困难可想而知。刚开始的时候，工作有些难以着手，甚至不知所措，面对一个个棘手又急需解决的问题，他采取盯紧靠上的“土办法”，一天到晚奔走在进村入户道路上。村里基本都是泥土路，晴天一身土，雨天一身泥，这一待就是2年。在驻村2年时间里，他把刚买的私车当公车，跑出3万多公里，换了2个轮胎，这3万多公里换来了原昭通市计生委对民政村45万元扶贫资金注入，换来了该村2条村组公路改善，换来了1000余贫困人口认可，换来了浓浓延续至今的乡情……

（二）把脉问诊找“穷根”。2015年10月，刚来到民政村的陈学鸿通过和村组干部挨家挨户摸底排查、全方位接触村民了解村情、多方面征求意见等方式最终确定该村贫困户底数。要想让贫困户尽快脱贫致富，关键还得找准贫困户因何致贫、急症在哪、如何才能变富。为了尽快找准贫困户这一穷根，他多次召集村干部和村民代表精准到户到人逐一研判分析，经过1月有余的深度走访研判分析，他笔记本上密密麻麻记载的全是识别出来400多户贫困户因何致贫、如何变富的注脚，最终吃透了村情民意，找准了观念守旧、技能缺乏、基础薄弱、资源匮乏的“穷根”，并依此确定了能人带动、选树标杆、梯次推进、完善基础设施建设的脱贫思路。

（三）明方向定措施。在全面掌握村情民意的基础上，陈学鸿和村两委先后制定形成了《民政村村庄建设规划》《民政村贫困户脱贫致富帮扶计划》《民政村一户一策脱贫方案》《民政村“两学一做”实施方案》，重新修订了《民政村产业发展规划》等一系列行之有效的帮扶措施，并调动一切因素参与脱贫攻坚。

（四）补短板促脱贫。结合全村水、电、路等基础设施状况，按照“缺什么、补什么、差什么、建什么”的原则，陈学鸿同村两委班子制定了切合实际的基础设施项目建设规划，通过多方协调，积极争取，强化管理等措施，2年来，向原市计生委党组累计争取到道路维修资金45万元，维修加固村组道路2条，解决了2000余人出行困难问题，增强了群众的幸福感和获得感。通过农村电网改造、居民饮水工程，全村已无以前经常低压、停电现象发生，再无饮用水安全的隐患。针对民政村环境卫生“脏乱差”问题，陈学鸿亲力亲为投入全村人居环境提升工作中去，坚持每天走访贫困户，引导帮助做好屋内屋外“两净一规范”，坚持每周和村组干部一起动手整治环境卫生。民政村委会党总支原书记车发兵说：“我们村在市卫计委的帮助下，民政村近年来得到了很大的变化。特别是驻村工作队的陈学鸿同志，长期入住在村委会，经常入户、到田间地块，帮助我们的贫困户和我们村，给我们找出了一条脱贫致富的新路子。为我们做了很多事，特别是基础设施建设，人畜分居，人居环境提升都得到了很好的改善。把民政看成是他的家，民政的发展不能忘记市卫计委驻村工作队，感谢市卫计委驻村工作队的陈学鸿同志。”

（五）送温暖得人心。他揣着笔记本和笔，埋头走在乡间道路上，2 年来，这个城里来的陌生人已成为民政村民最熟悉的身影。“不是在走访贫困户，就是在走访贫困户的路上”，陈学鸿已经完全融入了群众中间，在“六一”儿童节期间，连续 2 年为 200 余名小学生捐赠单位提供书包、笔等学习用品；在农历春节前夕，为全村 50 多户特困户家庭送上单位捐献慰问金，为群众解决了实际困难的同时，进一步拉近了与群众的距离。驻村的 2 年里，他成了老人眼中的“好小伙”、孩子心中的“大哥哥”、群众口中的“好哥们”。2017 年春节回家前，当得知村支书、村主任和村监委主任他们硬要送来土鸡、红薯粉、苞谷酒等自家土特产时，心知一旦他们将礼物送过来他是执拗不过村干部盛情的，便只得冲进暴风雪中，毅然离开了。陈学鸿把对群众的承诺和情怀不仅说在嘴上、写在纸上、走在路上，更落在群众身上，工作真扶贫、扶真贫、见真效，用实际行动全力助推脱贫攻坚。

二、殚精竭虑干实事，做同事好帮手

2017 年下半年健康扶贫进入实质性工作阶段，为尽快充实昭通市卫计委健康扶贫工作领导小组办公室工作力量，2017 年 10 月下旬一结束驻村扶贫工作，他再次临危受命，加入全市健康扶贫工作中，勇挑全市健康扶贫工作重担。虽然他只是健康扶贫办一名普通工作人员，但他始终坚持“时刻责任在肩，不忘愚公之志，下足绣花功夫”的信条，以主人翁的责任担当为同事分忧解难、为昭通人的健康“兜底”！

自调整到健康扶贫办从事健康扶贫工作后，他以“白加黑”“5+2”的工作模式和殚精竭虑工作作风短时间内熟练掌握相关业务知识，理清工作思路。凡是需要在节假日和周末完成的工作任务，他总是主动承担起来，时有顾不上喝水、吃饭情况。为了不影响工作，他从未请过 1 天公休假，即便是他妻子生二胎，他也仅请了 3 天陪护假。更不知道有多少个午休时间、晚上和节假日、周末是花在写材料、下乡督导检查上；也记不清向多少同事、省上领导请教和咨询，只知道他每次都能按时、保质保量完成各项工作任务。有人曾问他：“你这般卖力工作到底图个啥？”他总是笑着说：“为了不辜负领导对我的信任，为了尽快实现民众对美好生活的期望，也为了自我能尽快成长。”

还记得 2018 年端午节那天，单位上对健康扶贫工作熟悉同事都回家过节去了，而市扶贫办早上十点才临时通知需在当天下午四点前完成全市扶贫项目上报工作。接到领导通知后，他毅然决定从回威信老家半路上（靖安）折了回来，那一天他一直没来得及吃中午饭工作到下午四点半，还是后来委领导王晓芸副主任进办公室了解实情后，命令他先去吃饭再干工作，单位楼下吃了碗米线便又匆忙回到岗位。一次出差路上，王晓芸副主任谈到陈学鸿时说：“他给我留下最深印象是 2018 年端午节忍饿加班干扶贫工作那次，那一次我认定他工作不但有责任心且能吃苦干实事。”

三、服从安排识大局，做单位好干部

陈学鸿同志识大体顾大局讲原则，能自觉服从领导和组织安排，积极主动完成各项工作任务。因工作需要，近 5 年来，他 4 次被调整工作岗位。2015 年 10 月至 2017 年 10 月盐津县庙坝镇民政村驻村扶贫，2017 年 10 月至 2018 年 7 月昭通市卫计委健康扶贫办从事健康扶贫工作，2018 年 7 月至 2019 年 6 月主持昭通市卫生和计划生育药具管理站工作，2019 年 7 月至今昭通市卫健委基层卫生和妇幼健康科从事基层卫生工作。每一次工作岗位调整，他不曾有过任何怨言，总是服从安排用最短时间适应新的工作并作出新的成效。

基层卫生工作目标就是保证人民群众基本医疗有保障，有效解决贫困群众最关心看病问题，这也是拿下健康扶贫这块硬骨头的关键。自从事基层卫生工作来，陈学鸿积极配合科室在基层医疗卫生机构设施设配配置、卫生专业技术人员队伍建设、体制机制改革、医疗服务水平提升等方面做了大量工作。一是深度聚焦基础建设。针对基层医疗机构基本设备配置不达标问题，他配合科室负责人通过 2019 年全市统一跟标方式填平补齐全市乡镇卫生院基本设备配置不达标这一短板。2018 年至 2020 年，通过积极协调省卫健委项目资金支持，目前全市基层医疗机构建成慢病管理中心 84 个（覆盖 57.5% 乡镇）、心脑血管救治站 66 个（覆盖 45.2% 乡镇）。二是深入推进乡镇卫生院等级评审和社区医院试点建设工作。在基妇科工作期间，他把大部分精力花在推动乡镇卫生院服务能力提升上，截至 2020 年 9 月底，经市级初评累计到达国家推荐标准乡镇卫生院 3 家、达到云南省甲级标准卫生院（社区卫生服务中心）58 家、达到国家基本标准 18 家、创建社区医院 3 家，基本达到了云南省健康扶贫 30 条对卫生院要求。三是深入推进人才发展。他积极配合科室开展各类基层卫生人才培训，2019 年实现乡镇卫生院（社区卫生服务中心）护理人员 155 人、乡镇卫生院（社区卫生服务中心）

管理人员 155 人、乡镇卫生院（社区卫生服务中心）骨干全科医生 5 人、乡镇卫生院（社区卫生服务中心）骨干人员 26 人、骨干乡村医生 8 人、其他乡村医生 469 人培训。

2020 年 9 月，乡镇卫生院等级评审省市两级验收复评关键之期，他的妹妹查出患围产期心肌炎急性心衰，先后入住昭通市人民医院和昆明市延安医院重症 ICU 数十天，全家人心急如焚，他父母眼睛哭肿了好几次，但为了不影响参加省卫健委抽调到文山州和红河州参加乡镇卫生院等级评审省级验收工作，他没等妹妹转出重症 ICU，毅然决定回到工作岗位，全力完成省卫健委安排工作任务。15 天出差结束回到昆明市延安医院时，庆幸妹妹转到普通病房，当其他病人家属问他："你干什么大事，比自己亲妹妹生如此大重病还要重要？"他只是惭愧微笑面对。他的父亲患有下肢静脉栓塞曲张，长期服用药物维持，他都无暇照顾。妻子 2012 年至 2017 年在绥江县地税局上班，受当时道路不畅影响，几乎无法回家，他既要一个人照顾家庭和孩子，又要早出晚归，没日没夜辛勤工作，有时连续好几个白天都见不上孩子一面。朋友和家人看到他日渐消瘦的身影无不怜惜，他总是说："没关系，能扛住。"

虽然他只是一名普通的卫健人，但却始终把脱贫攻坚放在最高位，在平凡的工作岗位上做了他应该做的事情，不忘记党的历史使命与恩泽，不辜负民众对美好生活的期望，用真心真情服务大众。

（作者时任昭通市防治艾滋病服务中心副主任）

没有全民健康　就没有全面小康

杨媛媛

“精准扶贫，精准脱贫，打赢脱贫攻坚战”，这类词在这几年在人们的生活中频频出现，电视上、手机上，或者公告牌上等等，随处可见，可谓是一提到“扶贫，脱贫”等字眼，从老到少，从上到下，无人不知，无人不晓。对我而言，它就是更是一个特别的存在，我对它的认识经历了一个由陌生到比较熟悉的过程。健康扶贫是指通过提升医疗保障水平，采取疾病分类救治，提高医疗服务能力，加强公共卫生服务等措施，让贫困人口能够“看得上病、方便看病、看得起病、看得好病、防得住病”，确保贫困群众“健康有人管，患病有人治，治病能报销，大病有救助”。

2017 年 10 月，昭通市医疗保险基金管理局的挂钩扶贫点调整到彝良县奎香乡安乐村。与此同时，我也有幸加入“打赢脱贫攻坚战”的队列中，成为安乐村的一名驻村队员。

天空澄碧，纤云不染，远山含黛，和风送暖，热情、好客、朴实、勤劳的村民，这是我对奎香乡安乐村的第一印象。

记得刚驻村时，干部驻村工作和基层工作经验的缺乏，让我陷入了迷茫和沉思。为了能够更快更好的“补足”这一刻，经常会思考驻村的意义到底是什么？而我们又能做些什么？为了能够更快地适应基层生活，每天我们走村入户，实地核实，在这期间，从走到的地方、访到的农户，从听到的声音、看到的情景，我深深感觉到这里的民风淳朴，热情、善良、朴实，对党和政府怀有感恩之心，也对驻村工作寄予了希望；感受到各种原因导致家庭贫困，对我心灵所起的震撼，这些都将成为我受用一生宝贵的精神财富。通过看、问、访、谈，使我对农村现状有了一个更深的认识和了解，也使我的思想认识有了一个提升。

健康保单让患者沐浴党的阳光

如果将养老保险比作是锦上添花，那么医疗保险就是雪中送炭。医保为患者减轻负担，让患者不再因为治病贵而不敢吃药，不敢住院治疗。党中央提出“两不愁、三保障”，其中明确提出基本医疗有保障。为了让更多的人享受到医疗保障，从中央到省医保局多措并举，尤其是针对贫困人员。

“如果没有共产党这个好政策，就我们家这个情况，医药费根本付不起，我女儿也将面临因病辍学”。安乐村的建档立卡贫困户李某逢人就说。李某的配偶患有严重的精神疾病，一直在彝良山城精神病医院住院治疗，经基本医保、大病保险、医疗救助、大病兜底救助等报销过后，其个人只负担了10%，极大地减小了高额医疗费用带来的压力。

对建档立卡贫困户进行认真排查核对，通过与医保参保系统进行贫困人员信息比对，确保贫困人口参保不落一户、不漏一人。

安乐村的建档立卡贫困户张某，其配偶王某与前夫离婚后带着两个孩子从贵州来到安乐村与张某重新组建了家庭，由于两孩子在贵州一直未落户，导致无法参保。为了实现贫困人口全部参保，乡镇、村三委及驻村工作队同志与贵州派出所工作人员通过多方的沟通交流，带着户主与两孩子一同到贵州派出所完成落户，才最终让两孩子参上了保，享受医保政策待遇。

“辛辛苦苦奔小康，得场大病全泡汤”，疾病已成为脱贫路上最大的“拦路虎”，落实基本医保、大病保险、大病补充保险、医保帮扶计划、医疗救助政策，预防“因病致贫、因病返贫”现象发生，力阻“病根”变“穷根”。

“是党的扶贫政策给了我第二次生命”。如果没有医保部门的精准扶贫政策，我恐怕现在就不在人世了，我这个家庭的生活也不敢想象。”在入户走访时，村民宋某感慨万分。宋某家里 4 口人，原本是一个和谐的小家庭。2017 年妻子突然去世，把照顾两个年幼孩子的重任落到他一个人肩上。然而，宋某在其妻子过世不久后又发现自己患了肝癌。好在他及时到医院接受手术治疗，并经医保四重保障报销后，个人只是自付了小部分医疗费。医保扶贫，如同照进深山的一缕阳光，点燃了这个贫弱家庭的全部希望。

“救护车一响，一头猪白养”。这一度是大家怕得病特别是怕得大病的真实写照，巨额的医药费常常压得他们喘不过气来。如今，在实施医保扶贫后，群众看病难、看病贵的问题，正在有效缓解。

“医保扶贫政策的好，我是真心体会到了”。安乐村建档立卡贫困户李某逢人便夸医保政策的好处。原来，两年前 12 月，他配偶因结扎手术并发症住院治疗，由于抢救及时，得以转危为安，住院医疗费用花了好几万，经医保四重保障报销了 2 万多元，个人自付费用不到 8000 元。这是医保惠及贫困户、打通医保扶贫政策宣传“最后一公里”的生动写照。

“党的好政策，又让我多活几年，还能多点时间看看咱们这个新时代”。安乐村一位孤寡老人眼里饱含泪水，竖起大拇指深情地说，“为党点赞，为我们党的好政策点赞”！

没有全民健康，就没有全面小康。医保扶贫是一项吹糠见米的惠民工程，所以健康扶贫就成为精准扶贫必不可少的重要一环。

撑好健康扶贫医保伞

因病致贫、返贫是脱贫攻坚的“硬骨头”。为了不让“病根”变“穷根”，确保老百姓能看得起病、看得上病，不因病返贫、致贫，我市积极落实医保扶贫政策，积极探索适合昭通的医保扶贫之路，“对症下药”，让广大群众从中获益。

全面开通“绿色通道”，制定了“先诊疗，后付费”“一站式”结算便民服务窗口，全面实现了基本医保、大病保险、救助信息的互联互通、共享共用，贫困户在一个窗口即结即清，再也不用东奔西跑，进一步集中简化了异地就医流程，推进急诊异地就医直接结算，大大提升了异地就医业务的服务水平，让建档立卡贫困人员充分享受医保政策。

此外，帮扶干部在入户走访过程中，通过发挥医保单位优势，收集慢性病、特殊疾病等相关资料，协助老百姓申请相关的政策待遇；通过发放贴画对健康扶贫政策的宣传，不断扩大医保扶贫政策的覆盖面、知晓率，使困难群众主动运用医保扶贫政策解难题、除病根、拔穷根；追求幸福奔小康不仅是健康群众的目标，更是患病困难群众的心底向往。

通过这些细微的健康扶贫工作实践，我深感扶贫是接地气的工作。时间不止，脚步不停，我一定要恪守责任与担当，带着坚守与执着，继续行走在健康扶贫路上，让医保政策这把保护伞为健康扶贫的继续推进保驾护航。

3 年前，单位给我安排了驻村扶贫的工作，从大城市到小山村，从“象牙塔”到最基层，毫无农村工作经验的我，满怀一腔热血，深感任务不轻、责任很重。第一次进村开院坝会时，村干部向群众介绍我：“这是我们村新来的驻村干部，是刚毕业的大学生。”永生难忘是那天群众真诚朴实的笑容、热情主动的关心使内心的紧张和恓惶消弭殆尽，我受宠若惊的同时也开始打心底爱上这山这水这人，发誓一定要为他们做一些实实在在的事情。从此，我开始了“白＋黑”“5 ＋ 2”奔跑忙碌的扶贫之路，跑基层、搞摸底，进村入户见人，用脚步丈量民情，用真心倾听民声，从群众最期盼、最需要、最紧迫的事情做起，帮着贫困群众易地搬迁、危房改造、整治农村人居环境，村组路提档升级逐步硬化……“去民之患，如除腹心之疾”，这一路初心如磐，不负人民，甘之如饴。

基层是大舞台、一线是大熔炉，驻村路上的成长与收获，让我更懂得感恩，也让我遇见更好的自己。

（作者系昭通市医疗保障局科员）

对口支援见成效　大医精诚梦飞扬

罗洪才

2019 年 7 月，我受昭通市卫生健康委员会、昭通市第一人民医院派遣，担任驻永善县人民医院对口帮扶医疗队队长，挂职永善县医院副院长开展为期一年的帮扶工作。

习近平总书记强调："没有全民健康，就没有全面小康"，做好健康扶贫工作对脱贫攻坚意义重大。在对口帮扶动员部署会上，医院领导再次嘱托，再次给我们鼓劲加油，嘱咐我们要严格贯彻落实云南省三级医院对口帮扶县级医院工作及健康扶贫等有关文件精神，按照要求做好对口支援工作，帮扶要见到成效，紧密结合受援医院的实际医疗水平，以促进和提升受援医院的医疗技术水平和服务能力为目标，解决人民群众反映突出的看病就医难问题，使集中连片贫困地区的永善县广大人民群众能方便地享受优质医疗服务。务必把健康扶贫作为决战决胜脱贫攻坚的关键战役来打，一定要打好打赢。

我毕业于昆明医学院，系昭通市第一人民医院重症医学科主治医师，医院培养多年，现在能发挥自身优势，充分利用专业知识和技能去服务贫困地区群众，去体现人生价值，到受援医院开展工作我满怀激情、信心满满。

永善县境内重峦叠峰，峰高谷深，道路迂曲，海拔悬殊，辖 6 个镇 9 个乡，这里是云南 27 个深度贫困县之一，也是昭通最大的集中连片特困区域之一。

医疗支援工作刚开始时，我面临各种不适，高温闷热的天气，极不方便的交通，雨季山路湿滑常有塌方落石，交通意外时有发生。当地居民多有彝族、苗族，民风民俗一时适应不过来，语言沟通也存在一定困难。特别是各乡镇均以留守老人和儿童为主，许多急危重患者因交通不便难以转运错过了最佳抢救时间，看到患者家属号啕大哭、悲痛不已，内心深处的失落、纠结和内疚，无法用语言来形容。

不断提升临床专科服务能力。永善县人民医院重症医学科开科时间不久，临床经验尚缺乏，危重患者的抢救能力还有不足，许多大病手术尚未开展，健康扶贫工程大病集中救治一批、慢病签约服务管理一批、重病兜底保障一批的行动措施尚难完全落实，农村贫困人口大病没有得到及时有效救治保障，我看在眼里急在心里。

我立即组织带领医疗队员制订帮扶计划，根据各自学科特点开展帮扶工作，积极协调我院本部与县医院架设沟通联动桥梁。我立足于县医院重症医学科，每日按时交班带领查房，积极参与危重患者的抢救工作，指导完成多例人工气道建立，深静脉置管，机械通气使用技术，完善急危重症抢救流程制度，培养 ICU 合格团队。

支援期间，我多次深夜睡梦中被电话叫醒参与危重患者的抢救工作。有一次凌晨三点过，我被电话叫醒紧急抢救一名严重休克患者，由于心情急切冒雨赶到现场而受寒患了肺炎，高热咳嗽，输液一周后才逐渐好转，生病期间我仍坚持参与临床救治工作。

2019 年 11 月 21 日，一名 32 岁危重孕产妇，产后发生严重心衰，生命垂危，我立即组织抢救，指导气管插管呼吸机辅助呼吸，由于患者肥胖，呼吸急促，锁骨下置管非常困难，且患者 HIV 感染，穿刺风险极高，冒着风险亲自顺利留置右侧颈内静脉导管，并行床旁重症超声评估技术指导抢救，到 11 月 27 日病情明显好转，救治成功顺利出院，家属脸上露出了开心的笑容。同时，我的工作得到了县医院各级领导的一致肯定。

帮扶一年，我共接诊病人 340 余人次，义诊 200 余人次，教学查房、示教80余次，参与抢救急危重症患者90余例，成功抢救危急孕产妇3例，开展《休克的诊治》《心肺复苏术》《病例规范化书写》《隔离及感控知识》《呼吸机的规范使用》专题学术讲座5次，通过培训显著提升了基层医务人员运用适宜技术的能力。

构建快速高效的急危重症医疗体系。我带领医疗队参与启动建立以胸痛中心，卒中中心，创伤中心，危重孕产妇救治中心，危重儿童和新生儿救治中心为核心的救治体系。2019年10月，我带领医疗队依次下到团结、桧溪、青胜、细沙、务基、黄华、马楠7个卫生院进行五大中心建设网络医院签约及现场培训，途经200多公里山路，为中心建设工作奠定了基础。我在这一年里踏实努力地参与各学科的专业提升，五大中心建设、提质达标、等级医院复审等工作有效提高了永善县人民医院的整体素质和服务水平。在医疗队员和县医院全体职工的共同努力下，受援医院提质达标（国家基本标准）已经通过云南省卫生健康委专家组验收。胸痛中心已经通过国家基础版验收，卒中中心、创伤中心、危重新生儿救治中心、危急孕产妇救治中心等均已经建成结束，等待省市专家组来院验收，县医院第二轮等级评审工作已经完成书面申报工作。

3月中旬，永善县疫情已有效控制，永善县无新增及疑似病例，医疗队仍未忘记基层老百姓健康安危，利用周末时间，携手东西部协作扶贫中山市驻永善县医院专家一起送医下村，为当地建档立卡贫困户诊治，宣传医学卫生常识。3月15日，我医疗队不怕山路崎岖驱车近百公里到永善县莲峰镇高寒山区送医到村。到莲峰镇六井村建档立卡户安某某家，患者为中年男性，2016年因外伤致尿道疤痕狭窄，行膀胱造瘘外引流，长期携带尿袋，生活极其不便。我详细为患者体检，查看患者造瘘口及引流尿液有无感染，积极联系我院专科医生评估能否为患者手术解除痛苦，患者激动得感言党的政策真好，感谢共产党。

3月21日，医疗队再次利用周末时间，到永善县新拉村花楸送医下村。为当地群众及建档立卡户行慢阻肺、高血压、糖尿病等慢性病宣教及体检，我医疗队得到了当地群众的一致好评。

通过对口帮扶，受援医院增强了自我发展能力，常见病、多发病及危重症的诊治水平有了明显提高，基层老百姓真正得到了大实惠，帮助当地基本做到了“小病不出村，大病不出县”。

（作者时任昭通市第一人民医院对口帮扶永善县医院医疗队队长）

健康扶贫浇灌生命之花

罗兴宽

鲁甸县江底镇大水井村建档立卡户李耀一直很忙，因为生意的原因，经常在昆明、县城及种植基地频繁往来，通过大水井村副主任联系，终于在周日预约到访谈他的机会。

我从昭通出发，驱车到江底镇箐脚村种植基地见他，路上大水井村副主任跟我一直介绍他的一些基本情况，刚下车就看到一个年轻阳光的小伙子笑眯眯地站在路边向我们招手，我与他之前并没有见过，经介绍，这个年轻人就是我们此次要见的建档立卡户李耀。

我很诧异，心里嘀咕，之前听说过李耀肢体二级残疾，怎么一点也看不出来，心里有疑问，也没有表现出来，经过介绍和寒暄，他邀请并示意我们进他办公室坐，回头才看到他不能正常抬腿走路，而是慢悠悠地拖着左腿一步步跟上来，原来左腿没有知觉行动不便，心里又犯嘀咕，怎么不用轮椅或者拐杖辅助呢？难道这就是他不同于常人的不屈的思维模式吧。

前面是一栋两层简易移动房，墙上挂着鲁甸盛昌种植专业合作社的牌子，办公室在一楼，进入办公室大家落座后，我说明来意，他很高兴接受访谈，并且一个劲地说感谢国家和政府，脱贫攻坚的政策就是好啊。感觉他有说不完的心里话，接着把他的家庭情况、经历的变故及近些年的变化的也一一道来。

李耀，今年35岁，初中文化，妻子朱巧芸，也是35岁，小学文化，夫妻俩育有两个儿子，大的10岁了，现在读小学三年级，小的6岁了，在读小学一年级。家中还有年迈父母，母亲身体不是很好，兄弟姐妹6人，有三个姐姐，一个哥哥和一个弟弟，除了弟弟未成家外，其余都成家了。

结婚后，为了家人能在一起，也没有出去打工，因为会开大车，就在县域内帮人运送建筑材料等，挣点运费养家糊口，妻子在家照顾两个孩子，生活还算过得去。意外事故的发生，让原本平静的生活掀起波澜，也让自己和家人坠入无尽的黑暗。

在2015年1月22日（腊月初三），满载一车水泥从鲁甸县城到龙树镇，在翻过阿鲁伯梁子快下到离龙树不到一公里的坡道处，他驾驶的车辆制动失灵，满载水泥的车辆如脱缰的野马，再也控制不住，多次试图停下无果后，果断跳车自救，因车辆运动中且自己慌乱，跳下后不知为什么被卷入车底，最后被挤在车头和山体之间。一同前往的另外两名司机在他之前到龙树，已经在龙树镇上点好菜等着他到了一起吃饭，没想到迟迟不见到，打电话也不接，担心出事情急忙找车往回找他，发现真的出了事故，赶紧拨打急救电话并报警，经过拆解才将他解救出来送往医院救治。

这次事故造成胸部以下全部受伤，左腿粉碎性骨折，肋骨除了两根是好的外其余全部骨折，脏器也多处受伤。他受伤时大儿子还在读幼儿园，小儿子也才五个月，他是家中的顶梁柱，是家里的一片天。住院的过程中，家人为他操碎了心，流干了泪，住进医院9天才苏醒过来，家里都差点为他准备后事了，好在终于醒过来了。但是需要交的住院费更是个天文数字，此事故属于单方交通事故，没有肇事者，也就没有第三方承担医疗费用，虽然交通强制保险也报到一部分，又因为属于交通事故不在基本医疗保险报销范围，其余的就全部要靠自己承担了，东拼西凑加上兄弟姐妹和亲戚的帮助，总共借了40多万元，保险报了21万元，总算勉强把手术做了，并度过了危险期，前后住院时间长达一年半左右。医生说因为腰椎受伤严重，伤及神经，下肢支配受影响，接下来的手术和护理也非常关键，如果做不好很大可能要瘫痪在床。

前期的医疗费用和开支等，已经把家里掏空了，能借的人也都借遍了，后续的治疗和手术将无法进行，康复也就无望了，如果这样下去，将来可能是个废人，还要连累妻子照顾自己，40多万元的欠款和那嗷嗷待哺的孩子怎么办，每每想到这些都让他难以入眠。

为努力让建档立卡贫困人口看得起病、方便看病、看得好病、尽量少生病，有效防止因病致贫、因病返贫，2017年9月27日，云南省发布实施《云南省健康扶贫30条》，通过“四重保障”和“九个确保”，加大对建档立卡贫困人口看病就医的倾斜力度，完善建档立卡人口看病就医条件。如参保缴费补助、降低住院起付线、提高住院报销比例等，通过基本医疗保险、大病保险、医疗救助及兜底保障等措施，符合转诊转院规范的住院费用，实际报销比例不低于90%且个人年度支付不超过当地农村居民人均可支配收入。

健康扶贫政策实施以来，后续住院符合相关报销政策，他也没有放弃治疗，坚持住院和康复治疗，每年按照医生要求住院进行手术和康复治疗。2017—2019年，他先后11次住院，3年累计产生住院费用14.1万元，政策报销及兜底救助12万元，自费2.1万元，自付比例15%，很大程度上减轻他的负担。他说压垮骆驼的都是最后一根稻草，健康扶贫直接拿掉了压垮他的这根稻草，如果不是健康扶贫报销政策，很难想象将从哪里找钱治疗，也不可能有如今站起来的结果了。

其间妻子要照顾他和孩子，也没有收入，只能靠亲戚朋友的关心维持或者通过联系承包一些小工程项目，成为待在家里的包工头，找人帮忙干活，赚些钱维持家用和看病，健康扶贫报销金额减轻这几年的家庭负担，病情有所好转，康复情况一天比一天好，2019年可以勉强站立行走，给全家人带来了莫大的安慰，同时也让自己有进一步的希望和梦想。

看过风霜雨雪，才知春天如此美丽和灿烂，经过生离死别，才对生命更加敬畏和珍惜。他说自己是阎王都不收的人，更要重视自己的一生，他要改变一种活法，不能因为残疾就自暴自弃，无所作为。性格决定命运——这是他写在朋友圈的签名也是自己的座右铭，有什么样的性格就会有什么样的人生，这是自己坚信的人生格言，要让自己成为对家庭和社会有用的人。

出事前当司机，让自己掉进深渊，现在也不能在开车当司机了，这几年也接过一些小工程，可是二级残疾的身体也吃不消了，思来想去，想发展一下农业，民以食为天，种植市场前景广阔，这样自己也不用东奔西跑，家人之间相互有个照应，也能和家人朝夕相处。

通过考察和学习，在鲁甸县江底镇箐脚村租了几十亩核桃林，贷款发展林下经济，搭起大棚种植食用菌，因为是刚刚开始，不敢大量种植，2019年试种羊肚菌已初见成效，期间种植香菇等赚取平时生活及人工开支，现在香菇生长进入尾声，今年9月开始计划规模种植100亩左右羊肚菌。羊肚菌营养价值高，市场供不应求，利润可观。另外还注册了鲁甸旷达农业发展有限公司，勾画好了发展的蓝图，对未来充满了希望和信心。

谈话中，他一直把感谢党委政府的政策时常挂在嘴边，健康扶贫让自己重获新生，让生命之花重新绽放。以后预计还有最少两次手术，也还需要花钱，好政策让自己省了一大笔钱，教育扶贫让孩子有学上，住房有保障让家人居有所住，家里生活有保障，国家政策好了，他负担也轻了，每年节约的钱也可以改善家人的生活和投入到事业发展上来。

穷则独善其身，达则兼济天下。这是对自律和奉献的最好阐释。身残志坚的李耀也是如此。他说建立这个种植项目，有还清所有借款和改善家庭生活的信心，也有服务社会的愿望。目前，他的种植项目在本地吸纳8人就业，其中建档立卡户有5人（3个残疾人），每月收入在2000—3000元左右，帮助当地建档立卡户就近就业并增加收入，今年规模种植羊肚菌成功的话，将吸纳更多的建档立卡户就业，下步他也想将他在羊肚菌种植及其他项目种植的技术和经验传授给更多的人，带领更多的人脱贫致富奔小康，做一点微不足道的贡献。

（作者系昭通市财政局社会保障科工作人员）

健康扶贫　防艾在行动

马礼堂

她面对的是一群特殊人群，很多人对她的工作避之不及，但她却在这个岗位上辛勤工作了7年。无法与众人分享喜悦，也无法与众人倾诉压力，因为她是一名艾滋病防治工作者。“好雨知时节，当春乃发生。随风潜入夜，润物细无声。”她用真诚去关爱艾滋病病人，她用自己的青春默默谱写了一曲奉献之歌，她就是昭通市第一人民医院感染病科工作人员马礼堂。

“我要对病人负责，更要对社会负责”

从2006年开展艾滋病免费抗病毒治疗工作以来，马礼堂面对过400余位艾滋病感染者和病人，对于他们，她从未有过歧视和偏见。对确认检测结果为阳性的感染者和病人进行阳性结果告知是防艾工作者必须要做的事情，这个环节是必要的和最具风险的，因为当病人真正被告知艾滋病阳性的时候，一些病人会很容易地把愤怒转嫁到医生身上，造成医生人身的伤害。但对于医生来说，疾病的专业预防是最基础的，最重要的是随机应变的能力和足够强大的内心，而这一切都基于拥有一颗爱岗敬业，乐于奉献的心灵。

“每一次告知都是一件非常困难也是非常难受的事情，不仅是对她们，对我们而言也是。”马礼堂说，“2019 年 3 月，她收到医院的一份检测单，检测单显示患者为阳性反应。这需要立刻告知患者，并且接受进一步的检测和治疗。但是检测单上的电话号码是空号，而地址也只是写着昭通市的某社区，没有具体地址。由于艾滋病的特殊性，她必须要对患者保密，找寻不能大张旗鼓地进行，给工作带来了很大的困难。每当工作陷入了困境，她就通过联系社区专职随访责任医生，在随访责任医生的帮助下，她最终联系到患者，在家属的陪同下来到市一院感染病科咨询室。因为艾滋病患者比较容易被歧视，所以我们必须要对患者病情严格保密，很多次告知都困难重重，但我们决不放弃。”

有时候，面对毫不知情的家属，为了替病人保密，她支开了家属，和同事一起进了另一间（告知必须要有两位工作人员在场）。马礼堂回忆说道：“当时我们和感染者同在一间咨询室，房门紧闭，我们向他介绍了自己的身份，告知了一些基本情况，但患者通常表现得很消极，怎么都不愿意见我们，不接受我们告知的病情。这时我会告诉他，我知道这是一个令人痛苦的事实，如果我是你，现在的心情跟你也是一样的，但其实艾滋病并不可怕，只要配合治疗，按时、按量服药和定期复查，是可以像正常人一样生活和工作。”在真诚沟通了 40 分钟后，病人那扇紧闭的心门才缓缓打开。对马礼堂来说，打开的不仅仅是患者的心门，还是患者对她的信任，这让她意识到身上肩负的责任。

“希望每一位病人都能重拾信心”

打开艾滋病病人的心门只是开展工作的第一步，很多病人在知道自己生病后表现悲观，埋怨、失望，甚至绝望……她用自己的真心一点点重拾病人的信心，让他们重新感受生活的美好。

2015年4月的一天，晚上一位女性艾滋病感染者打来电话对马礼堂说："她已经没有继续生活下去的勇气了，她的压力太大，不能正视别人怪异的目光，在得知自己感染HIV后，原本应该幸福的家庭生活破碎了，本来一切准备就绪打算结婚了，婚检查出两人都感染了HIV，他们互相埋怨对方，不停地争吵，她生活中没有了笑声，只剩下痛苦和眼泪。"在无数个深夜里，马礼堂耐心倾听她的哭诉，与她畅谈人生，马礼堂不厌其烦地劝说成了病人重拾生命信心的力量，在她的开导下这对夫妻内心豁达了许多，和好如初，共同面对病情，积极主动地接受HAART治疗。

其实在检查出疾病之初，艾滋病感染者通常不敢将患病的事实告诉家人或朋友，且内心所承受的心理压力也很巨大，马礼堂这个时候，就成了他们情感倾诉对象，每次马礼堂都像对待亲人一样设身处地替病人着想，为他们分忧解难，直到他们能正视疾病，积极主动配合治疗。

2017年1月来自昭阳区大山包两位艾滋病患儿，父母也是HIV感染者，因上户口检测发现小孩也被HIV感染，马礼堂和同事在询问沟通过程中发现患儿经济条件较差，为使患儿得到规范、持续的免费抗艾滋病治疗，她们为患儿申请了免费、完善的检测，同时给予了两位患儿200元的生活补助。因父母重视不够和药物副反应，患儿并未按时、按量、按医嘱服药，没有到治疗点检查就自行停药，治疗效果不理想。每次随访领药，多次电话联系患儿父母也不愿带患儿来领药，最后马礼堂联系到了乡镇工作人员一起对其督促，让患儿及父母一起来市一院进行面对面依从性教育，通过反复多次依从性教育后，患儿父母意识到服用病毒药物的重要性，按时带患儿来复诊领药，现两位患儿治疗情况及身体发育情况与同年龄儿童相比，指标基本正常。

2019年年底，一对生活困难的感染者夫妇，妻子长期卧床，50多岁的丈夫为了生活及供女儿上学，外出务工的途中不幸摔倒，导致下肢骨折，并同时查出HIV感染，他妻子也是感染者。为了让病人尽快启动治疗，马礼堂和同事一起对其追踪，带病人做检查，当见到那位病人时，病人赶紧说：“你们离我远一点，会传染的。”听到这句话，马礼堂有些心酸。这位病人第一时间想到的是顾及他人，这让她始料未及。她走上前去，伸手握了握病人的手，病人有些吃惊，问她“难道你不怕吗？”“艾滋病并不会经过握手就传染，它的传染方式是……”话匣子一下子打开了，病人很顺利地就接受了医生对他的依从性教育。入组前，病人的情况不太好，独立行走困难，马礼堂和同事就用轮椅将他送往门诊做各种检查，和他聊家常，聊生活，因为医生的“不嫌弃”，患者对马礼堂十分感激，在治疗中积极主动配合，规范的治疗让他的身体在较短时间得到了明显的改善，为了表示对医生的谢意，他还经常现身说法，动员其他感染者积极进行治疗。

“尽自己最大的努力做好工作”

2006 年，昭通市第一人民医院开展首例艾滋病免费抗病毒治疗以来，国家对于艾滋病的重视程度越来越高，“四免一关怀”政策出台，更让艾滋病患者得到保障和关爱。在大家的努力下，昭通市第一人民医院获得 2016 年度昭通市艾滋病防治先进集体，荣誉的背后是马礼堂和同事一起付出的艰辛和汗水。

从事艾滋病防治工作，加班是常有的事情，对她来说，病人每个月要来医院领药，他们来的时间并不固定。一些人因为有所顾忌，会在休息日的时候找我们。她说自己的手机都是 24 小时开机，因为很多患者有事会与她沟通，而有些病人一旦失联就再也不会到医院，所以不管多晚，她都会接患者的电话。虽然工作有难度，但她和其他同事们还是兢兢业业地做着自己的工作，对她而言，病人的康复和积极配合是对她辛勤工作的最大奖励。

作为一名防艾人员，在和艾滋病感染者或病人联系过程中，医务人员也会出现一定的心理压力。马礼堂说："艾滋病病人是一个令人心酸的群体，他们忍受着病痛的折磨，甚至得不到家人的理解。病人的遭遇和情绪也会影响我们的心情，但在保密协议的规定下，我们不能和家人倾诉，不能和朋友分享，有时候也会感到压力大。"但为了更好地关爱艾滋病人，也为了提升自己的素质，2019 年马礼堂参加了国家疾控中心举办的培训班和专业进修学习，通过学习，她不仅更熟练地掌握了与病人的沟通和关怀教育技巧，更学会了处理在治疗过程中遇到的困难和罕见情况。

工作中，马礼堂除了为病人告知、提供咨询服务、CD4 检测、病毒载量检测、每次的随访领药及网络信息录入等工作，还要负责全市艾滋病免费抗病毒药品的计划、申请。每个环节，她都认真仔细。经过大家的共同努力，各项指标都逐年提高，到 2020 年，昭通市第一人民医院转介治疗率达 92.0%，一年队列保持率达 92.7%，CD4 检测率达 94.3%，病毒载量检测率达 90.9%，病毒抑制率达 92.6%，接受抗病毒治疗的比例达 91.2%，治疗有效率达 97.8%，接受治疗的符合标准的病人服用 SMZ 的比例达 100.0%。另外马礼堂还参与了昭通市 11 县市区所有艾滋病免费抗病毒治疗的现场督查与指导，并针对 HIV 病人的治疗、管理问题，提出建议和意见，给予书面反馈。

多年来，随着对艾滋病了解的加深，马礼堂更能客观和理性地看待这一疾病，经过她和同事精心诊治，越来越多的感染者不仅得到了正常的期望寿命，更过上了正常人的生活。她希望通过大家的努力和义务宣传，让艾滋病感染者了解社会对他们的关心，也希望社会能够更加包容和平等对待他们。随着"抗艾"工作时间越来越长，收获越来越多的成绩和患者的感谢，马礼堂也越来越热爱这项职业，她说："在防艾的道路上，可能还会遇到更多困难和荆棘，但我们会一直努力，不放弃任何患者！"

（作者系昭通市第一人民医院公共卫生医生）

狠抓健康扶贫不放松　助力脱贫攻坚见实效

保卫华

习近平总书记指出，没有全民健康，就没有全面小康。昭通市卫生健康委认真学习贯彻习近平总书记关于扶贫工作的重要论述以及党中央、国务院的决策部署和省委省政府、市委、市政府的相关要求，全市卫生健康系统干部职工狠抓健康扶贫不放松，助力脱贫攻坚见实效。

一、站在全新起点

市卫生健康委作为“基本医疗有保障”主责部门之一，承担了全市健康扶贫工作的重要任务。2015—2017 年，全市健康扶贫紧紧围绕村卫生室建设和因病致贫返贫人口识别开展工作；2017—2018 年，全市上下瞄准精准施策贯彻落实云南省健康扶贫 30 条措施，2019 年和 2020 年对标对表基本医疗有保障标准做实精准退出和巩固提升。2019 年是市卫生健康委成立第一年，是全新起点。根据市委、市政府安排，我于 2019 年 3 月到昭通市卫生健康委工作。2019 年 3 月 26 日，市卫健委理论中心组召集班子成员、副调研员和机关各科室负责人等共 30 余人集中学了习近平总书记关于扶贫工作重要论述摘编；3 月 30 日，市卫健委党委召开了中央脱贫攻坚巡视整改专题民主生活会，从党委班子到班子成员，认真对照有关要求，深入查摆自身在脱贫攻坚特别是健康扶贫方面存在的突出问题及原因，再有针对性地提出务实管用的整改措施，坚决将脱贫攻坚作为重要政治任务扛在肩上、抓在手上、落实在行动上；4 月 26 日，市卫健委召开了全市卫生健康工作会议，会议就全市健康扶贫工作进行了重点安排部署；6 月 1 日，市健康扶贫领导小组组长吴静副市长主持召开了全市健康扶贫座谈会，会上健康扶贫成员单位与全市 11 县市区分管县领导和卫健局局长深入交流、研究解决措施。通过一系列学习和交流，市卫健委进一步充实健康扶贫工作力量，在委内成立“健康扶贫办”，为委内非常设独立机构，调整充实了 4 名同志专职负责健康扶贫的日常组织管理工作。形成了主要领导亲自安排、亲自督办，分管领导具体研究，精心组织，全系统共同参与、协同作战、持续攻坚的决战决胜态势。

二、带着问题督导

“老乡，你给晓得你的家庭签约医生是哪个？”

“是李医生，她是我们村上的村医。”

“她给来你家里帮你服务呢？就是体检、量血压、测血糖这些？”

“来过呢，去年来了五六回，今年上个月才来过。”

“你是糖尿病患者，给办了门诊特殊慢性病卡？”

“好像没有啊，我都认不得啥子是门诊特殊慢性病卡。”

上面这些对话是全市卫健系统开展健康扶贫挂联督导的一个缩影。为进一步加强督战指导，市卫健委党委研究完善了“健康扶贫工作领导挂联县市区工作制度”，市卫健委 8 个领导挂联 8 个未脱贫摘帽县区，县卫健局 56

个领导挂联146个乡镇卫生院，1171个县卫健局和乡镇卫生院干部职工挂联1343个村卫生室，采取“四不两直”和从下至上的方式，直接到户、到村、到乡、到县进行全面督导，向群众了解家庭医生签约服务和慢病卡办理情况，深入查找健康扶贫存在的问题。督导开展以来，已基本覆盖了所有县级医疗卫生机构、乡镇卫生院和村卫生室。入户调查及现场访谈农户1000余户，通报了健康扶贫方面10余大类200余个问题。同时市卫健委组织召开“全市健康扶贫工作电视电话会议”“全市健康扶贫工作座谈会”“全市健康扶贫工作现场会”等会议，对标基本医疗有保障突出问题、中央脱贫攻坚专项巡视“回头看”反馈问题，脱贫攻坚成效考核等各方面指出的问题，全力抓实问题整改。

三、瞄准关键环节

2019年4月，习近平总书记在解决“两不愁、三保障”突出问题座谈会上的讲话指出“实现基本医疗有保障主要是所有贫困人口都参加医疗保险制度，常见病、慢性病有地方看、看得起，得了大病、重病后基本生活过得去”。基本医疗有保障既是健康扶贫底线要求，也是关键环节。通过前期督导调研，对照基本医疗有保障标准，全市仍有少数建档立卡贫困人口未履行缴费义务，不能享受医疗保障待遇；部分村卫生室没有做到合理设定四室的区域范围并规范管理；还有37个乡镇卫生院未达到脱贫成果巩固标准。市卫生健康委作为健康扶贫领导小组办公室，一方面召集召开市健康扶贫领导小组相关成员单位调度会议，分解工作任务，要求县级医保经办机构摸清底数、建立台账，做好政策解释，对症下药、逐一销号，确保建档立卡贫困人口100%完成缴费工作；另一方面，针对村卫生室不规范和乡镇卫生院不达标问题，逐村逐乡镇逐县区研究调度，按照缺什么补什么原则，人员优先调配，设备优先采购。经过全力攻坚克难，2019 年，全市查缺补漏提升改造村卫生室 13 个，共采购 DR、彩色 B 超、全自动生化分析仪、心电图机、全自动血球分析仪、全自动尿液分析仪等设备 157 台、价值 1405.186 万元。全市建档立卡贫困人口实现应保尽保，11 县（市、区）县级综合公立医院均达二级综合医院以上标准，镇雄县人民医院顺利晋级为三级医院，8 县区县人民医院通过提质达标验收，146 个乡镇和 1343 个村实现医疗设施标准化建设全覆盖，373 个易地搬迁安置点均有达标医疗机构提供服务。“基本医疗有保障”突出问题全面得到解决。

四、提升基层能力

健康扶贫工程实施以来，贫困人口“看得起病、方便看病”得到有效落实，如何让贫困人口“看得好病、尽量少生病”，则需要长期不断的巩固提升医疗服务能力、加大重点疾病预防控制力度等。为了更好地打赢健康扶贫攻坚战和疫情防控阻击战，市卫健委一是进一步整合资源，从县级医院提质达标、重点专科建设、基层医疗卫生机构服务能力提升、重大传染病救治能力和疾控机构核心能力提升工程等方面提升贫困县整体医疗服务能力；二是加强基层人才队伍建设，2016 年以来完成 325 名订单定向免费医学生协议签订工作，225 名医生开展全科医生转岗培训，组织 561 名医生参加住院医师规范化培训、72 名医生参加助理全科医生培训，组织 1148 名基层卫生人员报名参加中等职业学历教育，680 名基层卫生人员报名参加成人医学大专学历教育，进一步提高我市基层卫生人员的学历和医技水平；三是抓住对口帮扶机遇，与东莞市、中山市、昆明市、玉溪、深圳市卫健委加强对接，深入交流。对口帮扶以来，我市卫生健康系统共派出医务人员 523 人到中山、东莞、深圳市对口帮扶医院进修学习，中山、东莞、昆明、玉溪已派出208名专家到我市开展挂职带教等工作，广东省东莞市、中山市共投入1.04亿用于我市514个贫困村卫生室的新建、提质改造、设施设备配备等，深圳平安集团“村医”工程项目在我市实施，极大提高了我市医疗服务能力，助力健康扶贫工作取得实效。

五、战“疫”亦战“贫”

2020年春节，新型冠状病毒肺炎疫情在春节期间迅速蔓延到全国，全市卫健系统在市委、市政府的领导下，迅速反应，全力投入疫情防控阻击战之中。2020年是决战脱贫攻坚、决胜全面建成小康社会、完成“十三五”发展目标的收官之年，健康扶贫是今年必须完成的硬任务，决不能有缓一缓、等一等的思想。为此，市卫健委召开党委会专题学习习近平总书记关于扶贫工作的重要论述和指示精神，专题研究部署疫情防控和健康扶贫工作。在抓疫情防控工作的同时，统筹推进健康扶贫各项工作，重点关注健康扶贫政策措施落地落实和健康扶贫成果巩固。部署全市基层医务人员在开展疫情社区防控工作的同时，及时了解掌握贫困人口健康状况，有针对性地开展健康教育和健康促进，重点指导贫困人口做好个人和家庭防护。对于高血压、糖尿病等慢性病患者，通过电话、网络等信息化手段，及时落实健康状况评估、用药指导、适时转诊等签约服务。实现了疫情防控、健康扶贫“两手抓”“两手硬”，统筹推进，以疫情防控为切入点，推动健康扶贫关口前移。

健康扶贫工程实施以来，全市已累计减少因病致贫、因病返贫4.28万户18.32万人，与脱贫攻坚保持同步，“基本医疗有保障”突出问题基本得到解决。昭通市卫生健康委深入学习贯彻习近平总书记系列重要讲话精神，紧紧围绕精准扶贫精准脱贫要义，始终把健康扶贫作为打赢脱贫攻坚战、巩固脱贫成果的重要内容，坚持解决因病致贫与防止因病返贫一起抓，提升建档立卡贫困人口医疗保障水平与提升基层服务能力一起上，治标与治本相结合，医疗救治与健康管理、健康教育相促进，从政策支持、资金投入、机制保障多个方面，聚焦精准，协同发力，坚决打赢健康扶贫攻坚战。

（作者时任昭通市卫生健康委员会党委书记、主任）

古来行医济世穷　而今勠力战脱贫

吕燕玲

全国脱贫主战场在云南，云南脱贫主战场在昭通。8 年精准扶贫 5 年脱贫攻坚，昭通市委、市政府在习近平总书记一系列脱贫攻坚创新理论的指引下，带领全市党员干部群众真抓实干、连续奋战，在基础设施建设、易地扶贫搬迁、产业发展培育等多维度、多方面取得实实在在的成效，谱写了脱贫攻坚美丽画卷的昭通篇章。

古来行医济世穷，而今戮力战脱贫。时代召唤，决战决胜脱贫攻坚，医务工作者责无旁贷。昭通市第一人民医院高度重视脱贫攻坚工作，以务实的工作作风，按照昭通市委、市政府决策部署，坚定实施抓党建促脱贫、抓产业助脱贫的战略，以驻村帮扶为依托，以健康扶贫为突破点，大力推动脱贫攻坚各项工作开展。

蹲点调研　“把脉问诊”

2018 年 4 月，上级增派我院定点挂钩帮扶巧家县小河镇坝统村、山堡村。收到指令，我院高度重视，闻令而动，把挂钩帮扶工作列入重要议事日程，研究制定《昭通市第一人民医院挂钩帮扶实施方案》，主要领导亲自抓挂钩帮扶工作的安排与落实，把脱贫攻坚任务作为挂钩帮扶单位义不容辞的责任，成立由主要领导为组长的扶贫工作领导小组，具体指导日常扶贫工作的筹划和落实。

扶贫伊始，我们不急于出成果，搞成绩，盲目跟风，而是认真调研，搞清楚当地贫困情况、自然环境、区位情况、资源优势、文化差异等情况，以科学严谨的态度开展工作，避免给贫困群众帮倒忙、给政府添乱，浪费人力、物力、财力，影响脱贫攻坚进度。

院班子主要领导带领头，对如何深入推进抓党建促脱贫攻坚、提高脱贫质量、巩固脱贫成果等问题进行深入调研，切实摸清家底，对实际情况“把脉问诊”。

我院挂钩的山堡村平均海拔 2100 米，最高海拔 3100 米，最低海拔 1250 米，属高二半山区，气候温差大，地势高低落差大，没有规模产业，农作物以玉米、马铃薯、红薯为主，全村只有一条硬化通村公路，全村辖 38 个村民小组，属深度贫困地区，脱贫攻坚任务异常艰巨。

挂钩帮扶两年来，在挨家挨户的走访过程中，我们看到太多卧榻病床的老人无人照顾、太多患有绝症的群众对活下去的渴望、太多渴望走出困境的老实人苦于没有脱贫致富的思路和办法，这一切都驱使我们用心去帮扶他们。

这是一块“硬骨头”，这里生态脆弱、贫困人口多、贫困面广、贫困程度深、脱贫致富难度大，贫困人口主要分布在边远高寒山区，生存环境恶劣，致贫原因复杂，基础设施和公共服务缺口大，受自然、地理、环境、资源等条件限制，基础型、条件型、素质型、发展型贫困问题相互叠加，脱贫难度大。

经过分析，坝统、山堡两村主要致贫原因是缺技术、交通条件落后、因学、因残、缺资金、缺劳动力、因病、自身发展动力不足、因丧等 9 种情况。全面脱贫制约因素，包括了贫困面大、基础设施薄弱、居住环境差、

医疗教育保障水平低、饮水安全不达标等问题

例如，我的挂钩点在山堡村，共有 11 户 46 人，涉及老厂和火房两个村民小组。我坚持每月不少于两次入户走访，了解每户的基本情况，摸清每家的底细，针对不同的情况，制定不同的措施进行帮扶。

第一次调研让我与困难户相识，常来常往让我们相知，我与群众接下了深厚感情。2019 年 1 月 13 日至 14 日，我带领包保干部等一行 8 人，到小河镇山堡村、坝统村，帮助我院挂钩帮扶的首批搬迁户搬家。我带领全体工作人员，挨家挨户对老人、小孩进行心理疏导，尽量帮助他们疏解对陌生环境的畏惧情绪，鼓励贫困群众要坚定信心，打消顾虑，积极勇敢地拥抱幸福生活。

我们代表我院将大米、油、碗筷、春联、福字等生活用品，送到搬迁贫困户新家，在传统节日“春节”即将到来之际，给他们带去组织的温暖，送去节日的问候。看到群众乔迁新居，面带笑容，我由衷地为他们感到高兴。脱贫攻坚，不仅帮助了群众，还教育了我们。

深入才能具体。我院以扎实的工作作风，广泛而深入地开展调研工作，搞清情况，摸清家里，为脱贫攻坚工作“把脉问诊”。

统筹谋划 “精准抓方”

经过走访调研，我院对扶贫工作有了清醒认识。在院党委坚强领导下，认真分析现状，统筹各方资源，对扶贫工作统一规划，分步安排。

面对山堡村实际，我院提出，必须以务实的作风开展扶贫工作，必须加强驻村工作队队员的管理，必须加强农村基层党组织的建设，必须加强基础设施建设，必须加大产业培育力度。我院分类指导、分步实施、全力推进，以五个“必须”为抓手，发挥自身优势，以健康扶贫为突破点，大

力推动脱贫攻坚工作。

我们明白，困难是客观存在的，而动力来源于主观能动性。院党委带领大家，不断增强抓好脱贫攻坚的使命感与责任感，怀着对贫困群众的关爱和同情，变任务为责任，充满爱心和激情，积极主动地投身于脱贫攻坚战中，不搞花拳绣腿、形式化、表面化，真正做到用心扶贫，想出帮扶办法，拿出帮扶实招。

农村基层党组织是根基，是党联系服务群众“最后一公里”的桥梁和纽带。在挂钩帮扶的同时，我院派出党委班子成员，指导开展基层党组织规范化建设达标创建工作，开展党的十九大精神宣讲，不断强化作风建设，进一步整顿软弱涣散基层党组织，通过两年的不断强化和引导，情况得到较大改善，提高了当地干部群众脱贫的“劲头”。

干部是决定性因素，“好干部”始终是克敌制胜的重要保证。我院选派了思想好、作风正、能力强的干部，驻村开展扶贫工作，并且定期对选派队员的工作情况进行研究、指导和督促。同时，及时落实驻村补贴津贴发放、定期体检、购买保险等待遇，支持和保障驻村工作队队员，在脱贫攻坚一线安心驻村、用心工作，最大限度发挥驻村工作队队员的帮扶作用。

今后，我院将按照市委、市政府和巧家县委政府部署安排，继续加强对脱贫摘帽督导员、督战队员、驻村工作队队员、包保干部、下沉帮扶干部的管理，始终保持攻坚态势，坚决做到驻村帮扶力量不减、尽锐出战。提高思想认识，做好充分准备，对标对表，针对安全住房、安全饮水、辍学失学、医疗保障、生活必需品、易地搬迁、人居环境整治等进行再排查、再整治，全力冲刺，全面做好第三方评估准备工作。

我作为我院包保干部带队领导，分 6 批次全面完成 46 户建档立卡贫困人口搬迁任务，在搬出地的物资搬运、人员接送到安置区基本生产生活物资的领用、熟悉管理服务部门等事项中，做到全程服务。同时，按要求购买米、油、碗筷、福字等物资，送到群众新家，严格落实保障易地搬迁群众基本生活条件的义务和责任。

磨刀不误砍柴工，我院在“制订规划、加强党建工作、提高干部职工思想认识”基础上，统筹谋划，对“坝统、山堡”两村脱贫攻坚工作“精准开方”，锁定了加强基础设施建设、提升社会事业发展、推动产业发展等重点工作，让整个扶贫工作有章可循，有条不紊持续推进。

躬身实干 “对症下药”

实字当头，干字当先。我院一般人在脱贫攻坚中，“实干”“苦干”，确保打赢脱贫攻坚战。

因病致贫，是当地贫困的因素之一。我院发挥自身优势，迅速而扎实地开展健康扶贫。2019 年 1 月 11 日，巧家县小河镇开展“参与志愿服务，共建文明小河，助力脱贫攻坚”为主题的脱贫攻坚志愿服务系列活动，我院党政主要领导带领内科、外科、妇产科、儿科、五官科共计 12 名权威专家参加大型健康义诊志愿服务活动，为群众义诊 1000 余人次，发放价值 3600 元药品。

2019 年 5 月 15 日，我院派出杨礼聪、孟世英、李蜀、曾忠萍、陈云武共 5 名专家到小河镇对 60 余名乡村医生进行集中培训，提高当地医疗水平。我院向山堡村、坝统村 516 户贫困户发放价值 64758.00 元的电饭煲和调料盒各 1 个；3 个村卫生室分别捐赠电脑、打印机、诊疗床等设施设备，推进 3 个卫生室的标准化建设。

产业落后，是当地贫困的重要原因。2019 年 6 月，我院携手好医生药业集团进行半夏中草药种植产业帮扶项目调研，在山堡村筛选 50 户群众作为种植示范户，前期规划 200 亩种植规模，在山堡村建立初加工厂，项目落成预计受益贫困户可达 200 余户，每亩每年可为农户增收 6000 余元。2020 年 3 月，我院在全力抗击新冠肺炎疫情的同时，积极协调小河镇党委政府和好医生药业集团推进半夏种植项目，现已完成 21.8 亩半夏实验种植，计划明年将在小河镇山堡村和马鞍村全面推开种植。

社会事业发展滞后，成为群众切身之痛。我院出资 32.4 万元帮助解决两村村委会装修改造和购置食堂厨具、餐具设施，出资打造的党建活动室也相继投入使用；出资 100 余万元援建坝统村、山堡村老年活动广场和山堡村 4 公里村组公路建设。援建项目经过 3 个月紧张施工已经完工验收并投入使用；2019 年 9 月起派出 10 名职工下沉挂钩村驻村工作，与脱贫攻坚一线干部的共同努力，推动挂钩村贫困户顺利实现安全饮水、医疗保险、养老保险全覆盖。

实干锻炼着我们每个参与脱贫攻坚的干部。2020 年 5 月 18 日 21 时 47 分，在巧家县发生 5.0 级地震，我院扶贫点也遭受灾害。当晚，书记、院长带领着我赶往小河，开展抗震救灾工作。我们奋战在一线，出动 3 车 3 批次 13 人医疗救援队赶赴灾区，开通绿色通道，全力救治伤员准备挂钩点的群众成为我们最大的牵挂！当地受灾情况怎么样？有没有人受伤？我院迅速派出 10 名包保干部，赶到小河镇坝统村、山堡村，与镇干部、村干部和驻村工作队配合，到村、到组、到户，全覆盖开展查灾核灾工作，全面助力开展住房排危拆危工作，帮助 71 户住房严重受损群众，拆除危房，实施过度安置。

当前，扶贫开发已经进入啃“硬骨头”和攻城拔寨的收官冲刺阶段，只能成功，没有退路，在脱贫攻坚的关键时期，我们必须凝聚共识，补齐短板，采取有效措施，全力做好帮扶工作，坚决打赢脱贫攻坚这场硬仗。

逐梦新时代，我们要恪守为民情怀，用心聆听群众的呼声，躬身实干“对症下药”，履职尽责，为夺取脱贫攻坚战全面胜利奉献力量。

（作者时任昭通市第一人民医院副院长）

牢记使命　忠实履职

王春云

2016 年 11 月—2019 年 1 月，组织委派我到威信县政府工作，担任副县长职务。当时正值威信脱贫攻坚发起总攻的关键时期，我除负责抓好健康扶贫专项工作外，还挂包两个贫困村的脱贫出列工作。

一、务实耕耘，抓专项扶贫

威信总体上讲，是一个经济体量小、财政收支矛盾异常尖锐、医疗卫生资源匮乏、医疗配套服务设施严重滞后的县，全县建档立卡贫困对象 17927 户 74597 人中，因病致贫人数高达 4000 户 16315 人。2016 年 11 月到威信工作后，我决心努力改变这一现状，让 44 万威信人民在家也能享受优质便捷的医疗服务。通过认真调研，全面了解掌握情况后，梳理出通过医疗基础设施建设和医技水平提升“两轮驱动”，跑出威信健康扶贫“加速度”工作思路，并从以下几方面着手，开启健康扶贫征程。

一是建设县域内医共体，构建现代医疗体系。借鉴福建三明的做法，以县医院和县中医院为龙头，10 个乡镇卫生院为主体，87 个村（社区）卫生室为补充，组建2个县域医共体；以职称评定为基础，县级两家龙头医院分期分批下派医生到乡村两级挂职指导工作，对乡村医生开展传帮带，提升乡村医生的医技水平和业务能力，通过这一举措优化完善专业技术职称聘任制度和县、乡、村医疗队伍结构；围绕“一平台七中心”（医疗信息服务平台、120急救中心、医学康复中心、指导教学中心、医学会诊中心、医学影像中心、医学检验中心、血液透析中心），全面推进县级公立医院科室建设。有序推进远程医疗“乡乡通”建设，与市级以上医院联网协作，为群众提供远程会诊、远程检查、远程影像等医疗服务。

二是强化医疗基础设施建设，提升县内医疗质量。2017年至2018年，我多方奔走，多方寻求帮助，得到云南省医疗扶贫基金会、广东农工党省委以及太平保险公司等支持，筹集资金约1.3亿元用于县、乡、村医疗基础设施及医疗设备的完善。全县87个村能规范开展0—6岁儿童接种、基本诊疗以及5种以上的中医适宜技术，30%的村能开展中医药治疗，乡、村两级医疗机构全部达标；引进核磁共振、西门子64排螺旋CT、西门子多功能X光机、美国贝克曼全自动生化分析仪、日产胃镜、GE四维彩超、血凝分析仪等先进诊疗设备，全面提升县级医院的诊疗能力，威信县人民医院达到二级甲等标准、综合收入由2016年的不到5000万突破了亿元大关，2018年年底县内就诊率达88.6%，威信成为全市首家省医疗扶贫基金会医疗扶贫示范县，并通过国家基层中医药工作先进县省级复核验收。

三是扣好健康扶贫第一粒扣子，抓疾病精准识别。按照“乡不漏村、村不漏户”的原则，先后3次组织全县卫生专业技术人员400余人次组成22个疾病筛查小组，对全县建档立卡贫困户开展全覆盖、“拉网式”疾病筛查，确保已登记对象信息100%准确。对筛查出的重大病患者，多次邀请市级专家团队到威信与两家县级龙头医院一起研究救治方案，确保重大病患者“一人一策”精准救治。

四是推进医联体建设，确保重大疾病规范救治。针对威信专科建设薄弱，重大疾病救治困难的现状，我多方奔走，寻求支持，促成威信县医院与昆医附一院、附二院建立专科联盟并组建专家工作站，联系云南省阜外医院、昆医附一院、昆医附二院、镇雄精神病医院和四川自贡精神病医院对先心病患者、3级以上重型精神病以及县内无法救治的其他病种进行集中救治。在一次下乡途中，了解到患儿古天吉属复杂型先天性心脏病，在我县儿科多次治疗病情反复不已，后发展致肺部感染、腹泻，由于家庭困难，无法前往更好的医院救治。我当即请县红十字会通过“轻松筹”向社会发起捐资，并请医院立即联系昆明延安医院手续治疗，筹集资金3万多元帮助其解决了治疗中的生活费、交通费等相关开支。手术治疗后恢复较好，其家属由衷的感恩来自政府、社会各界方方面面的关注支持。

五是设立专项资金，确保建档立卡贫困户能看得起病。对县内无法医治，需到医保资金统筹区外诊疗，但个人无力垫付医疗费用的建档立卡贫困大病患者，积极争取县财政筹措资金100万元设立专户，通过银行、医保共同联手解决患者外出就业的资金问题。

通过上面一系列的工作，威信健康扶贫工作在县摘帽验收中获得各级好评。

二、问计于民，抓挂包贫困村脱贫出列

我作为副县长，负责威信旧城镇天蓬村和松林村两个贫困村的脱贫出列工作，两村当时均属基层党组织涣散，群众对村三委干部满意度不高的村。且天蓬村历史以来积淀的林地纠纷、低保发放等问题突出，随着时代的发展，群众利益诉求复杂多样、上访量较大，在国家和省级层面因长期有人上访而让天蓬村有了一定的“名气”。

作为当时贫困村出列必须达标的7条标准以及群众的满意度问题，是我抓村出列工作的核心。对7条标准对标对表补短板，逐一多方争取支持给

予完善达标，对群众的满意度问题是一个很伤脑筋的事。对此，我经常深入村社，用心用情从群众中找解决这个问题的办法。一是通过群众自发聚集的机会（一般是在操办红白事的时候），带领县民政、市场监管、医保、卫生等相关部门以及乡村两级干部到现场为群众宣讲政策。对群众现场提出的问题，及时组织实地察看，现场协商，真心实意为他们解决内心积压的饮水、低保、子女上学、住房加固补助等问题，群众对政府工作的支持度立竿见影快速提升。二是带领县级相关部门和乡村两级干部到各村民小组开展“自强、诚信、感恩”活动，现场组织由村民自荐或其他村民推荐“环境卫生先进户”“尊老敬老示范户”“培育子女典型户”等光荣户，通过在场的各位村民举手表决赞同通过后，发放水壶、电磁炉、电饭煲等相关物资给予奖励。组织群众一起动手煮面条、煮米线或包抄手等小吃，让群众感受到切实的温暖和幸福感。三是组织乡村两级医务工作者扎实开展家庭医生签约服务，主动上门为群众搞好健康服务。四是我亲自带领县级两家医院医疗专家对重大病患者家庭开展专项走访，鼓励他们战胜病魔的信心和勇气，为他们擘画幸福生活蓝图。五是走访鳏寡孤独的家庭、走访子女不赡养（不孝顺）老人的家庭以及其他对党委政府有情绪的特殊群体，与他们交心谈心，让他们感受党委政府对他们的重视和期望，给他们树立传播正确的人生观、价值观以及尊老敬老孝老的传统文化，鼓励他们紧跟时代步伐，在下一步的乡村振兴中有所作为，成为乡村治理的积极分子、先进分子。

天蓬村建档立卡贫困户谢君奎，其本人系脑袋灵活（平常做牛羊贩卖小生意维持生计），属不太支持镇村工作一类的人物。家中妻子、儿子共三口人，儿子在广东打工，收入基本只能自给，无能带钱补贴家里，家中房屋破烂不堪，属危房拆除重建户。就房屋建设问题，镇村两级干部多次上门做工作要其尽快建房，但他提了很多苛刻条件。一是要请镇上帮助他协调杨聪家土地建房；二是要新建一条公路到他建房门口，便于运输建筑材料等等。镇村两级干部也试图做杨聪的工作置换土地，但杨谢两家本身关系不融洽，加之杨聪的祖墓无法搬迁，因此，宅基地的事多次协商无果。我到村上研究脱贫攻坚工作，镇村干部汇报了这户的具体情况，我便立即带领镇村干部到谢君奎家入户走访，做工作启动房屋建设。通过两次入户，与谢君奎亲切交谈，谈他的人生、谈他儿子的人生等方式晓之以理动之以情，谢君奎同意将老房原址拆除一半重建新房，并承诺在10月30日前全部建完。在其后的住房建设中，我先后三次走访，并运用我的专业知识指导其建房，房屋于10月中旬建设完工。11中旬，谢君奎喜迁新居，我和镇村干部前往祝贺，还邀请了村上其他类似谢君奎之类的村民一起聚集畅谈，展望新生活，其乐融融，不亦乐乎。至今，虽事过境迁，每逢过节，乡亲们还会想起我，电话祝我工作顺利！节日快乐。

通过上述的一系列工作，两个贫困村基层党组织的团结力、凝聚力、战斗力进一步增强，群众满意度大为提升，两个村在脱贫出列考评验收中均获较好成绩。

（作者时任昭通市政协常委、经农委副主任）

完善医疗救助制度　助力健康扶贫实效

黄晶晶

2017 年 10 月 17 日下午 3 点，我接到单位通知，到昭通市电信二楼视频会议室参加全省健康扶贫 30 项措施政策宣讲培训会议。会议对《云南省健康扶贫 30 条措施》等相关健康扶贫政策进行培训宣讲和现场答疑，省卫生计生委、省人力资源社会保障厅、省民政厅、省财政厅负责人就健康扶贫政策分别作了宣讲。会上对健康扶贫政策进行了现场集中答疑。省政府副秘书长杨洋在会上作总结讲话，杨洋介绍了《云南省健康扶贫 30 条措施》政策出台的背景、目的和意义，以及健康扶贫工作的标准，分析了财政兜底的可行性，对于一些操作层面的关键问题进行了解释。杨洋强调，要落实好《云南省健康扶贫 30 条措施》，各级领导干部和健康扶贫工作人员，必须学好和掌握好这个措施，做到政策明白，才能够把健康扶贫工作落到实处。

通过培训，我认识到，健康扶贫是打赢脱贫攻坚战、实现农村贫困人口稳定脱贫的关键举措，没有全民健康，就没有全面小康，特别是地处乌蒙山集中连片贫困核心区域的昭通市，贫困面广，贫困程度深，是国家脱贫攻坚的主战场，群众因病返贫、因病致贫的情况非常突出。2017 年，我市仍有 10 个贫困县（区）、691 个深度贫困村、93.24 万贫困人口，占全市农业人口的 23.51%，占全省贫困人口的近 1/4。省政府针对贫困地区群众最关心的看得起病、方便看病、看得好病和少生病问题，出台了《云南省健康扶贫 30 条措施》，进一步释放政策红利，提高农村建档立卡贫困人口的医疗保障水平以及贫困地区的医疗卫生服务能力，有效减少因病致贫、因病返贫的发生。从 2017 年起，建立完善城乡居民基本医疗保险（以下简称基本医保）、大病保险、医疗救助、医疗费用兜底保障机制“四重保障”措施，实现“九个确保”，到 2020 年，努力实现全省贫困县人人享有基本医疗卫生服务，基本公共卫生指标力争达到全国平均水平，人均预期寿命进一步提高，医疗卫生服务条件明显改善，服务能力和可及性显著提升，基本实现大病不出县，建档立卡贫困人口个人就医费用负担大幅度减轻，因病致贫、因病返贫问题得到有效解决的目标。

会后，我及时将会议精神向市民政局张景松局长做了汇报，并提出民政部门如何在健康扶贫中找准定位和如何完成任务的一些想法和建议。张局长迅速作出安排，他指出民政部门在健康扶贫中的主要任务就是做好医疗救助工作，全市民政系统必须结合部门职能，积极履职尽责，精准对标“健康扶贫”目标任务，采取有力举措，精准施策，大力推进“四重保障——民政医疗救助”的全面落实，充分发挥民政医疗救助的作用，切实遏制和减少因病致贫、因病返贫现象的发生，并要求市民政局社会救助科要对照《健康扶贫 30 条》的新要求和省民政厅的安排部署，立即完善昭通市医疗救助制度，全力落实好健康扶贫任务。

为推进健康扶贫“四重保障”机制落实到位，我们立即行动，积极作为、主动参与、认真履职，多次与人力资源与社会保障、卫生计生、财政、扶贫等相关部门召开工作联席会议，有力推进了昭通健康扶贫工作的顺利实施。

一、完善医疗救助制度，明确民政部门任务

积极推进完善医疗救助制度建设。根据《云南省健康扶贫 30 条措施》要求，按照省民政厅和市政府的统一安排，结合昭通实际及时制定印发了

《关于贯彻落实健康扶贫30条措施切实做好医疗救助工作的实施意见》，我们认真研究并指导各县区民政部门认真做好医疗救助工作，切实把《云南省健康扶贫30条措施》中涉及民政部门的工作任务落到实处，全力推进“四重保障”的全面落实，使昭通的医疗救助在制度建设方面更加完善，形成了以资助救助对象参加城乡居民医保、住院救助“一站式”减免结算为主体，同时以重特大疾病医疗救助及临时救助为补充的医疗救助机制。

二、明确任务细化措施，做好医疗救助工作

针对健康扶贫对医疗救助工作提出的新要求，为确保顺利完成任务，民政全力落实好医疗救助3个方面的任务。

一是确保医疗救助全覆盖。医疗救助在原覆盖城乡低保、特困、重点优抚等民政对象的基础上，扩大到覆盖所有建档立卡贫困对象。也就是在脱贫攻坚期，民政的医疗救助要做到对民政对象和建档立卡贫困对象全覆盖。2017年民政医疗救助对象有795355人，其中：城乡低保对象499110户718761人、特困供养人员24442户25388人、孤儿及事实无人抚养儿童6287人、重点优抚对象44919人。全市有建档立卡人数合计1844075人（其中未脱贫建档立卡贫困人口921330人，已脱贫建档立卡贫困人口922745人）。在184.41万人的建档立卡贫困人口中有民政对象31.16万人，重合率为16.9%。将全部建档立卡贫困人口纳入民政医疗救助范围，民政医疗救助对象增加至227.66万人，增长206%。

二是取消医疗救助起付线。按照上级要求，我们取消建档立卡贫困人口、城乡低保对象和特困人员的住院救助和重特大疾病医疗救助起付线，昭通市将住院救助和重特大疾病医疗救助年度累计救助封顶线设定为10万元（镇雄县为15万元），以后随当年资金筹集情况再适当提高。

三是开展住院救助和重特大疾病医疗救助。对建档立卡贫困对象符合转诊转院规范住院发生的医疗费用，政策范围内经基本医保、大病保险报销后达不到90%的，通过医疗救助（含住院救助和重特大疾病医疗救助）补助到90%，即通过基本医保、大病保险报销后达到90%的，民政不再救助，凡达不到90%的，民政医疗救助补齐，差多少救助多少。对达到医疗救助年度封顶线后个人合规费用报销比例仍然达不到90%的，进入兜底保障予以实现。同时，开展民政22种重病医疗救助工作，有效缓解困难群众医疗负担。

三、具体做法及成效

（一）资助困难群众参加基本医保，确保基本医疗权益。民政部门对符合民政资助条件的困难群众按照当年的医保筹资标准通过全额或定额资助的方式对参加基本医疗保险的个人缴费部分给予补贴，确保困难群众的基本医疗权益，保障了城乡低保对象、特困供养对象的就医，让他们面对重大疾病有了第一重保障，确保了“有病敢看”目标的有效实现。2017年，按照城乡低保对象每人定额资助70元、特困供养人员每人全额资助150元的标准，资助736917人困难群体参加基本医疗保险，支出资金5549万元。

（二）创新医疗救助模式，方便快捷救助困难群众。按照省民政厅关于全面推行城乡医疗救助“一站式”即时结算服务管理模式工作要求，2012年以来，昭通市按照“政府主导、民政主管、部门协同、社会参与”的原则，创新工作机制，通过向保险公司购买服务的方式，在全市开展民政医疗救助团体补充医疗保险工作，在全省率先实现了城乡医疗救助“一站式”即时结算服务管理模式市县乡三级全覆盖，使我市的困难群众得到及时、快速、准确的救助。2012—2016年，全市共资助救助对象382.21万人次参加团体医疗救助保险，42.25万人次得到“一站式”住院医疗救助，支出救助资金 1.57 亿元。在基本医疗保险报销补偿后，个人医疗费自负比例约为 34.89%，通过民政医疗团体补充保险救助后，个人医疗费用自负比例约为 25.23%、下降了 9.66%，救助覆盖面的增大，个人自负费用的降低，扩大了医疗救助的社会影响。民政团体医疗救助工作的开展精减了办事环节和程序、降低了办事成本，让困难群众得到了更多的实惠，同时又实现了全市城乡一体化的医疗救助政策，使救助方式、救助范围、救助标准、资金使用、结算方式都得到了全面统一，破解了城乡差距、县区差距、对象差距；在方便困难群众的同时也降低了群众的医疗负担。2017 年，民政部门还积极对标健康扶贫，对 15.49 万名建档立卡对象合规医疗住院费用报销未达到 90% 的进行医疗救助回补，回补资金 6224.08 万元，有效缓解了“看病困难、因病致贫、因病返贫”等问题，有效地保障了“有病敢看”目标的顺利实现。

（三）建立重特大疾病医疗救助基金，加强医疗救助力度。2017 年年底，我们多方努力、积极筹集资金 2858 万元（其中镇雄 1000 万元）建立了昭通市重特大疾病医疗救助基金，将所有建档立卡贫困对象、城乡最低生活保障家庭成员、特困供养人员以及低收入、因病致贫家庭重病患者纳入重病医疗救助保障范围。

将儿童白血病、儿童先心病、妇女乳腺癌、宫颈癌、重性精神病、终末期肾病、耐多药肺结核、艾滋病机会性感染、肺癌、食道癌、肺癌、结肠癌、直肠癌、慢性粒细胞性白血病、急性心肌梗塞、脑梗死、血友病、1 型糖尿病、甲亢、唇腭裂、儿童尿道下裂、儿童苯丙酮尿症等 22 个病例列入重特大疾病医疗救助保障范围。对符合救助条件的重特大疾病贫困患者，在政策范围内经基本医疗、大病医疗保险或补充保险补偿后仍难负担的住院医疗费用和门诊医疗费用民政部门按照规定给予救助。具体为：实行零起付线，3 万元以下的，按 30% 比例救助，3 万—5 万元的按 40% 比例救助，5 万元以上的按 50% 比例救助，年度累计自付费用超过 2 万元的按 30% 比例救助，每人每年最高限额 10 万元。镇雄县中屯镇中屯村长房子组村民谭家奇，男，于2017年4月患食道癌，到昆明医科大学第一附属医院治疗，总费用12.37万元，通过基本医保和大病保险报销后个人还需要支付医疗费用2.67万元，需要承担总费用的21.58%，通过民政重病医疗救助2.13万元后个人仅支付0.54万元，承担总费用的4.37%，个人承担比例下降了17.21%，有效解决了该家庭医疗费用过重的困难。重特大疾病医疗救助基金的建立、重特大疾病医疗救助的开展，有效地缓解了困难群众看不起病、不敢看病的现状，推动健康扶贫取得实效。

（四）发挥临时救助救急难作用，助力健康扶贫。为解决困难群众因病造成的生活困难问题，民政充分发挥临时救助“救急难”作用，对因家庭成员突发重特大疾病，连续3个月支出的月均重特大疾病医药费自付费用达家庭人均月收入的3倍及以上，导致基本生活暂时出现严重困难的家庭或个人及时给予救助，确保救助对象基本生活不受影响，帮助他们走出困境，也为他们在大病之后更有信心改善困难生活提供了保障。家住大关县木杆镇漂坝村生地湾村民小组的陶琴，女，12岁，父母都是聋哑人，家庭十分贫困，陶琴患白血病由木杆卫生院转院到昭通救治，通过基本医保和医疗救助缓解了医疗费用的问题，但也花光所有积蓄，家庭生活出现困难。2018年1月2日，木杆镇政府将相关情况及时向大关县民政局报告，县民政局调查核实后给予临时救助资金6000元，并发起了网络筹款，筹集到资金7万余元兑现到该家庭，有效解决了陶琴一家的临时生活困难。2017年1—12月我市实施临时救助69303户74788人（次），支出临时救助资金5859.59万元，比上年增长42.3%。

2019年机构改革后，医疗救助职能划归医疗保障局，民政部门不再承担医疗救助工作，但健康扶贫医疗救助政策的落实关乎民生，关系脱贫攻坚的能否如期实现，民政部门作为政府的职能部门，在健康扶贫的路上，我们将一如既往继续发挥好保民生、托底线、救急难的职责，积极配合落实做好相关工作，关心困难群众，将因病导致生活出现困难的群众及时纳入民政救助保障范围，切实做到“应保尽保、应救尽救，不漏一人”，让困难群众感受到党和政策的温暖，全力助推健康扶贫取得实效。

（作者时任昭通市民政局社会救助科科长）

践行初心使命　决胜脱贫攻坚

范　锐

一、背景简述

71 年前，中华人民共和国宣告成立，开启了中国历史新的纪元。在中国共产党的坚强领导下，亿万人民艰苦奋斗，努力探索中国特色社会主义的发展道路，在改革开放和现代化建设的历程中，创造了一个又一个奇迹，实现着强国富民、民族复兴的百年梦想。当今中国，到处充满勃勃生机，各项事业蒸蒸日上，中国特色社会主义事业显示出强大的生命力。我们党为了带领全国各族人民走向富强，为了实现两个“一百年”奋斗目标，提出并实施了“精准扶贫”政策，举全国之力决战决胜脱贫攻坚。

2013 年，脱贫攻坚战打响之初，昭通曾是全国地级市中最难啃下的“硬骨头”，拥有 600 多万人口的大体量，11 个县（市、区）有 10 个是贫困县，贫困程度深、贫困面广、贫困范围大。自 2015 年起，为了更好更快地推进精准扶贫工作，昭通市实施了对口帮扶政策，以村为对象、以行政事业单位为主体，更精准、更有针对性地对贫困村进行帮扶，干部职工一对一挂包帮扶，使脱贫攻坚战成效得到了质的提高。作为一名挂钩扶贫干部，我深感荣幸，也倍感使命责任重大。

二、交通硬件的改变

我是2018年8月参加工作成为昭通市医保局的一名工作人员，我的单位昭通市医保局挂包帮扶的是昭通市彝良县奎香乡的安乐村。自参加工作以来，我就深刻地体会到了脱贫攻坚战的不容易和国家的良苦用心。记得第一次去安乐村是在2018年的10月，单位组织去安乐村实地走访，对贫困户的基本情况进行详细调查，之前我只是在纸质资料还有各种表格上看到情况，当我实地去的时候才看到当地的交通情况是多滞后：从奎香乡所在地到安乐村车程还需要半个小时，从村委会到各村民小组更是坎坷，大部分的村组还未修通公路，放眼望去都是崎岖不平的土路，开车只能走一部分，剩下的路只能步行。记得有一次正下着雨，安乐村挂村的领导包山华副乡长开车，要去中寨（村民小组名）办事，由于天气原因，路上的沙石被雨水冲开，土路泥泞不堪，那辆四驱的越野车也难以行驶。上坡转弯的时候，感觉车辆晃来晃去像坐船似的，我们都紧紧地抓住车门上的扶手，幸好包副乡长熟悉情况而且驾驶经验丰富，我们才顺利抵达目的地。后面的路车辆无法通行，只能步行，大家拎着资料包深一脚浅一脚地向村民家里进发。还有一次也是从村民小组回来的路上，由于天气恶劣加之坡陡路滑，我们所乘坐的车辆直接底盘磕坏无法发动，最后所有人顶着瓢泼大雨步行了一个多小时回到村上。

时隔两年，从村委会到各村民小组的路全部打通，道路硬化全部做好，都是3米多宽的水泥路，隔一段距离还修了一个车辆临时避让的匝道。施乐开小组的社长侯应江高兴地说道："这些年来交通条件的改善是大家都看得见的，以前全是土路，牲口拉的粪便一下雨就冲的到处都是，大家不穿水鞋根本不用想出门。现在政府家帮扶政策好，把村组道路都修好了，不管是去乡里赶场还是娃娃读书都方便得多，人家卖东西的也可以把车子开进来，现在我们买东西都方便得很哟，感谢国家、感谢政府，不然私人哪个能修得起这么多路。”要想富先修路，从泥泞不堪的乡村便道到水泥硬化的坦途大道，每一步路丈量的都是党和国家对老百姓的深切关怀，老百姓的每一句肺腑之言都是对我们扶贫工作的最高认可，朴实的笑容更是体现了满满的幸福感和获得感。

三、医疗保障全面落实

对于整个安乐村来说，变化并不仅仅只是交通等硬件设施，医疗保障行业扶贫同样成效显著。以前很多老百姓对医疗保险不了解，加上宣传力度、广度和深度没有达到一定水平，很多群众并没有参加城乡居民基本医疗保险，导致即使知道自己生了病也不敢去治，一拖再拖，小病拖成大病，最终因病致贫、返贫。昭通市坚决贯彻云南省出台的《云南省健康扶贫 30 条措施》，在原有的基础上更进一步对困难贫困人群倾斜，充分发挥现行社会保险政策作用，强化基本医保在健康扶贫工作的制度保障作用，完善并落实医保健康扶贫政策，在体现医保制度公平性的同时，重点向建档立卡贫困人口实行政策性倾斜。

作为昭通市医疗保障局的一员，我们有义务对建档立卡户进行一些医疗保障政策的宣传，正确引导他们以科学理性的心态进行参保，坚持宣传引导广大群众做到“应参尽参、应保尽保”，贯彻落实医疗保障部门的职能职责。

我挂包的有个贫困户叫刘珍富，是一位 83 岁的老人，和他一起生活的还有和他同龄的妻子以及他 39 岁的儿子刘祥勇。刘珍富老人的儿子为了照顾两位老人家，在家附近做工没有外出打工。由于老人家年龄大了，听力下降严重，每次我到他家都是祥勇大哥热情地招呼我，有一次聊到个人情况，他知道我来自市医保局时他来了兴致，问我：“范同志，我们每年都交的医疗保险，怎么今年还比去年多缴 30 元呢？我家不是卡户有好几个人，这一年就要缴 1000 多呢！”我赶紧跟刘大哥解释道：“城乡居民基本医保是国家对大家医疗健康的一个基本保障，今年的缴费标准是 250 元 / 人 / 年，但是并不意味着全部就是这 250 元了，实际上每个人的医疗保险是 800 元，其中的 550 元由政府财政帮大家给出了这部分。至于卡户，在此基础上更进一步倾斜，每个人再减免 180 元只交 70 元就可以了，对于部分非常困难的人群进行医疗兜底保障，由政府将 250 元全部交了。”这时候祥勇哥又问道：“那另外的 550 元怎么没听人说过呢，我还以为就是交多少就是多少呢！”我又耐心给他们解释：“每个地方的政府资金不一定充足，所以我们医保局对资助大家的钱进行了分配，以我们昭通市为例，中央财政资金补助是 80% 就是 440 元 / 人，剩余的 110 元其中 85%（93.5 元）是云南省级的财政承担，另外的 15%（16.5 元）又分别由县级和市级承担，县级出 90%（14.85 元），市级出 10%（1.65 元），这样就组成了政府对大家另外 550 元 / 人的参保资助。”听到这里，大家恍然大悟，都说：“涨了见识，以前只知道说要交医保的钱了就跟着交，里面的细节还不知道呢，今天一听就了解掌握了，哈哈哈。”

今年 4 月，我到安乐村刘营组去刘祥兵大哥家走访，他家就两口人，祥兵大哥和她妻子陈申凤大姐，之前每次来都是陈大姐在家，祥兵大哥不是去干活了就是有事没在家。进门陈大姐就说：“范同志今天来得好巧哦，我家刘祥兵正好在的，要不是下雨他这个时间已经下地干活去了。”进门就看到祥兵大哥在吃饭，看我来了连忙招呼我一起吃，说我们虽然第一次见但听说过你很多次了，也算是熟人啦，说着就把充满热情的酒倒上，说今天咱们得好好喝一口。我们聊得越来越开心，提到脱贫攻坚刘大哥更是对党和政府感激不断：“你看我家房子享受过住房补贴，现在房子修好了，路也修好了，政府家还给了黄牛养殖奖补，帮忙修厕所，真的是太好了，你看我今年得了急性牙周炎还去住了一次院，结果 570 多元的费用我自己只出了 57 元，哎哟，简直太好了，都要感谢党和政府啊范同志，政府的照顾，再加上我们自己的努力才能越过越好！”说着祥兵大哥一饮而尽，看着他满意的笑容，我相信我们国家一定会打赢这场脱贫攻坚的伟大战役！

让我记忆最深的还有颜忠一家，他家有3个孩子在读书，两夫妻都在外打工，所以和我最熟的还是他母亲田应美老人，每次我还在其他贫困户走访的时候老人就闻声而来亲切地叫我“范同志，跟我去我们屋头吃饭嘛”。老人家已经72岁了，身体却很硬朗，经常闲不住要在田间地头、左邻右舍去转一转，我到她家的时候已经中午了。由于要异地搬迁去靖安，家里的土坯房子已经响应政府号召拆掉了，老人正在打扫卫生，远远看去瘦弱的身躯显得越发孤独。见到我来，老人赶紧和我打招呼，又拿出买的饼干蛋糕和饮料给我，我顾不上咕咕叫的肚子，想起刚刚老人孤独的背影不禁眼睛一酸，拿起旁边的铲子对老人说：“田奶奶你快坐着休息下，我来帮你收拾院坝。”我一边打扫卫生，一边给老人介绍着搬迁的新家靖安的情况，看到田奶奶憧憬的目光，我深感脱贫攻坚的使命责任重大。

我一边和田奶奶拉着家常一边清理泥土石块，不知不觉间时间转瞬即逝，经过了2个小时的清理，院子里焕然一新，年迈的老猫迈步走来走去，仿佛在检查卫生打扫得干不干净，田奶奶频频环顾小院，眼中透出对这片土地的眷恋和对美好生活的憧憬期盼。

扶贫的故事到处都有，扶贫的脚步无处不在，祖国的山川河流都记载着无数可歌可泣的感人故事，脚下的黄土大地承载着中华民族伟大复兴的中国梦，能够见证并参与这场脱贫攻坚的宏伟大业，我们无怨无悔，一直在路上。

（作者系昭通市医疗保障局科员）

昭通基层卫生之变

王晓芸

健康扶贫是脱贫攻坚战的硬骨头，基层医疗机构是实施健康扶贫重要主体。村有达标卫生室、乡有达标卫生院是贫困村、乡退出贫困的硬性标准，同时基层医疗机构服务能力也是贫困人口“基本医疗有保障”的重要支撑，更是全市医疗卫生事业能否长足发展的关键。过去，基层贫困地区的医疗服务能力比较薄弱，群众看病不方便、不及时，进而造成小病拖成大病，大病拖成重病，重病又导致贫困的现象。因此，织牢基层卫生健康网底是我们必须解决的一项非常重要的工作。

2018 年因工作需要，我开始分管基层卫生工作。这 2 年期间，我亲自参与并目睹全市基层卫生变化：从 2018 年前的“村无卫生室”、乡卫生院服务能力弱、就医环境差、群众满意度不高到如今村有标准化卫生室、乡有标准化卫生院，基层基本建成了医疗卫生服务网络，实现了“小病不出乡”的目标。

一、每个行政村建成一所标准化卫生室

驱车 20 分钟左右从三桃乡政府来到了山坳中菜坝村，村委会旁边一座两层新的村卫生室不仅成为当地一道独特的风景，更守护着一方百姓的身

体健康。宽敞明亮的“五室”（诊断室、治疗室、药房、公卫室、观察室）、舒适的就诊环境、完善的医疗设备、斗志昂扬的村医，这是我对菜坝村卫生室的第一印象。

“以前村子里没有卫生室，患个风寒感冒啥的，得来回走近6个小时山路或往返花60块钱打摩的到乡卫生院，很多时候花在打摩的上的钱比买药的钱还多。现在好了，我给老人孩子买点药，几分钟路程到卫生室就解决了。”这是我到威信县三桃乡菜坝村卫生室调研时，菜坝村村民陈科武高兴向我说道。

后来我从卫生室负责人处了解到：该村因社会经济条件等多种因素制约，以前的菜坝村卫生室，是租用烟点的老房子。由于只有一间面积狭窄诊室且办公环境陈旧，设备简单，看病只有听诊器、压舌板、血压计这“老三样”，就医极为不便，群众大多舍近求远。2017年年底，威信县开始分批实施标准化村卫生室建设，2018年菜坝村卫生室迎来了华丽变身，宽敞舒适的环境，越来越完善的硬件设施，使医疗环境得到有效改善，方便了村民就近就医。

2017年年底，全市启动实施标准化村卫生室建设以来，已累计建成标准化村卫生室1344个。其中2018年至2019年争取到东莞、中山扶贫协作建设村卫生室202个，海力集团援建镇雄县村卫生室50个，县市区自筹资金完成改扩建234个，行政村卫生室覆盖率达100%。90%居民15分钟内可以到达最近医疗点，有效缓解了群众看病难的问题，让群众在家门口就能享受优质的医疗卫生服务。真正让农村贫困群众“看病难”“看病贵”问题得到最大限度地缓解。解决了“因病致贫、因病返贫”的问题，为群众撑起健康的“保护伞”。

二、每个乡镇建成一所标准化卫生院

一点一滴的努力，跬步千里的跃升。近年来，永善县桧溪镇中心卫生院和永善县人民医院联合成立心血管、糖尿病等联合门诊。除配齐常规科室外，还配有 DR、彩色 B 超、全自动生化分析仪等医疗设备。2019 年，永善县桧溪镇中心卫生院成功创建为“国家推荐标准乡镇卫生院”及“社区医院”。

刘世瑜也明显感受到卫生院的变化：“虽然是在镇上，但也可以接受到县级医院的治疗。”老刘前一阵膝盖疼，卫生院院长孙锹给他拍了个片子，当即传送至永善县人民医院，5 分钟医生诊断就已经回传：骨质增生。“从开具 DR 申请单到拍片到明确诊断结果，只用了 10 分钟，花了 62 块钱。这在以前想都不敢想！”老刘激动向随行调研人员说道。

“过去永善县桧溪镇中心卫生院条件很差，患者宁愿舍近求远都不愿意来我们这里看病，卫生院每年收入不足 100 万元，其经营状况可想而知，当时许多人都说我们卫生院只剩‘半条命’了。”该卫生院的一位老职工道出了实情。而现在情况则大不一样。说到近几年该卫生院发生的变化，就不得不提到原院长孙锹（现任永善县人民医院副院长）。从 2014 年他开始担任院长以来，短短几年，在他领导下的该卫生院发生了翻天覆地的变化。看到该卫生院如今优美的就诊环境，日趋完善的医疗设施，优质的诊疗服务以及和谐的医患关系，孙锹倍感欣慰。“路是人走出来的，事也是人干出来的。”孙锹告诉我，在县卫健局领导的重视下，在市卫健委优惠政策支持下，该卫生院提出了“走改革强院之路、以制度管人为本”和“医院有特点、科室有特色”的办院宗旨，并成为在全市卫健系统率先进行等级创建和社区医院试点建设乡镇卫生院。

永善县桧溪镇中心卫生院之变，折射出全市基层医疗机构医改向前迈出的坚定步伐。通过远程会诊、分级诊疗，基层医院和当地二甲医院建立起联合诊疗机制，老百姓越来越享受到家门口“15分钟医疗圈”的更多便捷实惠。

2019年，全市整合资金4900余万元用于采购DR、彩色B超等设施设备，使全市146个乡（镇、街道办事处）卫生院和社区卫生服务中心设备配置达到标准化及脱贫成果巩固要求，其中84个（覆盖57.5%乡镇）卫生院建成慢性病管理中心、66个（覆盖45.2%乡镇）卫生院建成心脑血管救治站。

三、建立一套激励机制

去年，我在昭阳区洒渔镇卫生院调研时，院长王从荣向我汇报：“过去基层医疗机构在公益一类事业单位管理体制下，医疗机构薪酬制度较为僵化，内部绩效分配不尽合理，许多该保障的没有及时保障到位。一些提高积极性的分配政策被颠覆，医务人员干多干少一个样，部分基层医务人员安于吃‘大锅饭’，甚至消极怠工，业务骨干急速流失，功能科室快速弱化，相对薄弱的基层医疗卫生服务能力进一步下降。与公益一类伴随的还有收支两条线，影响了医生的积极性。基层基本药物制度实施后，用药品种少一定程度上也影响了病人选择基层医院看病的积极性；如今，我院搭上上级‘两个允许’政策快车，实施绩效考核制度，绩效工资分为基础性绩效工资和奖励性绩效工资。医务人员拿收支结余40%，根据岗位、职务、工作量、工作质量等分档次确定，随工资按月发放；多劳多得的分配原则，既兼顾了公平又避免了吃‘大锅饭’的现象，医生不用再为创收而费心，每一张处方都是对症下药，患者便觉得又便宜又能治好病，我们卫生院也正常发展了。”

近年来，昭通市卫生健康委员会尽一切努力改革基层薪酬分配制度，允许基层医疗机构突破公益一类事业单位绩效工资调控水平，按公益二类事业单位核定绩效工资总量，允许按规定提取上年度收支结余部分用于发放奖励性绩效工资，允许自主确定内部绩效分配办法，探索市场化薪酬分配方式，同时实现同岗同薪同待遇，极大激发广大医务人员活力。

2019 年，市人社局、财政局、卫健委转发省三委厅《关于完善基层医疗卫生机构绩效工资政策保障家庭医生签约服务工作的通知》，进一步调整完善了我市基层医疗机构绩效工资政策。

昭阳区洒渔镇卫生院的悄然变化显然是昭通市卫生事业发展的一个缩影，该卫生院不仅盘活了自己，也实实在在方便了群众。

四、抓实"优质服务基层行"这一活动

昭阳区龙泉社区卫生服务中心主任曾炀："通过基层服务能力提升项目的实施，参照《社区卫生服务中心服务能力标准》和《社区卫生服务中心能力评价指南》，我中心进行全面'体检'，配齐设施设备、健全科室设置、完善规章制度、优化就医环境、规范执业行为，进一步提升常见病、多发病、慢性病门诊和住院诊疗综合服务能力；我中心在基本医疗、基本公共卫生服务、家庭医生签约服务、预防保健、康复等方面得到提升，群众的获得感、信任度和满意度明显提高。"

为促进基层卫生机构标准化建设和规范化管理，提高服务质量和技术水平，优化就医环境，规范执业行为，从 2019 年起，昭通市卫生健康委全面推动"优质服务基层行"活动暨乡镇卫生院和社区卫生服务中心等级评审评价工作。目前，经市级初评累计达到国家推荐标准乡镇卫生院 3 家、达到云南省甲级标准卫生院（社区卫生服务中心）58 家、达到国家基本标准 18 家、创建社区医院 3 家。"优质服务基层行"活动暨乡镇卫生院和社区卫生服务中心等级评审评价工作有力推进基层医疗机构综合服务功能和业务能力加快提升。

医保信息系统数据显示，2019年全市村卫生室门诊人次达759.6万人次、门诊医疗费总额达23708.7万元、人均门诊次均费用31.21元，连续2年门诊人次上浮15个百分点、门诊医疗费总额上浮8.5个百分点、人均门诊次均费用下降5.5个百分点；2019年全市乡镇卫生院门诊人次达571.59万人次、门诊医疗费总额达24306.44万元、人均门诊次均费用42.52元，连续2年门诊人次上浮17个百分点、门诊医疗费总额上浮14个百分点、人均门诊次均费用下降2.1个百分点，住院人次达23.62万人次、住院医疗费总额达25693.98万元、人均住院次均费用1087.64元、住院药品费用占医疗总费用占比36.83%，连续2年住院人次下降9个百分点、住院医疗费总额下降14个百分点、人均住院次均费用下降5个百分点、住院药品费用占医疗总费用占比下降3个百分点；2019年全市医疗机构门诊人次1899.95万人次、乡村两级基层医疗机构门诊人次1331.18万人次，连续2年基层医疗机构门诊人次占全市医疗机构门诊总人次70%以上。

（作者时任昭通市卫生健康委员会副主任、昭通市政协委员、云南省政协委员）

破冰前行：昭通健康扶贫纪实

罗　娇

健康扶贫是脱贫攻坚的坚中之坚、难中之难，对许多家庭来说，一场大病就是一场灾难，重特大疾病更成为许多贫困户脱贫路上最大的“拦路虎”，健康扶贫是打赢脱贫攻坚战的基础和关键。

近年来，昭通市全面落实医疗保障政策、加强基层医疗机构服务能力建设，建档立卡贫困人口基本医疗得到保障，因病致贫、因病返贫现象得到有效遏制。截至 2020 年 6 月，全市未脱贫人口中因病致病返贫户数 10117 户 43165 人，累计减少了 42785 户 183138 人。

昭通健康扶贫正破冰前行，向着全面建成小康社会加速冲刺。

1343 个标准化村卫生室全覆盖

昭通位于云南省东北部、金沙江下游右岸，地处云、贵、川三省结合部的乌蒙山区腹地，是一个集革命老区、地震灾区、散居民族地区为一体的深度贫困地区。

洒渔镇联合村是一个典型的深度贫困村，下辖 9600 多人口，2016 年脱贫出列。曾经的卫生室租用一间民房，诊疗室、药房合二为一，血压计、听诊器等医疗设备无法满足日常医疗需求。2017 年东西部帮扶援建，联合村有了如今的“洋房”卫生室，面积 200 多平方米，设有门诊室、药房、治疗室、观察室、公共卫生服务室、中医诊疗室，医疗设备全部按标准配备。目前，村卫生室既能完成小病诊疗和简单的身体检查，还能提供针灸、拔罐等 5 类中医适宜技术服务。“每个村卫生室配备 4—5 名村医，村医常驻村里，白天在岗坐诊，即使夜里有人看病，几分钟就能赶到。”

昭通把健康扶贫作为脱贫攻坚的重要抓手，不断加强县、乡、村三级医疗机构建设，全市像洒渔镇这样的标准化村卫生室，现有 1343 个，已覆盖每一个边远村寨。11 县（市、区）县级综合公立医院均达二级综合医院以上标准，县域内就诊率提高到 88.85%。全市拥有在岗乡村医生 4653 人，为群众健康贴身守护，“小病不出村”“大病不出县”的目标终于在乌蒙山区成为现实。

家庭医生服务群众“最后一公里”

水富市太平镇太平村家庭医生经常下乡随访慢性病、大病患者，为健康人群每年至少做一次体检和随访，给村民普及健康知识，为群众提供及时有效的医疗服务。

昭通大力推行家庭医生签约服务，聚焦孕产妇、0—6 岁儿童、65 岁以上老年人、慢性病患者、大病患者等重点人群签约，为签约村民提供基本医疗、体检、转诊和健康咨询等多项服务，为行动不便的老年人、残疾人提供上门或巡诊服务，打通医疗服务“最后一公里”。优先把常住建档立卡贫困人口作为签约服务对象，聚焦高血压、糖尿病、严重精神障碍、肺结核四类重点疾病患者规范服务。截至 2019 年年底，全市 3352 个家庭医生团队签约对象均在 1000 人以内，签约团队优化率 100%；建档立卡贫困人口签约 1110376 人；高血压、糖尿病、严重精神障碍、肺结核四类重点疾病卡户患者共签约 148083 人，履约服务 147857 人，履约服务占比 99.85%。

大病不再是“不可承受之重”

埂底村村民韩清虎：“感谢大病医疗政策，让我们农村人得了大实惠。”49 岁的韩清虎，家住鲁甸县梭山镇埂底村。2014 年在广东打工，诊断出患有尿毒症，由于外地医疗费用较高无法承担，转昭通市第一人民医院进行手术治疗。按照基本医疗报销政策，原本 20 多万元的手术费用，韩清虎个人只承担 2 万元的自付费用。终末期肾病需要长期做血液透析治疗，以前县级医院不具备医疗条件，韩清虎只能忍受反复穿刺的痛苦。2018 年，鲁甸县人民医院引进动静脉内瘘穿刺技术，韩清虎不仅可以在家门口做透析，而且通过大病救治保障政策，原 550 元 / 次的透析费用，韩清虎个人只需自付 17.2 元。“除透析费用，其他药费、检查费等全部报销。”

2017 年，昭通市农村贫困人口大病专项救治行动全面启动，实施“四重保障”措施（基本医保、大病保险、医疗救助、兜底保障），先诊疗、后付费、“一站式”结算制度，按病种、分批次对罹患大病的农村贫困人口进行集中救治，切实减轻农村贫困大病患者的病痛疾苦及其家庭经济负担，确保将符合条件的救治对象的医疗费用自付比例降至 10% 以内。2019 年以来，大病专项救治病种增加至 32 种，7 家省市三级医院对口帮扶 11 家县级医疗机构，2019 年派出医疗专家 81 人，通过“帮管理、传技术、带人才”，充分发挥引领示范作用，为县（市区）定点医院提供技术支持与指导，对建档立卡贫困人口大病患者做到“发现一例、建档一例、救治一例”。截至 2019 年年底，25 种大病（国家要求）建档立卡贫困患者 15488 人，已救治 15461 人，救治进度 99.83%；32 种大病（省级要求）建档立卡贫困患者 29375 人，已救治 29260 人，救治进度 99.6%。

东西携手，不仅有力量，更有温度

东莞医生林静雅：我能力有限，但我要尽我最大的努力把巧家妇科工作带出成效。原本支医工作一年期限已到，她又主动申请延长一年。

2018 年 8 月，34 岁的广东省东莞市石排镇妇科医生林静雅来到昭通对口支医，这里的情况比她想象的糟糕，群众看病太难。

林静雅医生：巧家县医疗卫生条件落后，不管医生还是患者，对妇科缺乏认识，很多可以预防的妇科疾病拖到病变了才做检查，而医院又缺乏妇检设备。所以我下定决心多留一年，把这里的妇科工作带起来。

一年来，林静雅医生兢兢业业，带着当地医生手把手讲解示范示妇科手术，帮助患者正确认识妇科。在林静雅医生的帮扶和推动下，目前，巧家县已经可以开展妇科腔镜下输卵管妊娠切除和取胚术、良性卵巢囊肿剥除、巧克力囊肿剥除、畸胎瘤剥除等妇科手术，巧家县人民医院还引进了宫腔镜检查和宫颈 HPV（人乳头瘤病毒）、TCT 检查（液基薄层细胞检测）等技术设备。

林静雅医生：现在部分新技术和新项目还不成熟，我走了有些手术无法开展，而且我还没成家，时间相对比较自由，所以主动申请留下来，为这个地方尽我绵薄之力。

像这样感人的故事，正在昭通健康扶贫的路上不断上演。

2016 年 11 月，广东省中山市、东莞市与昭通签订战略合作框架协议，重点帮扶昭通卫生人才培养、专科建设、卫生行政管理、科研扶持等多个方面。3 年多来，全市已派出 454 名医务人员和 11 名县级医院院长到东莞、中山、深圳进修学习；东莞、中山两市已选派182名医疗专家到我市各县区挂职带教；深圳市人民医院和深圳市中医医院与我市第一人民医院和市中医医院结成“一对一”帮扶关系。东西部扶贫协作资金共投入1.04亿元，用于514个贫困村卫生室新建、提升改造、设备购置等，目前已全部完工并投入使用。跨越1000公里的帮扶有效解决了昭通医疗卫生最核心的人才、技术问题。

（作者系昭通市卫生健康委员会宣教信息中心职员）

润物无声的付出

陈 华 杨礼聪

山堡村平均海拔2100米，气候温差大，地势落差大，地处高二半山区，自然条件恶劣，没有规模产业，农作物以玉米、马铃薯、红薯为主，国土面积30平方公里，辖15个自然村38个村民小组，建档立卡户298户1331人，贫困面相对较大。坝统村平均海拔940米，盛产沙仁、核桃但不具规模，国土面积7.11平方公里，辖7个自然村15个村民小组，建档立卡户198户787人，人均耕地0.588亩，外出务工占家庭收入的60%。脱贫攻坚工作开展以来，两个行政村经济社会发展和基础设施建设均有长足改善，到2019年年底贫困群众人均收入达到4000元以上，“两不愁、三保障”得到全部解决。

参加必将载入史册的脱贫攻坚伟大工程，这是我们扶贫干部的光荣使命，也是我们的荣耀。帮扶贫困群众收获的感动，帮扶项目落地后的喜悦，扶贫干部相互帮助的温暖瞬间，让我们想象不到的贫困程度，一路艰辛，一路汗水，扶贫路上的点点滴滴，这些还得从前年说起。

2018年4月，上级增派我院定点挂钩帮扶巧家县小河镇坝统村、山堡村。收到指令，我院随即成立由主要领导为组长的扶贫工作领导小组具体指导日常扶贫工作的筹划和落实，确定党政班子成员和行政后勤科室负责人共39人为包保干部。相继选派5名驻村工作队队员和7名脱贫摘帽督导员下沉到指派地驻村开展工作。随后，医院抽调我到院扶贫办工作，要求克服家庭困难，做好经常走基层、进大山的准备。领导找我谈话时，我未做思索立即表态没问题。

这时候脑海里满是老家门口的柿子树，玉米地里夹种的小黄瓜，儿时的小伙伴，慈祥的爷爷奶奶，魂牵梦绕的家乡热土。从小在农村生活长大，对大山深处的一草一木、鸡鸣狗叫总有些莫名的期许，到基层扶贫满心期待。

没想到第一次入户走访就遇到不小困难，从单位出发一路颠簸 4 个小时到山堡村，我们在村委会等候 2 个多小时才有人来带路，贫困群众对我们的态度不冷不热，一天下来没走访到几户群众，身心疲惫还没成果。看到贫困群众对脱贫攻坚没有什么期待，认为我们就是去合影照相走过场，不会真心实意帮助他们，所有乐观瞬间崩塌。

第一轮入户走访结束我院召开扶贫专题会议征集全体扶贫干部意见建议，研究制订医院挂钩帮扶方案。集体讨论我们包保干部要干些什么，扶贫工作怎样才能做好，怎样才能走进群众心中，如何了解群众的需求。首先，深入学习领会习近平总书记脱贫攻坚一系列创新理论，吃透上级脱贫攻坚决策部署精神，读深读透每一份政策文件，打牢开展扶贫工作的理论基础。其次，还是得入户走访，走进群众家中，走进田间地头，与群众面对面交流。再次，是多与镇党委、村“三委”沟通协调，找到契合当地实际的挂钩帮扶措施，形成脱贫攻坚的合力。大家都相信只要付出真心一定能融化处在困境中的贫困群众失望放弃的心，只要付出努力定能逐步改善贫困群众的生产生活条件。

做贫困群众知心人。为科学合理制定帮扶措施，让挂钩帮扶单位有限的力量发挥最大的作用，及时有效解决走访过程发现的各类问题，安排每一批次入户走访均有一名党政领导班子成员带队。挨家挨户走访下来，见到的基本都是满屋苍蝇，简陋破旧且屈指可数的家具。看到太多终其一生未走出大山的老人，太多患重病群众对生命的渴望，太多期盼走出困境的老实人苦于没有致富的思路和办法，这些彻底颠覆了我们对贫困的认识，也更加驱使我们用心去帮扶他们。

就这样我们全体包保干部踏遍了挂钩村的山山水水，不管是在房前屋后还是田间地头，贫困群众反映的问题我们习惯性顿足倾听，耐心解释群众不了解的政策，拿出小本子记下群众的实际困难，到村委会向村“三委”及时反馈并提出意见建议一起协商解决。有一次，走访海拔3050米的满天星村民小组贫困群众，我们一行冒着烈日沿着陡峭的山路徒步6个多小时才完成走访任务，因不习惯戴遮阳帽，我额头被晒脱了皮，回单位同事给我定义为“毁容式”扶贫。

随着我院一系列挂钩帮扶项目和措施的不断推进落实，以及帮扶干部入户走访次数的不断增加，久而久之很多群众开始接受我们这些“外星人”，从小河镇到山堡村1个多小时车程的路上熟人开始不断增多。

贫困户杨昌国小儿子的间隙性精神分裂症加重，见人就打，还一把火把老屋烧个精光。来到我院弄不清楚就诊流程，无奈之下打电话求助，我丢下手头工作去见老少爷俩。诊疗后我驾车转送他们到昭通市精神卫生中心，3000元住院费老杨左掏右掏仅有1000元，我帮忙垫付2000元后住下院来。

后来医院组织相关人员去实地考察村组公路援建项目，老杨在路途与我们相遇，追赶考察组大概1里路非得硬塞给每人一个黄瓜。一件微不足道的小事，老杨却牢牢记在心底，之后到他们家落实脱贫攻坚工作自然就很顺利。看到不配合我们工作的邻居，还会帮忙说话：“他们都是好人，不会骗我们的！”给了我们意想不到的惊喜。只要走进基层，付出辛劳、付出汗水，对老百姓有情有义，还愁群众不会感恩。

“自强、诚信、感恩”实践教育活动，就是要教育引导贫困群众听党话、感党恩、跟党走，激发群众脱贫致富的内生动力，燃起人民群众对美好生活的无限向往。而要做好宣传教育引导工作，首先我们扶贫干部就要自己绝对听党的话，不打折扣落实脱贫攻坚任务，把对党忠诚体现到坚决打赢打好脱贫攻坚战上来。同时，要牢记全心全意为人民服务的宗旨，不怕吃苦，沉得下去，端正对扶贫工作的态度，从内心深处怀着对贫困群众的关爱，付出真心，就会赢得群众信任。

落实帮扶项目惠民生。自挂钩帮扶以来，我院向山堡村、坝统村直接投入资金 160 万元。其中，100 万元用于援建老年活动广场，修建村组公路，30 万元用于高中学业阶段学生教育帮扶，30 万元用于软籽石榴产业扶贫、村党员活动室打造、村委会装修改造、食堂建设、村卫生室标准化建设等项目。

在推进落实帮扶项目过程，每遇到群众不理解、不支持，甚至故意刁难的情况，包保干部总是和镇村干部、驻村工作队一起查法规、找政策、想办法，一起不厌其烦地向老百姓讲政策，讲项目实施的意义，讲长远红利，讲到他们签字同意。记得项目实施最顺利是山堡村村组公路和坝统村老年活动广场援建工程，帮扶到老百姓心坎上的项目，不用动员，不用解释，他们心里边都有一杆秤。

初到山堡村，38 个村民小组 22 个未通公路，山高坡陡、寸步难行，贫困比较群众居住分散，入户走访总是晴天一身土，雨天一身泥，放眼望去漫山遍野都是土坯房。为方便群众出行和农危改项目的顺利实施，医院组织相关人员经过实地调研后，援建了山堡村山脚村民小组到店子村民小组 4 公里的村组公路，极大方便了附近 10 个村民小组群众的生产生活。该项目的筹建只召开了 1 次两个村民小组全体群众大会就获得一致通过，所有群众在项目意向书按上鲜红的手印，并表态项目规划占用的土地和山林均愿意无偿提供。

援建坝统村老年活动广场时，村委向各村民小组征求用地意见，良子自然村村民顾永坤表示愿意无偿提供修建用地，院班子带领我院基建工程师现场查勘选址情况，提供土地基本能满足规划需要，周边农户还相对集中。大家都夸其觉悟高有奉献精神，他说不是觉悟高是可以得到实惠，广场修在我家房屋后边，农闲时就是休闲场所，红白喜事可以利用，还可做农作物的晾晒场地，方便自己也方便大家，提供土地还可以赢得群众口碑。有了群众的大力支持选址工作一锤定音，项目顺利推进。

挂钩帮扶的两年多里，我院还为小河镇90名镇村干部免费进行健康体检，免除体检费用3万余元。每年春节看望慰问40—50户特困户，发放价值1.6万元慰问物资，向516户贫困户发放价值5.6万元电饭煲及调料盒。慰问因灾贫困户4户，发动挂钩帮扶科室职工捐款捐物，累计捐款1.5万元。同时，发挥行业优势制定主题为“关注健康我们与您携手前行”的健康扶贫宣传手册1000余册进行宣传发放，向坝统、山堡、回龙3个村级卫生室捐赠电脑、打印机共三套，医疗床6张、床头柜6个、陪护椅3个及床上用品6套等设施设备，制作标识标牌和制度流程悬挂上墙，并派出专家现场指导流程布局，有效推进3个卫生室的标准化建设，明显改善卫生室的诊疗条件。党政主要领导带领我院12名权威专家开展大型健康义诊志愿服务活动，为群众义诊1000余人次，发放价值3600元药品。派出5名医疗专家到小河镇对60余名乡村医生进行短期集中培训，携手好医生药业集团到山堡村进行半夏中草药种植产业帮扶。

特别是乡村医生培训现场让我记忆深刻，理论培训每天从早上8:00到下午18:00，每节课只休息10分钟，授课专家热情高涨，全体参训医生认真听讲。高强度的培训没人缺席，没人睡觉，没人随意走动，现场鸦雀无声。培训内容考虑到了乡村医生的实际工作需要，提问环节大家发言都比较积极，地方常见病、多发病的常规处置是问得最多的问题。有一名女医生背着小孩听课，小孩哭闹时尴尬地向四周看一看，边哄小孩边记录，怕自己失去充实和提高自己的机会。培训的时间虽然短，却超出了预想效果，既让参训医生更清楚地认识到自身存在的不足，同时也提高了业务技能。

医院所有帮扶项目中，倾注心血最多的还是半夏中草药种植产业扶贫项目，从前期摸底群众意愿到协调引进投资企业用了1年多时间。大家都明白产业扶贫对于促进贫困人口增收，实现稳定脱贫意义重大，但是推进过程既缓慢又艰辛。包保干部走访时了解到山堡村有大量留守老人，他们中间有的还有劳动能力，希望通过自己的双手来解决温饱问题。针对这些情况，结合医院的行业特点和老百姓的意愿，我们对接了很多中药企业，最终与好医生药业集团达成共识，由好医生药业集团提供技术支持，群众自己用土地种植半夏中草药，药企按市场价进行收购，并设最低保护价。因半夏的生长特点，不能大规模机械化种植，还可以和玉米等农作物套种，农户既可以耕种农作物，又可以实现额外收益，老百姓对半夏种植项目特别感兴趣。2020 年 3 月，我院在全力抗击新冠肺炎疫情的同时，积极协调小河镇党委政府和好医生药业集团完成 21.8 亩半夏实验种植，据好医生药业集团技术人员介绍，目前山堡村为他们在昭通境内发现的最适合半夏生长的地方。

用行动守护群众安全。2020 年 5 月 18 日，小河镇发生 5.0 级地震，山堡村是离震中最近的村庄之一。地震发生后，我院即刻开通绿色通道，做好全力救治伤员准备，出动 3 车 3 批次 13 人医疗救援队赶赴灾区。5 月 22 日，迅速派出 10 名包保干部赶到挂钩村，与镇村干部和驻村工作队第一时间分组到村到组到户全覆盖开展查灾核灾工作，全面助力开展住房排危拆危工作，顺利完成 71 户住房严重受损群众的危房拆除和过度安置。

灾后余震不断一直下雨，为在规定时限内完成工作任务，我们 4 个工作小组不惧风险坚持冒雨排危，早上 7 点出发徒步上山，到晚上 10 点在村委会汇总完成研判，连续高强度工作 9 天。后边两天小伙伴们都疲惫不堪，提脚重若千斤，吃不消的时候我们相互鼓励，咬牙坚持下来。

5 月 27 日，我们小组在碉上村民小组唐正华家丈量受损房屋面积，刚刚完成测量从房屋内离开就发生余震，看到屋顶不断掉落的瓦片，大家都惊出一身冷汗。虚惊之后大家继续迈步向前，此刻只有一个信念，哪里有困难，哪里就必须有我们共产党员的身影。

目前，省级和国家级第三方评估验收已经通过，并如期完成了脱贫攻坚普查任务，脱贫攻坚阶段性目标任务已经顺利完成。

如今，我院挂钩的山堡村发生了巨大变化，山坡上牛羊成群，沿途绿树成荫，道路清洁，家家户户告别土坯房住进安全稳固的砖房，广播电视、电力、安全饮水等实现全覆盖，教育医疗有保障。一路走过都有群众热情的招呼声，问问现在日子咋样，他们重复着一句话："感谢党的好政策！"

现在的胜利只是下一个目标的起点，我们将初心不改，继续用润物无声的付出，点亮贫困群众脱贫致富的希望，开启乡村振兴奔小康的新篇章。

（作者陈华时任昭通市第一人民医院后勤服务中心副主任、扶贫办工作人员，杨礼聪时任市第一人民医院党委副书记、纪委书记）

每一份力量都很重要

何焕秋

党的十八大召开不久，习近平总书记在河北省阜平县考察扶贫工作时指出："帮助困难乡亲脱贫致富要有针对性，要一家一户摸情况，做到心中有数。"党中央精准扶贫的动员令，吹响了脱贫攻坚的集结号。一时间，千军万马从城市奔向农村，由机关进驻到农户，一场扶贫帮困大决战拉开了帷幕。古诗云：好雨知时节，当春乃发生。随风潜入夜，润物细无声。脱贫攻坚战就是一场及时雨，滋润了贫困群众的心，它也是时代赋予我们每一个扶贫干部的时代任务和光荣使命。从莲峰官寨村到荞山和平村，再到龙海石笋村，最后到奎香安乐村，回忆起扶贫工作，其中的点点滴滴，所见所闻，都成为我人生中最宝贵的一笔财富。

一、难啃的"硬骨头"

还记得2015年年底第一次去石笋村的时候，山路崎岖泥泞，一路上弯弯曲曲、凹凸不平的山路让我们的许多同志都晕车了，镇上到村上22公里的路开车开了一个多小时才到，村上到村民小组的路况更差一些，很多地方只有走路才能到达。到了村上，电压也很低，烤火器只能隐隐约约看到一个淡淡的红圈圈，几乎感觉不到温度有多少提高。走在崎岖不平的山路上，泥巴沾满了水鞋，我们有的同事从来没有走过这么陡的山路，走访回来感觉魂都少了一半。交通落后，生活不便，这就是石笋给我的第一印象。2016 年 3 月，我成为一名驻村工作队队员，投入脱贫攻坚战中。在走访群众的过程中，听到最多的就是“我们这里路不好，交通太不方便了”“我们这里农网改造还没有完，电压不稳，电费也很贵”“看病看不起呀，太贵了”之类的抱怨。

官寨村一社长给我们说：“我家娃娃六年级了，在我们这里成绩算是好的，还个个学期得奖状，可是一百以内的加减都还是算不清，我们这个社离村上远，以前长期只有一个代课老师，现在很好了，每年都有从昭通来支教的老师。”石笋村徐大哥说：“我们这里路不好，修房子的材料用车拉不上来，修房子成本太高了。”吴大哥说：“我儿子有精神病，我们家每年的收入都用来给孩子看病了。”宋大哥说：“孩子的爸爸患有帕金森综合征，躺在床上不能动，我也没有什么劳动力了，家里没有什么收入来源，药都是我家姑娘在外面打工买了带回来的。”石笋村的和平村民小组离村上很远，学生上学也不方便，走路来回上课将近要走 7 个小时，交通落后、教育水平低下、生活不便等等制约了村民的发展，如果再遇上生病，更是让群众的生活雪上加霜。

二、医保扶贫来攻坚

为了不让“看病难、看病贵”成为群众健康的拦路虎，从而成为脱贫路上的绊脚石，我们医保人一直在努力。2017 年，我市新型农村合作医疗和城镇居民医疗保险正式合并为城乡居民医疗保险，统一了慢性病、特殊病等报销政策，实行统一的城乡医保制度，有效地缩小了城乡差距。安乐村的张大哥和妻子余大姐长期在湖南省务工，孩子在昆明读书，余大姐患有甲状腺癌，手术后需要长期服药和复查，由于一直在外务工，门诊产生医药费和检查费无法一直没有报销，我在走访时了解这一情况后，通过电话详细询问了余某的情况，余大姐的病情符合我市城乡居民特殊病申报的条件，由于夫妻两人长期在外务工，为了能尽快享受医保待遇，余大姐将相关资料邮寄给我，委托我去昭通市第一人民医院提取相关病例为其申报特殊病。申报成功后，余大姐在外地门诊就医的费用也可以拿回来报销，极大地减轻了负担。张大哥后来给我打电话说："何同志，太感谢你了，现在的政策太好了，以前我媳妇在外面门诊上买了的药和检查费都不能报销，我们也不懂政策可以申报特殊病，现在好了，以后我媳妇在外面门诊买的药和检查都可以报销了。"

我们的帮扶干部在走访的过程中，充分发挥部门优势，收集特殊病、慢性病等相关资料，积极主动帮助群众申请办理医保待遇，大力宣传医疗保障各项政策。挂包的贫困户来昭通看病不清楚手续，帮忙带去办理住院手续；无法到医院看病的，在走访的时候请医生一起上门去问诊。没有全民健康，就没有全民小康，因病致贫、因病返贫一直以来都是扶贫路上一块难啃的"硬骨头"，为确保老百姓看得起病、看得上病，我市积极推进落实健康扶贫各项政策，"先诊疗后付费""一站式结算""基本医疗保险、大病保险、民政救助"多重保障等政策，推动健康扶贫落实到人、精准到病，让广大群众从中获益。

近年来，高值医用耗材价格虚高、群众费用负担重的问题社会广泛关注。2019 年 12 月，我市所有公立医疗机构取消医用耗材加成，所有直接向患者收费的医用耗材实行"零差率"销售，医用耗材销售价格按实际购进价收费；2019 年 12 月，第一批国家集中带量采购药品在我市落地；2020 年 4 月，第二批国家集中带量采购药品在我市落地；通过参与国家组织的药品带量采购以量换价，促使多种药品药价大幅度下降，品种涵盖了慢性病、特殊病、日常用药等。有高血压、糖尿病、乙肝、癌症等患者常用药品，部分药品最高降幅达到98.91%。服用阿卡波糖的糖尿病患者在带量采购前药品费每年约2290元，带量采购后每年药费约200元，药品费用可以节省2090元；服用苯磺酸氨氯地平的高血压患者在带量采购前药品费每年约1668元，带量采购后每年药费约22元，药品费用可以节省1646元；通过参与国家组织集中带量采购及医用耗材联盟采购，药品和医用耗材将大幅度降低，缓解了群众“看病难、看病贵”等问题，保障了群众健康权益，让改革红利惠及每一名群众，让老百姓花更少的钱，用上更多更好的放心药。随着生活水平的不断提高，高血压、糖尿病在贫困群众中也逐渐增多，国家集中带量采购药品在乡镇卫生院、村卫生室也能够采购，方便了群众就医，降低了患者的负担。

三、不负使命担重任

古人云：天下之治乱，不在一姓之兴亡，而在万民之忧乐。民生无小事，枝枝叶叶总关情。“急群众之所急、想群众之所想、解群众之所困”，是我们党的光荣传统，这些话我从前学了很久，真正理解它还是在脱贫攻坚工作中。我深刻地体会到，不能坐而论道，关键是以实事求是的态度、改革创新的精神，在实践中不断完善制度，为民生改善筑牢根基，一件接着一件办，一年接着一年干，就一定能让老百姓过上好日子，让脱贫致富的梦想照进现实。民生连着民心，有了民心，就有了信心和决心，随着脱贫攻坚战的打响，建制村公路通车，农网改造完成，健康扶贫、危房改造、易地搬迁等等一系列政策的实施，老百姓的日子也逐渐好起来了，搬进了安全住房、户间道路修好、饮水安全有保障、完善文化活动场所，原本破旧的小山村焕然一新，“两不愁、三保障”得到落实。脚下有多少泥土，心中就有多少真情。村里一位老人说："现在党的政策好了，公路修通了，吃水问题和电网改造也解决了，而且还派你们这些市上的同志驻到我们村帮我们解决困难，这是我们世世代代都没有想过的事情。"

在脱贫攻坚的路上，一直有这样一群人，他们奋战在脱贫攻坚的一线，他们设身处地为百姓排忧解难，他们热心帮扶、乐于奉献，他们充分发挥帮扶责任人的"生力军"作用，用足用活政策资源，为脱贫攻坚奉献了自己的力量。正是有了各行各业千千万万的干部投入这场战斗中去，有了自力更生、顽强不息的人民群众参与脱贫攻坚工作，脱贫攻坚的效果才有了显著提升。作为一名医保人，能够参与脱贫攻坚决战决胜工作当中，我既为之自豪，也深感责任重大。

现在有一句话很流行：家乡如果还有哪些地方不足，那么就力所能及或者竭尽所能地帮助她，改善她，让她变得更好。通过脱贫攻坚战，我的意志得到磨炼，也更加坚定了信念，在脱贫攻坚这条路上，挥洒过汗水，留下过泪水，更收获了希望和梦想。

（作者系昭通市医疗保障局科员）

甘做绿叶衬红花

何兴宇

骆飞，昭通市卫健委三级主任科员。说起她，并没有过多轰轰烈烈的感人事迹，仅是平凡岗位工作中的点点滴滴，二十年如一日的坚守和奉献，让同事们认可她、组织上信任她。特别是在2019年的全市村卫生室基本药品配备目录工作中，她不惧困难，带头深入基层调研，组织有关专家反复论证，以严谨、细致、精准的对策，较好地完成了昭通市村卫生室基本药品配备目录工作。

自2009年国家施行《国家基本药物目录管理办法（暂行）》以来，由于地区发展不平衡等多种因素，造成全市村卫生室出现药品数量少、基本常用药品不全等不良状况。问题不容忽视，发展势在必行。从单位领导手里接受了任务之后，骆飞心里明白，要干好这项工作，不是一蹴而就的事情，更不是一个人就可以完成的，必须以严谨的态度、专业的要求，按步骤脚踏实地一步一个脚印的来！

行走乡间，一枝一叶总关情

为深入了解全市村卫生室运行情况，2019年11月12日至22日，市卫健委抽调相关人员组成4个调研组，对全市11个县市区22个乡镇44个村卫生室开展了专项调研。骆飞身患重症肌无力多年，常年是药不离口，开展村卫生室基本药品配备目录的调研工作，必须深入基层卫生室了解情况，必须召集农村群众召开座谈会等，每天日程都安排得紧紧张张的，大家都担心柔弱的她撑不下去，纷纷劝她干脆留在市里做好统筹工作就是了。她摆摆手，笑笑道："哪里有那么脆弱了，现在全市农村交通状况都很好，车来车往的，比以前走路下乡可是强多了！再说，我负责统筹全市村卫生室基本药品配备目录工作，如果不到基层走一走看一看听一听乡村医生和群众的呼声，我心里没底啊！"就这样，骆飞亲自带领调研组，风风火火奔赴基层卫生室开展调研工作。白天走访、座谈、核实，晚上回到驻地就连夜整理相关材料，思考第二天的工作。有时她晕车得实在受不了，就下车在路边站一会儿儿儿儿，吹吹冷风，缓过一口气后又跳上车子马不停蹄地向目的地奔去……调研结束回到市里后，骆飞又一一收集整理汇总其他各组的调研情况，摸清了全市村卫生室药品配备工作现状和存在问题，并针对问题认真思索下步工作思路和对策。

俯首案头，寒夜孤灯风萧萧

2019 年 10 月，各县（市、区）卫生健康局结合本地区城乡居民常见疾病治疗需要、乡村医生服务能力和用药习惯等因素，制定村卫生室基本药品配备品种、数量指导性初始目录。当 11 个县（市、区）上报村卫生室初始用药目录后，骆飞又登门委托市医学会药学管理专业委员会进行收集汇总，并自始至终陪同相关人员开展收集目录工作，初始汇总近 10000 条，按照各县（市、区）原始分类、汇总、合并同类项还有 5500 余条。由于各县（市、区）存在分类差异，收集人员可能为非药学类，收集药品的品名、规格、厂家不完整或者缺失，计价单位混乱不统一，甚至交叉分类，错误分类等，给汇总工作带来极大困难，甚至影响汇总结果。冬日的昭通，寒风凛冽，无数个夜晚，骆飞独自坐在办公室里，俯首核对手中的材料，长时间的工作使本来就近视的眼睛经常流泪，她在抽屉里常备了眼药水，实在不舒服就滴上两滴舒缓一下。同事们开玩笑说："赶紧看看滴眼药是不是目录上的药品，价廉物美的好药品要人人用得起买得到！"

经过烦琐的二次分类汇总，最终目录结果为 3945 条，再由药学专业技术人员把相同通用名、不同生产厂家和不同的规格做了合并和梳理，最后汇总形成《原始村卫生室基本药品配备目录》，共包含 328 个品种，其中抗菌药 32 种（不含滴眼液和外用制剂），抗寄生虫药 3 个，局部麻醉药品 2 个，二类精神药品 1 个，儿童专用药 14 个，中成药 149 个，其他 127 个。

反复论证，绝知此事要躬行

2019 年 12 月以来，市卫健委召集市一院、市中医院内、外、妇、儿、医保等相关专家组成的昭通市村卫生室基本药品配备目录专家评审委员会，先后数次召开村卫生室药品配备目录制定会议，对《原始村卫生室基本药品配备目录》反复进行专业论证。

会前，骆飞认真筹备会议材料，制定会议议程提交领导决策；会上，认真记录各位专家的意见，现场解答各种提问；会后，按照是否临床必须、是否疗效确切、是否能满足基层看病就医需求的原则，联系药学专业委员会再次对初始目录进行筛选。一趟又一趟的往复联络，一次又一次的沟通交流，一遍又一遍的核查核实，骆飞每天蹬着单车，顶风沐雨往复奔波，把所有精力全部放在了村卫生室药品配备目录制定工作上。正在上初三的女儿有些郁闷了："最近总看不到妈妈的影子，有时来不及做饭，就点外卖将就一下啦！"骆飞有些愧疚："对不起啦宝贝，你要大考，妈妈也要'大考'，我们只有共同克服困难，夺取最后的胜利，一起加油吧！"

各类专家遵循循证医学、药物经济学、合理用药、临床必须、疗效确切、满足基层看病就医需求的原则，通过专业论证，最终制定形成了《昭通市村卫生室基本药品配备目录》(以下简称《目录》)。该《目录》共有药品品种 294 种，其中国家基本药物 253 种，非基本药物 41 种，符合国家以基本药物为主导的“1+X”用药模式，完全能保障基层医疗机构用药需求。2019 年 12 月 25 日，市卫健委联合市医疗保障局下发了《关于印发〈昭通市村卫生室基本药品配备目录〉的通知》,《昭通市村卫生室基本药品配备目录》正式下发执行。这份文件的出台标志着全市村卫生室用药逐步走上了规范化的轨道，

至此，骆飞负责的这项工作终于尘埃落定了，大家都以为可以松口气的时候，骆飞却淡定地摆摆手说：“莫慌，莫慌，事情还没完，这份目录虽然下发执行了，但是效果如何还未知，而这个结果才是我们前期所有工作的最终体现啊，且让我们拭目以待吧！”

效果初显，终得云开见月明

志不求易者成，事不避难者进。半年来，骆飞通过各种途径收集汇总《昭通市村卫生室基本药品配备目录》的下发执行情况，最终结果令人感到欣慰，《昭通市村卫生室基本药品配备目录》的下发执行，在规范乡村医生诊疗行为，促进基层合理用药，保障人民群众用药需求和用药安全等方面发挥了积极的推动作用。目前，全市各县（市、区）《昭通市村卫生室基本药品配备目录》的要求，在规定范围内选择配备药品，药品品种数均高于 80 种，并严格按照“一品两规”的管理制度进行配备。配备药品中治疗高血压的 5 大类药和治疗糖尿病的 2 大类药列为必备品种，且每类不少于 1 种。

泰戈尔曾经说过：花的事业是甜蜜的，果的事业是珍贵的，但是，让我干叶的事业吧，因为叶总是谦逊地垂着绿荫。时光荏苒，岁月无声，从“小同志”到“骆大姐”，不惑之年的骆飞仍一如既往保持着低调朴素的生活作风、严谨负责的工作要求，默默奉献，化身一片绿叶，为红花铺衬，带来春天的希望——因为卫生战线的工作者从事的是生命的事业！

（作者系昭通市卫健委四级主任科员）

扶贫琐记

李小冬

2015 年 8 月，接到单位领导通知，说是要安排我去参加扶贫工作。当时的我充满期待，不假思索接受了这个光荣的任务，下到中国的最基层去锻炼去学习，相信两年之后的我肯定会有很多收获。

接到任务后从昭通出发到威信，在单位分管领导刘副局长的带领下我们奔赴一线。对于我这样一个从小在昭通城长大的人来说，山是一个什么样的概念都不清楚。只是依稀记得，我们的车从昭通到威信跑了半天，下午马不停蹄又到了乡镇，最后沿着蜿蜒曲折的山路到了村委会，最后在大雾弥漫中走进了农户家中。这是我人生第一次如此近距离感受到山里人家的生活，还记得当时车辆行驶在山崖上我的双手紧紧抓着把手，内心充满忐忑和不安，想着万一车子掉下去怎么办，后来这些都变成了生活日常，也正应了老人们说过的那句话在惯的山坡不嫌奔陡。现在的我早就能自己开着车随意穿行在乡间山路上，不同的是村组道路已经硬化，主要的村组路还做好了安防设施，这些年的变化可谓是翻天覆地。

到安稳村我走访的第一户农户是铁炉村民小组晋方良，该户三个人，儿子左手有轻微残疾。记得第一次到他家晋方良还喝酒有点微醺，破烂的石木瓦房一眼看过去没有一样像样的家具，晋方良因为酗酒摔伤骨折只能躺在家里，老伴身体也不好，年轻力壮的儿子只能自己照顾老人，一家人的生活过得非常拮据。后来，通过村委会和工作队的积极努力，给他们家新建了 80 多平方米的砖混结构平房还补助硬化了门前的院坝，给老人办了农村最低生活保障，晋方良在工作队的劝导下，酗酒的习惯也逐渐改善，儿子通过工作队的介绍到高速公路隧道打工，一家人的生活逐渐走上了正轨。问起老人还有什么愿望，他说希望儿子早点结婚成家给家里添个孙子，这样就圆满了。

贫困学生的教育一直是我们关注的重点，从市交运局挂点长安镇开始，捐资助学的优良传统就从未断过。在日常的进村走访中，工作队了解到安稳村孤儿晋会于 2016 年以优异的成绩考上了云南师范大学学前教育专业，但是年迈的爷爷正在为大学的学费和生活费愁眉不展。这时，时任安稳村工作队队长黄再富同志领着工作队来到他家，详细了解了晋会的家庭情况，及时将他们家遇到的困难汇报给了市运管局邓局长，邓局长当即表态绝不能让贫困学生因为家庭困难而辍学，我们来想办法。几天之后，来自昭通市一家爱心企业的两万元捐款就送到了困难学生晋会家中。晋会年迈的爷爷喜出望外，感动得紧紧拉着黄队长的手说不出话来，只是一声声地说着谢谢……并叮嘱身旁的小孙女晋家会要好好向姐姐学习，晋会的妹妹晋家会也在威信一中学习，成绩也不错。黄队长说，如果以后有什么困难随时可以来找我们工作队。教育是斩断贫困代际传递最有效途径，工作队从工作中的点滴做起，铺平贫困学生求学之路。

参加扶贫工作以来，看过了太多家庭因病致贫，有的小康之家因为一个大病，全家的积蓄用来看病，最后入不敷出，成为贫困户。除了每年挨家挨户收取医疗保险费确保贫困户百分百参保外，市交运局领导干部职工还捐款帮助遇到困难的贫困户家庭。

2017 年 7 月，我接到一条来自挂包干部的短信，得知安稳村草子坡村民小组贫困户李玉华因为在拉牛的过程中被牛伤到了髋关节，因为无钱治疗只能在家拖着，目前已经出现股骨头部分坏死。事情紧急，工作队两个小年轻人马上到李玉华家了解情况。李玉华户在草子坡甚至是整个安稳村恐怕都属于最困难的一户了，本人为人老实没有什么劳动技能，家庭总人口 4 人，上有两个 80 多岁的老人，下有一个 9 岁上小学的孩子（因小时候玩鞭炮炸伤了眼睛，残疾），妻子因为家庭困难早已经走了（这类情况在现在的偏远农村比比皆是）。

种种情况，在两位驻村队员心里压得喘不过气来，不知如何是好。第一是没钱，医疗费怎么办？第二是没人，即使能去医院做手术，后续的照顾和责任谁来负？经过一番商讨，我们发现工作队队员刘栋的家人在市中医院才做过类似骨折手术，于是其立马联系了主治医生，了解到需要马上手术，不然股骨头坏死后很可能终身残疾。我及时和时任村支书胡纯才仔细了解情况，得知李玉华还有个哥哥，大嫂因为照顾孙子也在家，看能不能动员一个人来照顾李玉华。后来的工作也相对顺利，工作队亲自找到李玉华大嫂胥在书，做通了胥在书的思想工作，有人照顾的问题解决了。我带着李玉华到县人民医院开具了转诊转院证明，在村委会开具了贫困证明，用于后续报账。准备工作基本就绪，最难的也是最重要的一点就是没钱，这时局办公室浦仕超同志提出了一个可以发起网上捐款的建议，就这么办，说干就干。病情紧急，只能先把人送到昭通，先住院观察，为后续手术做好准备。我亲自带着李玉华和大嫂到昭通市中医院，办住院、办理银行卡、解决食宿问题，因为他们从来没有来过昭通这些事情都是我跑。

但是这些都不是最大的问题，没钱才是最大的问题，记得当时李玉华出发时身上只有两千多元，住院预交的费用都是我给垫的。但是我们既然已经把人带到了昭通就一定要负责到底，一是要解决治疗费用的问题，二是要稳住李玉华特别是大嫂胥在书的思想。因为大嫂胥在书在威信的时候就说过如果没钱治疗，时间太长她也耗不起，家里面还有几个小孩还要她去照顾。种种问题让我忧心如焚，来了昭通住院之后我们就发起了水滴筹，那些天我早上跑医院，弄完跑单位，好在发起水滴筹之后筹款情况良好，交运系统职工得知情况后都踊跃捐款。随着时间的推移，一天一天捐款数量多了起来，大嫂胥在书心情也慢慢平和了下来。

大概一个星期左右主治医生安排了手术，手术的时候我全程在门外守着，大嫂也一直打电话给亲人哭诉，压力大啊！万一出了什么问题谁来负责？说实在话我的心里也没有底，只能强装镇定，还要笑着说大嫂放松，一定没有问题的，有我在。早上八点进的手术室，中午一点半左右走出来，看着一切正常心里的石头才算落地，手术很顺利。这5年里，工作上苦过累过，但是这5个多小时是我最难熬的时候，万一出了什么问题我怎么向他们一家人交代。

因为广大交运系统领导职工特别给力，最后水滴筹一共募捐到了1.3万多元，全部兑现到了李玉华新办的银行卡上，在昭通的医疗费用报账之后所剩7500多元，留着李玉华后续左侧髋关节治疗所用。人生就是一场修行，苦难充满了整个过程，工作上用心、用情，为老百姓排忧解难，这是一个驻村队员的神圣使命；做人上尽己所能，发乎于情，无愧于心。

时间过得太快了，经历了很多事情，因为工作需要我转战到长安社区继续驻村。长安社区是个一万多人口的大村，比起安稳村大了不少，工作压力突然增加了很多。来到新的环境，只能加倍努力才能赶上工作进度，白天跟着村干部下乡，晚上回来搞资料档案，为了尽快熟悉情况，才去到长安社区的时候我最长50天多天没有回过家，个中心酸只有自己知道。才去没多久就迎来了第三方交叉检查，还记得迎检前几天，大家一起奋战，连续4个通宵，最后顺利通过检查，后来想想一切都是值得的。

产业发展一直是脱贫攻坚中最难啃的硬骨头，长安社区产业多年来以传统种植业为主，没有自己优势主导产业。根据县委、县政府的安排，长安社区要发展万亩竹产业基地，方竹竹笋品质好，市场前景广阔。我们驻村工作队有各自的片区，我和村委委员毛子勤同志负责的片区在上半环山，闲置山地面积广大，任务很重，所以我们白天下乡，晚上依然还要下乡，要一家一户走到，动员有土地的农户自愿拿出土地来栽种方竹。方竹种植需要一定的时间，所以老百姓担心没有好的收成，管理养护起来很麻烦，以后生竹笋卖不出去。为了解决老百姓的疑惑，我们挨家挨户做思想工作，做通一家马上实施一家。

有些老百姓因为有长期耕作玉米的习惯，他们不愿意种方竹，近两年猪价始终居于高位，养猪的收入比较可观。这部分农户种植方竹的积极性不高，通过我们不断地做思想工作，他们渐渐理解了方竹种植才是长久之计，慢慢把能拿出来的土地都拿出来了。功夫不负有心人，我们负责的寨子沟、茶树湾两个村民小组最后一共栽种了300多亩方竹。

将产业发展这篇文章做好，为脱贫攻坚注入最强有力的动力，与乡村振兴战略有效衔接。近来可喜的成绩不断传来，长安社区两万头生猪代养场建成投产，二期工程已经进场施工；坪上一千多亩优质猕猴桃基地已经初挂果，长势非常喜人；四川老板现在也来到社区收购辣椒，老百姓的腰包渐渐鼓了起来；村组硬化路正在一步步延伸，直接通达到农户家门口；市级“四好农村路”柴长线已经动工建设，长安已经插上了腾飞的翅膀。

5年的驻村扶贫工作让我学到了很多，也经历了很多，远离家乡、远离亲人、远离朋友。最觉得对不起的是自己年迈的父母，正是最需要照顾的时候我没有在身边，此生心中对他们有无法弥补的亏欠。自古忠孝不能两全，离开了我们这些人脱贫攻坚的担子谁来担呢？不是有千千万万个驻村队员和我一样一直在坚守岗位，多少个周末、假期、逢年过节，别人可以悠然自得的时候，是他们这群最可爱的人在默默付出。也许还有人在抱怨为什么扶贫工作那么辛苦，为什么偏偏是我，但是回过头来想想那些牺牲在扶贫战线上的战友们，我们是不是应该庆幸，珍惜活着的每一天！

扶贫一线艰难险阻，有时候在用脆弱的生命扶贫。如果共和国有一枚勋章，那么我觉得其中一枚应该给那些牺牲在脱贫攻坚一线的战士们，是他们在为中华民族的伟大复兴，在为人类的减贫事业作出应当被历史铭记的贡献。

（作者系昭通市交通运输局驻村工作队队员）

他乡是故乡

黄美银

动一份真情，致力精准扶贫；用一片真心，造福一方百姓。

——题记

深思熟虑了一遍、两遍、三遍……还是决定用“他乡是故乡”作为这篇文章的标题。起因是央视主持人大赛中崔爽主持的“脱贫攻坚”特别节目《他乡是故乡》。

2018 年 9 月 17 日，刚满 24 岁的我背着背包，带着懵懂来到了这个叫堰沟村的地方驻村，开启了我艰辛而充实的扶贫之路。2019 年 11 月，我被任命为驻村扶贫第一书记、工作队队长，因为是 90 后驻村干部，干部和群众会亲切地称我为“小黄队长”，而我也觉得肩上的担子和心中的压力更重了。我常把“堰沟村”比喻成我一生最难能可贵的“生日礼物”，也当作我“新生”的开始，它是除我家乡“干沟”外另一个我想要“拼命”维护和改变的故乡。

走近堰沟的第一步从它的村情开始。堰沟村属云南省昭通市镇雄县母享镇，地处母享镇东南面，东邻黑树碗水村，西邻串九村，北邻母享村。村委会距母享镇政府所在地 3 公里，据昭通市区有近 500 公里的路程，距镇雄县城 75 公里，距贵州省毕节市 43 公里。全村辖 20 个村民小组，主要居住有汉、苗、彝、白四种民族。全村有农村常住人口 1029 户 4268 人，有农村劳动力 2251 人，共有建档立卡贫困人口 387 户 1905 人。全村最高海拔 1900 米，最低海拔 1200 米，平均海拔 1864 米。全村年最高气温 38℃，最低气温 -6℃，年平均气温 8℃。全村国土面积 14.05 平方公里，其中：耕地 5241 亩，林地 7600 亩，人均耕地 1.23 亩。适合种植玉米、马铃薯等农作物。少数民族聚居地，高寒山区，贫困面积大，贫困程度深，它要如期脱贫出列难上加难，这是堰沟给我的第一印象。

庆幸的是，两年驻村时间，让我见证了堰沟翻天覆地的变化。我们与堰沟的故事像电影一样拉开了序幕。

第一幕　驻村如笔，憧憬如画

驻村扶贫的，我早已把堰沟村当成我的家，把堰沟的群众当成我的家人，他们的事我关心，我在意，想给他们的未来画一幅憧憬。

2019 年 12 月 7 日在入户走访过程中，遇到了刚外出务工返乡的古某远，在这之前我了解到他家的小孩有一个患先心病，有一个患癫痫，我知道现在先心病治疗针对建档立卡户爱佑基金和医院有很好的补助政策，就这样，想帮他家的孩子尽早联系医院做手术成了我心心念念的渴望。遇到他我就抑制不住内心的想法。我急切地问："古大哥，你家的小孩是不是两个都生病了，古某卫先天性心脏病，古某欣癫痫，是吗？"他激动地拉着我说："小黄队长，你怎么知道？我家的情况确实像你说的这样，小女儿的癫痫已经快治好了，就是把大儿子的先天性心脏病，3 岁时在永康市人民医院就已经诊断为'室间隔缺损'，但是家境困难，靠我自己的能力难以完成他的手术费用，于是就拖到了 6 岁。"说完这些，他哽咽了……我急忙说道："古大哥，我是昭通市卫生健康委员会派驻堰沟村驻村工作队队长，我的单位是昭通市妇幼保健院，我想我有办法可以帮你，所以知道你返乡回来我特意来找你，想真心诚意尽我最大的努力帮你的忙。”听到了我说的话我看见他嘴角微微上扬，眼中满是对未来的憧憬。

上网查资料，打电话咨询，联系母享镇新农合办开通异地就诊就医，终于在一个月后事情有了眉目。我通过昭通市第一人民医院的谢育波医生联系到了云南省阜外心血管医院的宋万永副院长，了解到了如果他们要申请免费做先心病手术需要的材料，为下一步孩子尽快做手术提供了有利的条件。一切都准备就绪，却赶上了新冠肺炎，他的孩子在浙江，暂时赶不回来，医院也在抗疫一线奋斗，于是时间又得再往后推。等待期间的我更像一个大姐姐，时刻打电话询问，期待疫情尽快结束，期盼他的孩子能尽快做手术。2020 年 3 月 18 日，一个好日子，带上一切准备就绪的材料，他们奔赴云南省阜外心血管医院，开始了古某卫的先心病手术之旅。半个月后古某卫出院了，我打电话询问他的情况，他的妈妈和爸爸兴高采烈地说：“小黄队长，谢谢你帮忙，我们的孩子顺利出院了，恢复也很好，没有什么不良反应，谢谢你给我们做的那么多。”我也高兴不已：“真好！终于治好了古某卫的先天性心脏病手术，以后他就和其他的小孩一样每天蹦蹦跳跳了。”

他乡是故乡，心里装满对它不顾一切地爱，开始憧憬它的未来，开始丈量它的长度，开始规划它的明天。

第二幕 “春风”十里，我在堰沟等你

每年春节，总会从全国各地刮来一阵“就业招聘”风，我称它为“春风”，他会让堰沟的贫困群众稳定就业，增加收入，帮他们脱贫致富奔小康。

2020 年是特殊的一年，是新冠肺炎疫情暴发之年，是脱贫攻坚收官之年，堰沟是深度贫困村，脱贫攻坚和疫情防控同等重要。2020 年春节返乡

人员外出务工和往年不太一样，受疫情的影响，很多返乡人员很想外出，但却被疫情绊住了脚。面对这种情况，我们和镇雄其他地方的扶贫干部一样，以“打工的事交给你，家里的事交给我”向外出务工人员承诺，最终组织送出了一大批“不愿外出、不敢外出”的劳动力到省外稳定就业。

定位堰沟村古家寨，古开城要外出务工，他告诉我他老婆怀孕了，大着肚子，他担心外出务工后没人照看。我去过他家很多次，他家情况不乐观，收入完全靠他一个人在努力。我便对他说：“城哥，没事，你大胆去打工，家里面你放心交给我，我帮你照看嫂子和孩子们，他们会好好的，我们会在堰沟等你回家。”城哥说：“好的，幺妹，我相信你，那明天我就外出打工赚钱去，家里面还要劳烦你帮我照看。”

一句承诺，一份真心，城哥外出务工的时间里，有空我便会去他们家看看，问问“城嫂子”需不需要帮忙，有没有什么难处。当得知单位针对女性职工有发放三套婴儿穿的衣服后，我第一时间想到了他家，因为他家的宝宝预产期在十月，刚好能够为他们添一份温暖，献一份真心，替他们排忧解难。收到宝宝衣服的“城嫂子”抑制不住内心的喜悦，她把喜悦分享给了城哥。2020 年 9 月 1 日，接到城哥的电话，隔着话筒也能感受到他内心的喜悦与满心的幸福。他说：“幺妹，我十月回来陪我老婆生孩子，听说你拿了衣服去我家，真心谢谢你，平时要你帮忙照看，而你又总是把我们挂在心上，总是事事操心，事事用心用情，真的很感激你。”而我总是大大咧咧：“城哥，没事，今年因为疫情的影响，你们挺不容易，只要你能够赚钱养家，带头脱贫致富，我也替你们高兴。”

就业“春风”拂过，给就业扶贫按下了“快进键”。以家人之名，“你”外出务工，我替“你”顾家，在“故乡”等“你”回来，分享生活的喜悦，探讨脱贫致富之路。这是无数扶贫干部的承诺，也是对“故乡”的期待。

第三幕 驻在堰沟，心在堰沟

2019年11月5日，我们第一次见到了昭通市卫生健康委员会下派的90后回族驻村同胞马航，他衣着朴素，皮肤黝黑，长得特别结实，给人一种踏实稳重感，就这样，他来堰沟驻村了，成为堰沟村驻村扶贫干部的一员。

正当我们所有人都担心他的饮食的时候，他强大的适应能力却让我们对他的另眼相看。他利用狭窄的“储物间”办起了回族食堂，这个90后回族同胞在堰沟开启了他的驻村扶贫之旅。他的“回族食堂”很小，不足4平方米，只够收纳简单的厨具；他的“扶贫之心”很大，不可丈量，能够装下堰沟的万千群众。

他和我们“战”在一起，却不和我们“站”在一起，驻村扶贫路上，工作他从不缺席，就餐他永远不在。他和我们一样，风雨里下队干活、昼夜里低头录表；他和我们不一样，我们入户不回村可以随农户吃便餐，他只能吃“煮鸡蛋”“煮洋芋”“清真泡面”，我们入户回村就有“厨师”已经煮好的热腾腾的饭菜，他只能忍着饥饿自己下厨慢慢煮饭做菜。刚开始，同村的扶贫干部不解，总是出于好心，会关心地问：“马航，我们这个是没得猪油猪肉的，你可以吃的。”而马航总是笑笑，说道：“你们吃嘛，我们有习俗的，要吃清真的。”刚开始他们不解，总是会觉得马航同志矫情，这也不吃，那也不吃。久而久之，他们明白了，就会说着：“马航好可怜，来驻村估计饿瘦了回去。”马航却总是面带微笑：“堰沟是我家，我在家不会饿着自己呢，放心吧！”沟通不当，习俗不同，刚开始，一些群众曾对马航这位回族小伙“很不屑”。久而久之，在马航同志的真心真情帮扶下，这帮之前和他“死磕”的群众开始鼓足干劲，有了奔头，他们亲切地称马航为“小马同志”。

以堰沟为家，自己办“回族食堂”，吃尽人间苦头，只为补贫困户短板、保贫困村出列，打赢脱贫攻坚战。

“脚下沾满多少泥土，心中就装满多少深情”。我坚信待脱贫攻坚战胜利，也是无数驻村扶贫干部与“他乡”故事的闭幕之日，而那个我们曾经为之奋斗的他乡俨然成为我们最难忘的故乡。

（作者时任昭通市妇幼保健院驻镇雄县母享镇堰沟村扶贫工作队队长）

做足精准保障文章　做实医疗保障扶贫

陈　燕

健康扶贫是国家打赢脱贫攻坚战、实现农村贫困人口脱贫的重大举措，是“两不愁、三保障”的重要保障之一。医疗保障扶贫作为健康扶贫中的一项重要组成，起着保障困难群众医疗费用，减轻就医负担，解决看病难、看病贵问题，预防因病致贫、因病返贫风险的重要作用。市委、市政府提出了“133”工作思路，作出了“双统领”“双保障”“双推进”和扣好精准识别、精准施策、精准退出、巩固提升“四粒扣子”等重要部署。严格落实云南省健康扶贫 30 条措施，在医疗保障扶贫工作中做足精准保障文章，织密医疗保障扶贫兜底保障网，为昭通市决战决胜脱贫攻坚，与全国同步实现小康社会提供坚实保障。

一、加强扶贫攻坚整体布局，建立完善医疗保障扶贫政策体系，为解决基本医疗有保障提供坚强后盾

昭通市贫困人口多、贫困面广、贫困程度深，是整个云南省乃至全国脱贫攻坚的主战场，脱贫攻坚异常艰难，脱贫压力异常艰巨。围绕基本医疗

有保障，市委、市政府始终在“精准”上做足文章、下足功夫。根据《云南省人民政府办公厅关于印发云南省健康扶贫30条措施的通知》要求，结合昭通实际，从参保管理、医疗待遇、就医管理、结算流程等方面认真研究，制定相关配套政策。先后出台了《昭通市人民政府办公室关于印发昭通市贯彻落实云南省健康扶贫30条措施实施方案的通知》《关于建档立卡贫困人口医疗保险待遇有关事项的通知》《关于印发昭通市建档立卡贫困人口四重保障一站式即时结报工作方案的通知》等文件，制定了目标要求和系列行之有效的保障措施，为建档立卡贫困人口参加医疗保险及看病就医提供政策依据和制度保障。

按照健康扶贫30条措施要求，自2017年12月起，建立基本医保、大病保险、医疗救助、财政兜底“四重保障”措施，确保建档立卡贫困人口100%参加基本医保和大病保险，个人年度支付的符合转诊转院规范的医疗费用不超过当地农村居民人均可支配收入。到2020年，达到建档立卡贫困人口个人就医费用负担大幅度减轻，因病致贫、因病返贫问题得到有效解决。

二、聚焦基本医疗有保障，强化信息比对，精准识别，确保建档立卡贫困人口应保尽保

按照习近平总书记关于“在扶贫的路上不能落下一个贫困家庭，丢下一个贫困群众”的重要指示，市委、市政府高度重视，提出了扣好精准识别、精准施策、精准退出、巩固提升四粒扣子要求，实现贫困人口应保尽保。一是做到参保底数清楚。向上主动加强与省级部门对接汇报，向下加大对县市区的指导督促，横向强化部门整体协调联动，全力做好数据的纵向和横向比对。通过相互验证、反馈校正，精准掌握贫困人口动态调整和

信息数据变更情况，实现上下贯通、左右一致。二是落实精准资助参保。准确筛选特困供养人员、建档立卡贫困人员、低保户、农村贫困残疾人等各类贫困人口，严格对照资助参保标准，逐一资助其参加城乡居民基本医疗保险和大病保险，避免因身份识别不精准导致降低资助标准或遗漏资助现象发生。三是做好特殊人员参保工作。及时做好已核准人员特别是新生儿、新迁入户人口的参保标识工作。全面准确掌握服刑、服役、死亡和参加职工医保等特殊情况，做好备注标识。对参加职工医保的，准确标识并动态管理，定时对接，发生变动第一时间做好转移接续，防止断保。加大边缘户参保力度，努力实现应保尽保，防止因病致贫。全市建档立卡贫困人口除死亡、服刑、服役等特殊群体未缴纳参保费用外，其余人员 100% 参加当年度基本医疗保险和大病保险；每年政府资助医保参保费用达 3.3 亿元，4 年共计资助 13 亿余元；切实做到不落下一户，不丢下一人。

三、紧扣减轻建档立卡贫困人口医疗费用负担，实行医保政策倾斜，精准施策，着力提高医疗保障水平

为解决好群众看病难、看病贵、因病致贫、因病返贫等问题，市委、市政府始终贯彻落实中央和省级部署要求，始终坚持既不降低标准，也不吊高胃口，坚决保障待遇，有效减轻群众医疗费用负担。一是落实基本医保倾斜政策。个人缴费部分实行财政定额补助，免乡镇卫生院住院起付金和门诊一般诊疗，提高普通门诊限额、门诊报销比例和住院报销比例，将建档立卡贫困人口门诊限额从 400 元提高到 420 元，特殊病和慢性病门诊报销比例提高 10%—30%，住院报销比例提高 5%—20%；落实新增药品、诊疗报销范围，落实 36 种国家谈判药品、20 项康复项目报销待遇，确保县域内住院实际报销比例不低于 70%，县域外政策范围内报销比例不低于 70%。

二是落实大病保险倾斜政策。降低起付线，年度最高支付限额提高 50%，政策范围内报销比例提高 10%—20%，将罹患癌症、肉瘤等 25 种疾病门诊医疗费用纳入大病保险报销范围。三是实施大病专项集中救治。对 9 类 15 种大病的建档立卡贫困患者进行集中救治，费用实行按病种付费，由基本医保、大病保险实际报销达到 85%，其中重性精神病和终末期肾病报销比例为 90%。

自 2017 年至 2020 年 9 月 30 日，全市建档立卡贫困人口门诊就医人数达 2135.3 万人次，医保报销费用达 7.06 亿元；住院人数达 161.56 万人次，医保报销费用达 55.18 亿元，合计报销达 62.24 亿元。

四、突出解决好群众关心关注的堵点难点问题，综合施策，确保各项政策落实到位

市委、市政府始终坚持以人民为中心的发展思想，加大“放管服”改革力度，推进“互联网 + 医保”建设，尽可能让数据多跑路，群众少跑腿，千方百计为老百姓提供方便快捷、优质高效的服务。一是积极推进一站式即时结报服务。自 2017 年 12 月 1 日起，全面推进基本医疗保险、大病保险、医疗救助等“一站式”即时结算，建档立卡贫困人口住院仅需支付个人支付部分，其余部分由就医医院垫付，切实减轻了患者垫付医疗费用负担。二是实施二次回补政策。对 2017 年建档立卡贫困人口报销待遇未达标的参保患者，采用二次报销方式，为 23.2 万人次进行二次回补，回补资金达 2.4 亿元，确保建档立卡贫困人口按规定全部享受相关待遇。三是开展危急重症审核认定。在全省范围内率先明确了危急重症审核认定办理流程，对未规范转诊转院贫困人口，认真开展危急重症审核认定，确保符合条件的享受健康扶贫待遇政策。截至 2020 年 9 月，已回补 3000 余人次，回补资金

达1300余万元。四是优化特慢病申报流程。端口前移，服务下沉，优化申报审批程序，将城镇职工和城乡居民慢性病特殊病门诊待遇资格申报、转诊转院业务下放定点医疗机构办理，实现“现场办”，避免“两头跑”；全面排查纳入特慢病管理的贫困户患者，落实降血压降血糖用药保障，确保基层医疗卫生机构门诊慢病用药供应，切实提高贫困患者特慢性病卡申办率。截至2020年10月，申报人数已达104355人，较2019年增长98%。

五、高度关注特殊困难人员，做好医疗保障巩固提升，有效防范特殊群体因病致贫风险

针对存在因病致贫风险的特殊困难人员，纳入医疗救助对象保障范围，积极开展医疗保障精准帮扶，有效防范因病致贫风险。

一是特殊人员分类救助。将城乡低保对象、城乡特困供养对象和纳入民政保障范围的孤儿列为重点救助对象，将丧失劳动力的一、二级重度残疾人、低收入家庭60周岁以上的贫困老年人和未成年人列为非重点救助对象，将特困供养人员、纳入民政保障范围的孤儿、低保对象、丧失劳动能力的一、二级重度残疾人、低收入家庭60周岁以上的贫困老年人和未成年人、因病致贫家庭重病患者列为重特大疾病救助对象。二是实施参保待遇倾斜。特困供养人员、纳入民政保障范围的孤儿，由医疗救助资金全额资助参保；低保对象、丧失劳动能力的一、二级重度残疾人、低收入家庭60周岁以上的贫困老年人和未成年人，由医疗救助资金按照每人每年120元标准定额资助。三是实施住院待遇倾斜。重点救助对象政策范围内住院费用，经基本医疗保险、大病保险、各类补充医疗保险和商业保险报销后的个人自付部分，实行零起付线，按单人单次70%的比例给予救助，累计最高救助限额6000元。非重点救助对象政策范围内的住院费用，在基本医疗保

险、大病保险、各类补充医疗保险和商业保险报销后的个人自付部分，实行零起付线，按照医疗机构等级给予救助，累计最高救助限额6000元。对符合救助条件的重特大疾病救助对象，政策范围内医疗费用经基本医疗保险、大病保险、各类补充医疗保险和商业保险报销后，仍难以负担的住院医疗费用和门诊医疗费用，按规定予以救助，累计支付最高限额10万元。

在市委、市政府的坚强领导下，通过精准识别、精准施策、精准退出、巩固提升等有效措施，全市医疗保障扶贫达到了让建档立卡贫困人口个人就医费用负担大幅度减轻，因病致贫、因病返贫问题得到有效解决目标，确保了全市10个贫困县、185.66万贫困人口达到脱贫出列标准。

（作者时任昭通市医疗保障局党组书记、局长）

第四编　文化促和谐

吹响文艺脱贫的时代号角

李　云

文艺是时代前进的号角，最能代表一个时代的风貌，最能引领一个时代的风气。

今年春节前夕，疫情的阴霾尚未到来。在举家欢庆的时刻，市文旅局到靖安新区等7个万人以上易迁安置点开展“新春送温暖，文化进万家”系列活动，把党和政府对易迁安置点群众的新春祝福送到家门口，让大家开开心心、热热闹闹过好搬迁后的第一个春节，为易地搬迁移民安置点的困难群众“搬得出、稳得住、快融入、能致富”提供精神动力和情感慰藉。

作为此次文化送温暖“五项活动”之一，我们艺术科承担起了组织“送戏”演出的任务，而我作为科室的一员，也全程参与了每个场次的演出服务。

本次活动从镇雄呢噜坪、大地易迁点开始，历经盐津水田新区、永善红光新区、彝良发界易迁点、鲁甸卯家湾新区，最终在昭阳靖安新区落下帷幕，活动受到了当地群众的热烈欢迎。

寒风凛凛斗志扬。第一场在镇雄呢噜坪安置点的演出是当日下午3点左右，在“感党恩、跟党走、促脱贫、奔小康”的文化扶贫政策宣讲结束后，正式开始了演出。我记得那天演出刚开始的时候天气尚暖，但是演出到一半时，风云突变，突然刮起了凛冽的寒风，阵阵刺骨。我们的演出人员凭借着对职业的热爱与敬业的精神坚持在台上为安置点群众演出，而台下的群众也没有因天气的突变而“一哄而散”，依然坚守在舞台下方，耳朵都被吹得通红了，脸上依然洋溢着幸福的笑容。随着演出越来越精彩，鲜红的旗帜迎风招展，有道具的群众在起劲地摇摆，没有道具的群众也在拼命地拍手，表达着心中的欢愉与感激之情。

沥沥冬雨伴歌声。镇雄 2 个安置点的演出结束后，我们便向着盐津县水田新区出发了。在水田安置点演出当天，天公并不作美，一直都在淅淅沥沥地下着细雨。一开始我以为这场演出不会有太多的群众到场观看，但是随着演出时间的逼近，我发现越来越多的群众陆陆续续地来到了舞台前找位置坐下，还自带了毛巾与我们的工作人员一起擦拭被雨水打湿了的凳子，有些找不到座位的群众干脆就站到附近的高地上蹭演出。寒风细雨并未浇灭群众观看演出的热情，手中的“巴巴掌”反而被摇得越来越响，现场的欢呼声越来越大，氛围愈发地热闹起来，与寒风细雨的天气形成了强烈的反差。这雨似乎“受不了”大家的热情一样，慢慢地悄悄躲了起来…….

持续多日的演出服务，最让我难以忘记的还是在永善县红光新区安置点的那一场演出。那一天的红光新区太阳高挂，温暖得不像是 1 月该有的样子。演出当天，天气适宜，永善县溪洛渡文化演艺有限公司也有节目参与进来，较之之前的安置点演出节目更加丰富多彩、更加接地气，所有的演出都很顺利地完成了。就在老百姓即将散去，我们的工作人员也在开始收拾舞台道具时，突然我耳中又隐约听到了一道山歌的声音，然后就看到大家都围到了舞台旁边，拿着手机在录什么。我赶忙过去一看，才发现是一位年近八旬的老奶奶正在台上表演，专业范儿十足。

一曲完毕，众人都呼不过瘾，又请她再表演了一段。事后众人都去采访这位“神秘”的老奶奶，才知道老人名叫黄顺秀，已经 75 岁了，是从永善县团结乡东胜村搬迁到红光安置点的，年轻的时候就喜欢唱歌跳舞，也算是村里的老“文艺宣传员”了，刚才唱的内容都是即兴有感而发的，真是“人民生活大变样，句句山歌颂党恩”。

紧锣密鼓的演出在群众的欢呼声中结束了，但是我们给安置点群众送去的文艺作品包含的丰富内容和精神力量却仍在继续影响着他们：歌舞《载歌载舞》唱出了新时代的幸福生活；舞蹈《乌蒙礼赞》《花山夜》舞出和谐美景；小品《特殊党课》给安置点的党员干部上了一堂党风廉政党课；独唱歌曲《不忘初心》唱出了党和政府一切为人民服务的初心和使命；花灯歌舞《昭通苹果传奇》、快板《打赢脱贫攻坚战》《脱贫致富奔小康》唱响了昭通市政府大力发展产业带领人民群众脱贫致富奔小康的坚定信念……

“扶贫需扶智，扶志更在前”。实践证明，要想彻底摆脱贫困走向富裕，除了需要改变外在的物质生活环境外，更重要的是引导帮扶困难群众转变“等、靠、要”的思想观念，提升贫困地区群众自身奔向幸福生活的内生动力，让贫困不再卷土重来。文艺“扶志”是精准扶贫的金钥匙，不仅通过优秀文艺作品帮助贫困群体立志向、树理想、扬精神，也从文化立人的角度，以多种多样的文艺形式提升了贫困地区群众文化素质，培育了健康向上的文化氛围。

自我市文化“百千万”工程启动实施以来，市、县、乡纷纷组建专业、业余演出队伍，精心编排文艺节目，深入开展惠民演出，深入全市各乡镇（办事处）、行政村（社区）、自然村（居民小组）开展文艺演出，把党的方针政策、关怀温暖送到了千家万户。到2019年，“百场演出进百乡”累计1551场、“千场演出进千村”累计7499场、“万场演出进万组”累计106230场，参与观众5963万余人次，人民群众“看戏难”的问题得到切实解决。这一串串数字背后的深远意义更值得我们去追溯，我们的演出队伍不仅仅为昭通市民特别是边远山区的人民群众送去了无限的欢声和笑语，更是将许多普法知识、励志故事、感恩教育、文明宣传、脱贫攻坚等精神食粮如春风细雨般印在了老百姓的心坎上。

从文艺工作者的角度来说，能够见证和参与脱贫攻坚这场伟大工程，既是我们的职责和使命，也是我们的光荣和幸福。

我坚信，为脱贫攻坚加油鼓劲，文艺工作者大有可为。

（作者系昭通市文化和旅游局艺术科工作人员）

追梦百千万　寻觅山水间

撒召璐

文化是民族的血脉，是人民的精神家园。实现中华民族伟大复兴，离不开中华文化繁荣兴盛，离不开文艺事业繁荣发展。实施文化“百千万”工程，解决基层群众看戏难的问题，是昭通多年来持续推进的一项重要民生工程，也是艺术工作者践行群众路线、履行行业扶贫职责使命的重要体现。

作为文化“百千万”工程的排头兵，市文化艺术剧院承担了“百场演出进百乡演出”的重要任务，每年都要到全市146个乡镇（办事处）开展送戏下乡演出服务。据不完全统计，到2019年年底，不包括各类慰问、交流、主题等临时或专场性公益演出，市文化艺术剧院已累计下乡演出1551场次，服务城乡观众7499万人次。期间，市文化艺术剧院还配合相关部门，利用下乡演出平台，开展了“提升人居环境·从我做起”“四城同创·拒绝毒品·远离艾滋·从我做起”“远离赌博危害·共建美好家园”“扫黑除恶·你我共行”“爱国卫生，有你有我”等主题宣传。

“文化助发展，文艺促脱贫”，是这些年基层文艺工作者相互之间说得最多的一句话，也是这些年基层文艺工作者做得最多的一件事。10余年的艺术生涯，作为一名基层的文艺创作者，我们不断以小品的形式，书写着昭通大地上发生的巨大变化。10余年的跋山涉水，我和演出团的同志们一道，为基层群众送去了他们渴望的精神食粮。10余年的沧桑巨变间，我们见证了昭通文艺的茁壮成长，也在千千万万普通人的寻梦之旅中收获着人生的感动和幸福。

幸福生活从哪里来？要靠我们的奋斗来获得。作为一名文艺工作者，在脱贫攻坚的时代浪潮里，我一路挖掘素材、研究政策、找准定位，开始创作、编排一系列关于脱贫攻坚的文艺作品，随着“百场演出进百乡”慰问演出走入昭通的各乡镇，我遇到了很多让我感动的故事。

2017 年下半年，我们去镇雄县果珠乡演出。当时昭通到镇雄的高速公路还未修好，我们要途经盐津、威信，然后才到镇雄。从早上 8 点出发，因为是二级路，天气又不太好，大客车在路上走走停停，我们一直到下午 7 点左右才到镇雄县城，随后又连夜赶往果珠，到了果珠已经晚上 11 点多了，演员们拖着筋疲力尽的身躯，在乡镇上的几家客店休息。门外的蝉鸣声，伴着同伴打鼾的呼声，我几乎整晚没睡着。

一夜无眠，疲倦至极。可第二天天刚亮，听到领队大喇叭一喊，所有演职人员都精神抖擞地起床，开始洗漱、化妆、准备。中午时分，我们的演出开始了，现场来了很多观众，目测至少上千人。音乐、舞蹈、小品、魔术，一个个节目轮番上演。其中，我们的一个小品节目《懒汉脱贫》，主要以幽默风趣的表演形式展现了一个懒汉只想闲在家里等靠要，等着政府的救济。演出刚到尾声，突然听到人群中，一对夫妻争吵了起来。我走近他们夫妻，听了来龙去脉。原来，看到演员在台上演出时，妻子说丈夫跟舞台上演员演的角色一样，就是个懒汉，丈夫不认可，因此双方产生了争执，逗得周围群众都笑了。我们参与这个《懒汉脱贫》的小品演员全部来到两夫妻中间，为两夫妻调解这个争执。最终，我们与两夫妻约定，到底是不是懒汉，现在不忙下结论，待两年后，我们还要到果珠乡演出。到时候说说你们的变化，再来定论。

时隔两年，我们按照规定的时间，带着全新的节目再次来到了果珠演出。两夫妻如约来看我们的演出，看完后，盛情邀请我们到他们家做客。和领队商议后，我们安排了几个上次见证两夫妻争吵的同志去他俩家里做客。因为隔得不远，离我们演出地，不到 10 分钟路程，很快就走到了他们家。刚到门口时，我眼前一亮，这哪是一个懒汉的家？两层半的小洋楼，门口一个小花园，花园旁是一个小亭子，如同画卷一般，让城里人都为之羡慕。刚进屋，男主人就抢着说："各位艺术家同志，请帮我评评理，我到底是不是懒汉？"那认真的态度，惹得我们哈哈大笑，向他竖起大拇指，"不用评理了，一看就知道，你不仅是个勤快人，生活上还非常讲究。"

原来，以前男主人确实有些懒惰，用女主人的话说就是"懒哩烧蛇吃"。因为我们两年前的演出，深深地触动了男主人，也因为两年前的一句承诺，改变了他们一家人的生活状态。两年以来，丈夫起早贪黑，勤奋工作，在政府的扶贫政策扶持下，开启了养殖业，用了短短两年的时间，从贫困户奔向了小康生活，也成为村里的致富带头人。交谈中，夫妻俩一个劲地感谢我们，说他们是"在特殊的时机，看到了特殊的小品；然后，用特殊的行动开始改变之路"。这件事，我经常跟身边的朋友聊起，每次谈起，我都讲得津津有味。由于我们的一场演出，而触动和激发了他们改变现状的愿望。这或许就是是一个基层文艺工作者价值体现吧。

类似这样的故事其实还有很多。深入基层慰问演出 10 多年来，特别是党和国家实施"精准扶贫、精准脱贫"的最近几年，各乡镇村寨，一年一个样。居住条件从土房子变成了小平房，从小平房变成了小洋楼；生产工具，从牛车、马车变成了现代化的农用机械；开的车子，家家户户都用上了摩托、汽车；当地百姓脸上的愁容不见了，幸福的笑容越来越多。老百姓对于文艺演出欣赏品味也越来越高，人们的精神世界越来越丰富。每当看到这些，心里多少都有些欣慰。虽然我们没有在脱贫攻坚的第一线，也算是为脱贫攻坚工作献上了一个文艺工作者应尽的责任和职责。

寒来暑往，岁月更迭。多年来，作为一名文艺工作者，能以自己的赤诚和奉献，把党和政府的惠民政策带给最基层的老百姓，争当党的优秀宣传员，我们深感荣耀。

还记得在 2019 年年底，我们到单位挂钩的龙树镇开展脱贫攻坚专场演出。当主持人说道"我们的路是谁帮助修通？我们的房屋是谁帮助建设？"

时，一位年近80岁的老奶奶含着热泪大声喊道："是共产党！是共产党！"。演出结束后，老奶奶带着我们来到了她的新家，她激动地向我们介绍："这是年初刚修好的房子，原来的老土房拆了。以前孩子们在外打工，家里就只有我一个人。现在党的政策好了，给钱给物，免费借贷，很快帮我把房子修好了。现在，两个儿子和一个女儿都回来了，准备在家里搞大棚种植，感谢党啊！"说着说着，老人家的眼眶就湿润了。我们正和老人家聊着，老奶奶的孩子回来了。他告诉我们，这些年，每次遇到演出，老人家都要来看，听到有什么好的政策宣传，还要到村头打电话告诉他们呢。

艺术不只是为观众讲述别人的故事，更是让观众从别人的故事中找到自我。这些年，在下乡演出中，我们遇到很多这样的留守老人、留守儿童。我们每年如约而至的演出，也是这些留守老人、留守儿童最期待的文艺大餐，随着脱贫攻坚的尾声接近，家乡产业发展的变化，更多外出务工的青年回到了自己的家乡，加快了发展家乡的步伐。

文化"百千万"工程是文化乐民、文化育民、文化富民的桥梁和纽带。

文化"百千万"工程是文化自觉、文化自信、文化自强的助推器。

文化"百千万"工程惠及基层百姓，是贫困地区公共文化服务体系建设的典范。

实施文化"百千万"工程，开展"送戏下乡惠民演出，对丰富基层群众精神文化生活"，巩固基层宣传思想文化阵地，保障人民群众基本文化权益，加快构建全市公共文化服务体系，促进地方经济社会发展，具有十分重要的作用。

未来的路，还很长。无论时代如何发展，社会怎样进步，我们每一个文艺工作者依然要不忘初心、牢记使命，在送戏下乡的舞台上，尽情讴歌奋斗人生，赞美当今大好时代，弘扬优秀传统文化，为满足人民美好生活需要提供更多的艺术精品。

（作者时任昭通市文化艺术剧院有限公司曲艺团副团长、四级导演）

开展“三进”活动　助力脱贫攻坚

李　霞

昭通市博物馆是市级综合性博物馆、国家3A级景区，具有丰富的珍贵馆藏文物、专题陈列布展和爱国主义教育资源。建馆至今，已累计接待各类参观团体1000多个、服务群众100多万人次，是昭通精神文明和宣传思想建设的重要文化阵地。

近年来，昭通市博物馆积极创新帮扶模式，实施文化帮扶、精神帮扶，大力拓展博物馆工作内涵和服务半径。作为党支部书记和分管博物馆宣教工作的副馆长，我带领市博物馆全体同仁，不断加强基层党建示范创建，围绕博物馆职能职责，积极谋划落实“开展三进活动，助力脱贫攻坚”行动计划，秉承博物馆“走出去”服务社会理念，持续开展“三进”活动，凝聚力量助推扶贫工作再上新台阶。

“一进”校园，开展有声宣讲，拓宽青少年儿童的知识视野

2016年5月15日，我和同事们带着宣传折页、扶贫手册、文物保护法等各类宣传资料500多份，到挂钩扶贫点鲁甸桃园小学开展宣讲活动。宽大

的操场上，同学们都在认真听讲，积极参与互动，表现出强烈的求知欲。在轻松愉悦中，他们对身边的文化遗产有了更多的了解和喜爱，也增强了热爱家乡，热爱祖国的信念。讲座结束后，一个老师拉着我的手说："老师，你讲得太好了，没想到昭通市博物馆有这么多馆藏宝贝，这样的讲座太有意义了，如果能让我们带着学生亲自去昭通市博物馆参观一下，就太好喽！"回来后，我马上构思拟写了把扶贫点学生请进来参观的"爱心接讲"方案，得到陈克平馆长的大力支持并纳入当年工作计划。9 月 19 日至 23 日，"爱心接讲"工作组包车把鲁甸县桃源小学高年级学生的 1700 人全部请进博物馆，参观结束后又将学生原车送回，此举社会评价极高，相关媒体做了特别报道。

2017 年九一八国难日，我和同事们到昭阳区金江社区一个移民安置点的学校开展爱国主义教育，向孩子们讲述中国共产党党史和新中国革命史。听完讲座，金江小学校长袁吉兵说："这样子宣传好！有仪式感，有氛围，让学生知道了今天的幸福生活来之不易，会更加激发他们的爱国热情和学习积极性"。

2018 年 6 月中旬，我们到彝良二中和毛坪中学开展昭通传统文化宣传。在毛坪中学的讲座结束后，该校党支部王副书记说："你们这堂课让学生了解了本土文化，一定会增强他们的文化自信，今后会更好地投入学习"。

2019 年 4 月 5 日到鲁甸县新街小学举办讲座，我们把爱国主义教育、科普教育、禁毒防艾和扫黑除恶知识融合穿插进行，取得了良好的宣传效果。"我记住举报电话了！""我长大后想做一个像罗炳辉那样的人！""我好想去你们博物馆当志愿者！"活动现场，孩子们七嘴八舌，说着他们的感悟和心愿。

发挥博物馆的文化优势，让文物走进校园，目的是打破现有博物馆的场地限制，使文物"活"起来，对于青少年素质教育、审美意识都有帮助。一系列进校园有声宣讲活动，弥补了学生不能走进博物馆的不足，讲解员在校园和学生面对面，零距离声线讲述，拓宽了青少年儿童的知识视野。

“二进”特殊群体，让爱发光，丰富了残疾人群体的文化生活

全面建成小康社会，残疾人一个也不能少。为残疾人事业做更多事情，也是全面建成小康社会的一个重要方面。

服务特殊群体就必须掌握特殊方法。为此，我要求每个讲解员都要学习手语，并主动走进市特殊教育学校，用略显生涩的手语向同学们讲述昭通的历史文化。交流和沟通原来可以无声进行。我们和手语老师的配合就是最好的“讲解”，孩子们脸上那花儿般的笑容是对我们工作最好的礼赞。近年来，我们市博物馆还先后推出“水塘坝古生物遗址化石展”“昭通非遗文化遗产名录”“昭通精品文物图片集”等临时展览。

2016 年 12 月 25 日，我们到昭阳区敬老院和儿童福利院，通过观摩、参观和联谊形式开展宣传活动。看到残疾孩子们那渴望爱的眼神，刚做妈妈没多久的胡晓娟，竟泣不成声地对我说：“霞姐，我太难过了，以后我要带好孩子，努力做好本职工作，并且多参与支部组织的公益性活动。”

2017 年 5 月 18 日，在敬老院，我和李雪玲结合展板内容为老人们声情并茂地讲解，通过一张张精美的文物图片、一个个文物背后的动人故事，将昭通历史文化生动呈现，为老人们了解昭通历史文化、人文地理、风土人情提供了便捷的途径。

让文物走进特殊群体，不仅丰富了孤寡老人和残疾儿童的业余生活，还给他们打开了另一扇文化之窗，了解到更多文化信息，更让我们支部的党员和讲解员看到了这个特殊群体的艰难不易。“为人民服务”不是一句空话，它落实到了我们的行动上，每一个文博工作者，都在这种爱的给予中升华了社会责任感，工作责任心得到强化。

“三进”乡村，脱贫攻坚和乡村振兴路上，文化不缺席

博物馆作为一个公共文化记忆载体，大多建在城市，对边远乡村老百姓而言，参观博物馆就是一种奢望，我把“走出去”拓展博物馆社会职能定位乡村，主动服务乡村。

今年春节前夕，在市委宣传部的统一组织下，我们市文旅局以文化搭台，整合行业资源，到8个万人以上易迁安置点开展送戏、送书、送春联、送全家福、送政策宣讲的“文化进万家”活动。我跟随宣传组先后到呢噜坪、大地、水田新区、红光新区、发界、卯家湾、靖安新区等安置点，开展党史、新中国史及人居环境整治宣传，融入感恩教育、优秀传统文化和社会主义核心价值观内容，引导老百姓感党恩、思进取，奔小康，克服“等、靠、要”思想，听党话，跟党走，真正实现精神物质双脱贫，努力融入新环境新生活。1月12日，在永善红光新区安置点宣讲结束后，一位80高龄的老奶奶精神矍铄走上舞台，踩着《社会主义好》的旋律边舞编唱“共产党好，共产党好，共产党为我们建高楼，修油路，我们衷心感谢共产党”脸上满是幸福的滋味。

在扶贫工作中，我们还把社会公认道德模范、挂钩扶贫村的优秀基层干部、身边好人好事行为纳入示范引领宣传内容，注重培育乡村文明新风尚和社会主义核心价值观。在端午、中秋、“五四”“六一”等节日，到地震灾区、挂钩帮扶点开展“兴家风、举乡贤、淳民风、正社风”主题宣传活动，以典型人物为榜样，倡导推动社会主义核心价值观接地气，使家风更文明、民风更淳朴、社风更清正。让传统民俗文化、乡贤文化和民族精神转化为看得见摸得着的有形载体，把它当作治理农村的润滑剂，用乡贤文化滋养社会主义核心价值观，以身边人身边事来教育感化群众，营造崇德向善、见贤思齐的农村社会氛围。

在驻村帮扶和入户走访中，我带领党支部和陈列宣教部把党建、业务

工作与驻村党支部联合开展，邀请市文化馆、市图书馆、市艺术剧院、市文物考古研究所等多家党支部到驻村扶贫点开展大党建活动。2019 年 4 月 8 日，我们在单位挂钩的塘房村开展宣讲，紧紧围绕新农村建设，引导老百姓特别是年轻一代努力学习现代农业科学，远离毒品，反对恶势力，响应国家号召，依法依规参加乡村振兴建设，建设社会主义新农村。对于土地少且有一技之长的农村剩余劳动力，我们积极鼓励他们外出务工，实现家庭增收脱贫出列，同时又告诫年轻父母，打工同时对孩子的爱与教育不能缺席，要赚钱和教育“两不误”。在“有奖问答”中，村里 81 岁高龄的退休老党员罗廷辉参与最积极，得到的奖品也最多。事后，老人还风趣地说：“你们走后，我就是宣传员喽！”

在“开展三进活动，助力脱贫攻坚”行动计划实施过程中，我们市博物馆人带着文化走出博物馆、走近基层群众，利用馆藏文物讲好昭通故事，延伸拓展博物馆的社会教育功能。通过接地气地宣传，帮助基层老百姓深入了解和把握国家政策，真正将文化送到了群众的家门口。人们足不出户就可以欣赏到精美的文物，了解到昭通悠久灿烂的历史文化，听到党和政府的声音。

政策发力，部门出力，帮扶给力，社会助力，发挥博物馆在满足人民美好生活需要中的独特作用，形成万众一心决战决胜脱贫攻坚的强大合力，文博工作者任重道远。

（作者时任昭通市博物馆副馆长）

暖心的扶贫“爱心缘”

刘绍清

2020年5月16日，云南省正式宣布包括永善县在内的31个县（市、区）退出贫困县序列。永善县实现脱贫摘帽，作为市纪委市监委驻茂林镇的一名工作队队员，我内心多了一份荣耀和欣慰，那里毕竟有自己驻村两年的脚印和结队帮扶的真情，还流过不少辛勤的汗水，留下过奋斗的喜悦。

根据昭通市纪委市监委安排，我有幸于2015年年底至2017年11月在永善县茂林镇新林村担任驻村扶贫工作队队员，实地参与了两年的“精准扶贫”工作；2017年11月，回到原单位工作，利用业余时间继续推进文化扶贫工作。我切身认识和体会到，中国扶贫是空前绝后的，世界上没有任何一个国家能在如此大的规模下，将其一个一个精准地找出来，而且在几年内实现全部脱离绝对贫困，这在中华民族的几千年历史上也是空前的。一个普通的生命，融入国家惠及民生的“头号工程”，我珍惜这千载难逢的工作机会，想努力给国家和人民交出自己的“答卷”。历时5年，我主编的《中国农村文化扶贫研究》和《大一这年》两部90余万字的作品于2019年10月、2020年8月分别由团结出版社公开出版。其中，《中国农村文化扶贫研究》属于“文化扶贫”的理论研究，而《大一这年》属于“文化扶贫”的实践探索。

回望走过的路，我感动无比。自2017年以来的4年中，我多次通过微信筹资 79676 元对 50 余位贫困大学生进行爱心资助。在那些捐资助学以及各种文学公益活动中，我都只是一个普通参与者，而弘扬文化正能量的正是这些献爱心的“幕后英雄”，他们才是真正值得敬佩值得讴歌、值得赞美的人，他们传承和弘扬了社会大爱。

致谢那些大爱的人们，是他们的关心与付出，成就了孩子们，也给我创造了为社会服务的机会。我汇总了一下几年来的筹资助学情况，自 2017 年 8 月底发起这个爱心助学活动以来，经过我手的资金主要是四次共 79676 元。

其中：第一次是对 7 个大学生的助学筹资 4.6 万元，2017 年 9 月 5 日，在茂林中学现场举行仪式一次性发放了、第二次是对受第一次活动影响又申报的 30 位贫困同学筹资 8976 元，由于涉及的人多，个人所得资金不多，我离开扶贫点时匆忙，向当地党委书记和驻村工作队队长汇报了，他们没明确的态度，只叫我先管着，后来这些大学生有咨询如何兑付的，我坚持“凡问必兑”，立即微信支付，陆续兑付，最后几位已于 2018 年 8 月 28 日全部兑付完毕。第三次是 2018 年爱心人士转资助的 15500 元。其中，农业银行昆明分行纪委书记尤小勇 2018 年 8 月 25 日向我转款 5000 元，委托转交给他定向资助的朱家丹；王梅芳 8 月 27 日在昭通日报社资助 500 元；浙江的爱心人士王光善先生对资助对象进行了解后 9 月 3 日对他们自愿申请资助的 10000 元足额资助。第四次是原来的驻村队长刘丞云已经转去伍寨去督导，他在工作过程中，了解到有一农户家的困难情况，给我又发短信又打电话，想寻求社会帮助一下。于是，我与当事的两个大学生沟通了解汇总情况，通过我的微信发布永善县伍寨俩姊妹困难大学生杨萍（楚雄医专）、杨海（云南师范大学文理学院）的困难信息后，经过 2 小时 52 分，筹资 9200 元。

这些爱心人士的无私行为让我感动万分，是他们给了这个贫困地方梦想和希望。尤小勇和我，仅凭都是昭通人都有爱心，就对素未谋面的我如此信任，连续两年都各资助 5000 元；浙江的王先生是我朋友的朋友，我们仅凭通过几次电话，微信偶尔有交流，2017 年资助 28400 元，2018 年又对这几个贫困大学生根据他们各自的贫困状况，对他们几人自愿申报贫困受助愿望数额，足额资助了 10000 元；身患重病的画家王梅芳两次资助 700 元；清华大学的在读博士研究生李晨宇每次都参与资助；还有其他更多的人都充满着温暖关心这里的大学生们……

在受助学生中也有特别让人感动的！2018 年，既然朱家丹又受到资助，她的学习费用已基本解决，应爱心人士王先生的委托，我对其他六位进行跟踪了解和核实，大学生们本着“自立为主、领会爱心、学以致用、真诚沟通”的原则，总结过去展望未来，客观陈述了自身面临的情况，史凡跃、高德平、张玉宝、范沛彪四人共申请资助 9200 元，经朱家丹介绍，她的大学同学汪艳超主动加入文化扶贫创意活动，申请资助 800 元。肖显奎、丁兰二人由于家庭和自身的努力，已基本能自己解决学习费用问题，就不再申请了。2018 年 9 月 3 日早上，爱心人士已将 10000 元资助款转到我账户上。其中：张玉宝 1700 元，高德平 2000 元，范沛彪 500 元，汪艳超 800 元，史凡跃 5000 元。再后来，史凡跃告诉我，他获得国家助学金贷款了，他想谢绝这次资助，这个资金落实又成了“难题”，我们反复沟通协商后，王先生明确资金他不收回了，看看其他困难的，继续由我们落实，我们又开始寻找有缘的优秀的困难的大学生。我陷入了循环往复的感动中，成了“爱心筑梦”的发起人和执行人，我停不下来，我无法停下来！我们针对史凡跃申请后又想放弃的 5000 元，对接王先生还是想让我们资助落地后，我们考虑了一个折中办法，史凡跃继续享受资助 2000 元作为对他自立自强和坦诚的激励，其他的用来扩大帮扶范围，重在推进爱心传递，后通过多方沟通，对云南民族大学周朝川、昆明理工大学韩龙江、铁岭卫生职业学院安玉先、西华师范大学冯源琼、贵州财经大学蒋忠莉、内蒙古科技大学李天旭、黑龙江工业学院王军忠、滇西科技师范学院尹兴敏等进行资助。曲靖师范学院的汪艳超还特地到昭通参加兑付仪式，情真意切谈了收获与体会，成了爱心传递的一道风景。

最让我感动的是，做了事就有人记住，还获得了更多人的信任。2020年8月，受刘丞云队长的委托，我再次通过网络帮助永善伍寨俩姊妹困难大学生筹资9200元!8月29日上午，在永善县伍寨乡新胜村委会二楼会议室，在镇、村干部、驻村扶贫队员、市委督导员座谈交流后，一起见证了我再次将爱心筹资8200元转赠给杨海，勉励俩姊妹好好学习，通过知识改变命运。这笔爱心筹资于8月22日早上8:07至10:59，通过我的微信发布永善县伍寨俩姊妹困难大学生杨萍（楚雄医专）、杨海（云南师范大学文理学院）的困难信息后，计划筹集爱心助学金8000元，经过2小时52分，共筹集到8200元。该款由32位爱心人士资助完成。另外尤小勇先生、荀东先生、王德兰女士、黄华英女士和陕西的张辉先生，尽管愿意资助并微信转账，经沟通，他俩姊妹大学生有这笔8200元的资助帮助，勉强能维持过一年，就没再接收，次日微信已自动退款。更为特别的是，北京的张敬女士8月23日转了一笔1000元，情真意切地留言说：那您收下就当给她们明年的吧，省得你我都忙，明年又忘了。经征求杨萍意见：这位张经理的收下吧，她很热心，这样她心里也踏实。于是，我代收了张敬女士的1000元，过后再作处置。这是一场充满温情的筹资助学活动，历时不长，资金不多，不过咱们种下了一粒希望的种子，相信会健康茁壮成长，在五彩缤纷的世界里开花结果的。

在文化扶贫过程里，我是最大的受惠者，我每天都在快速成长。文化扶贫，初衷是帮扶贫困大学生，由于我是桥梁和纽带，我的信息是综合的，我掌握整个事件的全貌，我对文化扶贫的理论快速形成体系，我成了最大的文化受惠者，那么多人的智慧启迪我，那么多人的思维武装我，那么多人形成了一张结实而严密的文化网，这里展示的是智者们多姿多彩的内心世界……

（作者时任昭通市纪委市监委驻市委宣传部纪检监察组副组长）

书写昭通大地上的文化传奇

施华滟

时间过得真快！转眼间，我在文化部门工作已是第八个年头。一路走来，一路艰辛，一路耕耘，一路收获，其间的点点滴滴，让人难以忘怀。

文化是人民的精神家园，旅游是拉动经济发展的重要动力，二者同为行业扶贫的重要内容。作为文化和旅游部门的一名主要领导，我深感肩上的责任之重。“当好一个文体局长不容易，做好文化和旅游工作更不容易”。八载春秋，近3000个日夜，组织的期许、人民的期待时刻不忘，激励着我在推进工作和脱贫攻坚的道路上不断前行。

昭通是深度贫困地区，受制于经济社会发展的制约，文化和旅游业发展起点低、基础差、底子薄，尤其是“三馆（公共图书馆、文化馆、博物馆）、两中心（基层综合文化服务中心、游客接待中心）、一场（演出剧场）”短板突出，无馆舍或馆舍不达标问题普遍存在。地方财力困难之下，如何更多地争取上级部门项目和资金支持，加快补齐发展“短板”，是这些年来我一直思考和努力的一个问题。

刚到市文体局工作，我便在机关抽人组成“项目办”，专门负责文化、体育和旅游项目的申报实施。几年来，我们紧抓扩大内需、恢复重建、供给侧改革和“补短板”发展机遇，鲁甸、巧家、彝良“两馆”相继建成并投入使用，乡镇综合文化站、文化惠民示范村、基层综合文化服务中心、旅游景区景点、旅游厕所建设延伸到城市乡村，19个中央预算内千万元级的文化旅游提升工程加快推进，初步构建起覆盖城乡的市、县、乡、村4级公共文化服务网络，人民群众享受文化生活的途径更加便捷。

在加强基础设施建设的同时，我更加注重公共文化服务产品在丰富群众文化生活、提升群众生活品质、提振城乡精神面貌中的积极作用，借助“三下乡”“文化进万家”“新春送温暖”“欢乐下基层”等服务平台，组织开展丰富多彩的群众文化活动。工作中，我一直注重重心下移，共建共享，依靠基层，服务群众，充分发挥文化工作的主动性、积极性、创造性，大胆探索、勇于实践、总结提升，先后将“送文化百千万工程”“西部贫困地区精神文化家园建设”“深度贫困地区基层文化能人培养”申报为第二、三、四批国家公共文化服务体系示范项目，为贫困地区的公共文化服务体系建设提供了一个可资借鉴的“昭通模式”。

我到文化部门工作时，文化“百千万”工程惠民演出已持续多年。节目如何更新？群众有什么需求？如何在变与不变之中继续推进这项惠民工程？经过调研和思考，我提出了3个“三分之一”的工作思路，要求大家在节目创作编排中，用1/3的篇幅宣传党和政府的方针政策、1/3的篇幅反映新农村建设伟大实践、1/3的篇幅展示民族民间传统艺术，获得了社会的认可。2015年，昭通市“送文化百千万工程”成功创建为第二批国家公共文化服务体系示范项目。在示范项目创建过程中，我们以“送戏下乡”为主，同时开展“送图书下乡、送电影下乡、送培训下乡”，探索出了公共文化服务的“1+3”模式，并一直持续至今。10多年来，全市广大艺术工作者积极响应市委、市政府号召，纷纷组建演出队伍，精心编排文艺节目，把一批讴歌党、讴歌祖国、讴歌英雄、礼赞新时代、歌唱新生活的文艺节目送到田间地头、村村寨寨、家家户户。到2019年，“百场演出进百乡”累计演出1551场，“千场演出进千村”累计演出7499场，“万场演出进万组”累计演出106230场，服务观众5963万余人次，人民群众“看戏难”问题得到切实解决。春风化雨，润物无声。广大文艺工作者以最嘹亮的歌声、最优美的舞蹈、最动人的故事，讲好昭通故事、传播党的声音，用社会主义先进文化占领最基层的文化阵地，不仅把党和政府的温暖送到了千家万户，也使党和政府的各项方针政策更加深入人心。

在做好家门口演出的同时，我还鼓励同志们要大胆地走出去，积极参加全省“文化大篷车”惠民演出政府采购项目投标，在更广范围、更深层次上推进昭通市“送文化百千万工程”。2015 年，市文化艺术剧院通过竞标，首先代表省厅走进西双版纳州演出，迈出了昭通文艺演出“走出去”的第一步。受此鼓舞，昭阳区鹤舞高原艺术团、永善县溪洛渡艺术团也先后中标，参与“文化大篷车”演出的队伍中来。到 2019 年，我们已先后到版纳、楚雄、昆明、曲靖、文山等地，开展了 60 场文化惠民演出服务，为繁荣全省文化事业、加强州市人文交流、展示昭通艺术风采，作出了积极的贡献。

在鲁甸“8・03”地震之时，我和同志们一道，想灾区人民之所想，急灾区人民之所急，主动谋划，积极而为，率先在灾民集中安置点设立抗震救灾免费图书阅读点，随后又升级服务内容打造文体活动示范点，在地震灾区创建了一个个精神家园的雏形阵地。2015 年，在总结前期工作基础之上，我提出以建设“十个一”（即建设 1 个文化活动室、1 个文化活动广场、1 所农文网培学校、1 个农家书屋、1 个文化宣传栏、1 个农耕文化陈列室、1 支业余文艺宣传队、1 次文体活动、1 个乡村文化能人）为基本内容，申报第三批国家公共文化服务体系示范项目。当时，很多人并不看好这个项目，认为作为西部边陲的一个地级市，昭通已经申报过了一个项目，很难再有第二次的机会。面对质疑，我据理力争，坚信有党中央、国务院的亲切关怀，有文化工作者的真情付出，有灾区人民的迫切需要，我们的项目一定能够申报成功。因为有了前期的工作实践，在接下来的时间里，我和公共文化科的同志们加班加点，很快便将申报材料做好报出。经过层层审核和现场答辩，我们成功了！昭通市“西部贫困地区精神文化家园建设”以云南省推荐项目总分第一的好成绩，再次成功申报为第三批国家公共文化服务体系创建示范项目。事后，专家评委动情地说，“你们的项目不错，在灾区建设精神文化家园，想到了群众的心坎上，经验值得推广”。肩负希望，不负众望。到2017年年底，我们的建设示范点由24个扩大为71个，建设内容由“十个一”拓展为“N个1”，还制定发布了云南省首个公共文化服务类地方标准——《精神文化家园建设和服务规范》，涌现出大关县“背篼图书馆”等一批创新服务载体，精神文化家园建设之路越走越宽。文化部国家公共文化服务体系建设专家委员会委员阮可认为，这不只是“打通公共文化服务的最后一公里”，而是“打通了公共文化服务的最后一米”。

在“送文化”的同时，怎样实现“种文化”的转变？能不能培养一支扎根基层的文化队伍，把我们的文化和旅游工作开展得蓬蓬勃勃深入持久？

早在2015年7月，带着文化工作的深深思考，肩负文化扶贫的明明之责，满含人才培养的拳拳之心，不负基层群众的殷殷期盼，我在多方调研基础之上，蹚别人未过之河，走前人未走之路，将一群来自基层农村、非财政供养的最草根、最亲民、最活跃、最接地气的业余文化爱好者，带进市级文化人才培训的课堂，举办了第一期“乡村文化能人培训班”，从此便打开了基层文化人才培养的一个崭新局面。2017年，我再次带队到北京答辩，又一次将昭通市“深度贫困地区基层文化能人培养”推上第四批国家公共文化服务体系创建示范项目的名单。专家们一致认为：“开展基层文化能人培养，实现了种文化的转变，体现了以人为本的理念，树立了文化自信的标杆，体现了行业扶贫的优势，创新了公共文化服务的模式，对占领基层文化阵地、保障国家文化安全、提高脱贫内生动力，必将起到积极而有益的建设和促进作用。”在示范项目的带动下，培训对象从最初的“乡村文化能人培训”，到后来的“乡村文化体育能人培训”，再拓展为“农民工文化体育爱好者培训”，最后整合为“乡村文化和旅游能人培养”；培训内容也从一开始的“群众文化活动组织、文艺创作编排、防邪反邪教育、文化市场监管”，到如今的“美丽乡村建设、乡村旅游发展、非遗技艺传承、抖音直播带货”，基层文化人才培养的内涵越来越丰富。到目前为止，我们已累计举办培训班43期，培训各类乡村文化能人、文体爱好者、农家乐业主、非遗传承人、抖音达人4300余人。他们同“三区”文化人才服务、“春雨工程”“阳光工程”“圆梦工程”一道，为繁荣昭通的文化和旅游事业留下了一支不走的生力军。

文化和旅游部门组建后，如何更好地发挥好职能整合的体制优势，将文化的“神”和旅游的“形”有机结合起来，打造文旅融合的拳头产品，成为摆在我和同事们面前的一个重大课题。早在今年年初，我便一直在思考，在疫情后的大环境下，在脱贫攻坚的当前，或许推出一部既短小快捷又自成体系、制作成本不高又适应线上宣传的作品，来宣传好昭通的文化和旅游资源，丰富“一机游”上线内容，提升昭通文化旅游的知名度，会是一个不错的选择。随后，我和党组、科室的同志们几经商量，决定拍摄制作《滋味昭通》段视频栏目，来宣传我们身边的美食、美景、美昭通。8月17日起，经过半年多的努力，凝结着集体创作的智慧和汗水，《滋味昭通》成功出炉，首批24个短视频在“昭通文旅”陆续播出。小肉串、破酥包子、油糕饵块稀豆粉、小炒牛干巴、噜咪啦土豆片、筇竹、猪儿粑、燃面、土火锅……各种美食让人馋涎欲滴；豆沙古镇、龙氏家祠、名樱庄园、昭璞绿道、龙头山特色小镇、黄连河景区、西部大峡谷、金沙水上乐园……各处美景令人心驰神往。一时间，人们争相传阅，媒体竞相转载，反响热烈。下一步，我们还将成体系拍摄制作《滋味昭通》攻略篇、文物篇、非遗篇、艺术篇，计划以100集的规模，向外界宣传一个“有滋有味”的昭通，让昭通的美食文化、人文风采、山水风光更多地走进百姓生活，招徕四方宾客，飞向大江南北。

脚下沾满多少泥土，心中就有多少真情。

决战决胜脱贫攻坚，全年建成小康社会，是党中央对全国人民和世界作出的一份庄严承诺，是中华民族走向民族复兴的一个重要里程碑，也是检验党员干部理想信念和担当使命的试金石。几年来，我先后带领市文体局、市文旅局全体干部职工，坚决服从组织安排，坚决扛起脱贫责任，全员参与，全力投入，转战鲁甸县火德红镇银厂村、桃源乡桃园社区、龙树镇新乐村、塘房村、照壁村及镇雄县场坝镇麻园村，以高度的政治自觉和行动自觉，在人员、资金、项目和帮扶上给予全力支持和无条件服从。

都说扶贫要先扶志，治穷要先治愚。在这6年里，我们充分发挥部门行业优势，在挂钩帮扶村开展了“图书进基层”“走进博物馆”“非遗技艺展示”“扶贫专场演出”“端午粽子香”“我们的全家福”“廉政党课进基层”“自强诚信感恩教育”等文化活动，举办插秧节、梨花节、火把节、花山节、古尔邦节、樱桃文化节、苹果音乐节等乡村文化旅游节，既提振了群众的“精气神”，也充实了他们的“腰包”。今年春节前夕，我们还到呢噜坪、大地、红光、发界、卯家湾、水田新区、靖安新区等7个万人以上易迁安置点，开展“送戏、送书、送春联、送全家福、送感恩教育”活动，成为老百姓最欢迎的贴心者和暖心人。

最近两年，按照市委组织部安排，我们先后选派2名脱贫攻坚督战员、7名驻村扶贫督导员、4支驻村工作队、17名驻村队员、173名干部职工，参与7个县、13个乡、15个村的督导检查、驻村扶贫和挂钩帮扶工作。人少了，事多了，但大家毫无怨言，毅然承担起精准扶贫和文旅工作的双重重担。

当家才知责任重。在单位，我总要不断为在家工作的同志们加油鼓劲，勉励大家勇挑重担，在时代的大熔炉里承担好单位工作和结对帮扶的双重任务。到了驻村工作队，我又要叮嘱同志们找准职责定位，克服家庭生活困难，履行驻村工作责任，在实践“133”工作思路中履行好自己的扶贫使命。对派出扶贫的同志，局党组给予极大的关心和爱护，在十分拮据的工作经费中，为所有人员购买保险，添置衣被，按规定划拨工作经费，解决差旅和餐饮补助，并为驻村工作队购买了冰箱。在个人结对帮扶工作中，我和同志们一道，联系了最多的帮扶卡户，深入了解社情民意，定期开展入户走访，按照“两不愁、三保障”基本要求，制定“一户一策”脱贫方案，帮助卡户解决生产生活困难。在新乐17组，我挂包了8户人家，和他们坐在一起拉家常聊生产，同吃同住同劳动，指导居家理屋，开展人居环境整治，帮助彭启碧、张正国、罗洪爱、逢林秀、罗二昌5户分别申请了“农危改”、易地搬迁安置和房屋维修加固，指导谢贵富、谢贵高、舒文成3户外出或本地务工，为大学生罗志娟申请“雨露计划”，还为逢林秀老人的孙女定期送去课外书和学习用品，为残疾人罗洪爱争取到保洁员公益岗位，成为老百姓称呼里亲切的“姑娘”“姨妈”和“姊妹”。

真心换来真情，自强树立自信。在我身边的同事中，有背着娃娃去扶贫的刘琼蔚，有帮贫困户送医治病的周世巧，有帮老人洗衣做饭的罗江珍，有帮人排忧解难化解家庭矛盾的不留姓名者，还有想着帮助乡亲们把辣椒远销到广东的麻园村驻村工作队队员们……他们和我一样，都在用自己的实际行动，履行着对党和人民的庄严承诺。在我们帮扶的卡户中，有劳动力的都外出打工去了，没有一户人家的适龄子女辍学在家，生产、生活、收入各项指标稳定脱贫，人人脸上洋溢着对幸福生活的向往之情。

年华似水，岁月如歌。在历史的长河中，一个人的力量或许是渺小的，就如夜空里的星星，让人几乎感觉不到它的存在。但我们所从事的事业却是伟大的，哪怕是一朵小小的浪花，也会在生命的天空里激荡起美丽的风景。其实，在脱贫攻坚的时代浪潮中，每个文旅人都在用自己的真情付出，书写着昭通大地的文化传奇。

（作者时任昭通市文化和旅游局党组书记、局长）

点亮文化脱贫的希望之光

盘国军

人的一生会有许多际遇。一次工作环境的改变，就会让你接触到许许多多不一样的人和事，就足以让你感受到不一样的人生阅历和价值所在。

2019年3月8日，昭通市文化和旅游局挂牌成立。文化和旅游实现了大融合，“诗”和“远方”终于走到了一起。编随事动，人随编走。我的工作岗位也调整到公共服务科，从一名旅游人转换为文化人，也有幸参与昭通市“深度贫困地区基层文化能人培养”示范项目创建工作的组织管理和培训课堂中，深刻感受到这项国家公共文化服务体系示范项目带给基层群众的帮助、感动和喜悦。

“这次培训真的很及时！今年疫情影响了至少3个月的生意。通过这次集中培训，我的农家乐如何适应新形势的需要进行转型升级，如何吸引更多游客来我农家乐消费，我心里很有底了。”2020年7月29日，在本年度的第二期“乡村文化旅游能人暨农家乐业主专题培训班”上，刚刚结束为期6天的培训的彝良学员刘华高兴地说。是的，正是为了助力役后经济全面复苏，帮助农家乐业主抓好转型升级，以更优质的服务、更优美的环境服务游客群众，更好地巩固脱贫攻坚成果，我们集中全市200余名农家乐业主参加了本次专题培训班学习。开班仪式上，学员们一如既往惯例，纷纷登台讲述各自的创业之路，开启了一场别开生面的破冰之旅；培训课堂上，专家学者和基层干部登台授课，以自己多年积累的工作实践和学识总结，最深入浅出地讲述了农家乐创建和管理、乡村文化服务礼仪、乡村旅游发展方向和转型升级、乡村旅游厕所的修建和管理、非物质文化遗产传承，以及禁毒防艾、反邪教等方面的基础知识和基本技能，还分享了2名青年创业名家的成功之路；才艺展示时，学员们载歌载舞，在轻松愉快的氛围中展示着自己的艺术才华；参观交流时，大家又走进市博物馆、龙氏家祠，在历史的浩瀚星空里感受着作为一名昭通人的骄傲和自豪。

筚路蓝缕，一路前行。开展脱贫攻坚是党中央作出的重大战略决策，实施文化扶贫是多维度推进扶贫攻坚不可替代的重要维度。2018年4月12日，又是昭通公共文化建设的一个重要历史时刻——经国家文旅部、财政部批准公示，昭通市“深度贫困地区基层文化能人培养”正式列入第四批国家公共文化服务体系示范项目创建名单。这是我市继“送文化百千万工程”和“西部贫困地区精神文化家园建设”之后，连续第三次成功申报国家公共文化服务体系示范项目。敢为人先的昭通，心系基层的基层文化工作者，又一次用踏踏实实的工作成绩，创造了地方文化建设的又一个新奇迹。

2017年7月，习近平总书记在山西太原召开深度贫困地区脱贫攻坚的座谈会上，明确指出：“要加大内生动力的培育，坚持扶贫同扶志、扶智相结合，注重贫困地区和贫困群众脱贫致富的内在动力。更要注重提高贫困地区和贫困群众的自我发展能力，实现贫困地区农民基本公共文化主要领域的指标接近全国的水平。”在大力推进农村公共文化服务体系建设中，我们因地制宜实施“深度贫困地区基层文化能人培养”工程，坚持把构建现代公共文化服务体系建设与推进深度贫困地区脱贫攻坚有机结合起来，把加强贫困地区基层文化人才培养作为实施文化精准扶贫的重要抓手，建立新机制，探索新途径，谋求新发展，不断提高贫困地区公共文化服务能力，为深度贫困地区的基层文化人才队伍建设创建了可资借鉴和复制推广的示范样本。

昭通属革命老区，自然条件差，经济欠发达，贫困面较大，文化基础设施底子薄。虽然我们有60多万少数民族人口，既不是少数民族地区，也不是边疆地区，所以国家文化项目难以向昭通倾斜。面对交通不便、信息闭塞、社会文明程度低、百姓文化生活极度匮乏、精神缺少支柱的发展困难，怎样让贫困地区人民摆脱贫困，特别是摆脱精神上的贫困，是我们文化部门肩上义不容辞的责任和使命。在这样一种背景下，怎样落实好习近平总书记的讲话精神，使我们昭通贫困地区同全国一道步入小康，昭通文化部门不断探索。围绕如何开发“乡村文化能人”这一片真空地带？如何做好文化帮扶？局领导深深思考，在党组班子内做了反复探讨。经过广泛的调查研究，我们深切地感受到，在农村有那么一群文化人，他们都是单兵作战，没有人管，且没有机制和体制帮助他们。怎么把这些活跃基层的文化骨干组织凝聚起来、发挥他们在农村文化阵地中的骨干作用、组织开展好基层文化活动、守好基层文化安全的阵地？2015年7月16日，昭通市文体局尝试开办了第一期“乡村文化能人培训班”，把一群来自基层农村，最亲民、最草根、最活跃的业余文艺爱好者，带进了市级文化人才队伍培训的大课堂，从此便一发不可收拾。精心制定的培训方案，生动的课堂教学，将群众文艺、文化活动、禁毒防癌、防邪反邪、文化市场管理等现实急需的知识技能传输到学员心里，获得了学员们的喜爱，也得到上级领导和社会各界的肯定支持。

在持续推进的培训工作中，我们边推进、边调研、边完善，按照基层所需，在逐步的培训推进中，市文旅局把全市146个乡镇、1337个行政村及500人以上的自然村的非财政供养的文化能人、农民工文化者、留守妇女、留守的一些老年人，加上我们退休回乡的一些乡贤集中起来纳入了这个培训计划。培训内容逐步涵盖宣传党的方针政策、文物保护、非物质文化遗产传承、民族民间歌舞乐知识、民族民间歌曲收集整理、农村文化市场监管、全民健身体育活动的组织实施、民族民间舞蹈的组织编排、民间文化艺术的合作交流、防震减灾等各个领域。培训一段时间后，因为我们昭通是云、贵、川三省的结合部，一些邪教和外来非法组织常常利用边远地区的文化缺失，去宣传一些愚昧、落后、反科学的思想，严重侵蚀着基层的文化安全阵地。为此，市防邪反邪办、禁毒防艾办看到我们这样的培训以后，主动跟我们联系，派出培训师资，将反邪教和禁毒防艾知识纳入了我们培训的内容。文化和旅游局组建后，经过不断探索总结，我们又及时地把乡村旅游发展、“扫黑除恶”斗争等纳入培训授课内容。

文化安全是文化自信的基石。经过我们的示范项目培训，乡村文化能人受到了社会主义核心价值观的熏陶，国家意识、集体意识、科学意识得以增强，接受了禁毒、防艾、扫黑除恶等专题教育，能够自觉抵制陈规陋习，倡导乡风文明，积极主动参与乡村文体活动，使邪教与非法组织在边远山区没有立足之地，从而巩固了农村文化阵地，确保了农村文化安全，激发了人民群众的内生动力，让人民群众在文化精神上脱贫了，更好地享受物质脱贫的成果，在脱贫攻坚奔小康的路上懂得感恩党、听党话、跟党走，懂得热爱国家、回报社会，极大地增强了他们的文化自信和脱贫致富的内生动力，为打赢脱贫攻坚、巩固脱贫成果奠定了坚实基础。

每期培训班，进出 6 天，培训 30 个小时。在培训初期，晚上没有安排什么教学活动，就把这些乡村文化能人放散了。后来我们每期增加 1—2 个晚上搞才艺展示课，学员把自己的才艺带来展演，并利用业余时间请专家对学员的节目进行指导。每次开班，我们都搞破冰行动，学员自我介绍，哪个学员优秀哪个就担任节目主持人。通过几年的实践，我们形成了一套规范有序的培训机制，效果非常好，基层文化旅游能人队伍培训模式得以创新。

这些通过培训走出去的乡村文化、体育和旅游能人，如今大多已成为活跃基层文化生活、发展乡村文旅产业、带动群众脱贫致富的重要骨干。从鲁甸地震灾区震中前来培训的夏开芬，回去后不仅当了龙头山文艺队的队长，还影响了周围 10 多支文艺队伍建设，成为灾区公共文化服务体系建设的参与者带动者。昭阳区苏家院乡中河村的温元庚，依靠他的摄影技术，在村上组织影响了一大批农民摄影爱好者，他自己也成为“阳光工程”文化志愿者，受到了文化部公共文化司的表彰。旧圃镇的农民书画协会中，不少人是市级培训的文化能人。以前，大家不知道文物、非物质文化遗产到底是什么，通过培训，他们不仅知道了文化遗产的重要意义，还亲自把市级非遗项目“船工号子”“打谷草”“苗族古歌”“苗族飞歌”“苗族芦笙舞”“彝族敬酒歌”“彝族大唢呐演奏”“民间艺术剪纸”“民间刺绣”“蜡染”“竹编技艺”等民族民间技艺进行了传承发扬。很多地方组织的桃花节、油菜花节、梨花节、李子节、樱桃节、枇杷节、彝族火把节、苗族花山节、乡村春晚等活动，基层文化、旅游能人都是积极的参与者和组织者。

从 2015 年至今，我市“深度贫困地区基层文化能人培养”工程已持续了 6 年，累计开办了 43 期培训班，共计培训乡村文化、体育和旅游能人 4400 余人。示范项目培训提升基层群众的公共文化服务能力，激发了他们的服务热情，点燃了乡村文化旅游的星星之火，有效带动了深度贫困地区的公共文化建设，促进了文化服务活动的经常性开展，丰富了基层人民群众的文化生活，体现了扶贫、扶志、扶智的有机结合。基层文化人才队伍的日益发展壮大，点亮了昭通脱贫致富奔小康的希望之光。

（作者系昭通市文化和旅游局公共服务科工作人员、时任市文化和旅游信息技术中心副主任）

书香满秋城

张　丽

2020 年的 1 月，疫情的阴影还没有遮盖乌蒙大地，家家户户正在为春节准备年货，许多人家门口已经挂上红红的灯笼，贴着喜庆的春联，一派喜气洋洋的景象。

张灯结彩的小区广场上，一排桌子上整齐摆放着五颜六色的图书，几位工作人员为络绎不绝的群众讲解工作内容。一个 10 多岁的小姑娘静静地站在桌前，正聚精会神阅读《七彩云南 70 瞬间》。书桌背后是辆大巴车，车头前的阴影里，两个小姑娘正在低声讨论手里拿着的童话书，分享着自己读到的故事。一群年轻小伙子路过，转身找到工作人员，低声问我，“这里有没有法律方面的书籍？”不远处的舞台上，正在上演精彩的文艺节目，传来阵阵掌声与喝彩声。这里的空气却是安静的，因为阅读者的存在自成一方天地。这是我和同事在永善县红光新区参加“新春送温暖，文化进万家”活动时经历的一幕。那群路过的小伙子与我们说，他们外出打工刚回家不久，长久在外地打工，亲身体会到家乡与沿海地区的差距，知识、学习、读书是多么重要。所以看到这里有“书摊”他们便来询问，想买几本有关法律的书回去看，不至于在外打工不懂得怎么保护自己的合法权益。

类似的画面不断上演：在彝良发界，有个小男孩从活动开始到活动结束，一直坐在书桌旁看绘本，看完一本换另一本；在靖安新区，一位中年读者借了一本书就走到人少的地方静静阅读，看到活动要结束了，又匆匆赶回来还书……

时光穿梭，回到2018年的小年，市图书馆在昭阳区太平街道幸福馨居的爱心书屋为居住在这里的居民送上新年的祝福。几千份寓意祥和、颜色喜庆的挂历、农家历和新春对联送进了在住的每一户居民手中，60多位上小学的小朋友们还收到了一套精美的文具。每一个收到礼物的群众都露出灿烂的笑容，对着我们不停说谢谢。

那是2018年的元旦节后，董灿武馆长带着我和另一位同事来这里考察，想要为这里的易迁群众建个图书室。太平街道办事处副主任赵声跃热情地接待了我们，一边带我们去看准备装修成图书室的空房间，一边跟我们介绍安置点的情况："这里的居民都是易地搬迁的农民和昭阳区的困难群众。年轻力壮的一大部分都出去打工了。虽然安置点全部建好以后可以容纳12000多户居民，但很多都还没搬进来。现在主要居住的人群是老人、妇女和儿童，文化程度都不高。"

一同来这里的昭阳区人大常委会副主任、区妇联主席董睿武说："省政府要在昭通选点建设易地搬迁安置点的示范点，昭阳区选择了幸福馨居。现在这里的居民刚刚搬迁，'等、靠、要'的消极思想还没有转变。能与市图书馆合作，这是一个做好思想工作，转变观念的好机会。"

仔细了解完情况，我们决定"不搞大而全，专做小而精"，以少年儿童作为主要服务对象，打造一个具有特色和亮点的图书流通服务点。经过与街道办和安置点协商，安置点的阅览室将作为市图书馆的一个图书流通点开展服务，图书馆提供图书、报纸、杂志、阅览桌椅及电脑，办事处则提供管理人员，负责流通点的服务和管理。我们会不定期到流通点开展活动，更换图书，检查服务状况。

1月14日，全部书架、阅览桌椅、图书、电脑都运送至安置点。这个流通点的名字几经咀嚼，最终还是化繁为简，正式命名为"爱心书屋"。虽然天气严寒，每个人却都热情高涨，我们馆的职工和安置点的志愿者，一起为这小小的书屋组装书架，摆放图书，布置桌椅。第二天爱心书屋就履行了它的使命，为幸福馨居安置点的小朋友们送上一场又一场文化的盛宴。“爱心书屋”试运行的半个月里，我和同事时常要去一趟，根据情况进行图书调整补充，让它能更适应孩子们的应用需求。2月8日那天，是农历小年，我们馆里没有值班的同事都来到“爱心书屋”，和这里的居民一起喜迎迎新，为他们送去新年的祝福。

从1月4日开始的考察工作，直至2月8日举办的迎新春送祝福活动，短短一个月时间，“爱心书屋”就迎来了3000余人次的读者朋友，开展了十几次的阅读推广和培训活动。活动结束后，我和在这里工作的义工闲聊，说一说书屋的运行情况。因为大学时我一直在公益组织当志愿者，有共同的经历，我们聊得很投机。一个微胖的可爱女孩说：“我刚刚来这里工作的时候，见不到几个人，我对爱心书屋的运行也没有信心。这里的居民文化程度都不高，没有读书学习的习惯和观念。但是做了几场活动后，我们发现只要有耐心去策划，去找到他们感兴趣的点，小朋友就很乐意来参加阅读活动，后来带动家长们也跟着参加。只要坚持下去，我相信这里的情况会越来越好的。”

正是因为幸福馨居“爱心书屋”的成功运行，让我们得到了宝贵的经验，坚信建图书流通点并不是只有投入没有收获的无用功，只要运行得当，有专人管理和持续性活动支持，它在脱贫攻坚中可以发挥图书在基层的传播科学文化知识、推进意识形态建设、践行社会主义核心价值观、加强思想道德建设的职能，增强易地搬迁居民和贫困人群脱贫致富的内生动力，实现文化在扶贫工作中的“治愚”功能。也正是因为有了幸福馨居“爱心书屋”的成功运行，在文章开头时提到的“新春送温暖，文化进万家”活动中，在局领导的组织号召下，我们市图书馆在业务资金和图书资源极为紧张的条件下，依然下定决心为每个安置点各捐赠价值1万元图书，帮助他们建起图书室。

增加流动图书服务，丰富群众文化生活，需要的不只是一个个流动图书室，更重要的是资源共享的体制机制创新。

国家和省组织推进县级文化馆、图书馆总分馆制建设后，昭通市各县区图书馆开始正式着手总分馆制建设，并在2018年9月下发推进县级文化馆、图书馆总分馆制建设方案。

其实，昭通市的总分馆制建设已探索多年。早在2018年4月23日世界读书日那天，昭通市图书馆第一个分馆——“昭通市职工图书馆”（昭通市图书馆北部分馆）便在市总工会挂牌成立。这个分馆由我们市图书馆和市总工会联建，占地160平方米，共有图书期刊6000多册，是目前规模最大的分馆，可同时容纳50余人阅读或开展培训、阅读推广活动。为了建设这个分馆，我们与市总工会商议了一个多月，从选址、装修风格、功能定位、管理模式等等各方面开展了详细的探讨和规划。4月初，分馆刚一装修完，我和同事就把早已准备好的书籍运去，仔细分类上架，为工会职工作业务培训。职工们都很好学，不停问我，“这个小圆点有什么作用？”“为什么这本书有‘-’号其他书没有？”“为什么有的编号长有的编号短？”一瞬间，看着崭新明亮的分馆和努力学习的职工，我似乎看到这里成了知识的孵化场，不同职业、不同经历的人走进这里，做着同一件事情：看书、学习、积极而为。

在2018年4月23日世界读书日当天举行挂牌仪式的还有我们在元宝山体育场建设的流通点。直到现在，我还清楚地记得在图书上架的时候，几个路过的体校学生也来帮助我们一起上书。有个女生看到一本感兴趣的书，和旁边的小姐妹商量几句，羞怯地问我：“姐姐，这本书我可以借回去看吗？我看完就还回来。”言语中满是期待与诚信。

在北部分馆建立之前，市图书馆已经在市检察院、昭通监狱、昭通武警支队等机关单位、居民社区建设了多个流通点。到今年9月，我们已累计建设了11个分馆和流通点，将图书阅读服务触角延伸至机关、军营、社区、学校、乡村、公共服务场所。

从我进馆工作开始，我们每一年都在不停举办各种各样的阅读推广活动。一开始，我总要面临“图书馆是干什么的？”“这本书咋个卖？”“你们在这点摆摆摊有什么用？”等等令人尴尬的问题。但是随着免费开放、图书“六进”活动、图书流通点建设、总分馆建设、多媒体资源开放的开展，随着广场、社区、学校、机关、农村各种地方举办的展览、讲座、培训、阅读交流的活动，随着总分馆制建设的推进，老百姓对我们的图书服务便不再陌生。他们在感受公共文化服务的均等性、便利性、普惠性的同时，也逐步看到、了解、亲近着我们的图书馆。

在我们市图书馆，不知道从什么时候开始，每天一开门，各个阅览室座位就被一抢而空。备考公务员、事业单位、研究生的年轻人，每个人面前都堆着厚厚一摞备考资料。抢不到位置的读者就在花园里、树荫下轻声背诵，甚而席地而坐，双腿就是书桌。几个退休的老读者，每天都要来图书馆看报纸、做摘抄，风雨无阻。新冠疫情有效控制后，市图书馆重新开放，每天排队进馆的队伍排到了隔壁科协门口。对面小吃店的老板几次问我，“你们是不是在搞什么活动？咋个每天都排老长的队。”听了我的解释，还说自己哪天也要去借几本书看看。

如今，我们开展图书“六进”活动时，群众的问题早已不是当年的陌生之问，而是逐渐变成了“现在图书馆几点开门？”“借书证怎么办理？”“你们馆有没有这本书？”“扫码借书怎么操作？”的业务咨询。

书香昭通，蔚然成风。愿我们的读者越来越多！

（作者时任昭通市图书馆办公室主任）

法治文化进乡村　春风化雨润无声

赵祖国

脱贫攻坚以来，我们文旅系统突出职能优势和资源优势，在扶贫点加强法治文化建设，培育和践行社会主义核心价值观，有效增强了贫困户自强诚信、感恩意识，摒弃了等、靠、要思想，有效解决了贫困户精神匮乏、观念习俗落后、发展动力不足等问题。

光阴似箭，日月如梭，精准帮扶一晃就是几年。不管烈日当空，还是刮风下雪，我们系统的帮扶干部，总是在农户家、在路上、在田间地头、在电话里不停宣讲“两不愁、三保障”“低保补助”“政策兜底”等脱贫攻坚政策措施。一次次统计、核实贫困户各种收入数据，动态调整完善贫困户收入档案。一户接一户地解决贫困户遇到的困难和问题。为决战脱贫攻坚，我们一直奔走在扶贫点的小路上，风雨无阻。

“两馆一站”是文旅系统开展乡村法治文化建设的主要载体和阵地。近几年来，各单位结合部门职责，紧跟时代，因地制宜，坚持文化与法治相融合，营造浓厚的法治文化氛围，积极推进法治文化阵地建设，让群众出门见法，抬头学法，在潜移默化中培育法治信仰，有效促进法治乡村建设，为乡村振兴和脱贫攻坚提供法治保障。只要路过公共图书馆、文化馆、乡镇文化站、村（社区）综合性文化服务中心等公共文化阵地，你就会不经意地发现，群众身边处处都建有“法治文化墙”，在醒目位置或电子显示屏张贴显示有法治漫画、标语、法制日报、法治警语、党建、党风廉政、村规民约、社会主义核心价值观和文明新风等法治文化内容。这些法治文化墙以普法宣传诗、漫画说法、以案释法、社会主义核心价值观 4 大版块为主，采取通俗易懂、图文并茂的多种形式，大力宣传土地承包、优生优育、赡养继承、控辍保学、未成年人保护、生态保护、退补禁渔、道路交通安全、劳动保障、农产品质量安全、民间纠纷调解、扫黑除恶、禁毒防艾、维护国家统一和民族团结等与困难群众生产生活息息相关的法律常识及社会主义核心价值观等内容。法治文化墙制作精美，已成为镇、村一道亮丽的风景线。

在精准帮扶中，市文化艺术剧院可算是最受贫困群众欢迎的单位之一了。公司以“送文化百千万工程”为载体，针对扶贫点实际情况，推动法治文化与民俗文化、乡土文化融合发展，积极组织编写、创作具有乡土文化特色、群众喜闻乐见的法治文化作品。脱贫攻坚以来，先后创作了舞蹈《宣誓》、歌曲《天地有正气》、曲艺快板《扫黑除恶保平安》、曲艺三句半《扫黑除恶全动员、建设幸福大家园》、曲艺相声《罪有应得》、曲艺小品《和谐社会》等法治文化作品 40 余个，在扶贫点持续举办“守初心、担使命、颂党恩、促脱贫”为主题的脱贫攻坚专场文艺演出。文艺演出唱扶贫、讲扶贫，表达了党和政府脱贫攻坚必胜的决心。优秀节目很多，但贫困群众茶余饭后最难忘记的或许是《一个红包》和《幸福村的浪漫故事》。两个小品都讲述了贫困户从最初的等、靠、要，到后来经过帮扶责任人的耐心劝导和帮助，思想发生转变，决心靠自己双手勤劳致富的故事。

为使贫困地区“看得见山水、记得住乡愁、留得住乡情”，我们文物保护考古研究所和文化市场综合行政执法支队守土尽责，做了一件轰轰烈烈的大事，用“豆沙关”当地群众的话来形容，就是“太岁头上动了土”。当发现盐津县人民政府在国家级文物保护单位袁滋题记摩崖石刻保护范围和建设控制地带存在未批先建的文物违法行为时，他们顶住压力，严格查处，及时纠正违法行为，开出了 50 万元的史上最大罚单。2019 年 12 月，该案被国家文物局评为第三批全国文物行政执法指导性案例，并对办案单位市文旅局、市文化市场综合行政执法支队在全国文物系统进行通报表扬。该案的查处有力地推进了地方政府履行文物保护主体责任，有效增强了乡村干部群众依法保护文物的意识。

为巩固和占领农村法治文化阵地，我们还建立了农村法治文化人才培养长效机制。从2015年起，经过近3年的探索实践，2018年，我们持续推进的“深度贫困地区基层文化能人培养”项目，从地方实践正式创建为第四批国家公共文化服务体系示范项目。国家补助项目经费300万元，培训对象主要是全市146个乡镇、1379个行政村及自然村非财政供养的基层文艺爱好者、活动带头人、致富带头人、法律明白人、旅游达人、农家乐业主等乡村文化能人。培训的主要内容包括党的方针政策、文化和旅游相关法律法规、文物和非物质文化遗产保护、民族民间歌舞乐知识、民族民间歌曲收集整理、农村文化市场监管、全民健身体育活动的组织实施、民族民间舞蹈的组织编排、民间文化艺术的合作交流、乡村旅游发展、反邪防邪、禁毒防艾、脱贫攻坚、扫黑除恶等。截至目前，共培训了43期共计4400余人次。通过培训，农村法治文化能人受到社会主义核心价值观和相关法律法规的洗礼，接受了禁毒、防艾、反邪防邪、扫黑除恶、精准脱贫等专题教育，在基层带头加强法治文化宣传教育，自觉抵制陈规陋习，倡导乡风文明，使邪教与非法组织在边远山区没有立足之地，从而巩固了农村法治文化阵地，确保了农村法治文化安全。

我们系统帮扶工作中还涌现出一群特殊的扶贫队员，他们是大关县“背篼图书馆”服务队。大关县图书馆开启了扶贫新征程，立足关爱留守儿童、助力文化扶贫，在市县业务主管部门的关心指导下，成立了以大关县图书馆馆长常绍慧为队长的“背篼图书馆”志愿服务队，先后在大关县悦乐镇新寨村海坝、堡山、大坪村太阳坝，上高桥乡大寨村大麻窝，玉碗镇玉碗村何家坡、阴山林口、出水村团结、老街村小沟，高桥镇高桥村罗汉林、新开村蛤蟆塘，天星镇绿南村龙塘，寿山镇的中坪村陆坪长坪等高海拔贫困地区为贫困群众建起了贫困群众家门口的“背篼图书馆”。扶贫队员们每人一个背篼装满书籍，爬坡上坎，背篼里装满精神力量和法治文化作品，用脚步丈量村庄，持续向着大山深处一路前行，为高寒边远贫困山区的群众送去精神食粮，鼓励他们易地搬迁斩断穷根、扶贫扶志教育脱贫，助力他们实现“精神与物质双脱贫”、建设小康幸福生活奋力前行，为决战决胜脱贫攻坚、全面建成小康大关而不懈努力。

为擦亮我市红色文化名片，致敬革命先烈、寻找红色记忆，传承红色基因，对干部群众开展爱国主义教育，我们单位还不断加大红色文化建设力度。镇、彝、威是我市红色文化资源主要集中地。红军长征过昭通，留下了丰富的革命历史遗迹。结合红色文化资源和旅游脱贫攻坚工作，我们着力打造了镇雄旧府、彝良角奎（刘平楷故居）、彝良奎香、威信扎西、威信水田 5 个红色旅游小镇和镇雄场坝巴溜（贺龙指挥部旧址）、彝良角奎阿都、彝良奎香寸田、彝良柳溪水果、威信水田红色旅游村（花房子）、威信水田龙洞（党性教育基地）、威信扎西干河（荒田）、威信扎西石坎（庄子上）8 个红色旅游村以及 10 个乡村旅游富民工程，培育红色旅游农家乐 65 个。为充分发挥扎西会议会址等重要红色旅游景区景点爱国主义教育示范基地作用，开发了亲子体验，重走长征路、吃红军饭、穿红军衣、唱红军歌等丰富的红色文化旅游产品。

和风细雨，久久为功。最近走访帮扶，我发现新乐村的贫困户，从人居环境到思想认识发生了质的改变。王贵珍老人已并到儿子李德江的户头上，再也不提低保被取消的事情了，赞叹现在政策太好了，残疾孙子李洪海被送到昆明专科医院免费治疗几个月了，效果很好；李德太和王家连还说村支书马永康一直是他们家很好的亲戚，还主动帮助社长李德义家修建房子，认为远亲不如近邻，还是家族，低头不见抬头见的，对村社和帮扶队员的牢骚满腹烟消云散了；李德贤的弟弟已把他母亲陈桥妹接去家里供养几个月了，生活得很开心；李朝勇家爷 3 个被送进福利院了，吃住有人管理，她的姐姐还经常去看望……如今，走进扶贫点，家家户户门前干净整洁，法治横幅、文化墙、村规民约点缀其间，诚实守信、邻里互助、敬老爱幼等蔚然成风，村民崇尚法律，尊重法律，办事依法、遇事找法、解决问题用法、化解矛盾靠法已变成思维定式和自觉行动。

今年是脱贫攻坚决战决胜之年，我们将持续开展法治文化进乡村活动，进一步提升文化扶贫软实力，不断夯实脱贫攻坚硬支撑，实现贫困群众物质精神双脱贫，以实际行动助力脱贫攻坚圆满收官。

（作者系昭通市文化和旅游局政策法规科四级主任科员）

图书进基层

杨　芳

一位哲人曾说过，读书不是唯一的出路，但是读书却是最好的道路。纵观我国几千年的文明历史，各类经典书籍层出不穷，智慧的人民通过阅读，总结人生、反思人生，最终提升人生的价值。因此，在脱贫攻坚的决胜阶段，图书馆的工作就是服务于大众，让知识改变命运，让阅读丰富人生。

从前在“三下乡”和“六进”活动中总有人问，“这本书咋个卖？图书馆是干什么的？你们在这里摆摆摊有什么用？”我们总要一遍一遍解释，“图书馆是公益性文化服务单位，这里的书不卖，但可以免费借书、看书。这点有果蔬种植方面的书，你看看可能有用。”大部分群众对阅读不是很感兴趣，随便翻两下就走开了。现在在“三下乡”活动中，我们可以见到越来越多的群众流连于展书台前，翻阅图书期刊。

还记得有一年快过年的时候，一个阴冷的冬日早晨，我们图书馆开展送图书下乡活动，在一个拥挤的乡镇，人们穿梭于喧嚣的街道，购买生活用品和年货。天阴沉沉的，集镇四周雾气笼罩，没有风，也没有雨，空气显得稀薄而干冷。我们书桌拼放在集镇边上一个空旷的小坝子中，把各类书籍依次摆好。过往的行人很多，但是都没有停留，直奔热闹的街道。当我们做好这些准备工作，空闲下来，感觉天气异常寒冷，有同志因感冒，已经到车上去避寒。我们都在想，这么寒冷的天气，加上快过年了，人们都在准备年货，来阅读书籍的人应该不会有了。果然，一个半小时之内，人们匆匆从图书桌前走过，胡乱看上几眼，就又离开了。接近中午的时候，有位老大爷走过来，在桌前仔细浏览各类书籍，当他看到《苹果栽培技术》这本书时，迅速拿起来，慢慢看着目录、前言。随后，他放下背篼，坐在桌前，摊开书，认真阅读起来。我们都被他这种精神感动了，赶紧为他递上一杯热水。他感谢之后，继续阅读。接着，又有两位老年人走过来，找到自己喜欢的书籍，认真阅读起来。半小时内，图书桌前坐满了阅读者。中午时间，雾气散开了，天晴朗起来，阳光即将穿过稀薄的云层。一群小孩子走过来，各自找到自己喜欢的书籍，安静地阅读起来。突然，阳光冲破云层，暖暖地照在大地上，到处都是金色的光芒。来看书的人们越来越多，桌子边坐不下了，他们就坐在自己的背篼上，甚至有些人站着、蹲在地上。整个小坝子异常安静，只有偶尔翻动纸张的轻响。阳光下，众多的人翱翔于知识的海洋，有人心满意足地离开，有人带着渴望一头扎进来。平时，我们都在下午晚点就开始收拾图书往回赶，但是那天依然有不少人在看书，我们耐心地等待着。直到太阳落山了，依然有几个人在认真阅读，我们还有两小时的路程要赶，所以极不情愿地打断了他们。回家途中，我们都笑了，很开心，万万没想到这次送书下乡能够有这么大的收获。也为我们的下步工作带来更多计划和思考。

图书馆是一个文化阵地，需要我们一代一代图书馆人默默坚守。免费开放工作就是我们坚守图书馆的重器。为做好免费开放工作，为人民群众提供优质的文化产品和服务，每到节庆日，我们都要精心策划一个精品主题服务活动，假期间不闭馆，各个对外窗口正常开放；开辟精品书架，选取种类多样、内容经典、群众喜爱的图书上架；大厅里的展板上张贴着图文并茂的展览海报；多媒体报告厅里，昭通文化大家正在漫谈阅读……种种措施让图书馆人流量剧增，阅览室和外借室的座席位供不应求，图书借阅量和流通量也成倍增加，是近几年每次活动的常态，整个图书馆散发着浓郁的读书风气。

最近几年，我们从馆内服务，逐步过渡到送知识下乡活动。为积极响应国家号召，开展时事政策和普法宣传活动。我们馆更新制作了展板，用图文并茂的方式解读和宣传党的政策和法律知识。展板在图书馆大厅展出一个月以后，就流动在昭阳、鲁甸的各个乡镇。

在图书馆多年的发展中，我们的工作逐渐从简单的图书借还发展出更多的阅读推广活动，文化、科技、卫生“三下乡”活动和“世界读书日活动”在每一年的主题活动中占据主位，图书“六进”活动让学校、机关、社区、部队、监狱、农村都能见到我们举办宣传活动的身影。

每年的春节前夕，为给群众营造喜庆祥和的春节氛围，帮助他们过一个喜气洋洋的春节，我们总要准备一份“新春礼物”送到群众家门口。还记得鲁甸“8·03”地震后，我们馆立即在龙头山、火德红等5个灾民安置点建设了流动图书点，安抚灾民们惶恐的内心，帮助他们重新构建精神家园。第二年的春节前夕，“我们的中国梦——文化进万家”活动开展得如火如荼，馆长领着我们一群职工，带着特别印制的“连连有余”贴画日历和新春“福”字，在2月14日送到鲁甸小寨、灰街子两个灾民安置点。馆长、书记和同事们亲手为安置点的群众贴上“福”字，祝福他们在新的一年中能够福运绵长。与日历和“福”字一起送到的还有文化部捐赠的“文化一体机”。在灰街子安置点，我看到同事一边安装一体机，一边现场教授当地群众如何使用和操作。几个小孩子好奇地围在“一体机”旁，想用手摸一摸又怕碰坏了。同事十分耐心地给他们讲解，鼓励小朋友们试着亲自操作看看，一时间惊呼声、欢笑声环绕在周围，天空的阴霾似乎都被笑声打散了。

2017年3月21日下午，阳春三月，正是百花盛开之时，也是读书和脱贫攻坚的好时辰。由文体局主办的“送文化下乡·促精准脱贫”活动在鲁甸县桃源乡桃源广场举行。我们馆与其他单位承办了该活动，并在活动现场展出了400册农业生产种植养殖、文学艺术、历史地理、文化遗产、法律法规等各类书籍和400种各类杂志，开展阅读推广和普法、文化、农业等相关知识宣传。

那天是个难得的晴天，春风吹得人暖熏熏，桃源乡群众的笑脸也像春天的暖阳一样灿烂。我和同事一人拿着一沓小怀历和图书馆推荐书目宣传小册子，挤在攒动的人群中免费发放，一支支高高举起的手像在大声呐喊："这里这里，我想要那个推荐书目的小册子。"现场展出的图书杂志也吸引了大量读者前来观看，有年轻爸爸抱着小婴孩认真阅读，也有古稀老人拿着《毛泽东传》与工作人员讨论毛主席的一生。不时有老百姓告诉我们："太好了，我们这些老年人、小孩子现在不需要跑到城里去买书，去看书，你们能够送书下乡，将这么好的知识送给我们，真的是太感谢了！"为丰富桃源乡孩子们的学习和课余生活，我们还赠送了桃源乡中学两套少儿国学经典书籍，以吸引学生多学习国学经典和传统文化，提高自己对中国传统文化的认知度，增强文化自信和民族自信。

主题活动效果虽好但也需要固定的阅读点来提供持续服务。2016 年 4 月，馆长带着我和同事在鲁甸县小寨镇大坪社区河口综合文化服务中心建了一个全民阅读点。作为第三届读书节"图书进社区"的首个重点建设项目，我们在大坪社区几进几出，与社区工作人员商议阅读室选址、装饰、主要服务对象等等细节。4 月 25 日，我和同事带着精选出的文化艺术类、历史地理类、文化教育类、政治法律类、少儿图书类、农业科技类等六类 2000 册图书、100 种杂志、9 种报纸。和同时配备的 5 个铁质书架、3 个杂志架、1 个报架，还有阅览桌椅、饮用水茶具一起运到了阅读点。

"真是太感谢你们了！我们这里在半山腰上，交通不太方便，读书氛围也不浓。这几年鲁甸县政府鼓励我们种植樱桃和生态蔬菜，收入和生活水平是提高了。但是农民的业余生活单调，没有积极健康的生活习惯。我想着还是要在提高生活水平的同时提升下精神文明。你们这是给我们送了场'及时雨'，真的谢谢你们。"社区主任亲自与我们一起安装书架，整理图书。看着崭新的图书、光洁的书架、锃亮的阅览桌椅，他激动地对我们说这心里话。

知识改变命运，阅读丰富人生。我们会更加努力，不忘初心，励志前行，让知识之花，开满祖国大地。

（作者系昭通市图书馆办公室工作人员）

守望我们的精神文化家园

韩盛和

文化是民族的血脉，是人民的精神家园。作为基层文化工作的一分子，能够亲身经历、见证、参与我们身边的“精神文化家园”建设，为全市的公共文化建设出上一分力，是我一生的幸福和荣耀。

2015 年 7 月 22 日，又是一个历史性的时刻。经国家公共文化服务体系示范项目创建工作领导小组审核公示，昭通市“西部贫困地区精神文化家园建设”正式列入第三批创建名单。这是我市继“送文化百千万工程”之后，再次成功申报此类项目。消息传来，群情振奋。人们不禁为昭通这些年的公共文化建设成就而惊叹。要知道，有一个这样的国家级示范项目很不容易，更何况是连续两次。坚韧求成的昭通文化工作者，又一次用自己的默默耕耘创造了不平凡的业绩。

民之所需，政之所为。其实，早在鲁甸“8·03”地震发生时，昭通市文化部门便想灾区人民之所想，急灾区人民之所急，主动谋划，积极而为，率先在灾民集中安置点设立抗震救灾免费图书阅读点，随后又升级服务内容打造文体活动示范点，在地震灾区创建了一个个精神家园的雏形阵地。作为有幸参与其中的一员，我能感受到这些文化服务阵地的存在，切实给了灾区群众一个个心灵的港湾，为抗震救灾添加了一抹抹灿烂的阳光，因而也受到灾区人民的热烈欢迎。一个小小的图书阅读点，一个简简单单的文体活动室，却因为它们不经意的存在，温暖了灾民的精神世界，促进了社会的和谐稳定，由此得到上级部门的充分肯定。在此基础之上，省抗震救灾指挥部专门印发了《鲁甸6.5级地震受灾群众安置点“精神家园建设”管理办法》，省文化厅制订了精神家园建设行动计划，市委、市政府给予大力支持，市、县两级文化部门认真组织建设。“精神家园建设”由此成为抗震救灾的一项重要内容，成为构建现代公共文化服务体系的一项重大举措。

2015年5月，为进一步巩固地震灾区“精神家园建设”行动计划成果，全面提升贫困地区人民的“精气神”，树立贫困地区精神文化家园建设典型，总结经验，示范推广，昭通市文化部门提出以“十个一”为基本内容，以“西部贫困地区精神文化家园建设”为项目名称，组织申报第三批国家公共文化服务体系示范项目。当时，很多人并不看好这个项目，认为作为西部边陲的一个地级市，昭通已经申报过了一个项目，很难再有第二次的机会。面对质疑，局领导据理力争，始终坚信有党中央和国务院的亲切关怀，有灾区人民和贫困群众的迫切需要，有我们自身和基层文化工作者的真情付出，我们的项目一定能够申报成功。

功夫不负有心人。在局领导的亲自指导下，因为有了前期的实践基础，有了扎实的工作成绩，有着清晰的发展思路，我们公共文化科的同志们加班加点，很快便将申报材料做好报出。精诚所至，金石为开。经过层层审核、专家提名和现场答辩，我们成功了！昭通市“西部贫困地区精神文化家园建设”最终以云南省推荐项目总分第一的好成绩，再次成功申报为第三批国家公共文化服务体系创建示范项目。事后，专家评委动情地说：“你们的项目不错！在灾区建设精神文化家园，想到了群众的心坎上，也为贫困地区的公共文化建设树立了榜样，值得推广。”涓涓细流汇成国家行动。至此，从文化部门一家设立抗震救灾免费图书阅读点，到整合资源提升打造文体活动示范点，到集中各部门力量规范建设灾区帐篷文化活动室，再到全面创建第三批国家公共文化服务体系示范项目，昭通市“精神文化家园”建设的道路越走越宽。

精神文化家园建设之初，我们有效整合各类公共文化建设资源，注重发挥基层群众的主观能动性，细化明确了“十个一”建设标准，并鼓励在此基础上不断创新服务内容。按照要求，首批建设的靖安镇白顺村等24个精神文化家园建设示范点，文化活动室、文化活动广场达标化建设程度高，设施齐全，环境美化，各种形式的文化墙令人耳目一新；文化陈列室基本建成，有实物、有图片、有文字，图文并茂，相得益彰，对传统农耕文化和农村特色文化进行了很好的陈列展示；农家书屋图书配备多在千册以上并有定期更新，借阅管理较为规范；农文网培学校定期开展培训，内容涵盖大政方针、法律法规、生产生活、文明礼仪等各个方面；文化宣传栏定期更新，涵盖传统文化、孝道文化、家风家教、脱贫攻坚、殡葬改革、禁毒防艾等各个方面；业余文艺演出队纷纷组建，乡村文化能人培训延伸到最基层；农民运动会、乡村文化节等各种形式的文体活动蓬勃开展。同时，各示范点还结合实际，或开展一次家风家教，或创作一首村歌，或设置一个善行义举榜，或举办一台乡村晚会，或举办一次农民运动会，或建设一条健身路径，或开展一次非遗技艺培训等，不断丰富了精神文化家园的形式和载体。

在为期两年的集中创建中，我们坚持边推进边提升、边实践边总结，按照开展基层群众文化活动、保护优秀传统文化、发展农村特色文化、培训基层文化队伍、整合公共文化资源、注重制度设计等建设重点，结合文化惠民示范村建设、基层综合文化服务中心建设和脱贫攻坚战略实施，有序推进、稳步实施，取得了丰硕的成果。到2017年年底，建设示范点由最初提出的24个逐步拓展为71个，建设内容由“十个一”逐步拓展为“N个1”，乡村小舞台、背篼图书馆、流动书包、村规民约三字经、村歌村晚、乡村文化节、农民运动会、好媳妇评选、居家养老、非遗展演等一批创新内容和服务载体不断涌现。特别是大关县的“背篼图书馆”，由最初的单纯“送图书”，发展到现在的“送文化、送医疗、送关爱、送政策”系列服务，将精神文化食粮送到了最边远、最不通公路的老百姓家门口，成为“西部贫困地区精神文化家园建设”的一个创新亮点。阮可教授说他们这是“打通了公共文化服务的最后一米”，老百姓则亲切地称他们为“文化服务的工作队、党的政策的宣传队、文明新风的播种队、脱贫攻坚的啦啦队”。基层文化阵地日益巩固，群众文化生活日益丰富，人民群众美好文化生活需要得到积极回应，示范项目的创新性、导向性、科学性、带动性日益凸显。

2018 年 1 月 2 日，经严格组织评审、公示，我们对首批 71 个精神文化家园建设示范点进行命名，同时在各示范点显著位置统一制作悬挂“精神文化家园”标识牌匾，并进行编号登记备案。经公布命名的首批 71 个精神文化家园建设示范点，文化基础设施建设达到较高水准，文化活动设施得到长足改善，文化人才队伍建设有了长足进步，文体活动经常性组织开展，各类标识标牌、管理制度、规章制度有序上墙，为基层综合文化服务中心的建设树立了典范。

在总结各精神文化家园示范点建设经验基础之上，我们还与浙江大学城市学院合作，研究制定《精神文化家园建设和服务规范》（以下简称《规范》），作为昭通市创建第三批国家公共文化服务体系示范项目制度设计的一项重要成果予以推广。2018 年 4 月 1 日，经多方征询意见和反复修改申请，我们的《规范》由市质监局正式发布，也由此成为云南省首个公共文化类地方规范。《规范》从精神文化家园的设置、服务、管理、考核、评价等方面进行了全面系统的调研论证、实践创新和制度设计，通过定标准、出亮点、作示范，进一步促进了示范项目的规范化建设，也为下一步的基层综合性文化服务中心建设指明了方向。

积水而为渊，聚沙而成塔。在示范项目每年 150 万、合计 300 万的创建资金带动支持下，文化部门得以连续举办新节目展演、民族民间文艺汇演、民族赛装文化节、戏剧小品小戏展演、农民工文化节等文艺赛事，促进专业演员和群众演员同台竞技，推动民族文化和传统文化传承发展，涌现出了一批优秀的舞台文艺作品和文艺新人，摘下了“彩云奖”“群星奖”“国家艺术基金”等百余个文艺桂冠。2017 年，昭通群众文艺节目还登上央视

《群英会》栏目，创下了我市群众文化工作的又一个巅峰。同时，我们还把人才培养作为示范项目创建的一项重要抓手，将一批批来自基层农村、城乡社区、非财政供养的“乡村文化能人”带进了市级培训的课堂，为基层文化建设留下了一支支永不走的生力军。2017年，在总结提炼“乡村文化能人培养”实践经验基础之上，昭通市“深度贫困地区基层文化能人培养工程”再次成功申报为第四批国家公共文化服务体系示范项目，创造了昭通文化建设的又一个奇迹，树立了公共文化服务体系建设的又一个样本。

2018年8月，在文化部组织的专家验收会上，昭通市“西部贫困地区精神文化家园建设”以扎实的创建成果和前瞻的制度设计获得一致认可，并以“良好”的成绩成功创建为国家公共文化服务体系示范项目。

下一步，我们将继续按照整合资源、条件成熟、稳妥推进的工作节奏，进一步融合文化惠民示范村、贫困地区百县万村综合性文化服务中心、精神文化家园建设示范点既有的“七个一”“八个一”“十个一”建设内容，持续推进“送文化百千万工程”和“深度贫困地区基层文化能人培养工程”，按照《精神文化家园建设和服务规范》实施标准，推动精神文化家园“N个1”建设实施，推动全市基层综合性文化服务中心建设的标准化、全覆盖。

展望未来，我更加坚信，有国家项目的大力支持，有各级部门的关心帮助，有基层部门的创新实践，有人民群众的热情参与，心中守望的那个精神文化家园，一定会越来越清晰地展现在世人的眼前。

（作者系昭通市文化和旅游局办公室二级主任科员）

打通公共文化服务的最后一公里

朱　鑫

全市机构改革工作启动后，因工作单位重组合并，我的工作岗位调整，从原来的综合岗位调整到负责公共文化服务的岗位。岗位变化，自己肩上承担的责任、手里负责的工作也相应发生了转变。

刚一开始负责公共服务科工作，感觉很陌生，业务也不太熟悉，通过向单位同事了解，认识到这个工作主要是指导图书馆、文化馆和基层综合性文化服务中心的事业发展和建设推进。如今，我负责公共文化服务工作已经快一年半的时间了，无论是对公共文化服务常规工作的开展，还是对图、文两馆的事业发展指导，我渐渐地心中有了谱，也深深知道了公共文化服务的重点工作和中心任务就是要千方百计抓好基层综合文化服务中心建设，始终把基层群众公共文化服务作为健全和完善现代公共文化服务体系建设的一项重要内容。

作为一名共产党员，一名人民的公仆和勤务员，我深深知晓脱贫攻坚是当前的最大政治任务和使命担当。而作为负责公共文化服务工作的人员，紧紧围绕脱贫攻坚这一大局，加强基层综合文化服务中心建设、丰富基层群众文化活动，能够从精神层面、文化层面不断增强基层群众，尤其是贫困地区人民群众的文化自信、文化自觉、文化获得感、文化幸福感以及满足人民群众对美好精神生活和文化生活的向往，也在一定程度上为决战脱贫攻坚、决胜全面小康尽个人的微薄之力。

在负责公共文化服务工作的这段时间里，我随同分管局领导，先后深入到我市 11 个县（市、区），去到边远的贫困地区，走进广大的基层群众，围绕着基层综合性文化服务中心建设多次开展调查研究，在与各县（市、区）文旅局负责公共文化服务的工作人员平日工作的联系对接中，对我市基层综合性文化服务中心现状有了总体性的大致了解和基本掌握。

据我了解的情况来看，近年来我市坚持以习近平新时代中国特色社会主义思想为指导，按照“正确导向，服务发展大局；统筹规划，实现资源共享；因地制宜，实施分类指导；以人为本，对接文化需求；改革创新，提升服务效能”的原则，推进基层公共文化资源有效整合和统筹利用，提升基层公共文化设施建设、公共文化管理和服务水平，结合昭通实际，因地制宜推进基层综合性文化服务中心建设。

在与之前负责过公共文化服务工作的科室同志交流探讨的过程中，我了解到在“十三五”期间，我市基层文化事业更是飞速发展，文化基础设施得到了前所未有的提升和完善，全市共建成公共文化类项目近 200 个，其中：乡镇综合文化站 131 个、文化惠民示范村（社区）31 个、村（社区）文化场地设施 1108 个。全市“两馆一站”免费开放形成常态化、长效化机制，市、县级公共图书馆、文化馆，乡镇综合文化站、村（社区）基层综合文化服务中心全部对公众免费开放，极大地丰富了基层群众的精神文化生活。目前，通过盘活存量、调整置换、集中利用、资源整合等方式，全市 146 个乡镇（街道）综合文化站、1337 个行政村（社区）综合性文化服务中心都有了基础的文化服务阵地，基本实现全面覆盖。

有一次，我与市文化馆的同志一同外出培训。一路上，我们就基层综合文化服务中心建设工作展开深入交流。在向这些公共文化界的“老前辈”学习请教中，使我对昭通的基层文化服务中心的现状有了更深刻的认识。我们昭通乡镇综合文化站、村综合性文化服务中心，在历届领导的高度重视和关心支持下，克服了资金不足、地点不够、人员不足的困难和问题，提高服务效能、提高资金使用效率，按照省上普惠制、均等化、标准化要求，结合各个乡镇实际补短板、强弱项、造亮点，已经形成了以点带面的发展形势。总体看，我们昭通的基层综合性文化服务中心建设和服务品质上喜忧参半，我们要肯定工作成效，经过多年建设，我市基层综合性文化服务中心建设有了长足进步，但更要客观地认识到不足，最大的不足就是我们的工作与构建现代公共文化服务体系要求相比，与国家基本公共文化服务实施标准相比，与满足人民群众对公共文化服务日益的需求相比尚有较大差距。下一步，带领各县（市、区）如何干好基层文化服务中心，尤其是提升后期建设、服务、管理、运行才是文化服务中心建设的核心工作，才是最难啃的硬骨头。

面对这些困难和问题，我时常在思考，要如何进一步加强基层综合性文化服务中心建设，才能更好地保障广大基层人民群众基本文化权益，促进我市基本公共文化服务标准化、均等化发展，更好地为打赢脱贫攻坚战、实施乡村振兴战略、全面建成小康社会，提供强大的精神动力和文化支撑？

任何事情，只有思想上重视了，才能形成共识、达成一致，才能凝聚合力、共同推进工作，特别是领导干部更是要对基层综合性文化服务中心建设高度重视，高位推进。在今年的全市文旅系统重点工作推进会上，局领导特别强调，“在加强基层综合性文化服务中心建设的过程中，我们应当紧盯脱贫攻坚、乡村振兴战略的相关决策和部署，坚持问题导向，正视不足、迎难而上，不断补齐基层综合性文化服务中心短板”。主要领导带头研究公共文化服务工作，情系基层文化服务工作，自己作为一名科室负责人，不仅要向领导看齐，而且更要带头做好自己的公共服务本职工作。

一年多来，我始终坚持把公共文化服务同教育引导群众文化相结合，把满足公共文化需求同提高公共文化素养相结合，全力推进基层综合性文化服务中心建设，助力好基层群众文化精准脱贫，落实好脱贫攻坚各项措施。

工作中，我时常借助下基层调研、和县（市、区）负责公共文化服务工作的人员对接工作的机会，了解公共文化服务工作推动落实情况。我在熟悉公共文化服务工作的过程中，了解到虽然我们出台加快构建现代公共文化服务体系、推进基层综合性文化服务中心建设的文件，但在基层公共文化服务和建设过程中，如何更好地贯彻落实好相关文件精神和要求，重点和难点还是在思想认识上。

在全市一盘棋、共同推进基层综合文化服务中心建设过程中，各县（市、区）坚持问题导向，积极而为、主动服务，用心用情用力做好基层综合文化服务工作。比如，镇雄县针对基层公共文化服务工作重视程度不够的问题，进一步加大政策方针宣传力度，积极指导各乡镇不断形成协调推进基层村社区公共文化服务配套建设的良性机制，坚决克服少数基层干部重视程度不够、主动性不强、被动应付和“等靠要”思想的问题。水富市针对基层公共文化服务投入资金不够的问题，加大上级相关文件的宣传贯彻，同时，主动与财政、发改、扶贫等部门对接争取，切实保障文化惠民专项资金足额及时拨付到位，千方百计保障基层公共文化服务所需资金。昭阳区针对公共文化服务设施利用率不高的问题，安排专人、制定方案，主动服务，指导各乡镇村社采取盘活存量、调整置换、集中利用、资源整合等方式统筹建设基层综合性文化服务中心，参照省行政村文化服务中心“6+X”模式、社区文化服务中心“7+X”模式，统筹整合实施村（社区）文化服务“N个1”建设模式，不断发挥基层综合文化服务中心党建活动、文化宣传、法制培训、文体设施、读书看报、广电图影、展览展示等作用，使基层群众文化服务满意度不断提升。大关县以“背篼图书馆”为载体，针对基层公共文化产品服务单一的问题，围绕基层群众知晓率、参与度、满意度提升的目标，突出农民工、独居老人和留守儿童等特殊群体，深入挖掘、保护、开发和利用群众文化、乡村本土文化，注重基层文化服务和文化产品种类和质量，持续开展送书、送医、送培训活动，不断丰富群众读书看报、文艺演出、广播电视、电影放映、文体活动、展览展示、教育培训等公共文化服务和产品内涵，有效确保了公共文化服务和产品与基层群众不断增长的文化需求相适应相协调，将文化服务送到群众家门口。再来看我们的绥江县，针对基层公共文化人才队伍建设不足的问题，不断加强基层文化人才队伍建设，积极争取基层文化服务中心人员编制，想方设法通过政府购买公益性岗位保障文化中心人员，同时，加大对基层公共文化服务人员的培训培养，基层文化服务中心人员队伍不断强化。

现如今，我市基层文化服务中心“阵地、平台、载体、桥梁、纽带”的综合作用不断发挥，基层综合性文化服务中心建设、管理、运行、服务等各项工作逐步形成常态化、长效化机制。用一位彝良县老文化工作者的话来说就是“现在日子越来越好了，每天农活忙完了，茶余饭后，村子里文化活动广场就开始热闹起来，老老少少、男男女女定时前来观看或者参与广场舞表演；到了晚上，劳作一天的中年人和放学的孩子们来到文化广场，或打球、或下棋、或读书看报，村里的妇女们在文化广场跳起广场舞、唱起昭通山歌，文化广场已经成为村民日常生活的重要部分”。

“治贫”必先“治愚”，“扶贫”必先“扶志”。在脱贫攻坚的壮阔征程中，我们将始终坚持文化帮扶工作“志智双扶”，不断夯实基层文化阵地，不断丰富群众文化生活，努力使城乡文化建设和经济社会发展焕发勃勃生机。

（作者时任昭通市文化和旅游局公共服务科科长）

结对帮扶种文化　乡村娃娃乐开花

李雪玲

“我们今天看到了古猿，还看到了古象化石，太有趣了！”“博物馆真好玩！”这是来自桃源社区的孩子们在2016年9月19日写在日记中的感叹。

走出大山，去外面的世界看看，是生活在大山深处的孩子们的共同梦想。蜿蜒崎岖的山路阻隔不了孩子们的思绪，也阻碍不了他们对外面世界的憧憬与向往。9月19日上午，天空下起蒙蒙细雨，博物馆广场上却是一片欢声雀跃。我们迎来了第一批特殊的客人，来自鲁甸县桃源乡中心小学的学生、带队老师及扶贫干部350余人。走进市博物馆参观和学习，古老的文物和深厚的历史文化，深深地打动着孩子们。

桃源乡地处鲁甸县东部，是鲁甸县一个典型的农业贫困地区，主要以种植业为主，产业结构单一，除烤烟生产外，缺乏支柱产业，发展较为滞后。桃源社区位于桃源乡中部，回族文化底蕴浓厚，是国家民委命名的首批“中国少数民族特色村寨”。2016年1月，为深入贯彻落实中央、省市有关精准扶贫相关精神，按照昭通市“挂包帮”“转走访”工作联席会议办公室和鲁甸县“挂包帮”“转走访”工作联席会议办公室的工作安排，原昭通市文化和体育局结对帮扶鲁甸县桃源乡桃源社区，并选派扶贫驻村工作队按时进驻桃源社区开展工作。根据精准扶贫工作需要，我们市博物馆职工结队帮扶桃源社区贫困群众60余户，先后选派2名职工参与驻村扶贫工作。

结对帮扶的过程中，我们在定期走访时发现，由于父母离乡进城务工，桃源社区里的多数孩子成为留守儿童，加上社区里条件有限，孩子们平时几乎没有机会走出鲁甸，较少接触外面的世界。2016年5月，市博物馆在桃源社区广场宣传昭通历史文化。围观的孩子们对博物馆非常感兴趣，有的好奇地翻着手里的宣传折页，有的兴奋地围住我和同事们问着各种问题，但当孩子们被问到什么是博物馆时，他们沉默了，眼睛里充满了疑惑。“博物馆是做什么的？”“博物馆在哪里？”“要是能去博物馆参观就好了！”孩子们小声地说着，一双双纯真的眼睛里溢满了期待。

治贫先治愚，扶贫先扶智。孩子们对博物馆的好奇是他们对更广阔世界的向往，他们对参观博物馆的渴望是对课堂以外知识的求索。为拓宽桃源乡孩子们的视野，让他们了解昭通历史文化，体验中华文明，增强文化自信，市博物馆决定组织“爱心接讲”活动。陈克平馆长通过驻村工作队与桃源社区村委会、桃源乡中心学校进行协调沟通，最终确定在2016年秋季学期开学的时候，组织桃园乡境内村级小学中四至六年级的学生到市博物馆参观学习。

“爱心接讲”活动历时5天。在市局的统筹安排下，从9月19日至23日，我们先后接送来自桃源乡桃源社区、龙头山、拖姑、甘田、岔冲、鸭子塘、大水塘、小黑山、箐门、铁家湾等10所小学的学生以及带队老师共1700余人走进博物馆参观学习。为确保给孩子们一个安全、有趣、丰富的参观之旅，馆领导提前一个月与各小学的校长和老师们联系沟通，制定完善参观预案，详细安排每天车辆的接送事宜，并调配好各个展馆的讲解员。同时，要求我们每一名接待参观的讲解员，都要根据孩子们的年龄特点，选择更加贴合实际情况的讲解方式。值得一提的是，本次“爱心接讲”活动得到了昭通市公交公司的大力支持。得知是接送贫困乡的孩子来参观博物馆，公交公司不仅在费用上给予了最大的优惠，还给予了特别的全程服务，及时调配车辆，保证每天按时把孩子们送到博物馆，参观完毕后，又安全地送回到桃源乡各个村社。

9月19日那天，小雨淅淅沥沥地下个不停，但孩子们的热情就像燃烧着的一簇簇火焰，他们来到了期待已久的博物馆。来自桃源乡中心小学的学生和带队老师作为“爱心接讲”活动的第一批客人走进博物馆大厅。“这是我们第一次来到昭通市里”，孩子们激动地说，“我第一次看到了博物馆，第一次看到了古猿。”随行的学校老师则说：“孩子们对第一次的博物馆参观体验感到很新鲜，也非常激动。希望这样的参观学习能丰富孩子们的学习经历，成为他们今后努力学习的动力。”

在“远古足音·悠久历史”展厅，我们尽量用简单易懂的语言，给孩子们讲述一件又一件彰显昭通地域特色的珍贵文物背后的有趣故事。孩子们安静地听着，仔细地观察一件件古老的青铜器。站在展柜前的他们略显矮小，但他们凝视文物的目光却无比专注，亲眼看到宣传折页上的文物，让他们非常震撼。这一件件珍贵的文物又让他们惊叹古人伟大的创造力，这些文物背后的故事更让他们对昭通历史文化有了更进一步的认识，增强了孩子们的家乡荣誉感、自豪感。

有些孩子则对“革命老区·红色记忆”展览更感兴趣。展厅里，来自岔冲小学的孩子们和我们进行互动学习，他们纷纷指着展柜里红军长征留下的物品说：“我们学过《长征》，‘五岭逶迤腾细浪，乌蒙磅礴走泥丸’，就是毛主席写下的长征诗句。”有的孩子还情不自禁地吟诵起了毛主席的《七律·长征》：“红军不怕远征难，万水千山只等闲……”

在“民国昭通·喋血抗战”展厅，孩子们有了更多的感触。一名来自大水塘小学六年级2班的孩子说：“2014年鲁甸地震的时候，我们非常害怕，但是我们看到很多武警叔叔们来帮助我们，是他们给了我们战胜灾难的勇气和力量。今天看到这个展览，更加知道了今天的和平是英雄先烈们用鲜血换来的，我们要珍惜现在的幸福生活。”当我问起本次参观对他产生了什么影响时，他回答说：“以后要好好学习，长大后想做一名军人，保家卫国，让祖国更强大！”

桃源乡是一个伊斯兰风情浓郁的民族乡，桃源社区是鲁甸县的“回族特色村寨”。在9月23日的“爱心接讲”中，当走进“团结家园·民族风姿”展馆时，铁家湾小学的孩子们一下子活跃起来，指着图片欢呼雀跃地说：“看！这是我们的开斋节，这是古尔邦节，这是清真寺……”有的娃娃还“反客为主”，认真地给我们这些讲解员介绍起他们回族的特色饮食，脸上洋溢着自豪的笑容。

就这样，在给孩子们的讲解过程中，我们一下子是“老师”，一下子又成了“学生”。开始觉得是希望我们帮助他们，但后来发现孩子们也帮助了我们。他们走到哪儿就记到哪儿，对于知识的渴望特别强烈。相信此次参观学习的每一个展厅、每一件文物、每个知识点都会成为孩子们心里的一颗种子，在他们未来的学习和奋斗中生根发芽。

在一周的参观学习中，多数孩子都随身带着笔和本子，随走随记。“大家要用眼看，用耳听，用脑记，用心感受”，每天参观前，陈馆长都会这样对孩子们说，他希望这些孩子通过几天的博物馆参观学习有所收获，回去后把这次活动中学到的知识、看到的东西分享给小伙伴们，成为一名小小宣传员。

文化扶贫既是扶志也是扶智，我们如何发挥博物馆的职能，利用好我们的资源优势，做好文化扶贫，让贫困群众共享精神食粮？自挂钩帮扶桃源社区以来，市博物馆全体同仁便一直在思考这样的问题。

“这件事我们算是做对了！通过组织这些娃娃们参观咱们市博物馆，让桃源乡的孩子们近距离了解家乡的历史文化，并影响身边的小伙伴，比单纯说教有用多了。”工作总结时，大家自信满满地说。

作为昭通市目前唯一的一座综合性博物馆，自开馆以来，昭通市博物馆每年接待国内外观众达到数万人次，成为展示、宣传昭通历史文化的重要平台。近年来，在昭通市文化和旅游局的统筹指导下，市博物馆在文化扶贫实践中，始终坚持宣传昭通历史文化，致力于“用身边的文物讲好中国故事”，“推广和普及中华优秀传统文化”，以务实行动为昭通脱贫攻坚添砖加瓦。

党的十九大报告中指出："要动员全党全国全社会力量，坚持精准扶贫、精准脱贫，注重扶贫同扶志、扶智相结合。"不管是本次组织开展"爱心接讲"活动，还是将"移动博物馆"带到桃源乡开展宣传展览，都是昭通市博物馆文化扶贫活动的一个缩影，也是市博物馆文化扶贫系列活动"请进来"与"走出去"的具体实践。通过一件件文物的生动讲解，真正地打开乡村孩子知识的心窗，让孩子们感受到中华传统文化的博大精深，增长了知识，开阔了视野，丰富了孩子们的第二课堂。

今天浇灌一滴水，明天收获一片林。正如孩子们在参观中所说，"走进市博物馆，看到了家乡的历史文化，感到了做一名昭通人的自豪，对未来也更加充满了希望"！

（作者系昭通市博物馆陈列宣教部讲解员）

第五编　兜底守底线

我所经历的脱贫攻坚故事

申　松

2020 年 8 月 31 日，刚好是我拥有两年半驻村工作经历的日子。这两年半生活、工作、学习、成长绝大部分是在湾沟村。湾沟村是云南省昭通市镇雄县典型的具有代表性的万人大村。距母享镇政府驻地 3 公里，距县城 74 公里，下辖 39 个村民小组，（2014 年末）共有农业人口 3118 户 11241 人，居住有汉族、苗族、彝族等少数民族。全村国土面积 19.8 平方公里，其中，耕地面积 16845.82 亩，林地面积 3000 亩，水田面积 580 亩。村境内平均海拔 1230 米，年平均气温 14℃，属于山区。主要种植的农作物有玉米、小麦、马铃薯、辣椒等，全村经济收入主要依靠传统种、养殖业和外出务工。

目前村组路、串户路已经全部完成硬化。2019 年全村经济总收入 8586.2 万元，人均可支配收入 5806 元。湾沟村于 2019 年在国务院第三方的考核下脱贫出列，贫困发生率降至 1.97%，按 2020 年的要求，全村剩余 49 户 221 人在年底脱贫。现有卡户 917 户 4338 人，贫困发生率高达 38.59%，远远高于深度贫困村的标准。

全国脱贫看云南，云南脱贫看昭通，昭通脱贫看镇雄。湾沟村就是极具代表性的镇雄县万人村，国务院第三方 16 年和 19 年两次都到此考核、调研。湾沟村地广，上半山和下半山贫富差距大。据新文化户口册统计，上半山 5114 人，下半山 5922 人。下半山地理位置好，靠近通往县城主公路，交通便利，土地平整肥沃，特别是靠近河流下游有 480 亩左右的连块土地，家庭比较富裕，发展好。上半山山大路弯，气候条件恶劣，交通不便利，生活成本高。就拿同样一块修房子的砖，下半山 2.5 元，上半山就要到 7 元，先大车转小车，小车转人力才到家门口。因此全村计划 :1. 下半山土地用于发展香菇大棚产业。2. 上半山以退耕还林为主，发展花椒、板栗等产业。3. 上半山不靠近河流，发展养殖业为主，粪便肥沃土地，循环经济。4. 民政资金往上半山倾斜，达到 65% 以上。5. 争取资金，加快硬化完所有村组路、串户路。

以上是村的基本情况，村出列主要靠户脱贫，以下是 4 个国家给政策、干群齐努力的户脱贫故事。

一、一人撑起一片天

这是一个靠医疗扶贫和易地搬迁才保住完整的家的故事。涂云仁户家庭人口 7 人，涂云仁 47 岁，健壮劳力，其配偶 7 种慢性病，3 个儿子两个女儿，其中 3 个小孩读书，分别是初三、初一、小学。有一孩比较特殊，2004 年患血友病，越长大越严重，17 岁的他早早就在家养病，勉强读完初中。下肢因血液不通，左小腿提前萎缩，需要定期注射凝血因子，否则血流不止。对于收入，他的原话“原来儿子没生病之前都在浙江打工搞电焊。儿子生病了，妻子身体不行，父亲瘫痪在床，又是老年痴呆，所以十多年没有出门了，都为了照顾他们。现在的收入就是低保和护林员工资。在家种的玉米，每年养的小牛卖，然后留大牛喂”。考虑到他情况特殊，不能出远门，对本地山势和林地熟悉，就聘用他为生态护林员，增加他的收入。在低保评判会上我把他情况在向参会的村民们汇报，大家都很认可，在会上通过他家享受 4 个 A 类低保的决定。他悄悄地告诉我，在 2018 年借钱无门的时候，他早就想放弃涂世俊，只是有天他疲惫地回家后，他儿子给他做好了饭，他觉得他应该坚持，再想想办法。

在村里和他一样的同龄人，能像他一样把智能手机用这么熟的，基本没有，因为他要用手机寻到社会的各种帮助，寻到二儿子的活路。水滴筹、轻松筹、中华慈善总会、血友病博爱关爱中心等等都帮过他，用他的话说都是为了孩子才学到的知识，那种无助又充满感恩的眼神久久不能忘怀。前几天请他算算，一年的花在医疗方面的费用。小儿子一年的医疗费用就要 17 万多元，国家给他家报账 16 万多元，自费 1 万多元，今年他媳妇因蛛网膜囊肿又花了 8000 元左右，医保报账 7000 元。算下来国家给他的医疗费用报销有 90% 以上，就像他说的，国家的医疗扶贫政策保全了他的一个完整的家，易地扶贫搬迁又给了他一个崭新的家。涂云仁的角色就是家里的顶梁柱，他一个人撑起了一个家。

二、泡椒下饭

这是一个靠兜底保障脱贫的故事。胡国朝户总人口 5 人。胡国朝 42 岁，眼睛残疾，能见度不足 1 米；配偶邹明菊疑似痴呆，怕外人，不喜欢说话；大女儿初二，两个儿子一个小学、一个初一。初次到访，不用多余的眼光就看完整个家：昏暗的房间里一床一火一锅一桌一条凳一煤炭坑和满地的猪食渣、煤炭灰。那天大人外出种地，3 个小孩端着满满的饭碗在吃饭，那冒尖白花米饭上的三四个红彤彤的辣椒格外刺眼。问他们没有菜和汤吗？一个都不说话，只顾害羞地吃自己的。回到村委会后，我们立即商量对策，在农村低保大会上一致同意他家整户兜底保障，简单地说就是一家五个低保，现一年低保收入 2 万 2，从 2013 年的人均年收入 1500 元，到现在的 7000 元。

我多次建议胡国朝将煤炭和猪食放在外面；并用奖励的方式教导小孩扫地、洗衣、擦门窗；还鼓励他不要灰心，在附近多找找零散的活计做，增加收入。现在他家的情况在一步步好转。脱贫攻坚带给这个家庭除了带来了收入的增长，还有干净的家，更健康的生活方式。

三、3 个单身汉

这是一个靠低保和农危改脱贫的故事。每个村都应该有单身汉，但祖孙三代都是单身的还真不常见。王开太 91 岁，肢体残疾；王吉忠 63，耳朵残疾；王国祥 36 岁。俗话说“单身汉，油炒饭”，那 3 个单身汉呢，人畜混住，家里找不到能够下脚的地方。闻到一股不舒服的味道时，就知道他家快到了。这种家庭怎么办？整户已经兜底保障，4 万的“农危改”帮建房也已经入住，但情况还是糟糕。

我们当下商量，下一步的计划就是动员组织王国祥外出务工挣钱找媳妇，然后组织干部去他家打扫卫生，做好示范。我们把他家的床单被套找干净的来换走，生产和生活用具归纳整齐，把他家的鸡固定在一个地方圈养，房前屋后打扫干净……现在他家卫生条件大大改善，王国祥在浙江义乌一个月 3000 元，但媳妇还没有着落，时不时发微信给我，问问有没有合适的，有的话，要给他介绍。如果王国祥再过几年无法完成生育，那以后只有靠国家集中供养。

四、多足怪物

这是一个靠饮水工程解决饮水有保障难的故事，坪子村民组是湾沟村最偏远的村民小组，开车需要到隔壁乡镇转上去，大概一个半小时。常住

87 户，现有卡户 50 户 240 人，贫困发生率最高。该村民组最大的困难是吃水。坪子地势高，水源点在对面山上，吃水大部分靠抽。通过饮水工程并建立管水机制，用水难题得以解决，从以前的 10 元 / 吨到现在的 5 元 / 吨；从以前的定期放水，到现在的随叫随到。大部分人家都喜欢把屋顶打扫干净，周围加高，到了雨季就可以用雨水来洗衣冲地喂牲口，这就是他们的“望天水”。这样就降低用水成本和负担，做到开源节流。

坪子被一条山沟分为两半，山的另外一边叫陈家湾子，有 7 户 28 人，卡户有 5 户 19 人，他们运气没有这么好。在他们居住的下面有个停产多年前人自己挖的小煤洞，里面由于下雨和地势低洼，自然形成积水塘，农户长期用抽水机在里面抽水饮用，这个就是“煤洞水”。水质肉眼可见浑浊，味道有点涩，水抽到家中后，都要经过沉淀才可使用，缸底和烧过一次的水壶底都可以看见敷起一层黄色物质。我们驻村工作队了解情况后，经实地考察、咨询当地有经验的人后，发现距煤洞不到 50 米的地方有水源。工作队里面召开队会，决定出资修建水池，找水务所申请管子，但是村民自己要投入劳动力参与修建，一方面为了减少成本，另一方面为了调动积极性。村民一家一个抽水机，多根管子在水池口，远看就像一个很多腿的“怪物”，但这个“怪物”解决了 28 人的吃水问题。

驻村两年多，感触颇多。曾经到大山里确权土地，白天看地，晚上看图，五天没洗脚就睡觉；疫情期间一天一箱油，管控六个村民小组；劝返辍学生回来上学，被学生骂；上山走访，摩托车被河水冲走；如此种种，太多太多，历历在目，但比起贫困老百姓的还真不算什么，因为我年轻力壮。

脱贫攻坚战的胜利，就是全心全意为人民服务、为人民谋福利的体现。时代在进步，脱贫攻坚就是拉一把贫困的家庭，让他们不要落后时代太多，让他们不但有好日子过，而且日子还要越过越好。一个家庭的贫富，就看劳动力有没有，有了劳动力就看劳动力动不动、强不强。没有劳动力的就得靠国家的保障政策扶持。总之要激发他们的内生动力，从要他脱贫，到我要脱贫的思想转变。贫困肯定是有原因的，要充分利用脚步收集来的数据、情况，要用解剖“麻雀”一样的精神找准原因，只有找准原因，对“症”下药，才能断穷根。对于一个家庭不仅要分析当前的状况，还要预见过几年的情况，有的是顶梁柱不行了，有的是小孩上大学了，有的是家人生大病了等等，这种未来就可能需要帮扶，有的是小孩毕业了走向工作岗位了，通过产业扶持、就业帮扶赚到钱了，稳定脱贫了，这种就需要把他家的帮扶资源更多的转到其他需要的家庭。一个家庭要想越过越好，就要好好培育下一代，阻断贫困的代际传递。国家制定的“一收入四保障”的标准是非常科学的，但镇雄贫困面广、贫困程度深。还是有一定难度的。2020年是脱贫攻坚的收官之年，我坚信我们村一定能够完成习总书记的指示，现行标准下农村贫困人口全部脱贫。

（作者系昭通市妇幼保健院办公室工作人员）

春暖花开

欧阳厚章

民政工作，关系民生，连着民心。自2019年9月起，昭通市全面推进失能和半失能特困人员集中入住特困人员供养机构——养老院，切实改善特困对象的生活条件，提升脱贫质量，缓解被失能半失能特困人员所束缚的家庭压力。

2020年9月30日，连续阴雨了好几天的天气转晴，温暖的阳光温柔地抚摸着这片大地。在市民政局康伟副局长的带领下，一行四人赴水富市向家坝镇水河村，调查分散供养特困人员生活的救助成效。

清早乘车从水富城区出发，行驶了20公里到达了水河村村委会，接下来的路我们只能走着去了，要走访的特困对象家住半山区，到户只有寻常山间小路。步入山间，入目只望见一片片青翠竹林，淡淡的竹子清香扑鼻而来，一条小溪清澈透亮缓缓穿山而过，幽静的林中伴随着那稀稀落落的鸟鸣更增添了几分幽深静远。置身其间，直让人感觉远离了尘世喧嚣，仿佛受到了大自然的洗礼，心突然就静了下来，一股心旷神怡之感油然而生。许是久居繁华的城市，到了这一派人间仙境中，大家贪婪地呼吸着清新的空气，四处张望着怡人的景色。互相交流感叹着这里自然风光的无限美好，不知不觉间一行人已然来到了水河村村民李长明的家中。门前光滑的青石路，斑驳的灰墙，曼曼青藤努力向上爬着，仿佛见证了时光冉冉，岁月在这里静静地流淌着。

李长明，1957年出生，63岁，属于特困供养人员。村委会工作人员告诉我们，李长明平时都是一个人生活，只有其外甥女不时前来探望看护其生活，但老人年纪大了，加之身体不好所以长期都是病恹恹的。门是大开着的，我们便直接走了进去，却并未看见其人身影，大声呼喊其名字，直呼了好几声方才听其应答。声音有气无力地道："是谁找我，找我有什么事情？"随着声音落下，入目的是一张憔悴的脸，面黄肌瘦，头发蓬乱，身上破旧的衣服已糊上了一层厚厚的黑色物质，站在阳光下竟似在闪着光亮一般。看着这一幅场景，对比我们在各个养老机构老人舒适的生活情况，大家皆不由心中难受，同行的女同志更是不觉已眼中起了水雾，内心暗暗告诉自己一定要把这个老人动员到敬老院入住。我们告诉他："我们是民政局来的同志，是来看看老人家生活过得好不好的。"他回："日子都是这样过来的，都过了那么多年了。"问及老人家生活为什么过得这么艰苦，衣服已经很破了怎么还不去买两件新的，是不是民政每个月打到卡上的800多块钱没有收到，还是卡没在你自己拿着用。他的回答是卡在自己拿着的，这些年一直领着民政的五保金，就是靠着这个维系着生活的，尤其这两年来每个月发的钱也多了，但是身体不好一直病着，出不了远门。聊了一会儿儿儿，也基本看到了他那没有一丝质量的生活环境，我问他："老人家，你一个人生活这么不方便，生活的情况也很糟糕，为什么不去敬老院生活呢，现在政策条件好了，你们特困人员可以入住到敬老院，吃得饱、穿得暖、住得好，还有人照顾，生活比现在可好多了，每个月敬老院还会给你们发一百块钱的零花钱，你可以用来买其他喜欢吃的或者用的。"说着，我们将敬老院的每天日常吃的、穿的、玩的照片拿给老人观看，李长明老人看着照片说："之前村上和镇里的人也来和他说过入住敬老院的事情，但是在这生活惯了，我考虑一下。"这时，同行的一位同志半开着玩笑说道："老人家，你可别说你不去啊，你去试一下住敬老院习不习惯，没准去几天还能找个老伴呢，你看前几天威信中心敬老院就有两位老人去登记结婚了呢，敬老院帮他们办婚礼办得热热闹闹的。”老人脸上挤出了几丝笑容。因为还有其他需要走访的对象，我们一行便分作两组，由一组继续走访调研，我们组留下动员李长明老人去入住敬老院。大家轮番上阵，为他介绍敬老院的生活状况、发生的一些有趣的事以及环境氛围等，这样过了好长一段时间，老人仍然摇摆不决。我问老人家：“你为什么会不想去敬老院呢？敬老院的生活条件比你这里可好的多了，而且你在这里又没人时时照顾，你外甥女在镇上工作生活也不可能经常来照看你，心里还一直担心记挂着你。路又不太好，她来看你也难走，你到水富城里敬老院住下，你外甥女离得也近了，交通又方便，还不用每天担心你过得好不好，她想你了随时都可以到敬老院去看望你。”他回道：“去敬老院是不是就每个月不给我发钱了，我会抽烟。”我们告诉他，在敬老院吃的、住的、穿的都不用自己操心了，每个月还有那一百块的零花钱，你身体不太好肯定不能抽太多烟，一百块足够了的。原来李长明之所以这么说其实还是故土难离，并且怀着对陌生环境的焦虑，他还告诉了我们其实他是有钱的，因为一个人花不了多少钱，卡里已经攒下来了一万多块钱。就这样问问答答中时间过得很快，两个多小时过去了，就在大家都感觉没有希望再劝得动老人的时刻，问到他生病是哪里不舒服，老人说左边胸部长了一大个包，碰到就疼，急忙让他掀起衣服我看，入目是一个接近乒乓球大小的瘤状物，且明显能看到部分地方甚至开始化脓了。这一刻，内心激愤，既担忧老人的病情，又怒其不关心自己身体，加大了声音：“你左胸长的那个大肿瘤已经开始化脓了，你再不去医院治疗要出问题的，你去敬老院住，他们会送你去医院治疗，医疗费用敬老院会承担的，你这个病情很严重不能再拖了。”可能我说话声音太大，亦或者说得内容太过于让他害怕，他低声回说，那就去敬老院吧。然后让他收拾必要的东西，我们联系车辆来路边接他到敬老院办理手续。他院坝里晒着的稻谷，我们找来竹篓帮他收了起来放到了屋子里。

趁着他收拾东西的空档，我来到了他的厨房，打开橱柜的门，一股恶臭扑鼻而来，细看之下是一只杀了的鸡，不知道放了多少天没有吃已经腐烂发臭了。看着这冲击性很强的一幕，我无比庆幸，庆幸他最终能同意去敬老院，最起码以后的生活有了保障。等了一会儿儿儿老人还没收拾好东西，我们打算进入到房间帮他一起收拾，只见他把两个橘子、一把糖、几个月饼小心翼翼地用一个塑料袋包装起来放到床边的柜子上，说道：“我去了不知道下次是什么时候才回来，这点东西就放在这里留着给她们吃吧。”这一刻，仿佛什么东西钻进了我的脑子，鼻子有点酸涩，每个人内心都有一片柔软的地方啊，这个可怜的人也在时时刻刻记挂着别人啊，我知道他说的就是他的外甥女。

收拾完毕，老人回头深深地看了一眼家，仔细且笨拙地锁上了门，我和另一位同志魏远洪扶着李长明老人往外走。走了大概十来米老人便走不动了要歇息一下，问到他今早吃了点东西没有，他说已经四天没有吃饭了。或许四天中他吃了点其他零碎的东西，但就是身强力壮的年轻人，一两天不吃东西都没力气，更何况一个年老的病人呢。接下来的路他的身体状况肯定无法自己行走的，由我和魏远洪同志两人轮换着背出他去，轮换了两次，走了二十来分钟。其间经过一段路时，三两个小孩嬉戏打闹，天真烂漫的嬉闹声让人不自觉温暖，在同事背上的老人也咧开了笑脸，仿佛此刻已春暖花开。车子已在路边等待，其外甥女也在，看到我们，赶忙跑过来问候老人。对我们说了一次又一次的感谢，说早就想送老人去敬老院，但老人不想去，去了敬老院他生活要好得多。话罢，她扶着老人上了敬老院的车。到了敬老院，老人用过午饭，洗完澡换上了新衣服，为他办理完手续便送到医院住院治疗。

就在前几天，一次打电话给水富市民政局的同志，问起这个老人近况，得到消息老人当天进入医院便已确诊肺癌晚期，并于 2020 年 10 月 11 日在医院去世。从入住敬老院总共就 10 多天的时间，我不知道他是否过得很开心，但是至少他在这一段时间减少了许多病痛的折磨，能够吃饱穿暖，在人生最后的时光里感受到更多的温暖，有尊严地走完人生最后的路程。在人生路上，在工作中我们遇到过许多人，非亲非故，却总会使人竭尽全力，而如这般的经历，亦不过只是整个民政工作、整个脱贫攻坚大环境下无数人们默默奉献的一个缩影。

（作者系昭通市民政局养老服务科工作人员）

兜底民生　让社会充满温情

丁　娅

你来，我养你一辈子。

这是昭通市民政局对特困供养人员的郑重承诺。

在农村能住上红砖房，生活条件应该还不错，这可能是很多人固有的定式思维，我就是这样想的，2016 年 12 月 24 日，我跟随昭通的志愿者团队到昭阳区小龙洞乡走访探视孤寡老人，那天见到的一切颠覆了我所有的想象。

走进老人的红砖房，房子大概有 40 平方米，屋内却没有一席可坐之地，甚至都不想站进去，黑炭灰糊满了整个屋子，老人坐在进门左手边的木椅上，全身上下依然一片漆黑。见我们进去老人很热情地要招待我们，要给我们烧火做饭，要给我们倒水喝，感动之余，更多的却是酸楚。环顾屋内，没有任何可以吃的食物，甚至没有可以喝的一口水，盆架上的锅里有一些发霉发臭的东西，同样糊满了厚厚的黑炭灰，也不知道放了多长时间。老人究竟可以拿什么来招待我们呢？他平时生活是怎么度过的？很难想象。

后来经过询问给我们带路的小女孩，再和老人详谈，了解了老人的一些基本情况：老人一直独居，属孤寡老人，大概六七十岁，右手残疾，行动不便，语言表达也不畅，似乎没有生活自理能力，附近没有任何亲人，唯一的姐姐远嫁，几乎没有联系；房子是政府兜底修建的，也有生活补助，但没有生活自理能力，生活依然很困难，甚至连最基本的生存似乎都很难保障，附近邻居时不时会给老人送点吃的，有可能就是有一顿没一顿的一天天熬过来的。

当时的我们作为一名学生，没有能力帮助老人解决更多的生活难题，只能给老人留下爱心人士委托发放的爱心物资，继续前往探视其他老人。走访探视结束后，过了一段时间，志愿者团队又再一次到老人家了，帮老人把家里打扫干净，给老人带去过冬的衣物和棉被，可惜我因有事没能再次参与。生活中也许类似情况的老人还很多，他们需要物质的帮助，还需要社会的关爱，更需要有人照顾日常生活。本应该安享晚年，却还在为最基本的生存而发愁，当时就在想，要是能够有一个社区照护中心，要是有人能够时时照看这些老人，那该有多好！

时隔 3 年，这个愿望终于实现了。自 2019 年 5 月 29 日全市推动特困人员集中供养以来，各级民政部门主动作为，全市掀起了新一轮的特困人员集中供养高潮。2019 年 10 月 8 日，根据安排，市民政局有关全体干部职工开展失能半失能特困人员集中供养动员行动，要求每人至少动员一名特困供养人员入住敬老院，我作为其中一员，参与了这次动员行动。

下乡动员之前，我学习了特困供养人员集中供养的相关政策文件。老人入住敬老院不仅可以实现“三有四好三自由”，即有人照顾、有病能医、有钱可花；好吃、好穿、好住、好玩；入住自由、活动自由、探亲自由。还可以提供免费生活服务、免费医疗服务、免费吃穿住用，而且每月都有零花钱。这样的服务政策是我以前想都没有想过的，更何况生活无人照料的特困供养人员。再回忆起三年前遇到的那位老人，就不由自主地激动起来，这些特殊群体的温暖春天已经悄悄向我们走来。

10 月 8 日这一天，市民政局社会事务和儿童福利科的刘先华科长、周世维、本人、鲁甸县民政局相关人员等一行人分为两组开展动员。我们的第一站是刘学思老人家，老人视力残疾，家住鲁甸县龙头山镇银屏村，平时和弟弟家生活，弟弟和弟媳忙于农活也很少有时间对老人进行悉心照料。当我们问老人如果把他接到敬老院去，他愿不愿意去，刚开始老人和他的家人都不太愿意。后来我们给老人详细介绍了敬老院的环境、生活条件，老人如果想家还可以随时请假回家探亲、家人也可随时到敬老院看望老人，可以先入院体验一个星期后再决定是否入住等等。重要的一点是老人入住敬老院，解放了家中的劳动力，家人还可以安安心心地外出务农、务工，增加家庭收入。经过一番介绍后弟弟和弟媳表态，他们会尊重老人的意愿，但老人还是有些犹豫。我们把联系方式留给了老人，如果他考虑好了愿意入住，我们随时可以回去接他，随后前往其他特困人员家。我们刚走没多久，老人的弟弟打来了电话，让我们去接老人。最后在村委会工作人员的帮助下，老人把自己所有的积蓄清点清楚，交给弟弟帮忙保管，然后才和我们一起前往龙头山敬老院。入院后敬老院给老人安排了食宿，我们才离开，一天下来，我们成功动员了 3 个失能半失能特困供养老人入住敬老院。

一年过去了，全市失能半失能集中供养工作有序开展，市民政局积极探索，不断完善，多次开展敬老院护理人员培训工作，进一步细化管理，努力实现"你来，我养你一辈子"的承诺，让更多失能半失能的特困供养人员过上安稳、幸福的晚年生活。

义肢助残，助飞梦想。昭通市现有持证残疾人 20 余万人，其中肢体残疾就有 10 万余人，和失能半失能特困供养老人一样，残疾人是社会普遍存在的又一特殊群体，他们同样需要政府和全社会的共同关注与帮扶，落实好残疾人福利政策，同样也是助力脱贫攻坚的一项民生工程。根据《云南省民政厅办公室关于在脱贫攻坚中做好"义肢助残"项目实施工作的通知》要求，2020 年 6 月，昭通市民政局对残疾人中的卡户、低保户、特困供养、低收入家庭分别开展了残疾人康复辅具及假肢安装需求摸排统计，据不完全统计，全市需要假肢、拐杖、助听器、坐便器、轮椅、矫形器等各类器具的共 4875 人，其中具需要安装假肢的贫困残疾人共 536 人。

2019 年 11 月，在省民政厅的大力支持下，昭通市与云南省残疾人康复辅具中心合作建立了省康复辅具技术中心昭通市康复辅具装配站，这是昭通市第一个残疾人康复辅具装配站，它的投入运营，将为昭通市残疾人群众提供便利，解决他们安装假肢路途远、成本高等一系列问题。2020 年 9 月 15 日昭通市康复辅具装配站正式启动运营，9 月 15 日至 9 月 21 日，市民政局配合省康复辅具中心开展“福康工程”“义肢助残”项目假肢取型工作，为全市 536 名困难残疾群众进行假肢安装取型，实际取型成功 402 人。接下来将在 2020 年 12 月底前为这些贫困残疾人免费安装假肢，根据实际情况为其他贫困残疾人免费发放轮椅、拐杖、助听器等康复辅具。

在开展这项工作过程中，昭通市昭阳区凤凰街道的刘女士是一个特殊案例。2020 年 8 月刘女士和她的母亲到市民政局找到我，问我是否还可以免费安装假肢，她想要报名。经过询问才知道，刘女士左小腿截肢，以前到省康复辅具中心安装过假肢，按照使用年限，刘女士今年需要更换假肢，听说在昭通就可以安装假肢，在居委会咨询，工作人员跟她们说今年已经报名结束了，他们也不敢保证还能不能加人，建议他们到市民政局咨询。原来 6 月开展摸排统计的时候统计漏了，她们害怕今年不能更换，影响以后的生活，所以来咨询报名。随后，我向他们解释了，前期摸排只是一个预报名的形式，原则上如果有需求，是可以继续报名的，同时让她们把基本信息留下，我会把她的情况向省康复辅具中心汇报，等后续项目实施的时候通知她们，留下了信息后，刘女士的母亲再一次确认，并再三拜托我帮忙留心一下，这才安心离去。

9 月初，接到省康复辅具中心来函，他们专业技术团队将于 9 月 15 日至 21 日在昭通开展“福康工程”“义肢助残”项目假肢取型工作，就在这天，刘女士的母亲再次打电话来咨询，什么时候可以安装假肢，因为还没有收到正式文件，就只是口头告知他可能是 9 月 15 日，具体时间地点确定好再通知她们。但是由于工作太忙，我忘记通知她们，取型当天晚上刘女士母亲再次打电话来，我才恍然想起，然而取型工作已经结束。她们害怕错过这次机会就要等下一年，或是要自费安装，特别着急，刘女士听说取型工作已经结束，都急哭了。我安抚了她们的情绪，告知她们今后随时都可以在昭通市康复辅具装配站免费安装，但她们还是不放心，请求协调一下，能不能第二天帮她们取型。当天晚上我就向领导汇报，第二天进行及时的协调，好在省康复辅具中心专业技术团队的老师也很有爱民之心，我才将情况汇报，就主动提出可以让刘女士在他们出发前到装配站进行取型。刘女士到装配站取型成功后，打电话来向我们道谢，还说如果错过这次机会，他们都不知道要怎么办了。

类似这样的案例还有很多，巧家有一名残疾人已截肢30余年但没有能力安装假肢，通过这次项目的实施，终于可以安上假肢下地行走。为了帮助更多困难残疾人，我们也会进一步扩大宣传，努力让每一个有需要的困难残疾安上舒适的假肢，助力他们再一次迈出人生的第二步。

（作者系昭通市民政局工作人员）

农村居家养老服务的探路者

吕才春

“三留守”现象在昭通已经很突出。“抱起砖块，就无法搀扶老人和抱紧妻儿”。在外务工的年轻人，为生活选择了远离故土，为脱贫致富奔小康而奋斗着。留守老人是“三留守”群体中最艰难的一个群体。让留守妇女组成互助小组，由助老志愿者分片、定期上门开展帮扶活动，是北京永青农村发展基金会与水富县民政局、水富县爱之行社会工作服务中心共同合作探索的一条农村养老服务新路子。

为了探寻农村居家养老服务新模式，了解农村留守老人和分散供养特困人员的生活现状，8 月 27 日市民政局办公室的向明雄同志与我在去巧家县完成了民政重点工作挂联调研后，于次日从昭阳区驱车前往水富市。在水富市民政局局长王家远、养老服务负责人杨泽欣的陪同下，我们一起来到水富市太平镇盐井村。刚进村，淳朴的乡风迎面而来。在盐井村为老服务协会负责人陈琴的引导下，我们走进盐井村为老服务协会办公地点，一栋二层的小楼，就是盐井村为老服务协会的办公室。满墙的授课讲义、照片，让人为之惊叹。一张手绘地图引起了我们的关注，这张地图用不同的颜色标注出了 29 个村民小组的位置，还用一些特殊的符号作了标记。这是为老服务协会志愿者到留守老人家中访问的路线图。这张图，很清晰地标注了整个村特困老人和留守老人的位置和路程，是为志愿者提供规划路线和时间的依据。这是一张用爱和责任绘制的地图，解决了外出务工人员的后顾之忧，透过这张地图，可以体会到志愿者一路的艰辛。

在与志愿者交流的过程中我们了解到：他们平时主要是到老人家中探访，了解一下生产生活中的困难，有时也帮忙做一下农活，甚至帮助照顾留守儿童。每当离开的时候，老人们总是拉着志愿者的手不愿放行，感谢的话说了一遍又一遍。在为老服务中心的墙上贴着好多“文字作品”，这是志愿者亲历亲为的小故事，他们中学历最高的是高中，字写得不是很好，但一笔一画都很认真，语言朴实，却情感真挚，让人甚是感动。择录其中的几段：“农历六月初二的那一天，太阳烧烤着大地，我匆匆忙忙吃完了午饭，便顶着烈日赶去何显云老人家，他 82 岁了，是空巢。刚走进院坝，看到老人独自蹲在堂屋里唉声叹气，还不住地呻吟。原来老人昨晚到现在一直肚子疼，不会用手机，邻居住得远喊不到，想去医院去不了。我赶快打电话喊了在附近盖房子的两个朋友来，3 个人轮流背老人，终于把老人送到了卫生院，我们几个一身汗，不知是热的还是吓的……检查后，医生说没有大问题，我们才松了一口气。”这是志愿者谭尧根写的。为老服务中心的志愿者还讲述了与特困、留守和空巢老人的点点滴滴的故事，为老人带生活用品、做家务、聊天、捶背、捏肩，想尽办法与老人套近乎，老人从之前的怀疑到最后特别开心的接纳，这个过程充满艰辛，巨大的挑战给志愿者们带来了工作收到成效的满足。每次探访结束，志愿者们都会想很多，甚至也会有动摇的时候，想得最多的是：“志愿者服务活动真的很累，很多时候帮助别人好像是一件有些麻烦的事，不做也没有人来强迫你。可是就是放不下这些老人家，看到自家老人有吃有穿，就会想那些老人有没有？哪怕我们只能送去‘一个拥抱’，却能给予他们生活中被关心的感受。”

解决邻里和家庭纠纷，似乎也成了志愿者们的任务之一，留守老人之间发生一些家长里短的小事，也要请我们的志愿者来评理。有一天志愿者董祖英照看的对象里，有一对老夫妇因为琐事又发生了争吵，两老分居已好几年了，都分别给大儿子和小儿子家带着孙子。我们的志愿者决定说合两个老人，让老人们冰释前嫌。入户前志愿者们制定了方案，到达老人家里后，先与老人分别唠家常，等到气氛正浓时引入正题，一提起双方的矛盾，两位老人就展开了“控诉”；耐心的倾听，使我们的志愿者了解了事情的症结所在。通过调解和劝慰，两位老人又重新生活在一起，整个留守家庭又恢复了欢声笑语。

凌艳萍大姐讲述了一个印象深刻的故事。郑大爷是一个失能的留守老人，儿子外出务工。有一次入户，凌大姐发现老人的尿盆里血红一片，赶快打电话给郑大爷的儿子。儿子赶回来带父亲去住院，住院期间插了尿管。出院后儿子又打工去了，老伴自作主张为郑大爷拔了尿管，造成继发性感染。凌大姐走访时，急得流眼泪，急忙跑去卫生所开药，并给老人讲了护理方法。凌大姐讲着讲着，当即又抹起了眼泪，惹得其他几位大姐眼圈也红红的，她们说：没有参加这项工作前，不知道这些老人有那么多难处，更没想到这些老人家其实要的不多，就是有人能经常问候一下，时间长了，相互之间都会有感情的，每次探访结束后，老人们都会高兴好多天，志愿者们的生活也变得更充实更有意义。

在为老服务协会的另一间屋子里，还有农村留守儿童活动室，我们进去的时候，有两位暑假回来的大学生志愿者正在教孩子们做功课。他们很有耐心，孩子们也很认真。我们不忍打扰他们，就转进了老年活动室，室内已坐满了老人和志愿者，我们一起坐下来攀谈起来，老人们说：没有协会之前，他们每天都各自在家，有时做点家务，更多的时候是无所事事，打瞌睡或者坐着发呆，抽旱烟等，心里有事儿也不知找谁说，遇到生活中的难事儿，也不好找人帮忙。自从有了协会以后，他们的生活变得丰富多彩起来，有事儿也知道找谁了。更重要的是空落的心里从此有了底儿。他们感谢协会、感谢那些志愿者，更感谢党的好政策。志愿者们也逐个的发言，他们讲述了一路走来的心酸与无奈，也讲述了志愿服务带给自己的快乐与充实，让她们的人生更有价值，生活更有意义。他们说：那些老人，对我们很好，有什么好吃的都会想着我们，都把我们当成了他们的儿女，有时候甚至会帮我浇地，有时候会悄悄地在我们的家门口放肉呀、菜呀之类的东西。

我们沉浸在他们的故事里，被这样友善淳朴的乡风感动着，我在想这应当是乡村建设中最不能少的一个重要内容。水富市民政局的王家远局长说：水富市2015年就开始做农村居家养老服务和“三留守”关爱工作了，水富市政府安排民政局与社会组织开展合作，通过把留守妇女组织起来为老人和儿童服务。刚开始很艰难，老人不理解、不相信，通过志愿者们的持之以恒的努力，现在水富市居家养老服务和农村“三留守”人员关爱行动已经实现了全覆盖，很感谢这些为老人服务的志愿者。

我应他们的要求作了发言。我说：水富市居家养老服务和农村“三留守”关爱活动，给了我很多的感动和收获。不仅是因为这种模式改变了农村老人的观念，重塑了文明乡风，更重要的是探索了一条贫困地区居家养老服务和农村“三留守”关爱的新模式，对于昭通的贫困农村是值得借鉴和推广的，只有服务好农村“三留守”人员，他们的子女才能安心在外工作，才能巩固来之不易的小康成果，有了为老服务协会和志愿者，分散供养的特困人员才会拥有温暖的家和亲人。

农村“三留守”的故事有很多，它们串起了农村“三留守”家庭的悲欢离合，故事里有欢笑幸福，也有泪水和痛苦。但就是这样一些平凡的人、平凡的事，给我们太多的感动与思考。水富市的农村居家养老服务在昭通市是走在前列的，我们一直在探索总结，要怎样形成制度，并在昭通全市推广，让更多的留守老人感受到社会的温度，体会到党和政府的温暖。

（作者时任昭通市民政局养老服务科科长）

关爱特困老人　我们在行动

吕才春

在昭通广大农村有两类老人，是民政部门重点关注的对象。一是特困人员，特别是失能的特困人员；二是“留守老人”。特困人员当中有的年事已高、有的身患残疾，由于多方面的原因，他们不愿意入住敬老院，选择在家自力养老或者投亲靠友。为了解决分散供养特困人员的生活照料和“三留守”人员的关爱问题，水富市民政局与社会组织“永青中心”于2015年合作开展农村居家养老服务项目。在开展项目期间发生了许多感人故事。

张永钊是项目招募的志愿服务人员，她家住在水富市鼓楼村。2020年5月11日中午，张永钊赶场回来煮好抄手给特困老人吴宽珍送去，推开门才发现老人安静地坐在破旧的沙发上，一只手还拄着拐杖，一只毛茸拖鞋掉落在离身体1米多远的地方，看得出老人在临走前，想要站起来，但没有成功，就这样坐在沙发上安详地离开了。

吴宽珍是五保老人，居住在水富市古楼村，老伴过世多年，没有子女，是水富市居家养老服务项目的受益者。2019年5月，古楼村养老服务志愿者入户走访，认识了老人家。老人年龄84岁，虽然身体很不好，但精神矍铄。有一次服务人员组织村里的老人开展小组活动没有邀请她，希望她在家好好休息，结果快到九点时，老人出现在公路上。于是服务人员张永钊赶紧跑过去扶她来到活动地点——刘兴友的家。老人为大家带来自己平时舍不得吃的冰糖，让每人都尝尝。她对大家说："我来参加活动就是为了开心高兴，不是为吃啥子东西和拿东西的，以前的社会哪个想管你，谁愿意陪你说话，还帮你做这做那的，现在的社会好呀！"在大家的引导下，老人开心地讲起以前的故事，还主动要求表演节目：演唱小曲《谋夫杀》，唱得虽然不算好，但大家都认真地听着，一起打着节拍，我们的眼睛都湿润了。老人唱完了，还有些意犹未尽，完全沉浸在自己的世界里，忘记年龄、忘记病痛。老人全程参与活动，比一些"年轻"的老人更积极主动。

张永钊负责家附近的10位老人的服务工作，五保老人吴宽珍就是她的服务对象。她为老人洗衣服、打扫卫生、抱柴煮饭，家里有好吃的都会给老人带去；平时帮老人端屎倒尿，从没有怨言，很多儿女都没法做到。张永钊总是怀着一颗善良的心，把老人当作自己的亲人看待，甚至想把老人领回家赡养，让老人安享晚年生活，但是老人不愿意离开家，也不愿意去敬老院。张永钊说："看到老人那个样子，自己心里很难过，但又不能强求老人。"张永钊的家人也特别支持她，陪她走访，帮着她服务好老人。

5月11日吴宽珍老人离世后，古楼村的许多村民自发前来帮忙料理后事，张永钊的家属也来帮忙。负责处理后事的工作人员说：众乡亲，今天老人要出殡了，老人虽然没有亲人，但我们古楼村的人一样把她当自己的亲老人，大家一定要尽力把老人安全送上山，入土为安呀！众人齐声应和。出殡的队伍缓缓向山上前行，大家相互安慰和鼓励着，把老人送入墓地。

安葬好老人后，张永钊还沉浸在往事里，她说：她早已把老人当亲人了，老人也把她当作自己的家人，所以她很难过，自责自己没有照顾好老人，在她临死前没有及出现在她的身边。张永钊回忆说：我有时因为外出有事没去看她，老人见面时就会说："你好久都没来看我了。"只要老人想要的东西，张永钊也都会想方设法为老人买，尽量满足老人的需求。有一次，张永钊家吃抄手，张永钊让儿子给老人也送去，结果老人说自己不想吃有馅的抄手，于是，张永钊又单独煮了份没有馅的抄手，让儿子送去。张永钊说："每次见到吴宽珍老人，她都会紧紧拉着我的手，不让我走，要进屋，她希望有人陪她。”吴宽珍老人也曾告诉张永钊，曾有一位叫曾恒英的留守老人将吴宽珍老人邀请回家中，摆了一天的“龙门阵”，还一起煮饭吃。临走时，曾恒英送菜给老人，最后把老人送回家。水富市民政局负责养老服务的杨泽欣说：其实我们古楼村的项目才开展两年多，服务人员与留守老人、留守老人与留守老人之间已经产生了很深厚的感情。

只愿我们的爱能感染更多的人，让爱心得到传递，让更多的人关注我们的项目，关注我们的老人，关注我们的服务人员，让更多的人支持理解我们的工作。看到许多老人因为我们的工作而变得快乐，我深深地感觉到在平凡的生活里，也有诗和远方。农村的老人更加需要民政居家养老服务，因为他们没有消费的能力，他们买不起市场化的养老服务，只有民政的居家养老服务对他们而言才有意义。有一次，我们问一位农村的留守老人，你们平时最希望什么服务？他说：我们最希望是子女都在身边，最希望有人陪着“摆龙门阵”，最希望遇到事情有个“喊头”。你们的服务人员和协会，虽然不能解决全部问题，但是也给我们老年人带来了很多方便和快乐，我很感谢你们。

农村留守老人和特困人员虽然生活在偏远的山村，吃穿住行诸多不便，文化娱乐活动更是少得可怜，但他们依然不想离开家，守住家、照看好孙子女就是他们对外出务工儿女最大的贡献，而外出务工是走出贫困奔向小康最直接有效的方式。所以，我时常在想，这就是我们这个项目存在的价值，我们的工作确实改变了许多老人的生活，使他们的晚年生活变得更加多姿多彩，也促进了人与人之间的关爱，传递了善良与爱心，也间接的服务了脱贫攻坚大局。但吴宽珍老人的离世，让我们感觉到内疚和遗憾，也警醒我们的工作还做得不够深入、不够细致，我们的项目还需要改进。

（作者时任昭通市民政局养老服务科科长）

谱写民政服务易地扶贫搬迁大文章

周昌书

“住在城里面的人，每天的瓜瓜菜菜均要掏钱去买，自己文化又低，出门都担心找不到家，在农村生活，虽然条件差一点，生活苦一点，但觉得更习惯，心头更踏实”。这是2年前在做易地扶贫搬迁动员时，在匡开美家被烟火熏得漆黑的灶房里面，一边忙着往灶里加柴煮饭，一边用疲惫声音和充满疑惑眼神与民政干部交谈时的想法。当再次在卯家湾易迁安置点见到匡开美时，已经让人惊讶得差一点认不出来了，衣着干净整洁，精神面貌焕然一新，正和几个大妈坐在一起一边聊天一边纳着鞋垫，等读一年级的小孙子放学，脸上完全没有了在农村奔波劳累的疲惫感，更多的是对城市社区生活的满满自信，在其交谈了解的过程，从她爽朗的笑声中，看得出她目前日子过得非常开心。

匡开美是巧家县小河镇垭口村人，家中有6人，老伴前些年骑摩托摔伤脊椎，导致行动不便，儿子在家照顾父亲和负责接送在小学读书的儿子，偶尔在本地做点零工，儿媳在外务工，自己平时在家照顾老伴和带小孙子。主要收入主要靠儿媳在外务工，由于儿子儿媳均没有技术，工资收入较低，一家人生活比较过得较为拮据，匡开美老两口纳入了农村低保，2017年被识别为建档立卡贫困户，2018年确定为易地扶贫搬迁户。为确保搬迁进城后基本生活不受影响，2019年9月，匡开美和老伴两人由农村低保转为了城市城市低保。2019 年巧家县 18 个乡镇 3863 户 15073 人实施了跨行政区域易地扶贫搬迁，让贫困户搬出大山，进城入镇。“都说搬迁政策好，但从巧家搬到鲁甸，跨县安置路远不说，以后户籍转换、孩子上学、老人看病、生活保障、生活适应等会不会成为问题？”作为搬迁户，匡开美心里还是存在很多疑虑。

疑虑彻底打消源于当地民政干部对民政服务易迁政策的宣讲，民政工作人员不仅对村民进行了民政救助政策的宣传，还组织社工队伍进行上门服务，针对每个易迁困难群众家庭提前实施了由农村低保转为城市低保，临时救助易迁补短板等政策，这让匡开美一家人下定了搬家的决心。2020 年 1 月 12 日，匡开美参加现场分房抽签仪式，领到新家的钥匙，开启了全新的生活。

“搬得出、稳得住，群众较满意”，是市民政局认真贯彻昭通市委“坚持以人民为中心、以群众工作为主线，抓住精准、统筹、务实 3 个关键，实现思想、工作和情感 3 个认同”的“133”脱贫攻坚工作思路，充分发挥其基本民生保障职能，服务做好易迁群众思想工作，全力保障易迁困难群众基本生活的主要工作理念。匡开美获得的民政服务易迁生活保障只是昭通市 23.4 万易地扶贫搬迁群众的一个缩影。近年来，昭通民政将服务保障工作贯穿易地扶贫搬迁全领域、各环节，多形式服务易迁群众，为确保搬迁群众搬得出、稳得住提供了有力的基本民生保障。

突出重点，分类施策。自易地扶贫搬迁工作开展以来，为让每一个困难救助对象都得到相应的救助，让大家自愿搬出大山早日脱贫，俨然成为民政人肩上最重要的责任。昭通市民政局主要领导和分管救助领导带领救助科室干部，深入有搬迁对象的村寨和易地搬迁安置点开展实地调研，了解群众的想法和面临的困难后，提出了全力通过最低生活保障、特困人员救助供养、孤儿基本生活保障、临时救助等救助政策，保障易迁困难群众的基本生活，帮助易迁对象实现顺利搬入新居的工作思路，积极向民政部社会救助司和省民政厅做了民政服务易迁的工作汇报，率先在低保救助户籍管理政策上作出了调整，打破户籍救助限制，不同的困难群体，采用不同的救助政策，以实际居住地落实救助等方法，对易迁困难群众从政策、资金上对易地搬迁对象给予重点支持。截至 2019 年 9 月，全市共有 71115 的易迁困难群众纳入民政救助保障，其中 43475 名符合条件的易迁农村低保对象直接转为城市低保，符合低保申请条件的易迁对象直接申请为城市低保，新增城市低保 11781 人。对易迁困难群众中的 1338 名特困供养、394 名孤儿，动员安排就近入住敬老院或福利院，对不愿集中供养的，落实予以专人监护。通过对易迁困难群众的救助政策调整，全市单就保障易迁困难群众基本生活资金每月支出达 2687.27 万元，其中每月新增支出达 1132.21 万元。

紧盯目标、补齐短板。搬迁在即，在巧家县苞谷恼燕麦沟邵明贵家动员群众做好搬迁新家动员时，发现邵明贵家中大部分家具都比较简陋和破旧，一张床是比较老式的栏杆床，床一头的栏杆都有些破损，另外两张床均是用一些木板临时搭建，灶台是用砖切成的，橱柜是镶嵌在墙壁里面的壁柜，目测可以搬走的家具只有一张方桌和两条长凳。通过走访了解，类似于向邵明贵这种情况的家庭在农村山区有很多，部分基本生产生活用具在农村可以暂时将就着用，可是搬进城后根本用不上，甚至有些根本就搬不走。如何让困难群众及时搬出大山也是当前面临的主要难题。昭通民政结合搬迁困难群众的实际状况，深入寻求破解群众搬迁难题，大胆创新，用足用活民政救助政策，积极争取省级民政部门支持，提出了用临时救助帮助困难搬迁群众解决搬迁的燃眉之急，充分发挥临时救助补短板作用，为困难群众添置一些家庭生活必需的用品，以确保困难群众能如期搬出，为困难群众采购一些沙发、床、橱柜、电磁炉等基本生活用品，以保证搬迁困难群众能及时搬出大山。在政府的帮助支持下，邵明贵的挂钩帮扶人亲自带领邵明贵在便民商店为其担保购置了 3 张床、1 套沙发、1 个简易橱柜、1 台电磁炉以及一些基本生活用品，一家 5 口人于 2019 年 12 月 29 日顺利搬进了卯家湾的新家。2019 年，昭通民政部门靶向瞄准困难群众因搬迁需购置生产生活资料，而造成的支出型困难家庭，盘活用好临时救助资金，统筹临时救助资金 3.5 亿元，易地搬迁困难群众临时救助资金支出 2.1 亿元，搬迁困难群众户均救助金额 3000 元，有力支持了困难群众的搬迁入住。

三社联动、创新服务。76 岁的大关县高桥村的廖通友老人在谈到马上就要搬迁到靖安新区新房时，神情既高兴又充满了担心，安置区的住房全是高楼，上下都是乘坐电梯，自己从未走出过农村，电梯是什么样都没有见过，自己又不识字，住进新家要怎么上楼，周围一个人都不认识，有什么事要去哪里找？要找谁？老人心里一直都很担心。早在安置点规划建设之初，昭通民政部门就参与了各安置点的社区规划设置，同时在安置点开展搭建社工组织、培育发展社会组织等工作，围绕易迁群众故土难离、陋习难改、身无所长、新增经济压力等现状，以创新社区建设、社会组织、社会工作“三社联动”服务机制，积极构建资源共享、优势互补、相互促进的工作局面，为新搬迁安置的群众开展缓解搬迁焦虑压力、改变不良生活习惯、消除社区新环境陌生感、适应新环境社交活动、帮助解决办事难问题等工作。通过强化基层党建引领示范和社工队伍服务，以构建科学有效的社会管理机制为保障，全心全意帮助搬迁群众适应新环境、融入新社区、开启新生活，努力做到易地搬迁推进到哪里、党的基层组织就跟进到哪里、便民服务就延伸到哪里。在靖安安置区遇到廖通友老人时，他正在和几个老人在小区楼下的绿道旁边的长凳上晒着太阳聊天，他介绍说自打一搬进靖安新区后，社工就上门开展各种服务活动，手把手地教会了他乘电梯、开启开关防盗门、使用各种电器等，并开展各种社区活动，让新入住的居民相互认识了解，促进居民社区融入，入住前所担心的问题，均在社工的帮助下均得到了解决。看得出，廖通友老人虽入住新区仅半年多点的时间，但已经完全融入了社区的生活。2019 年，全市各安置区组建了 5 个临时党工委（管委会）、111 个党支部、44 个社区，签订 15 家社工机构，使用政府购买服务资金 235.2 万元，购买社工 56 人，服务于安置点 28 个工作站，与中山、东莞民政部门开展对接，并争取到该局派出 4 人组成的专业社工队伍，入驻鲁甸县卯家湾搬迁安置区，参加社会工作服务督导评估工作，开展50人以下的小型活动200余次，50人以上100人以下的中型活动20余次，100人以上的大型活动10余次，15家社工机构开展个案服务跟进60余个，开展心理抚慰5844人次，新环境适应服务12204人次，进行家庭邻里关系调适16617人次，社区融入受益18891人次，志愿链接受众16415人次，易迁群众接受能力提升培训5462人次，培育了社会组织4个，安置区直接受益居民达10000余人次，间接受益群众达40000余人次。

科学规划、完善功能。昭通民政部门在易迁对象做好服务的同时，坚持“迁居、安居、乐居”工作理念，用发展眼光，立足部门实际做好安置区的长远规划，完善安置区配套服务，突出易迁后续扶持，着力解决束缚劳动力的“一老一小”照护问题，在每个安置社区规划建设“一院两家两堂”，即社会福利院、儿童之家、老年之家、“四点半课堂”和“六点半食堂”。在安置区融入和展现更多民政元素，全力打造统一标识、统一风格、各具特色的“老年之家”“儿童之家”，按照有机构、有牌子、有制度、有安排、有资料、有宣传、有活动“七有”规范化建设标准，形成“一区一品牌、一区一亮点、一区一特色”的民政服务模式，确保易迁群众安心舒心。目前各安置区已经配套建成幼儿园24所、小学12所、九年一贯制学校7所、普通高中1所，配套建设医疗服务机构33个、派出所3个和警务室21个、便民服务中心34个、“老年之家”“妇女儿童之家”30个。

不忘初心，方得始终。全市民政部门将继续做好易地搬迁的“后半篇文章”，统筹协调迁出地和迁入地的关系、建立健全可持续发展救助机制、完善社会救助体系、加强基层政权建设、强化社区治理、创新服务等方面上下功夫。让搬迁群众更快更好融入新环境，真正实现“搬得出、稳得住、能脱贫”的目标，续写民政服务易地扶贫搬迁的新篇章。

（作者系昭通市民政局社会救助工作人员）

落实政府购买服务　加强基层救助力量

郭太斌

党的十九大对加强和改善民生，统筹推进全覆盖、保基本、多层次、可持续的城乡居民社会保障体系，作出了一系列安排部署，提出了更高的要求。社会救助是社会保障体系的核心组成部分，事关困难群众基本生活和衣食冷暖，是保障基本民生、促进社会公平、维护社会稳定的兜底性、基础性制度安排，也是我们党全心全意为人民服务根本宗旨的集中体现。基础不牢、地动山摇，社会救助的精准落实，离不开基层干部的扎实努力，社会救助的有效实施，取决于基层干部的力量强化。

2019 年 6 月以来，昭通市民政局积极开展政府购买社会救助服务工作，在充实基层民政工作力量、加强基层社会救助经办服务能力建设方面取得突出成效，截至目前，各县（市、区）购买服务工作有序开展、人员齐备，在社会救助各项领域发挥了重要作用。全市 11 个县（市、区）146 个乡镇（街道）1379 个村（社区），共有城市低保对象 13.34 万人，农村低保对象 56.55 万人，特困供养对象 2.01 万人。2019 年 6 月，昭通市民政局结合实际下发《昭通市民政局　昭通市财政局转发关于加快推进政府购买服务　加强基层社会救助经办服务能力文件的通知》（昭民发〔2019〕13 号）、《昭通市民政局关于设立乡镇（街道）社会工作服务站提升基层民政服务能力的实施办法的通知》（昭民发〔2019〕22 号）、《昭通市民政局关于在政府购买社会救助服务中建立民政工作网格化管理服务机制的意见（试行）》（昭民发〔2020〕44号）等文件，各县（市、区）大力配合，狠抓贯彻落实，确保购买服务工作有序开展。各县（市、区）按照省市文件的政策要求，围绕“政府主导、民政实施、第三方承接的原则”开展了购买服务工作，截至目前全市购买服务人员总人数1757人，其中县、乡322人，村级1435人。在社会救助购买服务人员中村级占比81.67%。人员分布完全达到了“向基层倾斜”的目标；购买服务人员学历覆盖本科、专科、高中、初中、小学各阶段学历，专科以上学历占比为59.02%。持有本科专科学历的基本是在县级局机关，高中学历基本在乡镇，小学学历的都是在村级，各阶段的学历基本能满足所在的岗位。2019年省级下达昭通市购买服务资金总数4662万元，全市购买服务资金支出4655.78万元，资金使用率达99.87%，各县（市、区）购买服务资金基本无结余。2020年上半年下达购买服务资金2496万元，目前已使用完毕，下半年资金也正在分配中。

购买服务投入资金大，聘用人员多，对基层民政工作产生了不可估量的作用，为民政救助工作带来了新的改变。一是社会救助的专业化水平得到明显提高，通过乡镇民政助理员配合乡镇工作人员对原有低保对象的动态核查、新增低保对象100%入户调查，全面、深入地了解保障对象的家庭收入、生活、财产状况，有效杜绝了“错保”“漏保”“人情保”“关系保”等现象，切实做到了“应保尽保、应退尽退”，有效提升了施保精准度。通过村级协理员协助申请人收集和填写申请资料，确保申请资料佐证资料齐备，表册填写完整，乡镇助理员开展乡镇审核及公示等环节，确保各申请环节流畅，资料齐全，填写规范，审核工作更加规范和标准，救助的专业化水平得到了明显提高。二是基层社会救助经办服务能力得到有力提升，由于基层工作力量得到了加强，有效解决了困难群众申请救助时效性差、覆盖面不全等问题，有效提升了社会救助工作的服务质量和工作效能，如特困人员对象集中入住、孤儿及事实无人抚养儿童的摸排、临时救助对象的认定等工作得到了更好的实施，基层社会经办服务能力得到了极大的提高。三是为脱贫攻坚社会救助兜底保障提供了重要抓手，全市购买服务人员充实到了县、乡、村三级，为全市的脱贫攻坚，民政行业扶贫各社会兜底保障对象的认定、各项救助政策的贯彻落实提供了强有力的保障措施，确保了在脱贫攻坚战役中兜底保障对象更加准确，措施更加有力，助推脱贫攻坚工作顺利完成。

在取得一定成效的同时，购买服务工作也还存在一定的不足，制约着昭通市购买服务工作的发展。一是资金投入不足，当前各地开展政府购买社会救助服务工作的资金来源主要为省级补助资金，市、县两级普遍没有财力进行配套，单纯依靠省级资金，购买服务人员薪资不能稳定提升，难以保持队伍的长期稳定性。二是购买服务人员未按要求配置到位，社会救助工作重点在乡、村一级，按照文件规定的配置标准：县级 10000 名保障对象配备 1 名工作人员，乡镇 1000 名保障对象配备 1 名工作人员，村级按照常住人口 5000 人以下、5000—9999 人、10000 人以上分别按照 1 人、2 人、3 人进行配备。但实际工作中发现各县市区均不同程序存在未按规定配备，特别是村级协理员普遍未足额配置到位，资金和人员向乡村两级倾斜不足，部分县区还存在县级招聘人数过多，村级协理员招聘不到位的情况，有的村级协理员由乡级兼任等。三是第三方承接机构管理能力不足，第三方组织承接能力较弱，所能提供的服务单一，未能很好履行人员聘用、培训、管理、绩效考核等职责，目前各县市区多数承接主体仅是承担了代发工资的职责。四是政府购买服务绩效管理机制还不完善，各县市区签署的购买服务合同，虽然也包括了评估与绩效管理内容，但科学性与针对性不足。在购买服务的评估上往往缺少量化标准、随意性过大，以至于实施起来，缺乏操作性。五是购买服务人员业务能力有待加强。部分购买服务人员工作主动性不高，不主动学习业务、融入工作，检查中发现部分购买服务人员未掌握民政政策，咨询民政政策不能准确解答，业务能力不强，不能很好地胜任民政工作。

为推动昭通市民政购买服务工作的发展进步，必须要有相应的对策解决上述问题。市民政局在经过几轮激烈的讨论之后，决定改变之前的购买服务操作方法，采取买人买事相结合的方式，向村级买事，指定一名网格员作为民政工作的抓手，落实其相应的待遇保障，具体措施主要有以下几点：一是落实资金保障，建立薪资自然增长机制，各县市区民政部门要加强与财政部门的沟通协调，多渠道筹措补助资金，将购买服务资金纳入财政预算，落实本级配套资金，建立购买社会救助经办服务人员薪资自然增长机制，确保人员稳定，这项措施主要是针对县乡两级购买服务人员的，只有解决待遇才能留得住人，如果资金不跟上，待遇没保障，很难在基层留住人。二是按标准足额配置人员并把资金向乡村倾斜。各县市区在开展政府购买社会救助服务工作时，要按照规定标准配备工作人员，并把资金尽量向乡、村倾斜，确保每个村（社区）至少有一名民政网格员，以及购买服务资金的 70% 要用于村一级，积极探索村级购买服务由买人向买事转变。三是做好购买服务执行监管，完善购买服务绩效评价，进一步细化政府购买服务考核指标，对于服务质量、标准、履约及双方的权利义务等主要要素进行明确和固化，便于执行，减少争议。加强政府购买服务绩效评价和项目管理，细化量化评价指标，强化考评成果运用，对考核不合格的工作人员，要及时更换工作人员，对于服务不好，引起社会不良反应的，应严肃追究其责任。四是加大对购买服务人员的培训和管理，强化政策业务培训和指导，提升购买服务人员业务能力，对购买服务人员予以更多人文关怀，增加其对所从事工作的认可度，提升工作的主动性，使其尽快适应工作的角色。

昭通市政府购买社会救助服务对民政救助工作意义重大，目前的首要任务是要加快推进民政工作网格化建设，通过政府购买社会救助服务，建立以村为单元的民政工作网格化管理服务机制，加强基层社会救助经办力量，补齐民政工作短板，夯实民政工作基础，不断提升民政工作精细化、专业化、信息化、社会化水平。根据现有的村（社区），对应划定民政工作网格，每个网格至少确定 1 名网格员，有效落实各项社会救助政策，实现社会救助六精准、两提升（农村低保、城市低保、特困供养、临时救助、孤儿及事实无人抚养儿童保障、残疾人“两项补贴”对象精准，特困人员集中供养、孤儿及事实无人抚养儿童集中养育管理服务质量有效提升），确保符合条件的救助对象应保尽保、应养尽养、应救尽救。

（作者系昭通市民政局社会救助科工作人员）

第六编　感恩摘穷帽

政如甘露及时下　民沐党恩更奋蹄

薛剑峰

按照昭通市委的统一安排，我被派驻盐津县柿子镇三河村开展督导工作。农历三月二十。习惯早起的我，早上起来一看，天气不错，日照千峰铺锦绣，晴空万里浮薄云，我便约定和村上的干部到农户家入户调研。

在村委会做了一点简单的准备，我和一名村上的干部就开始出发，目的地是三河村高峰村民小组，我重点想要了解一下该村民小组卡户盈在伦家的情况。

山路如一条逃窜的长蛇，忽而爬上山脊，忽而转进深壑，忽而穿越树林，忽而蹚过溪涧。沿着蜿蜒崎岖的山路一路攀爬，不一会儿额头便冒汗了。好在这些年生态恢复较好，一路青山碧水，草木清香、鸟语啁啾，驱散了不少疲惫。

从一个缓坡爬上山脊，一座农舍映入眼帘，村干部告诉我，那就是盈在伦家的住房。在村委会"备课"时我查过他家的情况，房屋是鉴定过的安全住房。走近一看，房子是老式的木质构架，是当地常见的俗称"串架房"的样式，坡屋顶上用土瓦覆盖。为抗震安全的需要，墙壁砌成了水泥砂浆的墙壁，正房左右侧是都有厢房，想是用来作厨房或是堆放杂物的。房舍前有一个水泥平坝，颇为宽敞，也很干净，整个环境看起来清爽整洁。站在坝子平视，对面是郁郁葱葱的山巅，往上是蓝天白云；左右张望，村民的房舍，山上一栋山下一栋，山梁一栋山湾一栋，虽分布零散而星罗棋布，却又相互守望而错落有致。

我们正四处观看时，听到动静的盈在伦老人从屋里出来，热情地把我们迎进屋，然后我们便攀谈起来。

在谈话交流中，我大致了解了他家的情况。盈在伦一家现有人口 5 人，为祖孙三代人。盈在伦现年 77 岁，老伴张玉秀 78 岁。二老的儿子盈朝均，40 岁。两个孙子，大孙子盈君杰 18 岁，高三在读，小孙子盈君强 16 岁，初三在读。

我们去的时候，只有盈在伦和老伴张玉秀在家，两个孙子住校读书。儿子盈朝均因为媳妇跑了，很是颓废，常年在外漂泊，打工也不上心，除偶尔带点小钱回来之外，基本属于自己养活自己的状态。

攀谈了一会儿儿儿儿，我问盈在伦："老人家，你觉得当前的政策好不好，你满意不满意啊？"

盈在伦笑了，说："这个政策啊，再没有比这更好的了，没有这么好的政策，我这个家怕是早都散了，哪里还能盘（供）两个孙子读书哟。"

我又问："挂钩帮扶的干部来你们家没有，一年大致来了多少次？帮你们解决事情没有？"

盈在伦说："来的来的，一年大致多少次，这个哪个记哟，一个月都来好多趟嘛。"

我说："你对这些挂钩干部、镇村干部满意不？"

盈在伦说："咋不满意？满意得很。隔几天来一次，一来就问吃的穿的有没有困难。还问有啥问题需要解决的，能够解决的都帮着解决。我常说，就算是块石头么，也被党、被干部焐热了，人嘛，更要讲感情讲良心，说话不能昧天良。说实话，我们都很感谢，感谢党的政策，也感谢党的干部。"

我说："你儿子都在外飘，不管你孙子读书的事儿，你们都快 80 岁了，还盘孙子读书，不容易啊。"

盈在伦沉默了一会儿儿儿儿，说："没得办法啊，儿子这一辈就这么败下去了，不能让孙子辈也败了啊。”

我说：“两个学生住校读书，开支很大，你儿子盈朝均偶尔带点小钱来，也不够嘛。”

张玉秀接话说：“哪个望靠他哟，他望靠得上，我家也不会是贫困户了。”

盈在伦说：“就是啊，要不说现在政策好呢。孙子读小学初中，都没有交钱的，学校还给饭吃。上高中了，才自己给钱。”

我问：“那这个钱哪里来呢？”

盈在伦说：“干部们帮我家考虑了4个人的低保，我们老的就在地里刨点庄稼，这样吃饭就没得问题了。低保资金就用来盘孙子读书。”

我说：“你们这么大年纪了，还做得动庄稼？不容易啊。”

盈在伦说：“我们农村人做习惯了，做点农活没大的问题。我偶尔还帮他们干点小零工，一天可干到100块钱左右。现在政策好、干部好，自己也要好才行，大家都尽力往前赶，生活自然就一天比一天好了。我们年纪大了，就是尽力地多做点事儿，让孙子好好地读书。”

我说：“你们拼尽全力也要供学生读书，是怎么想的，或者是出于什么考虑呢？”

盈在伦说：“不送他们读书，我们是可以少累点，但他们将来怎么办？我们不能图现在好过，把苦留给孙子们去吃吧？将来国家要四化、个人要文化，实现四化离不开文化。没有文化，啥都干不成，还是贫困户。”他喝了一口茶，又说：“两个孙子成绩都好，能读得走，我们咋忍心不要他们读呢？再说了，我也是读过扫盲班的，我知道万般皆下品、唯有读书高。”说到这儿，他脸上露出几分自豪。

从盈在伦家告别出来，他的话，却总是在脑中挥之不去。回到村委会，我就忙着记下入户调研的感受和体会。

首先，我们党的政策是深受群众欢迎的。古语云：“为政之道，在得其民。”习近平总书记说：“政策好不好，要看乡亲们是哭还是笑。”一古一今可谓异曲同工，都不约而同地指出政策顺应民心的重要意义，以及好政策的积极意义。好政策就是要合顺民意。政策的好与不好，能直观地从人民的反馈中体现出来，好的政策如甘露，应该是救民于水火、解民于倒悬的及时雨。用诗意一点的话说，就是要吹散群众胸中的阴霾，烘干群众心中的潮湿，照亮群众心头的荫翳，创造群众需要的幸福。

其次，我们的干部是无愧“乌蒙铁军”的。在当前经济多元、利益多元、矛盾多发的时期，在曾经的深度贫困地区，只有各级干部的作风更加扎实，才能做好脱贫攻坚工作。我们的驻村帮扶干部、镇村干部，对群众有真情、有耐心，工作热情、主动。他们扎根一线，真心倾听群众的诉求、真心帮助群众解决问题，感动了群众、赢得了群众信任，无愧“乌蒙铁军”称号。

最后，我们的群众是知恩图报勤奋进取的。知恩图报，就是群众知道，是党带领他们迈向富裕，从而发自内心的感恩我们的党。勤奋进取，就是年近八旬，仍然勤奋不已，拼尽全力创造幸福生活，创造美好未来。

这个美好未来，在盈在伦老人看来，就是让孙子读书，“国家要四化、个人要文化”，而“不能让孙子辈也败了”，不能下一代“还是贫困户”。

我作为驻村督导员，既是督导员，也是战斗员，既要督促驻村帮扶干部、镇村干部切实履职尽责，进而团结带领群众致富；更要力所能及地为地方、为基层干部排忧解难。听到、看到盈在伦的奋进姿态和精神面貌，以及他对党、对干部的满意之态和感谢之情，我感到非常欣慰。同时，盈在伦这个年近八旬的老人，家境虽然才脱贫，还说不上富裕，但他的勤奋、他的认识、他的想法，让我感慨、唏嘘，而又敬重。我想，只要我们的干部顺势而为，积极做好教育引导，不断增强群众知恩情、明是非、求进取的意识，形成凝心聚力、共谋发展的良好氛围，就一定能在小康路上再创新的辉煌。

（作者时任昭通市人民政府督查专员）

为了村民的美好生活

张荣炯

世界上没有哪一个政党像中国共产党一样，将如此庞大的人力、物力、财力投入为贫困群体的脱贫致富上来。作为市委驻村扶贫的一名督导员，参与了脱贫攻坚的伟大历程，经历了艰辛与困苦，收获了喜悦和感动，山村变新颜、群众脱贫穷。

来到鲁甸县龙头山镇新民村是在 2019 年的 3 月。新民村当时是龙头山镇唯一深度贫困村，距乡镇 15 公里，国土面积 15.83 平方公里，地形复杂、山高坡陡，最高处 1826 米，最低处 910 米，立体气候，耕地少、林地多，群众收入依靠种植花椒、核桃和外出务工。全村农村人口农户 1159 户 4365 人，其中建档立卡户 302 户 1029 人，包保单位是县财政局。经过脱贫攻坚的艰苦奋战，截至 2019 年年底，全村实现了脱贫出列不落一户一人。

带好队伍、凝聚人心，脱贫工作才有保障。作为督导员，带头驻村，村委会人员没有节假日，驻村队员放弃与家人团聚，坚守在扶贫第一线，每天思考的是脱贫户的短板，每天落实的是一项项脱贫措施。包保干部和我们共同走村入户，和群众拉家常、讲政策、帮困难，用脚步丈量村情民意，真心实意扶贫攻坚。2019 年，鲁甸县脱贫攻坚冲锋号吹响，新民村与全县要同步实现脱贫出列，统筹是关键，因此，指导新民村及时制定工作方案、成立指挥部，整合工作队、镇村干部、包保人员等几支力量，加大工作力度，设置多个职能组，分片负责，每项任务明确责任人、明确措施、明确时限，包保干部全力下沉入户开展脱贫攻坚，每次入户争取帮助群众解决一个现实困难，补齐一项短板。收入有困难，村委会争取公益性岗位帮助；家中缺物资了，包保单位来解决；饮水有困难，督导员协调项目解决；孩子厌学，干部再三劝返、亲自送校，不让一个学龄孩子失学；群众家有大事小无，驻村人员、村委人员一起去帮忙；天寒地冷，困难群众冷暖挂在心头，扶贫干部送来棉衣棉被……

扶贫就要真扶贫，就要扶出实实在在的效果。作为督导员与驻队工作队、村委人员、包保干部一起艰苦奋战，全村住房、水电、道路、教育等基础设施发生了天翻地覆的变化，建成完全小学 1 所、标准卫生室 1 个、活动场所 6 个；全村通动力电、通网络、通广播电视；除镇村道路硬化路外，先后硬化了罗家坪、黑污池、下梨坪、黄泥田等 11 条小组道路，共 36.5 公里；争取资金 200 多万元，实施饮水改善工程，解决了全村饮水问题；通过东西部帮扶，提升了活动场所；建设了“爱心超市”，充实了物资物品……对照村出列 7 条、户脱贫 5 条标准，通过逐项补齐、举措有力，新民村实现全部达标。

身边人、身边事，是引导群众的最好教材。每月在村民中选树一批“务工带头人”“种养殖致富人”“脱贫先锋”“卫生示范户”“尊老孝亲典型”等，曝光“等靠要”和违反村规民约的反面典型。榜样的力量是无穷的，通过努力，激励群众自强向上精神，自生发展动力明显增强起来，“自强、诚信、感恩”教育深入人心。

兴文化、育新人，干部关系融洽起来。带领新民村 2019 年先后开展了“七一”建党节篮球比赛、“八一”建军文体活动、“十一”国庆节文文艺演出，卡户、非卡户与包保干部共同参与，拉近了情感。水井湾、张家坪等社形成了自己的群众文艺队，夜晚，村民在广场或门前场院跳起了广场舞。每逢节庆，组织大家自编自导文艺活动，将党的扶贫政策以喜闻乐见的节目来展示，督导员、驻村干部、村委人员与广大村民融为大家庭，脱贫攻坚有了强大精神动力和群众基础。

群众利益无小事。化解群众矛盾和问题，也是提高群众认可度的重要方面。村民房前地角有争执、丈夫醉酒打老婆、兄弟不和不赡养老人等等，督导员与村“三委”、驻村队一起，了解情况、帮助化解，有的批评教育、有的协调解决，防止矛盾激化。制定的《乡规民约》得到村民的认可和自觉遵守，遇到边缘户生大病、家中孩子考入高校等，上门帮济一时之困，雪中送炭暖人心。广大群众在脱贫工作中感受了温暖，看到乡村的变化，体会到了干部的艰辛，从内心感谢党、感谢政府，主动邀请干部到家里坐，主动参与村民会议和活动，形成了向上向善、邻里和睦、互帮互助的良好民风社风。新民村各支扶贫力量和队伍紧紧地凝聚在一起，用真心、动真情、扶真贫，干部与群众在“思想、工作、情感”方面得到了认同，全村群众满意度达 95% 以上。

发动群众，打造美丽整洁乡村。经常召开群众会、院坝会，引导村民操家理屋，家中物品、生产工具摆放有序，客厅、卧室整洁规范，个人卫生要养成；带领扶贫人员、党员示范、公益性岗位人员、生态护林员、志愿队共同参与，掀起人居环境提升“人海战”，柴堆、粪堆、垃圾堆得到规范和清理；每月 10 日、20 日组织力量对公共卫生、路域卫生、死角卫生等进行集中整治，集中开展卫生大扫除；打造张家坪、水井湾、三家村 3 个示范社，分片分段负责，公益岗位人员认真履职，村比村、社比社，小组找差距、比不足，全村人居环境“比学赶超”一步步提升起来；坚持抽查检查，督促家家户户提升人居环境，干部群众共同参与，消除“感观贫困”，提升村庄形象。

为了村民的安全，拆危与帮困同推进。新民村扶贫队伍坚持“危房不住人、住人不危房”，做到应拆尽拆、复垦复绿，走进家门和群众做工作、讲道理，先后机械或人工拆除 66 户 108 间危旧房，生产用房的仅用作柴草堆放或厩养牲畜；实施院坝硬化，先后争取水泥 533 吨，引导群众自备砂石料、投工投劳，将院坝硬化、门前绿化、串户路硬化和厕所改造结合起来，共硬化400多户，厕所改造200多户，对无劳力硬化的，发动村民“亲帮亲、邻帮邻”，改善了环境，增强了村民的互助意识。通过单位帮助一点、干部捐助一些，困难户家中缺厨柜、衣柜的，全部帮助添置，为全村25户短板户安装了门窗。

“人民群众对美好生活的向往就是我们的奋斗目标”。龙头山镇新民村在脱贫攻坚伟大战役中，镇村干部、帮扶干部以滚石上山的精神，帮助困难群众解决住房、道路、入学、医疗、饮水等实际困难中，扶贫人员真心真情扶贫，彻底实现了村民“两不愁、三保障”，消除了绝对贫穷，既扶贫又扶智，带领群众“感党恩、听党话、跟党走”，打赢了脱贫攻坚决胜战，真正践行了共产党人的初心和使命！

如今，面对一个生活保障、整洁秀美、宜居和谐、文明奋进的新民村，作为全体脱贫队伍中的一员，付出的一切心血与汗水，都是值得的。在党旗的引领下，伟大的历程、艰辛的付出、村庄的巨变，应为时代所记录！

（作者时任昭通市文明办副主任）

我们村的这五年

付雪梅

2015年9月23日，我参加工作整两年。单位派我到昭阳区靖安镇小堡子村驻村扶贫，怀着激动又忐忑的心情，我开始了我的“村官”生活，陪着我的村走过了5年的风雨春秋，见证了它一天天的改变，也将继续陪着它一起完成最后的脱贫冲刺。

刚到村上那天，天气阴冷，围着火炉，时任小堡子村党总支书记马永明热情地向我们介绍村里的情况。小堡子村离靖安镇人民政府所在地1公里，国土面积3.69平方公里，人均耕地面积0.7亩，辖区最高海拔2400米，最低海拔1890米，村委会所在地海拔为1900米。辖20个村民小组，1200余户，5600余人，以汉、回两种民族为主，其中回族占约三分之一。种养殖业以玉米、洋芋、核桃、猪、牛为主，2013年年底统计贫困户325户。面对这一串数据，缺乏基层工作经验的我懵了，那一瞬间我不知道如何开始我的扶贫工作，于是我决定到村里走走看看。

小堡子村地处集镇，相对其他村比较繁华热闹，经济相对活跃，使我对扶贫工作有了些信心。所以，当我走进王宝才家时带给我的震惊感，至今依然深深刻在脑子里，记忆犹新。我从未见到过这么贫苦的家庭，屋里屋外都是凹凸不平的泥土地，地上堆满了生活垃圾，养的几只鸡随意进出，到处都是鸡粪。屋里还算完整的物件就是一个破沙发，吱呀作响，垫子又破又脏，四周的墙壁被熏得黑黢黢，整个土坯房破败不堪，摇摇欲坠。老两口除了已经出嫁的女儿，还有3个儿子，大儿子家生活条件和王宝才一样，同样也是贫困户，其他两个儿子还在上学。村支书介绍说："这家两爷子是村里数一数二的穷了，脱贫难度非常高。两口子老实本分、勤劳肯干，但是没有文化、不懂变通，天微微亮就下地，回家吃点洋芋，收入全靠天意。想要组织他们外出务工也行不通，因为离了靖安这块土地，他就连回家的路都找不到。大儿子王立祥家有3个娃娃，年龄都很小，媳妇要在家看娃娃，他也只会干点搬运工。"

这两家的贫困程度深，一度成为全村脱贫难点，通过不断与村"三委"分析研判，对照贫困户脱贫退出标准，想办法，出主意：协调扶贫产业资金帮助他们入股合作社，每年可从合作社拿到分红；帮助他们全家申请低保进行兜底；每户设置一个公益岗位，每个月可以领到500元补贴；现任支书马明超还为王立祥联系了本村150元/天的务工岗位，保障提升了他们的家庭收入；在教育上持续宣传引导，王宝才的二儿子顺利考上高中，现在北闸中学上学，努力上进，立志考上大学改变自身命运，带动家庭氛围的改变。2017年，村"三委"为两家人各争取到2.6万元农危改项目补助资金，再动员爱心人士出钱出物出力，帮助他们修了新房子，添置了必要的家具和生活用品，顺利住进了新房子。

曾经的脱贫难点户现在住进新家，收入也多了，吃穿不愁了，脸上洋溢着幸福的笑容，当问到"共产党好不好"时，王宝才憨厚地笑着说："好啊！共产党太好了！不是共产党我哪点有新房子住哟！你也好！你们都好！还经常来看我！"王宝才父子蒸蒸日上的生活，其实只是蓬勃向上的小堡子的小小缩影。

小堡子村人均耕地面积仅0.7亩，却又满山荒芜，无人耕种，粮产不足，集体经济匮乏，究其原因，是传统种植产物玉米、土豆带来的经济效益无法适应老百姓对美好富足生活的向往，年轻人大多外出务工，老年人劳力不足，所以，除了坝子里的耕地尚有人照管，山上的耕地大多闲置。

村集体和群众没有稳定增收产业，群众缺乏创业就业激情，部分群众贫困程度较深，整村脱贫出列面临着思想上、意识上的巨大挑战。过去的小堡子村，呈现到我眼前的就是这样一副不冷清却也不热闹的模样，直到脱贫攻坚的号角全面吹响，全国上下、社会各界凝心聚力投身到脱贫攻坚战场中，小堡子才迎来了新变化。

2016 年 3 月，团市委增派 1 名第一书记兼任驻村工作队队长，2016 年 6 月，小堡子村群众选举产生了新一届村委会班子成员，迎头顶上精准脱贫重大任务，从此，小堡子村结束了事多人少的局面，以更加饱满的精气神迎接脱贫攻坚工作。

为尽快找出脱贫发展路子，村党总支部和驻村工作队邀请市林业、扶贫、农牧等部门专家到村进行考察指导，根据小堡子的区位优势、地理条件和现有资源，提出了以种植板栗为基础，林下养殖和观光旅游为辅助的集体经济发展思路。方向确定后，党总支牵头村委会组织成立了昭阳民福种植农民专业合作社、昭阳惠众养殖农民专业合作社和携农集体资产经营管理有限责任公司，并以“新时代讲习所”为平台，通过召开板凳会、院坝会、田间地头会，组织党员干部和村民代表外出到镇雄、水富参观考察产业发展和村集体经济发展，并与镇雄滇龙生态科技有限公司签订合作协议，进一步理清了产业发展思路，增强了干部群众发展集体经济的信心和决心。在村党支部和党员的引领下，广大群众积极申请加入合作社，形成了“党支部 + 公司 + 合作社 + 党员 + 农户 + 贫困户”的发展模式。

小堡子村在聚集股本过程中，坚持以村集体出资为主，动员广大群众以土地折价入股、自有资金入股、扶贫资金入股相结合的方式，尽可能做大股本“蛋糕”。村以 110 亩集体土地每亩 2000 元折价和财政扶持资金 20 万元作为原始股本入股；本村党员、村民代表、农村青年致富带头人出资 52 万元入股；497 户群众以 2816 亩土地每亩 2000 元折价入股；80 户贫困户以财政帮扶资金 28.9 万元为原始股金入股，目前全村 483 户农户（含建档立卡贫困户 160 户 784 人）已加入合作社。不断完善携农集体资产经营管理有限责任公司管理制度和财务制度，在专业财会的基础上，由社员自行推选户代表参与商议合作社相关事务和财务监督，严格管理群众的每一分钱，持续打造一个群众放心的合作社、群众满意的村集体。

因板栗生长周期较长，小堡子村以绿肥种植、蜜蜂养殖保证合作社顺利达到经营目标，实现了短期与长期结合发展。并计划发展林下绿色生态养殖和桃花林生态景观，实现土地资源的充分利用，为休闲娱乐产业打好基础。

通过村“三委”、驻村工作队和乡亲们的不懈努力，2017年，共计栽种嫁接矮化板栗树苗78000棵、成活率达93.6%，通过不断补种，现有种植矮化板栗2816亩14万株；林下种植绿肥1500亩，养殖蜜蜂400余桶，种植冬早马铃薯1436.13亩，马铃薯原种种植289亩，种植桃树7000棵，其中核心区种植4000棵，计划打造十里桃花休闲长廊周末经济，进一步提高村集体经济收入。

按照规定，村集体每年提留利润的10%作为合作社员工培训和扩大生产经营的费用；每年从提留公积金后的剩余利润中提留10%作为村集体经济收入，用于本村内助老助残、捐资助学、环境卫生等公益事业、村两委办公经费和村干部补贴；其余利润资金按入股分红。2018—2019年共分红33.4万元，最多的一户分到9068元，大大提振了村干部和入股群众发展集体经济、致富增收的信心。

这5年，我们的小堡子坚定地成长着。目前小堡子248户贫困户已稳定实现脱贫退出，剩余11户未脱贫户也基本达到脱贫标准，计划于2020年年底实现脱贫退出，整村脱贫出列已于2018年年底通过考核验收。现在的小堡子已经有了自己的产业，山里的板栗树苗壮成长，计划2020年试花试果，2021年有望全面丰产，同时不断扩大合作社经营范围，长期发展有了保障；村集体经济收入翻了几倍，道路、桥梁、饮水等基础设施不断趋于完善，群众生活更加便利。小堡子变得越来越繁荣，越来越热闹，越来越有活力，也将在未来不断成长，不断发展，山林葱茏，栗香百里。我和它的故事未完待续……

（作者系昭通团市委工作人员）

党旗，我们心中的希望

王　磊

2019年4月18日，接到云南省昭通市委、市政府派我到昭阳区炎山镇中寨村开展脱贫攻坚督导工作通知后。次日，我简单收拾完行李后，就踏上前往炎山镇中寨村开展工作。赶往中寨村路上，路边风景迎面扑来，公路旁的风景很美，但我全然没有欣赏风景的念头，“综合研判、督促指导、协调配合、支持帮助、精准把控”市委、市政府5句话的要求在脑海里不停闪现，我嘴里还不停地重复这几句话，不断地思考如何把工作开展好，不能辜负重托。

“中寨村贫困人口达1783人，深度贫困村”

临走前的前一晚上，我仔细了解了中寨村的情况；中寨村位于昭阳区炎山镇东部，距炎山镇人民政府所在地14公里，中寨村地处高寒山区，最低海拔1600米，最高海拔达到了2400米，有建档立卡贫困人口共440户1783人，属深度贫困村。

在我赶到昭通市昭阳区炎山镇中寨村时才发现，这个村子生存环境确实恶劣，交通环境也不是很好，土地贫瘠，玉米、马铃薯成了村民的主食，这个村子没有什么有经济产业，收入全靠劳动力外出务工。

“深入村民家中得知意外消息”

“扎实开展好驻村督导工作”是昭通市委、市政府对每一个驻村督导员的严格要求，当然我也不例外。

驻村期间，我吃住都在村上。冬天，很冷，外出时不时还会搓搓手，跺跺脚；有时候鞋上沾满了不少稀泥土和白色的“盐巴”，我们把雪戏称为“盐巴”，走路时踩在很厚的雪上不小心会摔跤，我们也习惯了这样的环境，每天依然不停地穿梭村民间了解情况。

我深信只有深入村民中才会了解到更多真实的情况，虽然冬天下大雪，路不好走，但是也有其中的乐趣在里面。我走访村民家中次数多了，大家都熟悉了，渐渐的有一定感情基础，有些村民有时候还和我开开玩笑，经常叫我“王督导”，茶余饭后讲讲村子里面有趣的故事。

走访中，其中有一件事情引起了我的注意和重视，村里到现在还有三位 70 多岁高龄的孤寡老人住房问题还未得到解决。更令人想不到的是朱家营组还有一位孤寡老人高定权还居住在山脚，用几根木棒和塑料纸搭成的简易棚里面，经常是天点灯，地当铺，一到下雨天根本没有办法住；尤其现在是冬天，他们怎么住啊？这件事情让我倍感震惊，不敢相信，心中嘀咕道安全如何保障？是不是真的？怕是村民瞎编的故事吧？

我心中怀着这些疑问，在村民指引下亲自实地查证，证实了村民口中反映的情况。

“多方协调率先解决老人居住问题”

看在眼里、急在心里，眼下看来，这大冬天的，老人该如何过冬？

帮几位老人解决安居房问题已迫在眉睫。我及时召集昭阳区炎山镇挂钩领导、村两委班子、驻村工作队，开展研判、查找问题、制定措施、解决问题。

交谈中，村支书苟昌芬说自己也很无奈，不是不解决，是因为没有资金，老人的安居房问题一直没有得到解决，一直也是他们心中的痛。

了解完所有情况后，一刻也不能耽误。我通过多方协调、寻求相关部门的政策支持，经过努力，最后确定协调 3 户易迁户的安全住房，完善产权、签订协议，提供给三位老人居住。

住房问题虽然解决了，其他问题又来了。

唉，回想起三位老人的全部的“家底”：一张破床、几把破凳子、被烟火熏黑的茶壶、散落在火塘边茶杯，整个居住环境还不如一个山洞，现在突然解决了新家，他们哪有什么家具嘛，面临的下一个难题，切实解决入住的生活必需品问题？

我寻思着咋办呢？只有通过社会力量参与“扶贫”才有可能解决，扶贫不仅是我们各级政府的事情，同时也应该发动社会力量共同参与。

“发动社会力量解决三位老人生活必需品”

经我多方协调、努力，社会上这些企业也不是每家企业都会伸出援手，他们总认为扶贫是政府自己的事情和他们无关，当然也有社会责任感的企业。其中就获得了云南中北建设工程有限公司的大力支持。

2020年1月16日，云南中北建设工程有限公司开着全身沾满稀泥的车送来了老人们的生活必需品。为每个老人家中增添了不少“油、米、碗、筷”，每个老人的新居顿时充满生活气息。

老人们激动地围着新的“床、柜、衣、物”边看边摸，久久不忍转移视线，我不经意间发现老人们眼眶中含着泪水，泪水不断在眼眶中打转。

孤寡老人：“党旗，是我们的希望”

现场面对全新的家，他们的话相反少了，只见他们一双双颤抖着的手，不停地打开新电器，不断地来回抚摸新的床、柜等，眼中饱含的眼泪一颗一颗顺着满脸皱纹的脸颊流淌下来。嘴唇不停颤抖着，嘴里不停地唠叨着“党……党好，党好啊”。

我看着眼前的场景，我也忍不住流下了激动的泪水。心中不禁联想到“党旗，才是他们心中的希望”，同时，我作为一名党员的自豪感油然而生。

我在开展工作期间不忘市委、市政府的嘱托和要求，给这些老人们在这个特殊的春节里面，尽最大可能给他们带来了实实在在的帮助，让他们感受到了前所未有的温暖；给了他们一生中难忘的新家，难忘的春节。

看着现场三位老人激动的样子，我内心久久不能平静，深深感到作为一个普通党员身上应有的责任和担当。

沉思中，三位身躯佝偻的老人突然拉住我的手把我吓一跳，只见三位老人要弯腰鞠躬感谢。我当时慌了不知所措，赶快扶住老人，只见老人深陷的双眼留下来感动的泪水，泪水沿着满脸皱纹流淌到地上，肖啟德老人下意识地擦了擦眼中的泪水深情地说道：“感谢党的关心和关怀，要好好记住党的恩情！要不是现在党的政策好了，像他们这样的孤寡老人可能早就饿死、冷死、病死在哪里都不知道。我们一定要好好地活着，做到不给政府添乱。”

看着三位老人流下感动泪水的同时，我又忍不住再次流下了欣慰的泪水，突然明白党员在百姓心目中的重要性，我们就像一面面党旗融入他们的灵魂深处，在他们心目中“党旗”就是一个个生活的希望，我作为中共党员中一员，一定要尽所能帮助百姓解决他们心中的“希望”，让他们心目中的一面面“党旗”永远飘荡，让“党旗”永远传承下去。

“党旗光芒在村民心中永远闪亮”

“赠人玫瑰，手留余香”，感慨之余，我写下对联“听党话感党恩跟党走，好日子好好过一定行”贴在老人的新居门上。我看着这副对联，眼前视觉模糊了，内心突然有种感觉，那不是对联，感觉对联上一个个字仿佛变成了一面面党旗在插在了门两边，又仿佛变成了一个个小“灯塔”在放射光芒。这也是当时最真实的感受。

回想起，我想了各种办法借助社会力量帮助三位老人解决住房安全和入住问题，尽管付出了时间和精力，但更多内心感受到的是做成一件好事后的喜悦和满足感，同时作为脱贫攻坚大战役中一员的一种责任和担当。

走出机关、深入基层，体察群众安危冷暖，实实在在地为他们办一些实事好事，这样的活动方式更富有意义。感觉自己上了一堂生动的现实版的“党课”。

脱贫攻坚这场大战役中，每一个熟悉的背影像一面移动的“党旗”，穿梭在每一个村村寨寨，扎根在群众心中，实实在在地为村民们解决一个又一个的难题。

2020 年 3 月 20 日，中寨村成功通过了国家脱贫攻坚成效考核第三方评估验收，达到了村脱贫出列条件，如期实现了“村出列、户脱贫”目标。这个好消息足足让我兴奋了好几晚。

2020 年 3 月 1 日，我听从市委、市政府的安排又继续转战到国务院挂牌督战还未脱贫的镇雄县以勒镇瓜果村任驻村督战小分队队长。

作为脱贫攻坚战的一员，我又有机会在一线战斗，我感到无比光荣，这就是我们的使命，我们的初心。

（作者时任昭通市城市管理综合执法支队支队长）

《昭通市脱贫攻坚大决战实录》后记

经过半年的谋划，历时一年的编撰，《昭通市脱贫攻坚大决战实录》（一套书共 19 卷，其中市级 8 卷、县市区 11 卷）终于在党的百年华诞之际与广大读者见面了。这既是政协昭通市第四届委员会文史工作的成果展示，又是对我市脱贫攻坚工作客观真实的记录，更是用真实的故事展示历史资料的大胆尝试。

反贫困是世界性难题，也是现代国家面临的迫切任务。党的十八大以来，以习近平同志为核心的党中央把扶贫开发摆到治国理政的重要位置，提升到事关全面建成小康社会、实现第一个百年奋斗目标的新高度，纳入“五位一体”总体布局和“四个全面”战略布局进行决策部署，加大扶贫投入，创新扶贫方式，出台系列重大政策措施，扶贫开发取得巨大成就。

昭通作为全国、全省脱贫攻坚的主战场，是最难啃的“硬骨头”，2015 年习近平总书记首次离京考察就到昭通，并对昭通脱贫攻坚工作提出了“三个更加”的重要指示要求。昭通全市上下牢记习近平总书记的殷切嘱托，坚持把脱贫攻坚作为全市工作的主题主线，坚持“双统领”“双保障”“双推进”，践行“133”工作思路，汇聚中央和省定点单位、东西部扶贫协作、社会扶贫和各族干部群众磅礴力量，在昭通脱贫攻坚主战场上打响了一场史无前例的脱贫攻坚大决战，长期困扰昭通发展的主要“瓶颈”得以突破，实现根本性跨越，全市185.07万贫困人口全部脱贫、1235个贫困村全部出列、10个贫困县（区）全部摘帽，昭通大地发生了翻天覆地的变化，困扰昭通千百年的绝对贫困得到历史性解决。

为充分发挥政协文史资料“存史、资政、团结、育人”功能，客观、真实地记录昭通市在脱贫攻坚中各项建设和群众生活发生的变化，记述各级干部群众在脱贫攻坚工作中可歌可泣的感人故事，市政协党组拟组织相关部门、专家对2015年至2020年我市开展脱贫攻坚的重大事件、典型故事进行搜集整理，编撰《昭通市脱贫攻坚大决战实录》丛书。

在市政协成联远主席亲自关心和指导下，编委会拟订了编撰工作的初步方案和《昭通市脱贫攻坚大决战实录》的整体框架，并于2019年8月7日向市委报送了关于编撰《昭通市脱贫攻坚大决战实录》的请示，市委杨亚林书记批示“此项工作很有意义，同意组织编写，请联远主席牵头负责”，按照市委的批示，市政协党组迅速行动，成联远主席亲自安排、统一部署，及时组织专家拟出了《昭通市脱贫攻坚大决战实录》编撰任务分解方案，经反复讨论、多次修改后，于2020年3月30日上报市委，市委杨亚林书记批示“同意所报方案，客观精准务实地做好工作”。

2020年4月14日，市政协组织召开了《昭通市脱贫攻坚大决战实录》专题会议，市委副书记朱家伟出席会议并作动员讲话，编撰工作在全市正式启动，会议统一了认识、明确了要求。为进一步细化任务、落实责任，编委会于2020年4月23日印发了《昭通市脱贫攻坚大决战实录》编撰任务分解方案的通知，加强对市级单位和县区市编撰工作的指导。随后，市政协副主席陶仁带领专家对11县市区的编撰工作进行了调研、培训、指导、督促，推动各县市区编撰工作有效开展。针对全市编撰工作存在的问题，编委会经反复研究，统一思想，召开了由40多个市级部门参加的征求意见协商座谈会，在此基础上，进一步完善了编撰任务细化量化分解方案，印发到各县市区加强指导，并于2020年7月16日召开了《昭通市脱贫攻坚大决战实录》编撰工作推进暨培训会议，推进编撰进度，提升编撰水平。

为把《昭通市脱贫攻坚大决战实录》打造成“建党一百周年特别献礼工程”“昭通脱贫攻坚工作特别纪念”，市政协抢抓时间，及时出台系列配套文件，明确了市政协机关各委室联系各单位、部门及市政协委员，专门负责催稿工作，2020 年 10 月底稿件收集基本结束。为使编辑审稿工作有序推进，落到实处，市政协从昭通学院和市委党史研究室聘请专家对编辑工作进行审稿（其中，昭通学院教授唐靖负责市级篇章《综合卷》和《巧家卷》，市政协原经农委主任王华国负责市级篇章《产业就业扶贫卷》和《鲁甸卷》，昭通学院教授傅奠基负责市级篇章《基础设施建设卷》和《盐津卷》《大关卷》，昭通学院教授陈玥负责市级篇章《易地搬迁扶贫卷》和《永善卷》，昭通学院教授王琼负责《民生扶贫卷》和《镇雄卷》，昭通学院教授任继敏负责市级篇章《挂钩帮扶及社会扶贫卷》和《水富卷》，昭通学院教授周玲负责市级篇章《扶贫协作卷》和《彝良卷》《威信卷》，市委党史研究室副主任翟昭明负责市级篇章《组织保障卷》和《昭阳卷》《绥江卷》）。2020 年 11 月 18 日，市政协陶仁副主席主持召开《昭通市脱贫攻坚大决战实录》统稿工作会，统一了丛书形式和内容、结构和逻辑框架。

在市政协党组的坚强领导下，在各位编撰专家、市直各单位、市政协机关各委室、各县市区政协以及编撰办公室成员的大力支持和共同努力下，经夏历冬，数易其稿，2021 年 3 月初，《昭通市脱贫攻坚大决战实录》样书基本成型。2021 年 3 月 17 日，市政协副主席陶仁主持召开《昭通市脱贫攻坚大决战实录》样稿讨论会，进一步推动《昭通市脱贫攻坚大决战实录》编辑出版工作。

首先，本丛书的编撰出版得益于各级领导的正确领导，特别是市委杨亚林书记、市政府郭大进市长、市委朱家伟副书记的指导和支持。其次，本丛书的编撰出版得益于市政协党组的坚强领导，特别是成联远主席亲自指挥，亲自督战，亲自修订纲要，并亲自撰写总序和文章。第三，本丛书的编撰出版得益于全市 200 余家单位和部门的积极参与，全市领导干部，基层工作人员，脱贫攻坚督导员、驻村工作队队员，政协委员，他们不仅是脱贫攻坚一线指战员，同时还撰写亲身经历脱贫攻坚工作的真实故事。据统计，全市共有1700余人参与《昭通市脱贫攻坚大决战实录》撰稿工作中，收到初稿2526篇。应该说，本丛书的编撰工作是我市脱贫攻坚工作的有机组成部分，同样也凝聚着全市干部群众的智慧和心血，是集体智慧的结晶。最后，特别要提的是昭通学院对本丛书编撰工作的支持和帮助。昭通学院党委大力支持《昭通市脱贫攻坚大决战实录》的编撰工作，在师资紧缺的情况下，委派出周玲、傅奠基、唐靖、陈玥、任继敏、王琼等六位教授参与编撰工作中，为编撰工作注入了智慧和力量。

在编撰《昭通市脱贫攻坚大决战实录》时，编撰专家精心筛选、整理、提炼，力求将那些散落于基层的珍珠捡拾起来，洗尽铅华，还原本真，形成真实的历史故事，最终确定收入《昭通市脱贫攻坚大决战实录》的稿件1936篇，600多万字。这套书注重文史资料“亲历、亲见、亲闻”原则，以第一人称行文，部分新闻通讯、消息类稿件，在公开媒体上发表过，体现新闻的真实性，也作为资料收录，补充《昭通市脱贫攻坚大决战实录》内容。编者旨在通过真实、感人的故事让脱贫攻坚工作在时代的聚光灯下接受检阅，给过往和经历者以心灵的依稀穿越，获取一种灵魂的战栗和反思。同时，给不曾经历，甚至不曾听闻过的后人以另一种历史的演绎，告诉他们当年自己的祖先那段荡气回肠、可歌可泣的脱贫史。

虽说《昭通市脱贫攻坚大决战实录》丛书已呈现在读者面前，但由于编撰时间紧迫、人手不够、水平有限，不免存在内容欠全面、认知不到位、归类难把握等问题和瑕疵，恳请各位方家在阅读过程中批评指正，不吝赐教，我们定当虚心接受意见建议，进一步加以修改完善，以遗后人，真正达到“存史、资政、团结、育人”之目的。

（编委会办公室）